Mindset der Gewinner - Das große 4 in 1 Buch für grenzenlosen Erfolg im Leben

Gewohnheiten ändern | Ziele setzen | Mentale Stärke aufbauen | Aufschieben stoppen

PATRICK DRECHSLER

Inhaltsverzeichnis

Gewohnheiten der Gewinner 5

Klare Ziele 139

Das Mind-Power-System 281

Aufschieben sofort stoppen 427

Gewohnheiten der Gewinner

In 3 Schritten zu mächtigen Erfolgs-Routinen.

Mühelos mehr Sport machen, gesünder leben, produktiver arbeiten und bessere Beziehungen pflegen

PATRICK DRECHSLER

Inhaltsverzeichnis

Einleitung 5

Was bedeutet Erfolg für dich? 11
    Meine Wünsche, meine Ziele, meine Interessen –
    mein Erfolg! 12
    Passende Gewohnheiten für den eigenen
    Erfolg finden 16

Natur der Gewohnheiten 19
    Vier Prozesse etablieren Gewohnheiten 20
    Lewin-Modell der Veränderungen 24
    Gewohnheitsschleife: wissenschaftlich fundiert 27
    Wie viel Zeit nehmen Umgewöhnungen in
    Anspruch? 28

1. Schritt: Umgewöhnung beginnt in den Gedanken 31
    Fühlen, Denken, Fühlen, Handeln 33
    Unterbewusstsein: Tiefe Verankerung der
    Glaubenssätze 36
    Positive Grundhaltung durch positives
    Unterbewusstsein: Die Übungsphase 42

2. Schritt: Handeln umgewöhnen – Sinn erkennen
und richtige Gewohnheiten bestimmen 73

Motivation und Disziplin – Unterschiede, Rolle, Zusammenhang 73

Lehre 1: Erfolg attraktiv und realistisch für sich definieren 76

Lehre 2: Erfolgsbringende Gewohnheiten finden 81

Lehre 3: Gewohnheiten und neue Strukturen festigen 88

3. Schritt: Methoden zur Umgewöhnung 93

Methoden zur Übung: Entwöhnung und Angewöhnung 96

Neues aus der Trickkiste: Wie Wissenschaft und Unternehmen Umgewöhnung erleichtern 110

Top 10 außergewöhnliche Gewohnheiten 117

Schlusswort 131

Verweise und weiterführende Literatur 135

Einleitung

Der Nachbar mal wieder! Unfassbar: Er ist wohl erneut um 5 Uhr aufgestanden und hat sich zum Morgensport aufgerafft. Anders lässt es sich kaum erklären, dass die Musik zu dessen Morgengymnastik so penetrant durch die Wände schallt und bis zu dir im Bett durchdringt. Du streifst dir die Decke über den Kopf und möchtest einfach nur weiterschlafen. Nachdem dein wohlverdienter Ruhesonntag schließlich um 10 Uhr begonnen hat, triffst du beim Müllwegbringen draußen den Nachbarn, der vor Lebenslust nur so strotzt. Er erzählt dir stolz, dass er diesen freien Sonntag nach der Morgengymnastik an seinem Traumprojekt gearbeitet hat und wohl bald seinen Hauptjob schmeißen kann, weil er von seinem Hobby leben können wird. Er glaubt sogar fest daran, reich zu werden. Ist das ein verrückter Vogel? Oder zieht er mit seinen ambitionierten Sonntagsgewohnheiten den Erfolg an und ist drauf und dran, einen Traum zu leben, der für dich kaum vorstellbar erscheint, weil dich dein innerer Schweinehund und deine fast schon destruktiven Gewohnheiten in die Knie zwingen? Dir bleibt scheinbar nur dein Hamsterrad aus Angestelltendasein in einem Job, den du nicht magst, und eine monotone Freizeit, weil du neuen Hobbys und neuen Interessen gegenüber wenig aufgeschlossen bist – so ein mögliches Szenario, dass die gegensätzliche Macht negativer sowie positiver Gewohnheiten unterstreicht.

Ohne dir Angst machen zu wollen: Szenarien wie diese gibt es bei zahlreichen Menschen auf der Welt. Auch andere Szenarien, in denen einige Menschen eine Traumfamilie gründen und einen bemerkenswerten familiären Zusammenhalt durch zahlreiche Familienaktivitäten pflegen, existieren. Demgegenüber stehen andere Familien, die nur ein oder zwei Mal im Monat zum Teil zusammenkommen und sich nebenbei beim Fernsehen unterhalten. Der Zusammenhalt ist bei der letzteren augenscheinlich auf ein Minimum beschränkt.

Familienleben, Beruf, Hobbys, Karriere, soziales Umfeld, Ausbildung, Studium, Schule, Sport, Ernährung, Gesundheit – all dies sind nur einige der Bereiche, in denen die Schere zwischen erfolgreichen und weniger erfolgreichen Menschen weit auseinandergehen kann. Richtig imposant wird es bei einzelnen Personen, die wie eine Maschine vom einen Erfolg zum nächsten marschieren: Was ist der Grund für die eiserne Disziplin, die diese Menschen an den Tag legen? Wieso sind einige Personen imstande, mehrere Ziele gleichzeitig zu verfolgen und trotz dieser mehrfachen Belastung mit höchster Qualität und größtem Erfolg zu performen? Vorzeigefamilie, Vorzeigeberuf, Vorzeigekörper und, und, und …

> Ich selbst war lange Zeit in meinem persönlichen Hamsterrad gefangen, ehe ich verstand, welche Prinzipien zum Erfolg führen. Ich hatte zwar einen gut bezahlten Job als Dozent, aber leider bot er wenige Aufstiegsmöglichkeiten. Die Themen, die ich vortrug, waren größtenteils immer dieselben. Mit den vielen freien Tagen, die ich im Job hatte, wusste ich nicht recht etwas anzufangen. Es fehlten die positiven Visionen. Ich gewöhnte mir Dinge an, die mir in meiner Situation nicht halfen: An freien Tagen schlief ich lange und ehe ich mich nach dem späten Aufstehen versah, war der Tag halb vorbei. Während der Vortragspausen aß ich immer das ungenießbare Essen aus der Kantine. Als ich dazu keine Lust mehr hatte, stieg ich auf Naschereien um und erstickte sogar den Ansatz sportlicher Bemühungen im Keim: „Wenn ich mich ungesund ernähre, wird das mit dem Sport eh nichts …" So führte eine negative Sache zur

> anderen. Die Lektüre zahlreicher Bücher und eigene Erfahrungen halfen mir, positive Gewohnheiten zu bilden und damit die negativen zu ersetzen: Sport erhielt wieder Einzug in mein Leben, gesunde Ernährung und frühes Aufstehen wurden einfacher, weil ich durch den Sport und mehr Sinn im Leben beflügelt war. Ich engagierte mich neben der Dozententätigkeit im Umweltschutzverein. Alles dank der Bildung positiver Gewohnheiten. Mein wenig geliebter Beruf blieb zunächst, aber das Leben drumherum wandelte sich zum Positiven. Davon wurde schließlich auch der Beruf positiv beeinflusst, indem ich mich auf dessen positive Seiten fokussierte und so mehr Lust an der Arbeit entwickelte.

Dem Erfolg liegt in der Theorie ein einfaches, in der Praxis ein komplexes Prinzip zugrunde: das Prinzip der Gewohnheit. Nicht umsonst ist die Aussage „Wir Menschen sind Gewohnheitstiere" schon seit Jahrzehnten ein deutsches Sprichwort. Was der Mensch tut, tut er zu einem großen Teil aus Gewohnheit. Aber was ist eine Gewohnheit überhaupt?

Vereinzelt sprechen Personen bei Gewohnheiten von angeeigneten Verhaltensweisen, denen man nur schwer oder kaum widerstehen kann. Aber hier beginnen bereits das Defizit und die Unvollständigkeit der meisten Erläuterungen. Gewohnheiten sind nämlich nicht nur angeeignete Verhaltensweisen, sondern ebenso angeeignete Denkweisen. Genau hier liegt ein Knackpunkt: Vor der Handlung steht die Denkweise. Der Mensch kann sich noch so viele Gewohnheiten aneignen, die den Erfolg fördern, aber solange er nicht erfolgreich denkt, wird sich der Erfolg nur schwerlich einstellen.

Aus diesem Grund widmet sich ein großer Teil dieses Ratgebers der Frage, wie du dein Denken umprogrammierst und auf deine Ziele hin ausrichtest. Mehrere praktische Übungen werden dir beim Erwerb einer positiven Grundhaltung zum Leben und Alltag helfen. Damit aber nicht genug, denn wissenschaftliche Beweise und eine Menge interessanter Theorien werden dir vor Augen führen, wie wichtig und machtvoll eine positive Grundeinstellung ist.

Nach dem ersten Schritt, der Umgewöhnung deiner Gedanken, wird im zweiten und dritten Schritt mit der Umgewöhnung deiner Handlungen begonnen. Mikro- und Makro-Gewohnheiten werden hier miteinander in Einklang gebracht, um deinen persönlichen Erfolg zu fördern. Auch in Bezug auf Handlungsgewohnheiten wirst du mehrere Übungen zur Praxis erhalten. Das wichtige Alleinstellungsmerkmal dieses Ratgebers ist, abgesehen von den Top-10-Gewohnheiten im letzten Kapitel: Dir werden hier keine festen Gewohnheiten und starren Empfehlungen vermittelt. Stattdessen wirst du auf deinem individuellen Weg unterstützt und angeleitet, um das zu erreichen, was du persönlich als Erfolg betrachtest. Schließlich hat jede Person eine andere Auffassung von Erfolg: Karriere vor Familie, Familie vor Karriere, gesunder Körper vor Spaß, Spaß vor gesundem Körper oder all diese Dinge im Einklang miteinander.

Du kannst nützliche Gewohnheiten entwickeln, Belohnungen festlegen und diese immer wieder praktizieren. Wenn diese nützlichen, erfolgsbringenden Gewohnheiten mit einer Beseitigung der negativen Gewohnheiten verknüpft werden oder direkt im Gegensatz zu negativen Gewohnheiten stehen, kommst du deinem Ziel, erfolgreich zu werden, näher.

Sich ganz bewusst gegen eine schlechte Gewohnheit zu wehren, ist kaum durchzuhalten. Spätestens, sobald sich ein noch so kleiner Anlass (z. B. ein Streit, ein Misserfolg) ergibt, wird der Versuchung durch die negative Gewohnheit meist nachgegeben. Deswegen ist bei Umgewöhnungen von

Strategien Gebrauch zu machen. So wird die Umgewöhnung einfacher und krisenresistenter.

Der vor dir liegende Ratgeber ist eine Ansammlung der besten und übertragbarsten Strategien, die du zur Umgewöhnung finden kannst. Er wurde mit größter Sorgfalt erstellt und handelt u. a. folgende Fragen Schritt für Schritt ab:

> - Wie schaffe ich es, eine positive Grundeinstellung zu gewinnen und zu etablieren? Welche Gewohnheiten helfen mir hierbei und wie sorge ich für Nachhaltigkeit in meiner Umgewöhnung?
> - Wie finde ich heraus, was Erfolg für mich persönlich ist? Was sind meine Prioritäten?
> - Was brauche ich, um mich am Anfang der Umgewöhnung, währenddessen und danach zu motivieren? Muss ich überhaupt diszipliniert sein?
> - Wie lege ich fest, welche Handlungen mich zum Erfolg führen? Mittels welcher Methoden bekämpfe ich negative Gewohnheiten und etabliere positive Gewohnheiten? Können spezielle Produkte von außen helfen?
> - Welche kleinen Gewohnheiten sind besonders bekannt und empfehlenswert? Welche Mikro-Gewohnheiten sind universell übertragbar?

Bringe dich in Position, um dich zu informieren und einen individuellen Weg einzuschlagen. Entsage all den Ratgebern auf dem Markt, die dir einzelne Geschäftsmodelle aufzwingen oder dir empfehlen, jeden Abend kalte Duschen zu nehmen und dich vegan zu ernähren! Es spricht zwar per se nichts gegen diese Gewohnheiten, aber sie sind starr und nicht flexibel.

Erfolg wird *breit definiert*.

Erfolg wird *vielseitig definiert*.

Erfolg wird *realistisch definiert*.

Aber vor allem wird Erfolg *von jeder Person für sich selbst definiert*!

Definiere und finde deinen Erfolg mit den Tipps, Methoden und Lehren in diesem Buch.

Aus Gründen der Lesbarkeit wird in diesem Buch bei Nomen die männliche Form, das Maskulinum, verwendet. Gemeint sind mit den Inhalten im Sinne der Gleichbehandlung aber stets beide Geschlechter sowie solche Personen, die sich nicht einem der beiden Geschlechter zuordnen können oder wollen.

Was bedeutet Erfolg für dich?

Bei der Definition von Erfolg scheiden sich die Geister. Die einen machen es sich leicht und sprechen von „immer mehr erreichen": Wer in seinem Leben konstant mehr erreicht und sein Vermögen vermehrt, seinen Körper fit hält und fitter macht und andere Steigerungen verzeichnet, ist demnach erfolgreich. Die anderen sehen die Definition von Erfolg als komplex an, wobei u. a. die Unterscheidung zwischen äußerem und innerem Erfolg stattfindet. Äußerer Erfolg bemisst sich an der Auffassung anderer Menschen bzw. den Standards der Gesellschaft. Den inneren Erfolg definiert allein deine eigene Sichtweise.

Überlege ganz genau: Was ist für dich persönlich am wichtigsten? Sollen andere Menschen beeindruckt von dir sein und dich als Macher/in sehen? Oder ist es dir wichtiger, dich zufrieden zu fühlen und selbst wertzuschätzen? Letzteres ist dir bei innerem Erfolg garantiert. Zwar schließen sich beide Arten des Erfolgs nicht aus, weswegen innerer und äußerer Erfolg oft einhergehen. Aber die Frage, ob innerer oder äußerer Erfolg dir wichtiger ist, beeinflusst deine Prioritätensetzung.

Wer den inneren Erfolg zum Ziel hat, wird seine eigenen Wünsche und Ziele priorisieren. Dann entsprechen die Aktivitäten den eigenen Interessen. Wer sich äußeren Erfolg auf die Agenda setzt, wird sich nach den Vorstellungen anderer Personen richten. Bedenke an dieser Stelle, dass du in der Regel immer mit mehreren Personen interagierst. Jede dieser

Personen hat eine andere Vorstellung von Erfolg. Wenn du versuchst, es allen Personen recht zu machen, begibst du dich auf einen nahezu unmöglichen Weg. Es wird dir nie gelingen, alle Personen in deinem Umkreis zufriedenzustellen. Spätestens sobald du neue Personen kennenlernst, kommen neue Auffassungen von außen über deine Ziele und Aktivitäten hinzu, die du berücksichtigen musst. Somit ist äußerer immerwährender Erfolg auf lange Sicht unrealistisch.

Priorisierst du hingegen deine eigenen Interessen, Wünsche und Ziele, so stellst du zunächst einmal sicher, dass die Wahrscheinlichkeit auf Erfolg höher ausfällt. Denn je überzeugter du von deinem Weg bist, umso mehr Motivation entwickelst du. Letztlich ist die Überzeugung bei eigenen Interessen und Zielen am größten, weil sie sich mit deiner Lebensweise und deinen Ansichten auf das Leben am besten vereinbaren. Zweifelsohne wird es hier und da Entscheidungen im Leben geben, bei denen du dich auch nach den Interessen anderer Personen richten müssen wirst: Umzug mit der Familie, Entscheidungen in der Vorstandsebene von Unternehmen, Planung des Urlaubs mit dem/der Partner/in. Dies sind aber Situationen, in denen es ohnehin nicht nur um dich geht, sondern um einen Zusammenschluss aus mehreren Personen, zu dem du dich freiwillig entschieden hast. Wie am besten Entscheidungen in Zusammenarbeit mit anderen Personen getroffen werden, wird dir dieser Ratgeber noch vermitteln. Fürs Erste aber liegt der Fokus komplett auf dir. Definiere den inneren Erfolg für dich!

Meine Wünsche, meine Ziele, meine Interessen – mein Erfolg!

Wenn du herausfinden möchtest, welche Ziele für dich inneren Erfolg widerspiegeln, musst du auf deine Gefühle achten. Gefühle kommen, ebenso wie Gewohnheiten (siehe 1. Schritt: Umgewöhnung beginnt in den Gedanken), aus dem tiefsten Inneren und treten automatisiert ein. Ihr Ursprung ist auf unsere bisherigen Erfahrungen und Gewohnheiten zurückzuführen. Auch können Gefühle selbst eine Form von Gewohnheit sein. Wer es beispielsweise gewohnt ist, jeden Abend eine „Couch-Potato" zu sein, d. h. fernsehend auf dem Sofa Pizza und Coca-Cola zu konsumieren, wird sich damit fürs Erste gut und sicher fühlen. Es kann eine Art der Belohnung für einen anstrengenden Arbeitstag sein. Die Gefühle im Moment sind aber nicht alles.

Fang an, auch abseits der jeweiligen Momente – also abseits der Impulse – auf deine Gedanken und Gefühle zu hören. Nicht selten fühlen sich übergewichtige Menschen während des Konsums ungesunder Lebensmittel wohl, weil sie einem Drang nachgeben und dadurch Befriedigung erhalten. Diese Befriedigung ist aber nur temporärer Natur, ebenso wie die Gefühle. In den vielen anderen Situationen des Tages jedoch sind negative Gefühle bei übergewichtigen Menschen nicht selten gang und gäbe:

- spöttische Blicke in der Öffentlichkeit bereiten Unbehagen
- eventuell leidet sogar die Gesundheit, was Angst und Unsicherheit verursacht
- es existieren mehr Barrieren bei der Realisierung der eigenen Ziele, weil z. B. aufgrund des eigenen Gewichts nicht die gewünschte Garderobe getragen oder der gewünschten Aktivität nachgegangen werden kann
- der Blick in den Spiegel sorgt für Unzufriedenheit
- die mangelnde Beweglichkeit schränkt im Zeitvertreib ein

Ähnlich wie bei diesem Beispiel verhält es sich in anderen Bereichen:

> Partnerschaft
>
> Du bist mit einem Partner zusammen und verbringst mit diesem Zeit. Wenn ihr abends zusammen fernseht, ist es eine Form der Entspannung. So verbringt ihr jeden Abend gemeinsam, weil es zu einer Gewohnheit geworden ist. Wenn du dich rein nach dem Moment richtest, bist du damit glücklich. Aber wenn du darüber hinaus den Rest des Tages nachdenkst, merkst du, dass dieses monotone Abendprogramm dich sogar höchst unglücklich macht. Es ist Zeit, etwas zu ändern. Du merkst die Notwendigkeit zu Veränderungen aber nur, wenn du dich auch tagsüber hinterfragst.

> Beruf
>
> In dem von dir gewählten Beruf bist du nun schon seit zwölf Jahren tätig. Die Dinge laufen automatisiert ab, die Tätigkeit ist anspruchslos. Jeden Tag erledigst du deine Pflicht und gehst anschließend deinem sonstigen Tagesprogramm nach: Darin bist du ein abwechslungsreicher, redegewandter und abenteuerlustiger Mensch. Du bist rundum glücklich. Der Job ist ein notwendiges Mittel, um dein Leben zu finanzieren. Wenn du dich genau mit deinen Gefühlen auseinandersetzt, fällt dir auf, wie unzufrieden du doch eigentlich mit dem Job bist und dass dir nur ein neuer Job zu einem – deiner Ansicht nach – perfekten Leben fehlt. Zu dieser Erkenntnis gelangst du, wenn du dich regelmäßig in Ruhe hinsetzt und deine Gefühle reflektierst, die dir der Job über den Tag verteilt bereitet.

➤ Ausbildung / Studium

Deine ganze Familie ist in der Branche tätig, in der du nun eine Ausbildung / ein Studium machen sollst. Die Familie sieht deinen Karriereweg als selbstverständlich an. Du entscheidest dich also im Sinne deiner Familie, obwohl du viele andere Talente hast. Deine Leistungen auf deinem Werdegang lassen zu wünschen übrig. Weil du regelmäßig deine Gemütszustände reflektierst, bist du im Vorteil: Du merkst frühzeitig, dass der von dir eingeschlagene Weg, der dem Wunsch deiner Familie entspricht, nicht der richtige ist, weswegen die Leistungen auch zu wünschen übrig ließen. Du wechselst in einen andere Ausbildung bzw. einen anderen Studiengang.

In uns Menschen schlummern viele Geheimnisse. Tatsächlich sind Geheimnisse vor uns selbst nichts Gutes. Während Geheimnisse gegenüber anderen Menschen eine Schutzwirkung haben können, sind Geheimnisse, die wir vor uns selbst haben, schlimmstenfalls ein Täuschungsmanöver. Wenn du getäuscht bist, läufst du Gefahr, Entscheidungen zu treffen, die nicht deinen eigenen Wünschen entsprechen. Folglich wird dein Handeln mutmaßlich durch eine geringere Motivation gezeichnet sein. Zudem werden die Leistungen schlechter ausfallen, als wenn du einen Weg eingeschlagen hättest, der sich nach deine Vorstellungen von Erfolg richtet.

Bin ich wirklich ein Karrieremensch oder doch eher ein Familienmensch?

Möchte ich den Erfolg nur in Bezug auf Sport und Gesundheit erreichen, weil ich in allen anderen Lebensbereichen bereits zufrieden bin?

Ist es mir wichtig, zumindest zum Teil den äußeren Erfolg einzubeziehen, weil ich meinen Eltern vieles zu verdanken habe und sie stolz machen möchte?

Die Antworten auf all diese Fragen solltest du dir genau überlegen. Wie du deine eigenen Gedanken und Emotionen überhaupt erst richtig wahrnimmst und dann die richtigen Entscheidungen triffst, wirst du im gesamten Buch immer wieder anhand verschiedener Methoden erklärt bekommen. Wichtig ist, dass du insbesondere an diesem Punkt aufmerksam und offen bist. Denn dauerhafter, innerer und glücklich stimmender Erfolg ist nur dann möglich, wenn du reflektierst und für dich persönlich das findest, was dein Herz und dein Verstand begehren.

Passende Gewohnheiten für den eigenen Erfolg finden

Jede Gewohnheit hat ihren Nutzen. Einige Gewohnheiten fördern den Erfolg sogar in mehrfacher Hinsicht, indem sie beispielsweise auf die Gesundheit, das soziale Gefüge und weitere Lebensbereiche positive Effekte ausüben. Zudem wird in Makro- und Mikro-Gewohnheiten unterschieden. Makro-Gewohnheiten sind relativ allgemein. Ein Beispiel hierfür ist gesunde Ernährung. Mikro-Gewohnheiten sind spezieller. Jeden Abend zweimal Obst zu essen, ist ein Beispiel für eine Mikro-Gewohnheit.

Wenn du dir erfolgsbringende Gewohnheiten aneignen möchtest, führt für dich der Weg meist über Mikro-Gewohnheiten. Du suchst mehrere Mikro-Gewohnheiten aus, die sich zu einer großen Makro-Gewohnheit vereinen. Diese Makro-Gewohnheit ist meist gleichbedeutend mit deinem Ziel oder ein großer Teil deines Ziels.

Passende Gewohnheiten für den eigenen Erfolg zu finden, bedeutet also nichts anderes, als zu überlegen, welche Gewohnheiten zum Erreichen des Ziels beitragen. Das Ziel wird zuvor anhand umfassender Überlegungen definiert. Zum Erreichen des Ziels sind sowohl kleine als auch große Gewohnheiten wichtig, die kleinen meist zu Beginn. Würdest du nämlich nur große Gewohnheiten, die Makro-Gewohnheiten, zur Umgewöhnung nutzen, würde dir der Prozess schwerer fallen. Du könntest aufgrund der zu hohen Belastung sehr schnell in alte Verhaltensmuster zurückfallen. Die Mikro-Gewohnheiten sind die kleinen wichtigen Schritte zu Beginn, wie z. B. in den folgenden drei Beispielen:

I. Dein Ziel ist es, den Tag effektiver zu nutzen und nicht mehr so viel Zeit zu verschwenden. Nützliche kleinere Gewohnheiten sind früheres Aufstehen, kleine To-do-Listen mit den wichtigsten Pflichten zu erstellen und Tagebuch zu schreiben, um dir vor Augen zu führen, was wirklich wichtig ist. Größere Gewohnheiten wären sehr frühes Aufstehen (mehrere Stunden früher als sonst) und die Führung eines detaillierten Stundenplans für den Tag mit mehreren konkreten Pflichten. Letztere sind die Makro-Gewohnheiten, an die du dich erst heranwagen solltest, sobald du bei den kleineren Gewohnheiten bereits etwas Erfolg hattest.
II. Du setzt dir zum Ziel, den Stress im Alltag zu reduzieren und dir mehr Zeit für dich zu nehmen. Positive Mikro-Gewohnheiten sind bei diesem Ziel das Festlegen von Pausenzeiten im Tagesablauf, an die du dich strikt hältst, und das Abschalten digitaler Medien sowie Chat-Programme am Abend. Makro-Gewohnheiten sind das regelmäßige Meditieren jeden Tag und eine regelmäßige „Digital Detox" für mehrere Tage oder Stunden pro Woche.

III. Du hast das Gefühl, in deinem Leben zu undankbar für die Privilegien zu sein, die du im Vergleich zu anderen Personen aus weniger wohlhabenden Regionen und Staaten auf der Welt genießt. Aus diesem Grund fängst du an, jeden Tag eine Liste zu führen, auf der du aufschreibst, wofür du am Ende jedes Tages dankbar bist. Eine Erweiterung dieser kleinen Gewohnheit sind Makro-Gewohnheiten, wie z. B. dir ein Umfeld an positiven Mitmenschen aufzubauen und dich regelmäßig mit ihnen zu treffen. Deren positive und dankbare Einstellung zum Leben kann dich zielführend beeinflussen.

Die Differenzierung zwischen Mikro- und Makro-Gewohnheiten ist nicht immer einfach. Zudem ist bei einigen Gewohnheiten gar nicht klar, ob es überhaupt Gewohnheiten sind. Beachte in diesem Zusammenhang: Der Begriff Gewohnheit muss viel breiter und weiter gedacht werden, als es bei vielen Menschen der Fall ist.

Dieser Ratgeber möchte dich auf deinem individuellen Weg fördern. Demnach wird es keine starren Vorgaben geben, was du für den Erfolg machen musst. Dich erwartet vielmehr eine individuell anpassbare Sammlung an Ideen und Methoden. Darunter gibt es Gewohnheiten, die großes Potenzial haben, den Erfolg zu fördern. Eine dieser Gewohnheiten ist, deine Gedanken und Gefühle optimistisch zu stimmen. Wie dir dies gelingt und wieso es der wichtigste Schlüssel für deinen Erfolg ist, erfährst du im dritten Kapitel zum ersten Schritt deiner Umgewöhnung. Zunächst aber stehen im nächsten Kapitel die Erkenntnisse und Theorien rund um die Eigenschaften von Gewohnheiten im Fokus, um zu verstehen, wieso negative Gewohnheiten so tief sitzen und positive Gewohnheiten dir auf leichterem Wege den Erfolg bringen.

Natur der Gewohnheiten

Wie entstehen Gewohnheiten? Auch wenn die Forschung in Bezug auf Gewohnheiten wenig belastbare Thesen hat, existieren zumindest mehrere aufschlussreiche Ansätze. Diese Ansätze sind sich alle ähnlich.

Alle in diesem Buch vorgestellten Modelle zu Gewohnheiten erkennen als deren Ursprung bestimmte Auslöser. Diese Auslöser spiegeln unsere Einstellung zu bestimmten Themen wider und sind die Motivation, bestimmte Handlungen zu vollziehen. Auslöser, die bei eigenen negativen Emotionen ansetzen (z. B. Zweifel, Ängste, Faulheit), führen zur Entwicklung und Festigung negativer Gewohnheiten. Diese Gewohnheiten übertragen sich auch auf andere Lebensbereiche, sodass sie zum Teil unseren Charakter prägen. Wie ein altes chinesisches Sprichwort sagt: „Achte auf deine Gedanken, denn sie werden Worte. Achte auf deine Worte, denn sie werden Handlungen. Achte auf deine Handlungen, denn sie werden Gewohnheiten. Achte auf deine Gewohnheiten, denn sie werden dein Charakter. Achte auf deinen Charakter, denn er wird dein Schicksal."

Negative Gewohnheiten lassen auf bestimmte negative Grundeinstellungen schließen, die geändert werden sollten, um dem persönlichen Erfolg näher zu kommen. Je mehr dieser negativen Auslöser vorhanden sind, umso stärker werden Gewohnheiten verankert. Irgendwann geht der Mensch automatisiert zu Werke. Diese Automatisierungen sind bei negativen Gewohnheiten ein Erfolgskiller. Positive Gewohnheiten dagegen machen den Erfolg wahrscheinlicher.

Vier Prozesse etablieren Gewohnheiten

In seinem Werk *Die 1%-Methode* (2020) schildert James Clear, der mittlerweile als Gewohnheitsexperte angesehen wird, die Prozesse, die Gewohnheiten fördern. Als treibende Kräfte von Gewohnheiten macht er genau in dieser Reihenfolge Auslöser, Verlangen, Routine und Belohnung aus. Während die ersten Prozesse eine Gewohnheit sichtbar machten, würden die weiteren Prozesse schrittweise zu einer Festigung der Gewohnheit beitragen, so der Autor.

Die Prozesse erscheinen plausibel, insbesondere in Kombination mit den folgenden Erklärungen. Die Prozesse gelten nämlich sowohl für negative als auch für positive Gewohnheiten, was Segen und Fluch zugleich bedeutet. Damit es in deinem Fall Segen ist, lohnt es sich, die vier Prozesse näher kennenzulernen, um sie zu deinen Gunsten beeinflussen und positive Gewohnheiten etablieren zu können. Im Folgenden werden die vier Prozesse anhand zweier Beispiele durchgegangen: Zum einen fungiert die negative Gewohnheit, jedes Wochenende feiern zu gehen, zum anderen die positive Gewohnheit, sich regelmäßig in einem Verein zu engagieren, zur Veranschaulichung der vier Prozesse.

Auslöser

Der Auslöser macht mit den Worten von James Clear die Sache „offensichtlich". Er macht einen Anreiz sichtbar und damit die Möglichkeit, eine Gewohnheit zu entwickeln. Was als Anreiz für eine negative Gewohnheit dienen kann, ist beispielsweise das feucht-fröhliche Vergnügen auf Partys: Eine Party zu besuchen und Alkohol zu konsumieren führt einerseits mit Menschen zusammen, hebt andererseits Barrieren auf. Die Stimmung wird lockerer, das Schamgefühl sinkt. Alle Personen sitzen in einem Boot.

Ein Beispiel für einen positiven Auslöser dagegen ist: die Eintragung in einem gemeinnützigen Verein. Durch die Eintragung kannst du dich gemeinsam mit Menschen für eine Sache engagieren, die dir am Herzen liegt. Durch das gemeinsame Interesse fallen Barrieren beim Knüpfen sozialer Kontakte weg.

Verlangen

Ein Verlangen, der zweite Prozess in Clears Modell, tritt dann auf, wenn eine Sache begehrenswert erscheint. Dies geschieht genau dann, wenn durch den Auslöser ein Mehrwert eintritt. Um mit den Beispielen von soeben fortzufahren: Eine Person, die es auf ihrer ersten Party etwas zu locker nimmt und sich bis auf die Knochen blamiert, eventuell sogar mit einer Alkoholvergiftung im Krankenhaus landet und sich kleinlaut Mama und Papa erklären muss, wird, zumindest eine Zeit lang, kein großes Verlangen nach Partys entwickeln. Die Gefahr, sich an Partys jedes Wochenende zu gewöhnen und seinen Freundeskreis nur bei Trunkenheit zu pflegen, sinkt. Anders dagegen kann das Gefühl von erhöhtem Selbstbewusstsein und die Ausgelassenheit aufgrund des Alkoholkonsums auf Partys dazu führen, dass eine Abhärtung eintritt und regelmäßig bzw. mehr Alkohol getrunken wird. Es kann sich so ein „gefestigter Freundeskreis" in diesem Umfeld entwickeln – negative Gewohnheit vorprogrammiert.

Dagegen kann bei gemeinnützigen Tätigkeiten im Verein eine positive Gewohnheit entstehen, falls die Stimmung gut ist und die Ziele erreicht werden. Solche Vereinsaktivitäten werden oft positiv in der Öffentlichkeit wahrgenommen, was einen zusätzlichen Mehrwert schafft und das Verlangen, daraus eine Gewohnheit zu machen, bestärken kann.

Routine

Die Routine, der dritte Prozess, sorgt dafür, dass die jeweilige Gewohnheit einfacher praktiziert werden kann. Die Abläufe automatisieren sich, die Barrieren sinken nochmals. In beiden unserer Beispiele kann es dazu kommen. Durch dazugewonnene Freunde bei Partys steigt die Vernetzung. Bei Fahrten gibt es Abmachungen in der Gruppe, sodass jedes Mal ein anderer Fahrer keinen Alkohol trinkt und „Glück sowie Leid" gleichermaßen fair verteilt sind. Im Verein dasselbe: Gemeinsame Fahrgemeinschaften bei Ausflügen oder auswärtigen Verpflichtungen, private Verabredungen außerhalb der Vereine u. v. m.

Belohnung

Mit der Belohnung, dem vierten und letzten Prozess, wird noch mehr Anreiz zur wiederholten Ausübung der Gewohnheit geschaffen. Im Falle der Partys kann es als Belohnung empfunden werden, als gesellig oder gar Partykönig bekannt zu sein. Im Verein sind Belohnungen vom jeweiligen Tätigkeitsfeld abhängig. Wer beispielsweise in einem Verein für Naturliebhaber ist und in der Stadt an der Bildung neuer Grünflächen mitgewirkt hat, wird jedes Mal ein optisches Ergebnis als Belohnung für seine Gewohnheit vorliegen haben. Bei einem Sportverein werden womöglich die Trophäen und Medaillen Zeugen des Erfolgs sein. Eventuell lernt man noch zusätzlich eine Person kennen, mit der man eine besondere Freundschaft pflegt, und profitiert von einem sozialen Kontakt und Rückhalt mehr in seinem Leben.

Was du aus Clears Modell mitnehmen kannst

Clears Modell maßt sich keine Korrektheit und Übertragbarkeit auf jeden einzelnen Menschen an, sondern dient vielmehr der Vereinfachung eines Phänomens, das im Leben eines Menschen einen hohen Einfluss nimmt: Gewohnheit. Mit der Einteilung der Entstehung von Gewohnheiten in vier Prozesse bringt er Transparenz in deren Entwicklung. Sofern das Modell von James Clear als eines von mehreren Mitteln herangezogen wird, um die Natur der Gewohnheit nachzuvollziehen, ist es äußerst hilfreich. Es unterteilt die Etablierung einer Gewohnheit in vier Prozesse, die einerseits nachvollziehen lassen, wie stark die persönliche Gewohnheit ausgeprägt ist und wie es zu ihrer Entwicklung kam, andererseits eine Hilfestellung dabei sind, die persönlichen negativen Gewohnheiten durch positive Gewohnheiten zu ersetzen. Denn wenn man etwas attraktiv machen und sich für etwas belohnen kann, dann kann man es auch unattraktiv machen und sich dafür bestrafen. So kann eine negative Gewohnheit langsam durch eine bessere und zielführendere positive Gewohnheit ersetzt werden.

Dieses Buch wird in den Folgekapiteln anhand genauer Anweisungen und Methoden veranschaulichen, wie du Clears Theorie anwenden kannst, um dich selbst umzugewöhnen und so deinen persönlichen Erfolg zu fördern. Wichtig in diesem Zusammenhang wird das dritte Kapitel des Buches sein. Denn Clear hat in einem Punkt zweifellos Recht, den auch andere Modelle und Theorien betonen: Eine Gewohnheit entsteht nicht nur dadurch, dass sie einfach häufig praktiziert wird. Es muss ein Anreiz, ob positiv oder negativ, gegeben sein, die Gewohnheit auszuüben. Wer beispielsweise Fingernägel kaut, tut dies oftmals aus Langeweile oder Angst. Hier ist ein deutlicher Anreiz geschaffen. Sämtliche Anreize beginnen im Gehirn, wobei die Emotionen und die rationalen Gedanken im Zusammenspiel darüber entscheiden, wie groß der Drang zur Ausübung der Gewohnheit ist. Kapitel 3 ist daher das ausführlichste. Denn es zeigt dir, wie das Problem der Gewohnheit dort angegangen und gelöst werden kann, wo es entsteht: in der persönlichen Gedanken- und Gefühlswelt. So werden Auslöser und Verlangen kontrollierbarer und steuerbarer.

Lewin-Modell der Veränderungen

Das Modell der Veränderungen nach Kurt Lewin beschreibt den Erwerb von Verhaltensweisen sowie deren Veränderung; für uns passenderweise mit Hauptaugenmerk auf Gewohnheiten. Es veranschaulicht, dass für den Erwerb neuer Verhaltensweisen die Verdrängung anderer Verhaltensweisen notwendig ist.

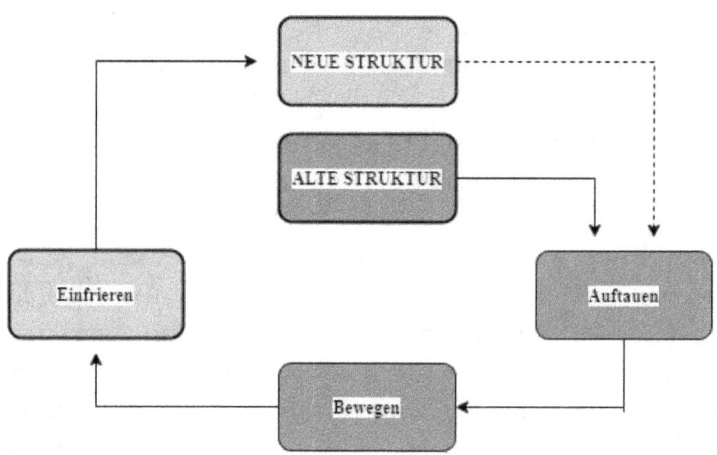

Abbildung 1: Lewin-Modell der Veränderungen

Schwer zu überwindender Ausgangspunkt

Als Basis und Ausgangspunkt dieses Modells dienen alte Strukturen, die bei einem Menschen vorherrschen. Die Herkunft dieser Strukturen ist für das Modell nicht relevant. Du darfst die alten Strukturen als deine aktuellen Gewohnheiten betrachten, die du durch neue Strukturen – hoffentlich bessere Gewohnheiten – zu ersetzen wünschst.

Nach Ansicht Lewins seien sich die betroffenen Personen des Öfteren bewusst, dass eine Verhaltensweise geändert werden muss. Allerdings seien die Emotionen aufgrund der tiefgreifenden Veranlagung zur Gewohnheit ein Hindernis.

Da sich mit einer Veränderung die Alltagsprozesse umstellen würden, würden sich Unsicherheiten ergeben. Diese seien nach Ansicht Lewins unberechtigt, denn es gehe nie darum, komplette Änderungen vorzunehmen. Stattdessen sei das Ziel, Schritt für Schritt einen Teil der Gewohnheiten zu verändern, um sich der Umwelt anzupassen, das eigene Verhaltensrepertoire zu erweitern und langfristig die komplette Umgewöhnung zu meistern.

1. Phase: Auftauen

Setzt man die negativen Gewohnheiten mit einem Eisblock gleich, der geschmolzen werden soll, um eine Verhaltensänderung zu ermöglichen, so ist die Phase des Auftauens das geeignete Mittel dazu. Beim Auftauen wird eine Motivation gewonnen, um das Verhalten zu ändern. Du darfst davon ausgehen, dass du dich zumindest zum Teil bereits in dieser Phase befindest. Denn wenn du nicht ein Problem erkannt hättest, würdest du dieses Buch wahrscheinlich nicht lesen. Andernfalls wirst du mit den nächsten Kapiteln den Auftauprozess einleiten können.

Das Auftauen animiert also zur Auseinandersetzung mit negativen Gewohnheiten. Dieser Prozess wird dadurch in Gang gesetzt, dass erkannt wird, dass das bisherige Vorgehen nicht zielführend ist. Misserfolge, Unzufriedenheit, Einsamkeit und ähnliche negative Dauerzustände oder regelmäßig wiederkehrende Ereignisse sind Beweggründe, sich mit einer Änderung der Verhaltensweisen auseinanderzusetzen.

2. Phase: Bewegen

Sobald etwas in Bewegung ist, tut sich etwas. Handlungen sind mit Veränderung verbunden. Die Veränderung tritt in Phase 2 ein. Lewin formuliert als Kernproblem der Veränderung, dass es kein allgemein gültiges „Richtig" oder „Falsch" gibt. Im

Zuge der Veränderungen – so kann geschlussfolgert werden – entscheidet sich meist, ob es tatsächlich zur nachhaltigen Umgewöhnung kommt. Durch Experimentierfreudigkeit oder das Finden der auf Anhieb richtigen Lösung werden neue Verhaltensweisen abgeleitet, an die man sich gewöhnen soll.

Eine weitere Herausforderung – aus Lewins Modell abgeleitet – ergibt sich entweder sofort oder schrittweise: nämlich die Integration der neuen Verhaltensweisen in die sonstigen Verhaltensweisen. Wer sich in Bezug auf eine Sache eine neue Gewohnheit aneignet, wird unter Umständen andere Lebensbereiche mitbeeinflussen. Mögliche Folge dessen ist, dass in anderen Lebensbereichen ebenfalls Umgewöhnungen stattfinden oder aber die neu gewonnene Gewohnheit wieder verloren geht.

3. Phase: Einfrieren

Lewins Modell beschreibt das Einfrieren als eine Phase der Veränderung. Sollte eine Veränderung zunehmend in die Gewohnheit übergehen, so würde sie eingefroren und zu einer neuen Struktur. Das Einfrieren erfordere eine erfolgreich vollzogene Veränderung. Es sei gleichbedeutend mit dem Erwerb einer neuen Gewohnheit. Lewin führt aus, dass der Rückblick auf die alten Strukturen und die Verdeutlichung der Mehrwerte der neuen Strukturen die Nachhaltigkeit der Veränderung fördere. So komme es zu einer Stabilisierung des neuen Zustands.

Was du aus Lewins Modell mitnehmen kannst

Lewins Modell setzt sich primär mit dem Prozess der Umgewöhnung auseinander, was eine nützliche Erweiterung zu Clears Modell ist, das die Entstehung von Gewohnheiten beleuchtet. Parallelen zwischen beiden Modellen bestehen dahingehend, dass Gewohnheiten als tief in der Person verankert gelten. Lewin bezieht sich nebensächlich auf die Rolle der Emotionen bei der Veränderung, während Clear hier besonders in die Tiefe geht und die Erklärung dafür liefert, wie es zu dieser emotionalen Bedeutung der Gewohnheiten kommt. Eine Änderung der Sichtweise der betroffenen Person auf die alten bzw. bestehenden Strukturen ist in beiden Modellen notwendig, um neue und vorteilhaftere Strukturen zu etablieren. Obwohl die beiden Autoren nicht zusammenarbeiteten, ergänzen sich beide Modelle äußerst treffend.

In den weiteren Kapiteln dieses Buches sollen dir die Erkenntnisse aus Lewins Modell helfen, den Umgewöhnungsprozess effektiver zu gestalten. Mittels praktischer Übungen bekommst du nachhaltige Konzepte mit auf den Weg, um die Umgewöhnung langfristig erfolgreich zu gestalten. Wenn alles klappt, schwimmst du also nicht nur eine kurze Zeit auf der Welle des Erfolgs, sondern so oft und lange, wie du es wünschst.

Gewohnheitsschleife: wissenschaftlich fundiert

In aller Kürze wird nun auf das Modell der Gewohnheitsschleife eingegangen, da dieses weitestgehend dem von James Clear ähnelt. Was die Gewohnheitsschleife auszeichnet ist unter anderem, dass Auslöser, Belohnung und Verlangen verstärkt in Bezug zueinander gesetzt werden:

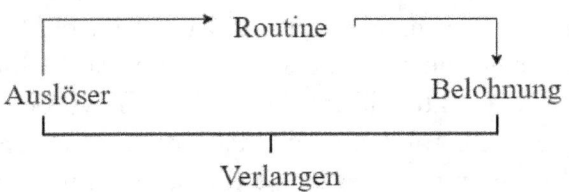

Abbildung 2: Modell der Gewohnheitsschleife

Im Gegensatz zu Clear, der das Verlangen nach dem Auslöser als zweiten Prozess sieht, erhält in der Gewohnheitsschleife das Verlangen als Auslöser **und** Sehnsucht nach der Belohnung doppeltes Gewicht. Dies untermalt die starke Wirkung der menschlichen Emotionen im Zusammenhang mit Gewohnheiten, schließlich ist die Sehnsucht als Kombination der Worte „sich sehnen" und „Sucht" ein emotional tief verankertes Gefühl. Sehnsucht zu empfinden, bedeutet, von etwas abhängig zu sein. In der Gewohnheitsschleife wird also die Intensität des Verlangens hervorgehoben, weshalb in Kapitel 3 der Kontrolle über die eigenen Emotionen ein hoher Stellenwert beigemessen wird. Passende Übungen werden dir helfen, Herr/in deiner Emotionen zu werden und dies zielführend für Umgewöhnungen einzusetzen.

Wie viel Zeit nehmen Umgewöhnungen in Anspruch?

Möglicherweise ist dir bei der Selbstrecherche im Internet, in Büchern oder in Gesprächen zu Ohren gekommen, Umgewöhnungen würden generell 21 Tage dauern. Eine negative Gewohnheit müsste durch eine positive Gewohnheit ersetzt und diese positive Gewohnheit 21 Tage lang praktiziert werden, um dich umzugewöhnen. Woher diese Zeitschätzung kommt und worauf sie gründet, ist nicht bekannt. Ein möglicher Ursprung könnte der Bestseller *Psycho-Cybernetics* (1960) von Dr. Maxwell Maltz sein: Der Autor, ein Schönheitschirurg, führte kosmetische Operationen an Patienten durch, die unmittelbar nach der OP ihr Erscheinungsbild nach wie vor nicht mochten. Rund 21 Tage nach der Operation aber seien sie zufriedener mit dem Erscheinungsbild gewesen. Der Doktor führte dies auf die Gewöhnung an ein bestimmtes Selbstbild, das die Patienten von sich hatten, zurück. Sie seien es gewohnt gewesen, mit ihrem optischen Erscheinungsbild unzufrieden zu sein. Passend zu dieser „Gewohnheit" (Dr. Maxwell Maltz nutzt in seinem Buch nie das Wort „Gewohnheit"; Anm.) beobachtete er, wie Patienten bis zu 21 Tage nach Amputationen an Phantomschmerzen litten.

Die Argumentation ist, dass die Praxiserfahrungen von Dr. Maltz eventuell von den Gewohnheitstheoretikern aufgegriffen und auf die Gewohnheitsforschung übertragen wurden. Dies erscheint einleuchtend. Es könnte sein, dass nach 21 Tagen bei bestimmten Arten von Gewohnheiten eine Umgewöhnung erfolgreich vollzogen ist, aber es gibt keine Garantie dafür. Stattdessen darfst du davon ausgehen, dass eine Umgewöhnung mehr Zeit in Anspruch nimmt.

Das Ausmaß der Gewohnheit, die Art der Gewohnheit und dein individueller Charakter nehmen Einfluss darauf, wie schnell du von einer negativen zu einer positiven Gewohnheit wechselst.

> - **Ausmaß der Gewohnheit**: Gewohnheiten, die du bereits über mehrere Jahre oder Jahrzehnte pflegst, sind schwieriger zu verdrängen als frische Gewohnheiten. Vor allem Gewohnheiten, die dir in früheren Zeiten Positives gebracht haben, sind mit einem nostalgisch oder emotional hohen Wert versehen.
> - **Art der Gewohnheit**: Eine Gewohnheit kann eng mit der Weltanschauung verknüpft sein. Solche Gewohnheiten kulturellen, religiösen oder erfahrungstechnischen Werts halten sich hartnäckig. Sie erfordern eine teilweise Anpassung des eigenen Charakters. Demgegenüber stehen Gewohnheiten, die kaum mit den eigenen Überzeugungen verknüpft sind, sondern bei denen du bereits genau weißt, dass sie nachteilig sind. Hier ist eine Umgewöhnung einfacher.
> - **Dein Charakter**: Du wirst insbesondere zu den praktischen Aufgaben, die ab dem zweiten Kapitel dieses Buches beginnen, eine ganz eigene Einstellung

haben. Die eine Person hält die Übungen für albern, die andere geht mit Feuereifer zur Sache. Soviel sei gesagt: Wer die größte Bereitschaft zu Beginn einbringt und am meisten mitarbeitet, wird am schnellsten vorankommen.

Bestenfalls rechnest du mit einer Umgewöhnungszeit von mehreren Monaten. Eine jüngere Studie aus Großbritannien, die allerdings nur 96 Teilnehmer umfasste, von Lally, Cornelia et al. (2009), stellte fest, dass die Probanden zwischen 18 und 254 Tage brauchten, bis sie ein stabiles Niveau bei Umgewöhnungen erreicht hatten. Erst dann konnte von einer neuen Gewohnheit die Rede sein. Der Mittelwert für die Umgewöhnung war eine Dauer von 66 Tagen. Seitdem wird in einigen Quellen von 66 Tagen für die Bildung neuer Gewohnheiten berichtet. In der Studie ging es darum, sich an Morgensport, gesundes Essen oder ein Getränk zu gewöhnen.

Wenn du die Reihenfolge der Inhalte und Lehren dieses Buches befolgst, ist die Wahrscheinlichkeit hoch, dass du die angestrebte Umgewöhnung schneller und nachhaltiger vollziehst. Hierfür setzt das Buch zuerst bei der Umgewöhnung der Gedanken und Gefühle an, um diese positiv und erfolgsfördernd zu gestalten. Erst im Anschluss werden handlungsorientierte Umgewöhnungen in die Wege geleitet.

1. Schritt: Umgewöhnung beginnt in den Gedanken

Unsere Handlungen führen zum Erfolg. Wer auf all die Macher schaut, die heutzutage Aufmerksamkeit erregen, wird nicht an der Feststellung vorbeikommen, dass ihr Ansehen auf Handlungen zurückzuführen ist.

Elon Musk wird nicht von einigen Personen bewundert, weil er von revolutionären Geschäftsideen spricht, sondern weil er sie gegen alle Widerstände in die Tat umsetzt. In China ändern sie partiell die Gesetze für Musk, in den USA werden die Corona-Vorschriften für seine Fabriken gelockert. Wenn es für eines seiner Unternehmen eng wird, ist er der Erste, der Nachtschichten in der Fabrik schiebt und seine stressbedingten Schlafprobleme mit Tabletten therapiert. Nicht nachhaltig und nicht gesund ist das alles, aber es ist auf den ersten Blick erfolgreich.

Greta Thunbergs Erfolg geht auf ihre Gewohnheit zurück, sich jeden Freitag vor das Parlamentsgebäude zu setzen. Ihre Beharrlichkeit und Kompromisslosigkeit sogar vor den größten Politikern und Persönlichkeiten der Welt waren Wegbereiter der sichtbaren Ergebnisse, die ihre Bewegung für den Umweltschutz erzielt.

Selbst wenn man weit zurückblickt und den Ursprung Deutschlands näher betrachtet, wird man in Karl dem Großen einen Menschen sehen, der durch Handlungen in die Geschichte einging. Er missionierte die Sachsen und erweiterte sein Frankenreich. Getrieben von der Mission zur Erweiterung des Christentums führte ihn sein Werdegang bis vor die Tore Roms, wo er sich als deutscher König zum Kaiser krönen ließ. Dies war der Beginn des Heiligen Römischen Reiches, das erst nach knapp 1.000 Jahren durch Napoleon Bonaparte ein Ende fand.

Man kann von diesen Personen halten, was man will. Sie waren bzw. sind auf ihre Art und Weise jedoch zweifellos erfolgreich. Handlungen führten sie zum Erfolg. Doch den menschlichen Handlungen geht etwas voraus: die Gedanken. Diese werden von einer anderen großen und schwer steuerbaren Komponente begleitet, nämlich den Gefühlen. Erfolgsbringende Handlungen kommen nicht aus dem Nichts. Sie entstammen einer Kombination von Gedanken und Gefühlen.

Um Gewohnheiten langfristig und zielführend zu etablieren, solltest du dich Schritt für Schritt bis zu den Handlungen durcharbeiten. Diese Vorgehensweise setzt voraus, dass du dich zunächst mit dem vorgeschalteten System, den Gedanken und Gefühlen, auseinandersetzt. Dieses System muss per Gewohnheit auf Erfolg getrimmt werden, damit du auch die Handlungen mit voller Überzeugung erfolgreich gestalten kannst.

Dies verdeutlichen auch die drei zuvor angeführten Personenbeispielen: Elon Musk wurde bereits in seiner Kindheit zu Zeiten der Apartheid – er ist gebürtiger Südafrikaner – auf Ungleichheiten aufmerksam, woraufhin er es sich zum Ziel setzte, die Welt verändern zu wollen. Seine tief verwurzelten Überzeugungen führen zu Gedanken und Gefühlen, die ihn an seinen Zielen festhalten und Handlungen vollziehen lassen. Greta Thunbergs Kompromisslosigkeit und Beharrlichkeit gehen u. a. auf ihre Krankheit zurück, die einen erheblichen Einfluss auf ihre Gedanken hat und das

Abwägen differenzierter Argumente nahezu unmöglich macht. Greta Thunberg wird voraussichtlich immer mit allem, was sie ausmacht, ihre Ziele verfolgen. Karl der Große wiederum begegnete, den geschichtlichen Überlieferungen nach, in früher Kindheit dem Papst. Sein Schwur, die Heiden zu Christen zu missionieren und den christlichen Glauben zu verbreiten, sowie der unbändige Glaube an Gott führten dazu, dass er die fixe Überzeugung hatte, mit allen Mitteln der Macht das Christentum ausweiten zu müssen. So kam es auch.

Gefühle und Gedanken stehen am Anfang. Sie umzugewöhnen und erfolgsbringend zu gestalten, ist der Schlüssel zu einer vereinfachten Praxis. Zur Umgewöhnung der Gedanken existieren Übungen, aber das Gehirn ist zu komplex, als dass es sich durch einige Übungen nach Wunsch umprogrammieren ließe. Daher werfen wir zunächst einen Blick auf die Funktionsweise des Gehirns.

Fühlen, Denken, Fühlen, Handeln

In seinem Werk *Fühlen, Denken, Handeln: Wie das Gehirn unser Verhalten steuert* (2001) schildert Professor Gerhard Roth die Funktionsweise des menschlichen Gehirns, die über Emotionen und Gedanken zu Handlungen führt. In einem Artikel des Deutschlandfunks bemerkt der Autor Matthias Eckoldt, das Werk Roths müsse eigentlich „Fühlen, Denken, Fühlen, Handeln" heißen. Er begründet seinen Vorschlag mit den Ausführungen Roths, dass das für Gefühle zuständige limbische System des menschlichen Gehirns bei der Entscheidung über die Ausführung von Handlungen das erste und das letzte Wort habe.

Um dies anhand eines Beispiels auszuführen: Ein gefährliches Tier sprintet auf einen Menschen zu. Dieser reagiert zunächst auf Basis seiner Erfahrungen, die ihm klarmachen, dass es sich um eine gefährliche Situation handelt. Das Erste, was aufkommt, ist nicht der Gedanke, um welches Tier es sich handelt und ob es weiß mit orangenen Streifen oder orange mit weißen Streifen ist. Stattdessen schießt sofort die Angst ins Bewusstsein des Menschen, mit der erste Reaktionen des menschlichen Körpers auftreten: der Puls und die Atmung beschleunigen sich, um die Sauerstoffversorgung zu steigern und eine Flucht vorzubereiten. In dieser Extremsituation sind die Gefühle derart dominant, dass die Gedanken – also Vernunft und Einsetzung des eigenen Wissensschatzes – gar nicht zum Tragen kommen. Stattdessen dominiert das Gefühl der Angst und es wird die Flucht ergriffen. Das bestätigt Roths Behauptung: Die Gefühle haben das letzte Wort.

Nehmen wir hingegen eine andere Situation, die weniger extrem ist: Der Wecker klingelt morgens um 5 Uhr. Anke L. hat keine Lust, aufzustehen. Der Wunsch nach Komfort, die Zufriedenheit, das Wohlempfinden und weitere individuelle Gefühle wären verantwortlich dafür, dass der Wecker abgeschaltet und weitergeschlafen würde. Aber Anke L. hat in dieser Situation, sofern sie nicht zu verschlafen ist, die Gelegenheit und Zeit, um ihre Vernunft einzusetzen. Sie entscheidet sich aufgrund triftiger Argumente (z. B. zur Arbeit gehen, Kinder zur Schule bringen) dafür, ihren Gefühlen zu trotzen. Sie wird aber nicht umhinkommen, zu bemerken, dass, während sie diesen Gefühlen trotzt, die Gefühle nach wie vor präsent sind und sie dazu bewegen wollen, zurück ins Bett zu gehen und weiterzuschlafen. Auch hier bestätigt sich Roths Behauptung: Obwohl die Person entgegen ihrer Gefühle eine Entscheidung trifft, sind sowohl vor als auch nach der Entscheidung die Gefühle präsent.

Versuche am besten in jeder Situation, in der du mittels Vernunft gegen deine Gefühle ankämpfst, zu beobachten, wie stark die Macht deiner Gefühle ist. Sie fällt bei jeder

Person unterschiedlich aus. Einige Personen sind sogar dazu imstande, ihre Gefühle komplett hintanzustellen. Diese Personen bezeichnet man meist als diszipliniert. Andere Personen müssen stärker gegen das ankämpfen, was im Volksmund auch der „innere Schweinehund" genannt wird.

> ### *Wusstest du schon?*
>
> Das Großhirn macht 85 % der gesamten Hirnmasse aus. Es ist von der Großhirnrinde ummantelt. Diese wird auch als Cortex bezeichnet. Den mit 90 % höchsten Anteil am Cortex hat der Neocortex. Er hat sich im Zuge der Evolution der menschlichen Sinnesorgane entwickelt. Hier ist u. a. das limbische System verortet, das die Entstehung von Emotionen und Triebverhalten sowie die Ausschüttung einiger Hormone steuert. Es ist erwiesen, dass die Signale aus der Außenwelt zuerst im limbischen System verarbeitet werden. Nur die weitere Verarbeitung unter Mithilfe der vorgeschalteten Gehirnregionen, die für die Bildung des menschlichen Verstands und der Gedanken maßgeblich sind, führt zu einer Abwägung zwischen Emotionen und rationalen Aspekten. So kommt der Mensch zu seinen Handlungen – erst über Gefühle und dann über Gedanken.

Die Kenntnis über die physiologischen Abläufe im Gehirn bis zur Durchführung von Handlungen beantwortet, wieso Gefühle und Gedanken bei Handlungen eine derart große Rolle spielen. Aber wieso die Gefühle bei bestimmten Personen in bestimmten Situationen mal mehr, mal weniger zum Tragen kommen und der Vernunft weichen, beantwortet dieser Sachverhalt nicht. Hier müssen andere Komponenten einbezogen werden, die bei einem tieferen Blick auf das menschliche Bewusstsein offengelegt werden.

Unterbewusstsein: Tiefe Verankerung der Glaubenssätze

Placebos. Scheinmedikamente. Täuschung. Wenn ein Placebo wirkt, dann wird ein angestrebter Effekt erzielt, ohne ein Präparat zu verabreichen, das im Körper eine Wirkung entfaltet. Es ist ein Scheinmedikament ohne jede Wirksamkeit. Und doch wirkt es: Hat ein Patient Schmerzen und erhält ein Placebo verabreicht, ohne zu wissen, dass es eines ist, so entsteht in Erwartung einer Wirksamkeit durch den Patienten manchmal die angestrebte Wirkung. Es lindert bei einigen Patienten die Schmerzen oder trägt anderweitig zur Besserung bei, obwohl es dies eigentlich nicht tun sollte. Der medizinische Grund hierfür ist, dass der Patient durch seine Erwartungen und die damit einhergehende Überzeugung Hormone ausschüttet, die den Schmerz reduzieren.

In Forschungen wurde festgestellt, dass der Körper bereits auf Ebene des Rückenmarks Dopamin und endogene Opioide ausschüttet, um die Schmerzen zu lindern. Bei einer Forschung aus den 70er Jahren erkannte man, dass nach dem Eintreten des Placebo-Effekts durch die Verabreichung eines Opioid-Antagonisten (ein Wirkstoff, der die Ausschüttung von Opioiden hemmt; Anm.) die Placebo-Wirkung gehemmt wurde.

Der Mensch ist imstande, allein durch den Glauben an eine Wirkung entsprechende Prozesse im Körper zu initiieren. Dieser Eindruck wird durch die Tatsache verstärkt, dass es neben den Placebos auch die Nocebos gibt. Als Nocebos bezeichnet man Medikamente, die einen Wirkstoff enthalten, aber nicht die angestrebte Wirkung entfalten.

Wieso läuft es mal so, mal so? Wieso spricht der eine Körper auf Medikamente an, der andere aber nicht? Teilweise existieren medizinische Begründungen. Es kann sich aus diversen

Gründen um Non-Responder handeln: Der Körper springt einfach nicht auf den jeweiligen Wirkstoff an, weil ihm z. B. Enzyme zur Verwertung fehlen oder weil eine (weitere) Erkrankung dies verhindert. Aber Nocebos hießen nicht Nocebos, wenn sie mit dem soeben geschilderten Sachverhalt erklärt werden könnten. Man spricht nur von Nocebos, wenn das Medikament bei der jeweiligen Person wirken müsste, es aber nicht tut. Die Wissenschaft pflegt, Phänomenen einen Namen zu geben. Die Ursache für diese Phänomene liegt wohl in dem Ort, in dem du auch positive Gewohnheiten in deinen Gedanken entwickelst: dem Unterbewusstsein.

Was ist das Unterbewusstsein? Gibt es das überhaupt?

Zum menschlichen Unterbewusstsein gibt es wenige wissenschaftlich belastbare Aussagen. Im Gegensatz zum limbischen System, das durch Hormonausschüttung messbar ist, ist das Unterbewusstsein eine Art Mysterium. Überhaupt stellt sich die Frage, ob es das Unterbewusstsein gibt.

Die moderne Kognitionspsychologie und Hirnforschung bezeichnet das Unterbewusstsein – verkürzt gesagt – als eine Ansammlung von Prozessen im Gehirn, die derart schnell ablaufen, dass nur die Resultate der Gedanken bewusst werden, nicht aber die einzelnen Schritte, die zu den Resultaten, wie z. B. einer bestimmten Handlung oder der Aussprache bestimmter Worte, führten. Hintergrund des Unterbewusstseins sind der Theorie zufolge Automatisierungsprozesse innerhalb des menschlichen Gehirns, die zur Senkung des Energieverbrauchs und zur Vereinfachung der Gedankenprozesse dienen. Außerdem existiert noch die Theorie von Sigmund Freud, der das Unterbewusstsein mit verdrängten Triebrepräsentanzen in Verbindung stellt.

Dieses Buch folgt der These der modernen Kognitionspsychologie und Hirnforschung, die das Unterbewusstsein als schnell ablaufende Prozesse bezeichnet. Diese These wird nun den Theorien der Wissenschaftler gegenübergestellt, die der Auffassung sind, es gäbe kein Unterbewusstsein. Die Tatsachenlage stellt sich wie folgt dar: Nein, es gibt kein Unterbewusstsein, das sich im Gehirn klar verorten und mittels Messungen nachweisen ließe; zumindest nicht nach dem jetzigen Forschungsstand. Einen klaren Beweis für das Ablaufen unterbewusster Prozesse gibt es nicht, was die Forscher weitestgehend monieren. Professor Nick Chater von der britischen Warwick Business School zum Beispiel verweist auf den Mangel an Beweisen für ein existierendes Unterbewusstsein. Es gäbe keinen Beweis dafür, dass, während wir über eine Sache nachdenken, irgendwo in uns andere Gedankenprozesse ablaufen, so Chaters Worte. Dies ist die radikale Ansicht einer Wissenschaft, die sich nur mit festen Belegen aufhält.

Denke jetzt bitte mal selbst an folgende Situationen und beurteile für dich, ob es vielleicht doch irgendeine Form von Unterbewusstsein gibt:

> - Hast du bereits einmal den Weg zu Schule, Universität, Arbeit, zu Freunden oder einem anderen häufig besuchten Ort zurückgelegt, ohne über die Route nachdenken zu müssen?
> - Ist es dir bereits einmal gelungen, auf eine Frage instinktiv eine richtige Antwort zu geben, obwohl du eigentlich geistig abwesend warst?
> - Sind dir Bewegungs- oder Arbeitsabläufe gelungen, ohne dass du über diese genauer nachgedacht hättest?

Irgendeiner dieser Fälle ist sicher schon einmal vorgekommen. Es ist die Rede von Automatismen: Der Mensch führt etwas häufig durch oder kennt es aus dem Effeff, weswegen er auf Anhieb die richtige Durchführung beherrscht;

unabhängig davon, ob er aktuell geistig gegenwärtig ist oder eher abwesend.

Jetzt wird der Bogen zu den Pessimisten und Optimisten auf der Welt gespannt, die Kraft ihrer Gewohnheit die Gedanken in eine negative bzw. positive Richtung steuern: Es ist doch sehr auffällig, dass einige Personen begnadet darin sind, in allen Dingen die Vor- oder Nachteile zu sehen. Sie haben fast schon automatisch eine negative Grundeinstellung oder aber die wünschenswerte positive Grundeinstellung zum Leben. Beobachte dies am besten bei dir selbst oder in deinem Bekanntenkreis: Wie viele Personen pflegen in auffällig vielen Sachverhalten eine positive Herangehensweise und wie viele eine negative Herangehensweise?

Quintessenz der ganzen Erläuterungen: Es existiert kein Unterbewusstsein, das sich anatomisch oder physiologisch im Gehirn verorten und funktionell nachweisen lässt. Aber es existiert das Unterbewusstsein als ein Begriff für Prozesse und Grundhaltungen, die tief in uns verwurzelt sind. Nocebos, Placebos, optimistisch und pessimistisch eingestellte Menschen, automatisierte fehlerlose Handlungen bei gleichzeitiger geistiger Abwesenheit und viele weitere Vorkommnisse sind Zeugen der Existenz einer Art von Bewusstsein, die tief im Menschen verborgen liegt und ihn steuert. Damit steuert das Unterbewusstsein auch den Erfolg.

> ### *Wusstest du schon?*
>
> Wenige Wissenschaftler trauen sich, nach wissenschaftlich haltbaren Erklärungen zu suchen, wie das Unterbewusstsein durch eine positive Grundhaltung zu einer Verbesserung der äußeren Umstände beim Menschen beitragen könnte. Zu romantisch erscheint die Vorstellung, man könne Kraft positiver Gedanken die

> Umgebung beeinflussen. Ein zumindest interessanter Ansatz ist der von Dr. Ulrich Warnke, der die Beeinflussung der unmittelbaren Umgebung mit physikalischen Kräften beurteilt. Angeblich tragen die fürs Reden und Handeln verantwortlichen Nerven und Muskeln zur Entstehung von Aktionspotenzialen bei. Es sei bekannt, dass durch das Gehirn – Gedanken und Geist steuern es – Signale im Körper gesendet würden, um Bewegungen des Mundes beim Reden oder anderer Körperteile bei anderen Aktivitäten hervorzurufen. Dabei hätten Moleküle eine elementare Funktion. Moleküle setzen sich aus Proteinverbindungen zusammen, die durch den Geist beeinflusst und verändert werden. Außerdem stehe fest, dass die Molekülverbindungen durch Elektronen beeinflusst werden, die eine bestimmte Rotation – „Spin" genannt – aufweisen. Ebenso wie die Molekülverbindungen würde der Spin durch die Energie des Menschen nach außen wirken könne, ist es für Warnke eine Gewissheit, dass der Mensch die Materie außerhalb seines Körpers durch den Geist beeinflusst.

Wissenschaftliche Thesen wie die von Dr. Ulrich Warnke wagen sich auf ein Gebiet vor, das mittels logischer und bekannter physikalischer Abläufe die Wirkung eines eventuell vorhandenen Unterbewusstseins zu ergründen versucht. Fürs Erste steht die Erkenntnis, dass irgendetwas im Menschen schlummert, das dessen Denken und Handeln beeinflusst. Es arbeitet auffällig schnell und fernab der Kontrolle. Automatisiert. Ihm wurde der Name Unterbewusstsein gegeben. Die Existenz zahlreicher Bestseller und die Methodiken angesehener Psychologen sprechen dafür, dass es das Unterbewusstsein gibt. Sie sind der Schlüssel, um das Unterbewusstsein auf Erfolg zu trimmen.

Unterbewusstsein umstellen: Warum? Wie? Womit?

Geht man von der These aus, dass die Umstellung des Unterbewusstseins gleichbedeutend mit der Schaffung einer bestimmten Grundeinstellung zum Leben verbunden ist – wie lässt sich diese These festigen? Die Antwort: Weil sich das Unterbewusstsein auf eine Reihe automatisierter Prozesse im Gehirn bezieht, lässt es sich als der Ort bezeichnen, in dem die menschlichen Grundeinstellungen verborgen liegen. Eine Person, die ausschließlich und automatisch negativ denkt, zeichnet sich durch eine negative Grundeinstellung aus. Würde in dem eigenen Unterbewusstsein, das offensichtlich negativ eingestellt ist, anstelle des negativen Gedankenguts ein positives Gedankengut schlummern, so ergäbe sich daraus, dass die Person eine positive Grundeinstellung hätte und die Wahrscheinlichkeit, Erfolg zu haben, steigern würde.

Zu kompliziert?!? Dann hier nochmal in der einfachen Ausführung:

- Wenn wir vermehrt negativ denken und für jeden Sachverhalt etwas Negatives suchen – also „den Teufel an die Wand malen" –, dann automatisieren wir das Gehirn, immer einen negativen Blickpunkt einzunehmen.
- Da wir von automatisierten Denkprozessen sprechen, ist eine tiefe Verwurzelung der negativen Ansichten anzunehmen, die uns zum Unterbewusstsein führt.
- Eine Umstellung des Unterbewusstseins hätte automatisierte positive Gedankenmuster zur Folge
- Da Gedanken sowie Gefühle zu Handlungen führen und eine positive Automatisierung dieser beiden Einflüsse die Handlungen in eine positive, sichere sowie erfolgreiche Richtung lenkt, ist eine Umstellung des Unterbewusstseins zielführend.

Man ersetzt durch eine Umstellung des Unterbewusstseins also Schritt für Schritt die negativen oder nicht zielführenden Glaubenssätze durch positive bzw. zielführende Glaubenssätze. So kommt man dem Erfolg näher. Erfolgsgewohnheit „Positive Gedanken" – so lautet der erste Schritt bei der Bildung positiver Gewohnheiten und der Mission, ein erfolgreicher Mensch zu werden. Die Herausforderung bei diesem ersten Schritt ist, dass das, was im Unterbewusstsein programmiert ist, tief verwurzelt ist.

Demnach stellt sich die Frage, wie und womit du dein Unterbewusstsein umstellst. Die Lösung dieses Rätsels lautet: Bildung positiver Gewohnheiten in Bezug auf die Gedanken. Hierzu existieren mehrere Glaubenssätze und Übungen, anhand derer die Gedanken umprogrammiert werden. In diesem Sinne: Genug von der Theorie, rein in die Praxis!

Positive Grundhaltung durch positives Unterbewusstsein: Die Übungsphase

Im Zusammenhang mit einer positiven Umstellung des Unterbewusstseins ist ein Modell so bekannt, wie kaum ein anderes: das Gesetz der Anziehung. Es heißt, dieses Gesetz sei ein seit Jahrtausenden bekanntes Prinzip. Rhonda Byrne schreibt in ihrem weltbekannten Bestseller *The Secret* noch vor dem Inhaltsverzeichnis:

> *„Wie oben, so unten.*
> *Wie innen, so außen."*

Sie verortet dieses Zitat auf einer Smaragdtafel, die auf das dritte Jahrtausend vor Christus datiert. Wer nach weiteren Belegen sucht, wird in der Bibel fündig:

> *„Darum sage ich euch: Alles, um was ihr auch betet und*
> *bittet, glaubt, dass ihr es empfangen habt, und es wird*
> *euch werden." –* Markus 11, 24

Hinzu kommen die vielen Werke von Erfolgsmenschen und anderen Machern, die das Gesetz der Anziehung als Schlüssel zum persönlichen Erfolg anführen. Beispielsweise formuliert T. Harv Ecker in seinem Erfolgswerk *So denken Millionäre* (2006), dass das „unterbewusste finanzielle Verhaltensmuster" der Kernfaktor ist, der darüber entscheidet, ob sämtliches Lernen, Wissen und alle Aktivitäten Veränderungen hervorrufen. Demnach sei das Eintreten des Erfolgs abhängig von der korrekten Programmierung des Unterbewusstseins.

Einige Belege wurden nun genannt, sodass klar sein dürfte, dass hier nichts aus der Luft gegriffen wird, sondern dass das Modell weltbekannt ist – scheinbar über mehrere Jahrtausende hinweg! Aber was verlangt dieses Modell, das Gesetz der Anziehung, überhaupt von dir? Was muss gemacht werden, damit es zu deinen Gunsten wirkt?

Das Gesetz der Anziehung verlangt von dir positives Denken in jedweder Hinsicht: In Bezug auf Geld, deine Träume, Familie, Karriere und alles andere in deinem Leben sollst du so denken, dass du den Erfolg in deine Richtung lenkst. Sobald eine Aufgabe oder Herausforderung ansteht, sollst du nicht über die Hindernisse und Widrigkeiten nachdenken. Der Fokus soll den persönlichen Fähigkeiten und dem Glauben an den Erfolg gelten. Sich diese automatisierte positive Denkweise anzugewöhnen – genau dies verlangt das Gesetz der Anziehung. Dass diese Angewöhnung alles andere als einfach ist, verraten dir bereits die vorigen Inhalte in diesem Buch rund um die Wirkungsweise des Gehirns und des Unterbewusstseins. Es müssen neue Automatismen entwickelt werden, was mehrere Übungen voraussetzt. Genau diese Übungen werden im Folgenden vorgestellt, um dir zu helfen, Erfolg, Glück und alle anderen Ziele magnetisch anzuziehen.

Die folgenden Beispiele liefern einen Eindruck davon, was möglich ist:

- ➢ **Beruf**

  Du bist im Vertrieb tätig. Die Produkte verkaufen sich zurzeit schwer. Die Gründe liegen im Markt, in der Zielgruppe und in bestimmten Eigenschaften des Produkts, die schwer zu vermarkten sind. Aber du bist ein/e Optimist/in! Du bist es gewohnt, immer so zu denken und zu handeln, als hättest du beim letzten Kunden das Produkt verkauft und einen bemerkenswerten Lauf. Auch wenn du bei Hundert Kunden zuvor nicht erfolgreich warst, denkst du nur an den Erfolg. Denn in deiner Gedankenwelt hast du bereits zig Produkte verkauft und bist ein/e Macher/in!

  Ist das unrealistisch? Ist diese Denkweise unklug? Falls du in der Produktentwicklung tätig bist, ja. Aber wenn du keinen Einfluss auf Ausbesserungen des Produkts hast und nur für den Vertrieb zuständig bist, dann musst du aus dem, was du aktuell zu diesem Zeitpunkt hast, das Beste machen. In diesem Falle handelst du am besten, wenn du jedem Kunden optimistisch, freundlich und mit der Zuversicht und Selbstverständlichkeit etlicher getätigter Verkäufe gegenübertrittst. Irgendwann wirst du die Produkte wirklich verkaufen, weil deine Anziehungskraft es nicht anders zulässt.

- ➢ **Liebesleben**

  Da läuft sie / er vorbei. Die Frau / der Mann deiner Träume, die Liebe auf den ersten Blick, ist nur ein paar Schritte entfernt. Aber du selbst bist bisher immer schüchtern gewesen. Nun hättest du zufälligerweise das passende Einstiegsthema parat, um ein Gespräch zu starten. Aber da sind diese Zweifel, weil du noch nie zuversichtlich auf das andere Geschlecht zugegangen bist. Glücklicherweise hast du durch die zuletzt gelesene Lektüre gelernt, worauf es ankommt: Du denkst nicht an deine Vorgeschichte. Du erschaffst von dir selbst den Gedanken einer Person, die auf jeden anderen Menschen zugehen und ihn für sich vereinnahmen kann. So machst du es, und ehe du dich versiehst, hast du bereits durch das zuversichtliche Lächeln und das helle, ruhige, aber dennoch lebensfrohe „Hallo" einen sympathischen Einstieg ins Gespräch geschafft. Der Rest läuft von allein ...

Ist dieses Szenario unrealistisch? Eine Person, die völlig mutlos war, geht nun proaktiv auf eine andere zu; noch dazu auf das andere Geschlecht? Tatsächlich sorgt eine positive Herangehensweise dafür, dass andere positive Herangehensweisen erwidert werden. Wenn du die augenscheinliche Liebe deines Lebens zuversichtlich und sympathisch ansprichst, darfst du mit einer ähnlichen Antwort rechnen, woraufhin du noch mehr Zuversicht gewinnst. Brüllst du die Person hingegen an, um dich über deine im Unterbewusstsein dominante Unsicherheit hinwegzusetzen, dann wird natürlich vieles schieflaufen. Bei diesem Beispiel ist nicht die Rede davon, dass du auf Anhieb in die Fußstapfen Casanovas trittst und dir zwischenmenschlich alles gelingen wird. Aber du wirst mit positiver Denkweise deine Erfolgswahrscheinlichkeit und die Wahrscheinlichkeit für eine Aneinanderreihung positiver Erlebnisse steigern.

> **Prüfungen / Wettkämpfe**

Negative Gedanken lenken ab, weil sie beunruhigen. Unter Prüfungsdruck richtig zu rechnen, zu argumentieren oder zu tun, was die Prüfungsaufgabe verlangt, erfordert einen klaren und fokussierten Verstand. Ein Unterbewusstsein, das auf „Ich schaffe es!" programmiert ist, wird dich nach Prüfungsaufgaben hungern lassen, sodass du eine ausgezeichnete Performance an den Tag legen wirst. Dasselbe gilt für Wettkämpfe: Wenn du weißt, dass du es schaffen wirst, weil es in deiner Gedankenwelt keine Alternative dazu gibt, wirst du den Golfball mit größerer Überzeugung schlagen und dem Loch bedeutend näher kommen, als bei einem zaghaften und von Unsicherheiten begleiteten Schlag.

Nun also auch der Sport! Macht das Gesetz denn vor keinem Lebensbereich halt? Nein, denn die Art und Weise, wie man an jede Sache herangeht, prägt das Abschneiden. Der Erfolg stellt sich bei einem überzeugten Vorgehen mit höherer Wahrscheinlichkeit ein, weil die volle Aufmerksamkeit ohne bestehende Sorgen und negative Gedanken dem Zweck dient, die eigenen Kompetenzen und Fähigkeiten bestmöglich einzubringen.

Lehre 1: Negationen vermeiden

Diese erste Lehre wird dich dazu führen, dir deiner Ziele bewusst zu werden, diese festzuhalten und obendrein *richtig* festzuhalten. Es ist fürs Erste nicht relevant, ob du große oder kleine Ziele hast: Schreibe dir alles auf, was dir an Zielen auffällt. Dies können sowohl vage Aussagen („Ich möchte mir mehr Zeit für bestimmte Dinge nehmen.") als auch konkrete Aussagen („Bis zu meinem 35. Lebensjahr möchte ich Millionär sein.") sein. Wir sammeln am Anfang nur, was dir auf dem Herzen liegt. Langfristige ebenso wie kurzfristige Ziele sind willkommen. Falls du unsicher bist, was du dir eigentlich wünschst, setze dich in Ruhe hin und mache dir Gedanken über dein Leben und wo du stehst. Bestimme realistische Ziele, die mittels deiner Ressourcen zum angestrebten Zeitpunkt erreichbar sind. Trage die Ziele gern in kleinen Schritten bzw. Etappen zusammen, um die Fortschritte schneller zu bemerken.

Bis hierhin ist es meist noch recht einfach. Wenn nicht alle Ziele klar sind, so sind es zumindest doch einige Ziele. Einige Klassiker unter den Zielen sind eine erfolgreiche Diät, ein höheres Einkommen, ein/e Lebenspartner/in, Ausleben von Hobbies und regelmäßige Reisen. Wo es aber bedeutend schwerer wird, ist bei der Formulierung der Ziele, Wünsche und Träume. Der Fehler, den die meisten Personen begehen, gründet auf der zum Teil oder ausgeprägt angewöhnten negativen Grundhaltung im Unterbewusstsein. Er äußert sich darin, dass in Negationen gedacht wird:

- „Ich möchte keine schlechte Note bekommen."
- „Ich möchte mich nicht blamieren."
- „Ich will nicht scheitern."
- „Ich habe keine Angst."

Aufgabe 1

Lies dir jeden der Sätze aus der Aufzählung durch und lasse jeden Satz einige Zeit auf dich wirken. Versuche dabei wahrzunehmen, welche Bilder in deiner Vorstellung durch den jeweiligen Satz kreiert werden. Suche andere Sätze aus, bei denen die Worte „nicht" oder „keine" zum Einsatz kommen. Welche Gedankenbilder regen diese Sätze bei dir an?

Falls du keine konkrete Lösung bei der Aufgabe ermitteln konntest, ist es nicht schlimm. Sich Gedanken zu machen, ist aber ein erster und wichtiger Schritt beim Verständnis der Problematik. Die Tatsache, dass du eventuell keinen konkreten Gedanken bei den Sätzen hattest oder kein Bild aufgetaucht ist, ist darauf zurückzuführen, dass viele solcher Sätze nicht aktiv zu einem konkreten Bild animieren. Sie verneinen lediglich eine Sache, woraufhin aber Millionen und Milliarden anderer Sachen denkbar sind. Eine konkrete – geschweige denn eine zielführende, positive – Botschaft daraus abzuleiten, ist in diesen Fällen nahezu unmöglich. Viel wahrscheinlicher aber wird es, dass die negative Botschaft zum Gehirn durchdringt, weil das Gehirn Negationen nicht verarbeiten kann. Bei Formulierungen wie „keine Angst", „nicht scheitern" oder „keine schlechte Note" ist zwar die Negation vorangestellt, aber was nimmt das Gehirn eher war – den verneinenden Zusatz oder das jeweilige Stichwort (z. B. Angst, Scheitern), das aufgrund bisheriger Erfahrungen im Leben mit Emotionen verknüpft ist? Eher letzteres ist der Fall.

> ### *Wusstest du schon?*
>
> Trotz eines Mangels an wissenschaftlich belastbaren Belegen zur Wirkung negativer Formulierungen nehmen diverse Berufs- und Personengruppen an, dass Negativformulierungen zum Erreichen eines Ziels gemieden werden sollten. In der Verkaufspsychologie wird gelehrt, Wörter wie „Problem" gar nicht in den Mund zu nehmen, selbst wenn es „kein Problem" gibt. Dies sind Alarmworte, die im Unterbewusstsein sofort eine negative Wirkung hinterlassen. Ärzte, die ihren Patienten bei schweren Krankheiten eine Stütze sein wollen, sprechen oftmals von Überlebenschancen bestimmter Behandlungen anstelle von Sterblichkeitsraten.

Da wurde in der Box schon ein wichtiger Punkt verraten: Es existieren wenig bis gar keine wissenschaftlich belastbaren Belege für die Wirkung oder Nicht-Wirkung von Negativformulierungen. Die Beobachtungen aus mehreren Jahrzehnten Psychologie, Verhaltensforschung, Marketing sowie weiteren Disziplinen sind die fast einzigen belastbaren Thesen. Die Menge der Befürworter, anstelle negativer Formulierungen auf positive Formulierungen zu bauen, ist derweilen erdrückend;

so erdrückend, dass sich auch in der Wissenschaft ein bisschen was tut. Andrea Birchler schreibt in ihrer Diplomarbeit zur Rolle positiver und negativer Suggestionen in der Narkoseeinleitung (2018) in Berufung auf mehrere wissenschaftliche Quellen, dass positive Suggestionen bei Patienten durchaus zu einer Reduktion zahlreicher Beschwerden nach operativen Eingriffen führen können. Eine logische Erklärung für die „Nicht-Wirkung" von Verneinungen lässt sich bei den Funktionen des Gehirns durchaus ausmachen, womit die ganze These auf ein solideres Fundament gestellt wird: Während die linke Gehirnhälfte logische Zusammenhänge verarbeitet, ist die rechte für die Verarbeitung der Lebensereignisse zuständig. Die rechte Gehirnhälfte arbeitet schneller. Wenn also die Verneinung „nicht scheitern" gedacht oder ausgesprochen wird, so wird zunächst das Bild des Scheiterns erzeugt, weil es mit Ereignissen verbunden ist, die man selbst erlebt hat. Der spätere Zusammenhang mit der „Negation" spielt anschließend nur noch eine untergeordnete Rolle.

Aufgabe 2

Konzentriere dich auf positive Formulierungen. Ersetze alle Ziele, Wünsche und sonstigen Begierden auf deiner Liste, falls negativ formuliert, durch positive Formulierungen. Aus „Ich möchte nicht allein leben." wird beispielsweise „Ich finde einen Partner." Auf geht's!

Es ist nicht einfach, vom Negativen ins Positive zu switchen, sofern du es über die Dauer mehrerer Jahre oder Jahrzehnte gewohnt warst, den „Teufel an die Wand zu malen". Falls du darin eine Herausforderung siehst, dann ist zum Abschluss dieser ersten Lehre noch eine Erkenntnis vorhanden, die dir großen Mut machen dürfte: Alles Negative hat einen positiven Gegensatz. Dieser positive Gegensatz ist gar nicht so fern, wie du möglicherweise vermutest. Denn er befindet sich auf derselben Skala.

Angst ------------------------------------ *Mut*
Zweifel ---------------------------- *Zuversicht*
Pessimismus ------------------------- *Optimismus*
Armut ---------------------------------- *Reichtum*
Misserfolg -------------------------------- *Erfolg*

> **Aufgabe 3**
>
> Suchst du noch nach dem passenden positiven Stichwort für dein Ziel, um die Negation zu ersetzen? Dann fange an, die negativen Stichworte niederzuschreiben und in derselben Zeile mit etwas Abstand die positiven Gegensätze zu notieren. Markiere im Zwischenraum auf einer Skala, wie weit du von dem positiven Aspekt entfernt bist. Lies danach weiter in diesem Buch. Gehe nach Lehre 3 im übernächsten Abschnitt – nachdem du alle Übungen durchgeführt hast – wieder zu der Skala zurück und beurteile, ob sich etwas geändert hat. Behalte deine persönliche Skala gern langfristig bei, um zu dokumentieren, wie sich deine Glaubenssätze entwickeln – im Idealfall jede Woche ein kleines bisschen nach rechts: von Angst zu Mut, von Zweifel zu Zuversicht, von Pessimismus zu Optimismus und so weiter auf den vielen weiteren Skalen, die du für dich gefunden hast.

Lehre 2: Positive Affirmationen!

Im Prinzip ist die Wortkombination „positive Affirmationen" eine Dopplung, denn Affirmationen sind von Natur aus positiv. Diese Dopplung wurde aus stilistischen Gründen genutzt, um die Bedeutung dieser Thematik zu unterstreichen. Affirmationen dienen der Beschreibung eines Zustands oder einer Situation – immer als gut, immer als positiv. Bei Affirmationen ist nicht mehr von gesetzten Zielen oder formulierten Wünschen die Rede. Wendet man Affirmationen an, so stellt man sich vor, etwas bereits erreicht zu haben:

- „Ich bin wohlhabend."
- „Ich habe einen attraktiven Körper."
- „Ich habe eine sehr gute Note bekommen."
- „Ich habe den Deal an Land gezogen."

Während die ersten beiden Beispielsätze sich auf allgemeine und längere Zustände beziehen, treffen die letzten beiden Beispielsätze auf einzelne Ereignisse (Note aus einer Prüfung, Ergebnis aus einer Verhandlung) zu. Diese Ereignisse liegen bei Affirmationen in der Zukunft. Man will sich für ein künftiges Ereignis Zuversicht und Mut zusprechen, indem man seinem Unterbewusstsein suggeriert, es habe bereits mit Erfolg stattgefunden. Demnach beziehen sich Affirmationen sowohl auf Ist- als auch Soll-Zustände. Es wird aber immer gesprochen und gedacht, als hätte man sein Ziel oder seinen Traum bereits erreicht.

Aufgabe 1

Überlege dir, welche Vor- und Nachteile es haben könnte, seinem Unterbewusstsein zu verstehen zu geben, das angestrebte Ziel sei schon erreicht, obwohl dies (noch) nicht der Fall ist. So verlangen es schließlich die Affirmationen. Leite daraus ab, in welchen Situationen es am sinnvollsten wäre, von Affirmationen Gebrauch zu machen, und wann eher mit Vorsicht vorgegangen werden sollte. Schreibe deine Überlegungen auf einem Zettel auf.

Einerseits – vielleicht wirst du es aus der Aufgabe schon auf deinem Zettel stehen haben – steigt durch Affirmationen, also den Glauben, etwas schon erreicht zu haben, die

Gefahr für Nachlässigkeiten. Denn wenn etwas erreicht ist, darf man sich auf seinen Lorbeeren ausruhen – oder etwa nicht? Es ist ein Stück weit Charakterfrage, aber das allgemeine Risiko ist vorhanden. Interessanterweise gibt es zu der Wirkung von Affirmationen mehrere belastbare Studien, die besagen, dass das Risiko durch ihre scheinbaren Mehrwerte aufgewogen wird. Eine Studie führte Emily Falk von der *University of Pennsylvania* in Philadelphia mit 46 Probanden durch. Gemessen wurden die Ergebnisse mit einer funktionellen Magnetresonanztomographie (fMRI). Im Rahmen der Studie ist die Rede von der sogenannten Selbstbestätigung („self-affirmation"). Wenn eine Person sich mehrmals sagt, sie sei hilfsbereit, selbstbewusst, diszipliniert oder sich andere Charaktereigenschaften zuspricht, so die Studie, verändert dies die Einstellung. Es prägt auch den Charakter. Wendet man die Erkenntnisse dieser Studie an, so ist es vielleicht nicht ratsam, sich zuzusprechen, man habe bereits einen Deal an Land gezogen, einen Wettkampf gewonnen oder ein anderes Ziel erreicht. Dies kann – so bis hierhin der vorläufige Stand – nach wie vor zu Nachlässigkeiten in Vorbereitung auf das Ereignis führen. Aber sich allgemeine Eigenschaften oder Charakteristika zuzusprechen, kann nachhaltig sein und das eigene Selbstbild aufwerten.

Aufgabe 2

Man kann sich soweit aus dem Fenster lehnen, zu behaupten, dass positive Charakteristika, die sich selbst eingeredet werden, absolut förderlich sind. Fange deswegen an, durch Affirmationen deinen Charakter in eine Richtung zu lenken, die deinen Zielen dienlich ist. Hast du beispielsweise das Ziel, deine Verschlossenheit gegenüber neuen Erlebnissen (z. B. das Ausprobieren verschiedener Freizeitangebote, Speisen und / oder Kleidungsstile) loszuwerden, dann lege zielführende Affirmationen fest: „Ich probiere gern X aus." Wenn

> du dem ein stärkeres Fundament verleihen möchtest, machst du bestenfalls noch Gebrauch von einer Begründung: „Ich probiere gern X aus, weil ich neulich Y [positive Erfahrung einfügen]." Schreibe alle Affirmationen auf, die du nutzen möchtest.

Dieser Ratgeber wäre nur halb so hilfreich, wenn er sich ausschließlich mit den positiven Seiten einer jeden Theorie befassen würde. Daher muss eingestanden werden, dass es auch wissenschaftliche Gegenbelege bezüglich des Mehrwerts von Affirmationen gibt. Eine Studie von Wood, Perunovic et al. (2009) zeigte unter Probanden, dass ausgerechnet jene Personen, die am dringendsten auf die Wirkung der Affirmationen angewiesen sind, am wenigsten von diesen profitieren könnten. Eventuell würden die Affirmationen sogar schaden, weil die Personen nach Gegenbeweisen für die Affirmation suchten und diese einfach fänden. Daher wird von den Wissenschaftlern, die an der Studie beteiligt waren, empfohlen, die Affirmationen „moderat" zu nutzen. Anstelle allzu umfassender und euphorischer Sätze wie „Ich habe einen fantastischen Körper" zu nutzen, sollten gemäßigte Selbstbekräftigungen wie „Ich habe gute Fortschritte bei meinem Körper gemacht" bevorzugt angewandt werden.

Weil der Nutzen von Affirmationen vorhanden ist, aber die kritischen Stimmen ebenfalls ihre Berechtigung haben, ist es empfehlenswert, dass du deine eigene goldene Mitte findest. Du solltest dir nicht zu verstehen geben, du hättest bevorstehende Ereignisse schon erfolgreich hinter dich gebracht. Dies verzerrt die Realität. Auch sollest du dich nicht im Rahmen der allgemeinen Affirmationen in ein euphorisches Licht rücken. Sorge dafür, dass du dir Mut machst und dir selbst vermittelst, du seist deinen Zielen nähergekommen.

Aber lasse die Affirmationen dahingehend offen, dass du noch Luft nach oben siehst und auf die Ziele weiterhin hinarbeiten wirst.

> **Aufgabe 3**
>
> Betrachte die von dir formulierten Affirmationen aus Aufgabe 2 und überarbeite sie so, dass die Affirmationen moderater ausfallen. Alles, was jetzt kommt, ist reine Praxis: Nimm dir mehrmals am Tag jeweils drei bis fünf Minuten am Stück Zeit, um dir positiv zuzureden. Dabei sagst du die Affirmationen laut auf. Du kannst dich dabei vor einen Spiegel stellen und einen optimistischen Gesichtsausdruck machen. Alternativ reicht es auch, dich hinzusetzen und die Affirmationen mit hoher Konzentration zu denken. Springe nicht von einer Affirmation zur anderen, sondern nutze am besten jede Pause am Tag für eine andere Affirmation. Je häufiger du diese Affirmationsübungen durchführst, umso mehr werden deine positiven Glaubenssätze sich in deinem Unterbewusstsein verankern. Glückwunsch dazu!

Lehre 3: Visualisierungen mit Stärke!

Etwas zu visualisieren, bedeutet, es zu sehen – unabhängig davon, ob es überhaupt da ist oder nicht. Wenn du dich an deine Schulzeit zurückerinnerst oder unter Umständen im Beruf Erfahrungen mit Vorträgen gemacht hast, wirst du sicher wissen, wie wichtig Visualisierungen sind: Ein Vortrag, bei dem nur gesprochen wird, ist weniger interessant als ein Vortrag, bei dem zusätzlich Bilder, Grafiken, Videos und weiteres gezeigt werden. Auch heutzutage in Marketing-Berufen ist die Bedeutung von Visualisierungen enorm. Influencer in den sozialen Medien arbeiten verstärkt mit Infografiken, selbst Top-Unternehmen machen Gebrauch von Animationsfilmen oder anderen Medien. Die Visualisierung hat die wichtige Eigenschaft, komplexe Sachverhalte einfach zu vermitteln. Folglich verbleiben die vermittelten Inhalte besser im Gedächtnis, im Bewusstsein und sogar Unterbewusstsein. Exakt diese Vorteile von Visualisierungen machst du dir zunutze, indem du sie einsetzt, um mit den positiven Glaubenssätzen prägnanter zu deinem Unterbewusstsein durchzudringen.

> **Aufgabe 1**
>
> Überlege dir, welche Arten von Visualisierungen für deine Glaubenssätze, die du in den ersten beiden Lehren niedergeschrieben hast, zur Anwendung kommen könnten. Denke sowohl über gedankliche Visualisierungsmöglichkeiten in deiner Vorstellungskraft als auch über physische Visualisierungsmöglichkeiten mithilfe verschiedener Gegenstände und Materialien nach.

Erfolgreichen Menschen wird nachgesagt, in puncto Visualisierungen begnadet zu sein. Ein ideales Beispiel hierfür, welches auch Rhonda Byrne in ihrem Werk *The Secret* (2007) aufführt, sind Erfinder. Die Gebrüder Wright mit dem Flugzeug, Thomas Edison mit der Glühbirne, Alexander Graham Bell mit dem Telefon – all diese Erfindungen hätten nach Ansicht der Autorin nicht geschaffen werden können, wenn die Erfinder nicht ein Bild vor Augen gehabt hätten. Selbst heutzutage bei den Großkonzernen, z. B. Apple und Microsoft, werden Designs zunächst aufgezeichnet und mittels Grafikprogrammen visualisiert, ehe sie in den Produkten physisch umgesetzt werden.

> **Wusstest du schon?**
>
> 83 % der Informationen werden mit dem Auge aufgenommen. Diese Erkenntnis machen sich Unternehmen seit geraumer Zeit in der Markenpsychologie zunutze. Nach Florack, Scarabis et al. (2012) ist das Auge das laut wissenschaftlichem Stand dominanteste Sinnesorgan in der menschlichen Wahrnehmung. Zusammenhänge werden schneller beantwortet, weil mehr Gehirnregionen beteiligt sind. Noch stärker wird die Wirkung von Bildern auf das Gehirn, wenn die Bilder Emotionen vermitteln, wie Erkenntnisse von Müller, Andersen et al. (2011) zeigen: Die Messung der Gehirnströme zeigte bei Probanden, dass ein emotionaler Stimulus die Wirkung der Bilder derart intensivierte, dass Patienten sogar bei voriger hoher Konzentration abgelenkt wurden.

Visualisierungen sind auf dem Weg zum Erfolg eine maßgebliche Größe. Ohne Visualisierungen gäbe es eine beträchtliche Menge an Innovationen und Erfolgen nicht. Es zeichnet sich aber aufgrund wissenschaftlicher Untersuchungen ab, dass es das Ziel sein sollte, im Zuge der Visualisierungen die Emotionen zu stimulieren. So wird scheinbar die größte Wirksamkeit auf das menschliche Gehirn erzielt, was zum Durchdringen bis tief ins Unterbewusstsein führt. Diese ganzen Hinweise werfen die Frage nach den passenden Methoden zur Visualisierung auf: *Wie gelingt es dir, in Bezug auf deine Ziele und Wünsche Visualisierungen zu kreieren, die durch die emotionale Wirkung bleibenden Eindruck im Unterbewusstsein hinterlassen?*

- Bewegung in die Vorstellungen bringen
- Vorstellungskraft durch Musik fördern
- Bilder gestalten
- Visionstafel erstellen
- Software nutzen

Weil nicht jede Person die Lust, Zeit oder das Geschick zum Basteln hat, wird zunächst ein einfacher und für dich in jedem Fall machbarer Weg der Visualisierung geschildert: die eigene Vorstellungskraft. Nimm deine Ziele und Wünsche, die du visualisieren möchtest, und stelle dir vor, wie du diese erreichst. So einfach funktioniert diese erste Methode. Übung macht den Meister, sodass du langfristig ohne große Vorbereitung visualisieren können wirst. Kurzfristig aber – insbesondere, wenn du es zum ersten Mal machst – solltest du eine angemessene Kulisse zur Visualisierung schaffen. Diese Kulisse ist im Idealfall ruhig, bequem und du wirst dort über eine Dauer von mindestens fünf bis zehn Minuten nicht gestört. In Frage kommt beispielsweise jeder Raum bei dir zuhause: Du kannst in der Badewanne visualisieren, nach dem Aufwachen im Bett (das ist ein gutes Morgenritual, solange du nicht sofort wieder einschläfst …), im Wohnzimmer auf einem Sessel oder an einer anderen Stelle. Auch draußen auf einer Parkbank lässt sich gut visualisieren. Falls es dir zusagt, kannst du die Entspannung durch das Anzünden einer Kerze oder einer anderen Maßnahme fördern. Am wichtigsten ist aber, dass du dir Zeit nimmst und den Geist von negativen Gedanken frei machst. Bringe dich an das Ziel deiner Träume und fühle deinen Erfolg!

Meine Erfahrungen

Mir haben die Visualisierungen vor meinen Verträgen enorm geholfen. Ich hatte, bevor ich mit Visualisierungen begann, immer eine starke Abneigung gegenüber jedem Vortrag: Negative Erfahrungen mit Zuhörern projizierte ich auf neue Zuhörer, die ich noch gar nicht kannte, sodass ich mit einer negativen Grundeinstellung in den Vortrag ging. Beflügelt dadurch, dass ich in meinem sonstigen Leben an den freien Tagen und abseits der Vorträge für Ordnung gesorgt hatte und Lebenslust empfand, fasste ich den Entschluss, positiv an die Vorträge ranzugehen.

> Hierfür schuf ich in meinem Kopf Bilder der besten Vorträge, die ich jemals gehalten hatte. Ich schloss vor jedem Vortrag fünf Minuten lang die Augen und stellte mir das Lachen der Personen vor, die Gespräche auf hohem Niveau, das Interesse der Zuhörer und die angenehmen Pausen, die wir gemeinsam locker verbrachten. So ging ich positiver gestimmt in die Vorträge und konnte sogar die Vorträge, die normalerweise komplett schiefgegangen wären, relativ gut meistern.

Schon allein der Gedanke an den Erfolg wird dir helfen. Um die Visualisierung in der eigenen Gedankenwelt hinsichtlich ihrer Wirkung zu fördern, erhältst du zwei Tipps, die du der vorigen Aufzählung entnimmst: Bewegung und Musik. Rhonda Byrne verweist in ihrem angeführten Werk mit Bezug auf die Erfahrungen Dr. John Demartinis auf die Probleme, die eine statische Visualisierung beinhaltet: Die Visualisierung kann leicht in sich zusammenbrechen. Für eine erfolgreiche Visualisierung ist es optimal, Bewegung in die Visualisierung zu bringen. So wird eine dynamische Handlung erzeugt, die es dir leichter macht, dich von eventuell noch präsenten negativen Glaubenssätzen loszureißen und bei den positiven Gedanken zu bleiben. Du kannst beispielsweise den gesamten Prozess von dem jetzigen Zeitpunkt an bis zum Erreichen deines Ziels visualisieren. So siehst du einen kleinen Film mit Zwischenetappen, Höhen und Tiefen sowie der verdienten Belohnung am Ende. Die zweite Methode, die dir bei der Visualisierung hilft, ist die Wahl passender Musik. Die Musik kann sowohl statische Visualisierungen als auch innere Filme begleiten. Du entscheidest dabei, welche Musik passt. Der Individualität der Musikgeschmäcker zum Trotz gelten einige Interpreten, Bands oder bestimmte Titel als die typische Motivationsmusik, die zum Erreichen der eigenen Ziele hilfreich ist. Eine kleine Trackliste zur Inspiration – fünf Instrumentals und fünf (exotischere) Lieder:

- Two Steps from Hell – Heart of Courage
- Hans Zimmer – Time
- Emancipator – Minor Cause
- Steve Jablonsky – My Name is Lincoln
- Brad Fiedel – Terminator 2 Main Theme
- Eminem – Loose yourself
- Survivor – Eye of the Tiger
- Queen – We are the Champions
- T. I. – Live your Life
- College feat. Electric Youth – A real Hero

Du wirst deine eigenen Tracks finden oder diese hier lieben lernen. Im Allgemeinen hat sich gezeigt, dass motivierende Lieder meistens klanggewaltig und in „epischer" Variante ihre beste Wirkung entfalten. So werden die Visualisierungen durch bewegte Bilder, Filme vor dem inneren Auge, Dynamik und Musik in der eigenen Vorstellungskraft maximal überzeugend.

> **Aufgabe 2**
>
> Es wird Zeit, dass du deine Vorstellungskraft aktivierst. Du hast einerseits die Visualisierung mittels Vorstellungskraft in einer angemessenen Umgebung kennengelernt. Andererseits weißt du, wie du die Visualisierung durch dynamische Szenarien in deinen Gedankenabläufen sowie die richtige Musik untermalst. Übung macht den Meister, probiere dich daher in einer einwöchigen Übungsphase aus: Nehme dir zu einem präferierten Zeitpunkt an jedem Tag Zeit, um die Visualisierung nach deinen eigenen Vorstellungen durchzuführen. Wann und wie du es auch immer machst: Mache es richtig und unterschätze die Macht der kleinen Details

> nicht! Du darfst während dieser Übungswoche gern die Inhalte dieses Buches weiterlesen und parallel die nächsten Übungen vollziehen.

Die innere, gedankliche Visualisierung kann durch äußere Hilfsmittel unterstützt oder ersetzt werden: Die Erstellung und Verwendung von Bildern und Visionstafeln sowie spezielle Software sind die Optionen. Es klingt nach anspruchsvoller Kunst, ist aber gewissermaßen banal. Schneide ein Foto deines Vorbilds aus einem Magazin und ersetze dessen Kopf durch den deinen. Nimm dir eine Pinnwand, an die du Bilder deines angestrebten Erfolgs und Meilensteine anpinnst. Nutze spezielle Software zum Erstellen eigener Filme und füge Bilder von dir ein. Schon hast du extern visualisiert. Streng genommen musst du nicht mal deine Bilder irgendwo ankleben. Sofern du eine Person wirklich als dein Vorbild wirklich schätzt, reichen auch Fotos dieser Person an einer Pinnwand, um den Visualisierungseffekt zu erreichen. Der Vorteil dieser externen, nicht nur in den eigenen Vorstellungen stattfindenden Visualisierung besteht darin, dass du regelmäßig mit deinen Zielen konfrontiert wirst, indem du einfach auf die Pinnwand schaust oder dir den Film anguckst.

> **Aufgabe 3**
>
> Suche dir mindestens eine Methode zur physischen Visualisierung aus. Gestalte diese Methode. Es reicht schon, wenn du zwei oder drei Bilder von dir beim Erreichen des Ziels an eine Wand pinnst. Für Software zur Visualisierung kannst du gern beim Anbieter *Mind Movies* hineinschnuppern. Ergänze die gedankliche Visualisierung aus der Aufgabe 2 um mindestens eine Methode zur physischen Visualisierung. Behalte die

> physische Visualisierung langfristig bei. Der Vorteil ist: Einmal erstellt, kannst du dir Bilder, Tafeln und Filme jederzeit ansehen. Nutze die Chance, regelmäßig am Tag oder in der Woche auf deine Visualisierung zu schauen.

Lehre 4: Eigene Sichtweisen überdenken

Bisher wurde an der emotionalen Seite gearbeitet. Die Gewohnheiten, nicht in Negationen zu denken, Affirmationen moderat und bewusst zu wiederholen und von Visualisierungen Gebrauch zu machen, sind der emotionalen Seite dienlich: Wenn du automatisiert an Positives denkst, weil du dies durch Gewohnheiten erlernt hast, werden damit einhergehend direkt die positiven Emotionen aktiviert. Aber das Gehirn arbeitet – von der Initialzündung, irgendwie zu reagieren, bis zur schlussendlichen Handlung – nicht nur nach Emotionen bzw. den automatisierten Denkprozessen. Wie du lernen durftest, schalten sich nach dem emotionalen Part weitere Gehirnregionen ein, die im Volksmund als Vernunft, Verstand, rationale Seite, Intelligenz o. Ä. eingestuft werden.

Es geht darum, dass du Denkprozesse anstrengen kannst, die nicht mehr nur den Emotionen folgen. Diese Denkprozesse sind nicht automatisiert, sondern werden von dir selbst gesteuert. Wenn du eine Person bist, die allgemein wenig durch Emotionen gesteuert wird, werden dir womöglich die Lehren 1 bis 3 nur wenig helfen. Denn was bringt ein automatisierter positiver Gedanke, wenn du dann mittels Verstand nur Augen für die negativen Argumente hast und – von diesen getrieben – beschließt, dennoch pessimistisch oder ohne Zutrauen an eine Sache heranzugehen?

Ein Beispiel für das bis hierhin Geschilderte: Ein sehr guter Freund, der in seinem Leben viel Erfolg hat, kommt nach mehreren Jahren in die Stadt zurück, in der du wohnst. Ihr beide freut euch, euch wiederzusehen. Der Freund, der sehr wohlhabend ist, möchte mit dir ein Geschäft aufmachen. Deine ersten Gedanken sind automatisch positiv – nach all den Stunden der Visualisierungen und Affirmationen ist das wohl auch das Mindeste. Aber sobald dein Freund sich verabschiedet hat, beginnst du am Abend, zu grübeln. Die Schatten des Mondlichts legen sich über die enthusiastischen ersten Denkprozesse. Sie wägen argumentativ ab, wie viele Personen bereits von Freunden hintergangen wurden, dass du deinen Freund lange nichts gesehen hast und er dir eventuell schaden möchte ... Ob diese Gedanken nun richtig sind oder nicht, spielt an dieser Stelle keine Rolle. Es ging in dem Beispiel nur darum, zu zeigen, dass automatisierte Gedanken bzw. Gefühle, die auf Erfolg ausgerichtet sind, nicht alles sind. Es ist auch wichtig, deine rationalen Argumente, deinen Verstand und deine sonstigen gedanklichen Kompetenzen in eine positive Richtung zu lenken. Verstehe es bitte nicht falsch: Es geht nicht darum, dass du dein kritisches Denken abstellst und nur noch Augen für die positiven Aspekte hast. Dies wäre unter Umständen fatal. So würdest du triftige Argumente übersehen, die gegen eine Sache sprechen. Das Ziel der folgenden Absätze ist lediglich, unnötiges und alles überstrahlendes Schwarzsehen aus deinen Gedanken zu verbannen. In Lehre 4 sollest du dich daran gewöhnen, deine eigenen Sichtweisen zu überdenken. Weg vom immer nur Negativen, hin zum: *Vielleicht übertreibe ich es mit meiner negativen Sichtweise und sollte anfangen, auch andere Blickwinkel einzunehmen?*

> **Hinweis!**
>
> Das Einnehmen anderer Sichtweisen, das in der folgenden Lehre 5 noch näher beleuchtet und für anspruchsvolle Sachverhalte vertieft wird, ist auch über die Gewöhnung an positives Denken hinaus ein Trumpf für dich. Sobald du dich daran gewöhnst, in Gesprächen mit Mitmenschen auch deren Sichtweisen einzunehmen, wirst du merken, dass du die Gespräche viel besser lenken und erfolgreicher gestalten kannst. Dies wird dir in beruflichen, familiären und sonstigen Gesprächen neue Möglichkeiten verschaffen. Gespräche differenziert zu führen, definiert den zwischenmenschlichen Erfolg und so zum Teil auch den Gesamterfolg.

Was hilft, andere Sichtweisen zu bedenken, ist das sogenannte NLP (Neurolinguistisches Programmieren). Es wird dir in diesem Buch noch an mehreren Stellen begegnen. Denn das, was Evergreens für die Musikszene sind, ist das NLP in den letzten Jahren für die Laienpsychologie. Es ist in etlichen Branchen gefragt, wie z. B. dem Management. Der Artikel aus der WirtschaftsWoche *Marketing oder Methode? Der Streit über die neurologische Fernsteuerung* (2019) versucht, die aktuelle Bedeutung des NLP zu bewerten. Das Geschäft mit den NLP-Seminaren floriere: Unternehmen, Manager und Privatpersonen würden die Seminare reihenweise buchen, um Kunden, Bewerber und Mitmenschen besser zu analysieren. Gleichwohl hebt das Magazin in Berufung auf Ansichten von Wissenschaftlern hervor, dass das NLP mehrere Defizite aufweise. Es maße sich an, menschliches Verhalten vorhersagbar zu machen und Menschen manipulieren zu können.

> **Wusstest du schon?**
>
> Das NLP wurde von Richard Bandler und John Grinder in den 70er Jahren entwickelt. Beide beobachteten und analysierten die Arbeit der erfolgreichsten Psychologen der damaligen Zeit, um daraus Gesetzmäßigkeiten abzuleiten. NLP gründet auf bestimmten Annahmen, die der Analyse von Kommunikationsprozessen dienen. Anhand von Anleitungen und Ratschlägen, die sich an den Annahmen orientieren, hilft das NLP bei der erfolgreichen Gestaltung der Kommunikationsprozesse. Mit der Weiterentwicklung des NLP – man spricht von mehreren Generationen – wurden zusätzliche Einsatzbereiche erschlossen. Dazu gehören die Entwicklung positiver Gewohnheiten, die Angsttherapie, die Selbstmotivation und weitere Bereiche.

Tatsächlich sind mehrere Thesen des NLP mittlerweile widerlegt. Die Kritiker jedoch verteufeln aufgrund einzelner Schwächen das gesamte Modell, was nicht gerecht ist. Denn das NLP besteht aus einer Vielzahl an Annahmen, Methoden und Mechanismen, die nicht allesamt, aber zu großen Teilen im Leben nützlich sind. Einige dieser Annahme sind:

- „Die Landkarte ist nicht das Gebiet."
- „Es wird stets (unbewusst) die beste Möglichkeit gewählt, die zur Verfügung steht."
- „Wenn ein Mensch etwas lernen und tun kann, dann können es andere Menschen prinzipiell auch."

Diese drei Annahmen sind auch für deinen weiteren Weg vorteilhaft. Einen guten Einstieg schaffst du mit der ersten

Annahme, die nichts anderes bedeutet, als dass jede Person die Welt anders wahrnimmt. Politik ist beispielsweise ein beliebtes Streitthema. Was für dich korrekt erscheint, mag einer anderen Person als komplett falsch erscheinen. Du und die andere Person sind unter verschiedenen Rahmenbedingungen aufgewachsen. U. a. daher rühren die unterschiedlichen Ansichten. Meistens wird das Thema Politik daher gemieden, ehe es zum Streit ausartet. Aber eine Gesprächsführung mit Offenheit für die Meinung anderer Personen und einer rationalen Überlegung ohne Einbezug der persönlichen Emotionen wäre womöglich zielführend für beide Parteien. Vielleicht würden beide etwas dazulernen? Es ist also im Kontakt mit Mitmenschen wichtig, Offenheit gegenüber anderen Sichtweisen zu entwickeln. Dies ist insofern wichtig, als du dich dadurch mit neuem und differenziertem Wissen bereicherst.

Die zweite Grundannahme führt dich zu der Feststellung, dass der Mensch stets die Methode wählt, die ihm subjektiv am sinnvollsten erscheint. Genau hier tut sich ein Problem auf: Was subjektiv am besten ist, ist es nicht automatisch tatsächlich. Den objektiven Überlegungen kommt eine hohe Bedeutung zu. Das NLP hilft, sich daran zu gewöhnen, in Gedanken mehrere Wahlmöglichkeiten zu entwickeln, die nicht nur subjektiven, emotionalen und unterbewussten Kriterien folgen.

Die dritte Grundannahme aus der Aufzählung dient dir als Motivation. Sie besagt, dass, wenn andere etwas lernen können, du ebenfalls dazu imstande bist. Es ist nicht gemeint, dass es jeder Person gleich leicht bzw. schwer fällt, eine bestimmte Sache zu erlernen. Es geht nur darum, dass prinzipiell jeder Mensch – der eine früher, der andere später – eine Sache lernen kann.

> **Aufgabe 1**
>
> Setze dich in Ruhe hin und nimm dir mindestens eine halbe Stunde Zeit. Denke zurück an die letzten fünf bis zehn Konflikte, die du hattest; ob es innere Konflikte mit dir selbst oder Konflikte mit anderen Menschen waren, ist unerheblich. Zeige dich offen gegenüber anderen Sichtweisen, indem du überlegst, ob du wirklich richtig vorgegangen bist. Hättest du dich einem Argument gegenüber offener zeigen sollen? Mit dem zeitlichen Abstand wirst du merken, dass es dir leichter fällt, weniger emotional zu urteilen.

Instinktiv emotional zu reagieren, ist nichts Verkehrtes, solange du dich nicht davon blenden lässt. Das Ziel in dieser vierten Lehre wird es sein, Emotionen zu reduzieren. Wenn du in den ersten drei Lehren gelernt hast, automatisiert positiv zu denken, war es trotzdem förderlich. Denn eine positive Erstreaktion führt dazu, dass du mehr Bereitschaft hast, dich mit einem Thema auseinanderzusetzen und es mit maximaler Zuversicht anzugehen. Da du die Emotionen nie komplett unterdrücken können wirst, hast du also ein wichtiges Werk verrichtet. Nun ist das Ziel, dass du dich daran gewöhnst, deinen Verstand schneller einzuschalten, um die Argumente klar abzuwägen und die objektiv richtigen Entscheidungen zu treffen.

> **Aufgabe 2**
>
> Du beginnst mit dieser Aufgabe, dich darauf zu konditionieren, deine Emotionen zu kontrollieren. Es existieren mehrere Mechanismen, um dir dabei zu helfen, darunter erneut die Affirmationen: Versuche, dir selbst einzureden, dass du deine Emotionen unter Kontrolle hast. Irgendwann geht dir dies ins Unterbewusstsein über. Mögliche

> Affirmationen sind „Ich habe mich absolut unter Kontrolle." und „Ich bin ein sehr ruhiger Mensch."
>
> Ergänze diese Affirmationen um regelmäßige Atemübungen und Meditationen. Auch wenn dir dies nicht liegen sollte: Mache es einfach. Ein bis zwei Wochen lang täglich einige Minuten. Denn auch wenn dir die Übung nicht gefällt, so hat sie vielen Menschen bereits beim Erreichen ihrer Ziele geholfen. Erfolgserprobte Übungen sollten immer konsequent durchgeführt werden, wenn man es mit seinem Ziel ernst meint.
>
> Setze dich zudem öfter Situationen aus, in denen es dir schwerfällt, deine Emotionen zu kontrollieren. Diese Situationen können mit anderen Personen nachgespielt werden. Die Konfrontation härtet dich ab. Alternativ kannst du eine unauffällige Fingergeste bestimmen, die du immer dann machst, wenn du von Emotionen übermannt wirst. Diese Geste dient dir als ein Signal zur Beruhigung. Mit all diesen Dingen gewöhnst du dich bei regelmäßiger Übung daran, Emotionen zurückzuhalten. Dies ist bei negativen Emotionen vorteilhaft, aber auch bei überschwänglich positiven Emotionen.

Jetzt steht nur noch aus, den zurückgehaltenen Emotionen rationale Argumente folgen zu lassen. Das NLP kommt an dieser Stelle ins Spiel. Es hilft dir dabei, andere Sichtweisen einzunehmen. Dies trifft sowohl auf Gespräche mit anderen Menschen zu als auch deine eigenen Gedankengänge, um innere Konflikte mit dir selbst zu meistern. Hierzu werden dir nun drei Methoden des NLP vorgestellt, die du dazu anwenden kannst.

> - **Dissoziation**: Innerer Konflikt mit dir selbst? Dann stelle dir vor, du seist davon nicht betroffen, sondern an deiner Stelle ein anderer Mensch. Setze dich hin, schließe die Augen und stelle dir einen Film vor, der

vor deinen Augen läuft. Sieh dich in diesem Film, als würdest du einen anderen Menschen beobachten. Was würdest du zum Denken und Handeln dieses Menschen sagen? Gut oder schlecht? Durch die Dissoziation ist die Problematik nicht mehr an dich gebunden, sondern von dir losgebunden. So beleuchtest du die Probleme als Außenstehender und sammelst mehr objektive Argumente.

➢ **Filterwechsel**: Wenn du dich mit einem anderen Menschen unterhältst, nimmst du dessen Perspektive ein. Nutze verschiedene Filter: Aus welcher Kultur stammt die Person? Wie ist die Person aufgewachsen? Wie fühlt sich die Person heute? Welche Herausforderungen musste die Person in ihrem Leben meistern? Sammle so viele Informationen wie möglich über eine Person und betrachte jedes Gesprächsthema aus deren Blickwinkel. Du musst nicht beim ersten Gespräch aus dem Vollen schöpfen und mutige Aussagen treffen, die die Person eventuell verletzen könnten. Gewöhne dir an, bei Gesprächen selbstbewusst aufzutreten, aber heikle Themen zu meiden oder nur neutral anzusprechen, sodass du erstmal die Sichtweise der Person in Erfahrung bringen kannst. So wirst du anschließend imstande sein, mit der Person zu reden, ohne deren Gefühle zu verletzen oder deren Sichtweise auf die Welt infrage zu stellen.

➢ **Meta-Modell**: Das Meta-Modell der Sprache besagt, dass Menschen durch die Sprache bestimmte Sachverhalte wider der Realität darstellen. Dasselbe geschieht in den Gedanken. Deswegen animiert das NLP dazu, diese Sachverhalte im Hinblick auf die folgenden drei Aspekte zu hinterfragen: Tilgung, Generalisierung, Verzerrung. Tilgung ist die Darstellung eines Sachverhalts unter Auslassung wichtiger Hinweise. Generalisierung bedeutet eine Verallgemeinerung der Sachverhalte. Und Verzerrung heißt, dass Dinge anders formuliert werden, als sie wirklich sind. Alle drei Mechanismen können vom Menschen in Gedanken gegen sich selbst angewandt werden, um eine nicht gewünschte Wahrheit zu leugnen. Ebenso ist es möglich, dass ein Mensch dies in Gesprächen gegen einen anderen Menschen benutzt. Daher sollten Argumente hinterfragt werden: Liegt eines dieser drei Verhaltensmuster vor? Gewöhne dich daran, bei wichtigen persönlichen Entscheidungen dein Vorgehen zu hinterfragen, falls du dir nicht absolut sicher bist, das Richtige zu tun.

Die Anwendung dieser drei Methoden aus dem NLP ist eine langfristige Aufgabe für dich. Es geht nicht darum, dass du dich bei jeder Kleinigkeit hinterfragst oder jedes noch so kleine Thema beleuchtest. Aber weil Gedanken im Zusammenspiel mit Emotionen zu Handlungen führen und erfolgreiche Handlungen – zu den Charakteristika erfolgreicher Handlungen mehr in den Folgekapiteln – sich durch nachhaltige und gut überlegte Entscheidungen auszeichnen, solltest du dich daran gewöhnen, die zu jedem Zeitpunkt einsetzbare Fähigkeit der objektiven Abwägung anzuwenden. Dabei helfen dir diese drei Methoden des NLP und alle anderen bisherigen Lehren des Kapitels.

Lehre 5: Pro- und Kontra-Listen für anspruchsvolle Sachverhalte

Entscheidungsbäume, Benjamin-Franklin-Listen, Entscheidungs-Mindmaps – die Welt ist mittlerweile voll von Visualisierungsmethoden, die dazu dienen, Entscheidungen zu vereinfachen und möglichst korrekt zu treffen. Keine Visualisierungsmethode ist so einfach wie die Pro- und Kontra-Liste. Gewöhne dir an, die Pro- und Kontra-Liste dann als Entscheidungshilfe zu wählen, wenn …

I. du die Zeit hast, dir mindestens eine Stunde Gedanken über eine Sache zu machen.
II. dir eine Entscheidung besonders schwerfällt.
III. mehrere Parteien sowie deren Sichtweisen in deine Entscheidung involviert sind.
IV. der Sachverhalt, über den du entscheiden musst, in einer anderen Hinsicht kompliziert ist.

Pro- und Kontra-Listen dienen der Visualisierung. Vor- und Nachteile einer Entscheidung werden einander gegenübergestellt. Dies geschieht mittels eines Gestaltungselements, das jede Person kennt: einer Tabelle. In der einen Spalte stehen die Vorteile, in der anderen die Nachteile. Zeile für Zeile von oben nach unten wird je ein Vorteil und je ein Nachteil aufgeführt. Durch die Verschriftlichung deiner Gedanken sorgst du dafür, dass kein wichtiger Aspekt vergessen wird. Dieses Risiko wäre dann gegeben, wenn du dir vor einer Entscheidung Gedanken machen würdest, ohne diese niederzuschreiben. Durch das Notieren werden die Argumente gesammelt. Es empfiehlt sich, das Erstellen einer Pro- und Kontra-Liste über mehrere Stunden oder Tage auszudehnen und zwischendurch etwas anderes zu machen. Während du deinem Alltag nachgehst, kommen dir mit der Zeit neue Argumente in den Sinn, sodass deine Pro- und Kontra-Liste immer ausführlicher wird.

Hinweis!

Neben der bloßen Auflistung der Vor- und Nachteile ist auch deren Gewichtung hilfreich. Wenn du besonders akkurat vorgehen und die Wahrscheinlichkeit für optimale Entscheidungen maximal erhöhen willst, dann solltest du einige Kategorien bestimmen, mit denen du jedem Argument eine Gewichtung verleihst. So wird Argumenten, die einflussreicher sind, die erforderliche

> Aufmerksamkeit entgegengebracht. In Fragen, in denen vor allem oder komplett nur du betroffen bist, ist es wichtig, die emotionale Seite zu berücksichtigen. Weil dir bestimmte Sachen Spaß machen sollten, ist die emotionale Seite ausschlaggebend. Schließlich sind wir Menschen keine Roboter ...

Du hast gelernt, dir differenziert Gedanken zu machen. Diese Kompetenz wird dir vor allem bei Pro- und Kontra-Listen zugutekommen. Du wirst bei Entscheidungen mit schwierigen Sachverhalten die Wahrscheinlichkeit dafür steigern, korrekt vorzugehen. Du wirst eine Fülle an Argumenten finden und so kaum einen Aspekt außer Acht lassen. Emotionen werden auf diesem Wege weniger zum Tragen kommen, stattdessen wirst du nach objektiven Kriterien so entscheiden, wie es für dich und andere betroffene Menschen am besten ist. Dies wird dich deinem Erfolg näherbringen – Pro- und Kontra-Listen als Erfolgsgewohnheit bei Entscheidungen.

Eine Herausforderung tut sich aber mit den erworbenen Kompetenzen auf: Weil du durch die Berücksichtigung verschiedenster Sichtweisen eine Vielzahl an Argumenten zusammenstellen kannst, wirst du sehr lange Pro- und Kontra-Listen erhalten. Nun stellt sich die Frage, wie bei all den Argumenten Übersicht reingebracht und eine Entscheidung getroffen werden kann.

Die Lösung ist, alle Pros und Kontras, die sich gegenseitig ausschließen und gleich gewichtet sind, zu streichen. Beispiel: Du hast auf der Seite der Vorteile bei einer Entscheidung einen höheren Verdienst notiert, auf der Seite der Nachteile wiederum einen höheren Zeitaufwand. Wenn dir verfügbare Freizeit genauso wichtig wie der Verdienst ist, dann sind es zwei Aspekte, die gleich gewichtet sind. Da sich die zwei Aspekte in diesem Beispiel ausschließen – du kannst in diesem Beispiel nur dann mehr verdienen, wenn du dafür mehr Zeit aufwendest –, streichst du diese Vor- und Nachteile durch. Im Gegenzug beleuchtest du die anderen Argumente, die sich nicht gegenseitig ausschließen, um zu überprüfen, ob ein Übergewicht auf der Seite der Vor- oder Nachteile entsteht. Je mehr Vorteile bei der Entscheidung aufkommen, umso eher solltest du dich dafür entscheiden.

2. Schritt: Handeln umgewöhnen – Sinn erkennen und richtige Gewohnheiten bestimmen

Nach der Umgewöhnung der Gedanken im ersten Schritt wird es in diesem Kapitel Zeit, zu handeln. Erfolg stellt sich nämlich durch Taten ein. Welche unter vielen möglichen Handlungen richtig ist oder nicht, wird im dritten Schritt behandelt.

Dieses Kapitel befasst sich rein damit, den Sinn im neu angewöhnten Handeln zu erkennen. Die bisherigen Erkenntnisse dieses Buches, wozu u. a. die Einnahme verschiedener Sichtweisen aus Lehre 4 des letzten Kapitels gehört, helfen dir dabei. Ziel ist es, dass du vollkommen davon überzeugt bist, dass du durch die Umgewöhnung besser leben wirst. Dann nämlich entwickelst du das, was für Erfolg unerlässlich ist: Motivation und Disziplin.

Motivation und Disziplin – Unterschiede, Rolle, Zusammenhang

„Motivation bezeichnet Prozesse, bei denen bestimmte Motive aktiviert und in Handlungen umgesetzt werden. Dadurch erhält Verhalten eine Richtung auf ein Ziel, eine Intensitätsstärke und eine Ablaufform. Die

Motivation einer Person, ein bestimmtes Ziel zu verfolgen, hängt von situativen Anreizen, persönlichen Präferenzen und deren Wechselwirkung ab." (Stangl, 2020).

Versteht man die Umgewöhnung als einen Prozess, so brauchst du Motive, um die neue Gewohnheit zielgerichtet, mit Konsequenz (intensiv) und in einer bestimmten Ablaufform zu erlernen. Ohne Motive keine Motivation. Um Motive möglichst attraktiv zu gestalten, müssen Anreize gegeben sein, die dir in der Situation und in Bezug auf deine Wünsche Vorteile verschaffen.

„Disziplin kommt aus dem Lateinischen und steht für Unterweisung, Zucht und Ordnung. Als Disziplin bezeichnet man das Befolgen von Vorschriften oder Regeln. Selbstbeherrschung wird als Selbstdisziplin bezeichnet."
(vgl. Brockhaus 1988, S. 553; Stangl, 2020).

Du möchtest positive neue Gewohnheiten entwickeln, die dir Erfolg und in gewisser Form Ordnung bringen. Du unterweist dich dabei deiner persönlichen Vorstellung von Ordnung. Wenn du die damit einhergehenden Regeln zur Ordnung und zum Erfolg befolgst, bist du selbstdiszipliniert und erreichst deine Ziele.

Es handelt sich bei Motivation und Disziplin um zwei Faktoren, die dir bei der Umgewöhnung helfen. Die Motivation macht die Umgewöhnung für dich attraktiv, sodass du dich umgewöhnen *möchtest*. Die Disziplin hingegen setzt nicht bei deinen Wünschen oder der Attraktivität an. Es ist die Stärke, einem gewissen Ziel zu folgen; gewissermaßen die *Willensstärke*.

Es lassen sich folgende Behauptungen aufstellen:

> ➢ Du kannst ohne Disziplin trotzdem eine erfolgreiche Umgewöhnung durchführen. In diesem Falle ist

anzunehmen, dass die Motivation derart groß ist, dass sie die Willensschwäche übertrifft.
- ➢ Ohne Motivation ist es ebenfalls möglich, die Umgewöhnung zu meistern. Hier gilt die Annahme, dass deine Willensstärke so groß ist, dass du ein hohes Belastbarkeitslevel hast und Handlungen, die dir nicht zusagen, trotzdem durchführst.
- ➢ *Ohne* Motivation und Disziplin gibst du eine Umgewöhnung schon nach wenigen Tagen oder sogar Stunden auf. Du brauchst mindestens eine der beiden Komponenten, um durchzuhalten.
- ➢ Mit Motivation *und* Disziplin zusammen ist es einfacher, die Umgewöhnung erfolgreich zu gestalten.
- ➢ Disziplin – oder auch Willensstärke – ist nicht von heute auf morgen antrainierbar. Meist geht es bei einer Umgewöhnung darum, sich zu motivieren. Die Willensstärke ist entweder vorhanden, nicht vorhanden oder sie tritt mit der Zeit ein.

Gemäß diesen Erläuterungen kristallisiert sich als am wichtigsten heraus, dass du als erstes die Motive für die gewünschten Umgewöhnungen herausfilterst. Die Disziplin hast du entweder oder du hast sie eben nicht. An diesem Punkt zu verweilen, wäre zeitaufwendig. Du wirst dich im weiteren Verlauf dieses Kapitels also der Motivation widmen, die dadurch entsteht, dass du einen Sinn bzw. ein Motiv in der Umgewöhnung erkennst – bestenfalls sogar mehrere Motive.

Wusstest du schon?

Mit fortschreitender Umgewöhnung wirst du womöglich etwas Faszinierendes feststellen, was den Zusammenhang von Motivation, Disziplin und Gewohnheiten erklärt. Nämlich ersetzt mit der Zeit Routine die Motivation und Disziplin. Je häufiger du die neue Gewohnheit praktizierst, umso eher wird sie sich in deinem Gehirn

> festsetzen. Du erlangst Routine und musst dich weniger anstrengen, um der angestrebten Gewohnheit nachzukommen. So sinkt nach und nach die Bedeutung von Motivation sowie Disziplin, um einer Sache nachzugehen, bis deren Bedeutung nahezu komplett verschwunden ist und die Routine die neue Gewohnheit antreibt, sodass du automatisiert den Handlungen nachgehst.

Die Motivation, die du benötigst, ist temporär. Eine positivere Nachricht könnte es für dich kaum geben, denn daraus folgt, dass du dich bei der Umgewöhnung mit zunehmender Dauer immer weniger anstrengen musst. Zwar wird in den ersten Tagen oder Wochen der Bedarf an Motivation und Disziplin steigen, aber dies ist nur ein Anfangsphänomen. Nach Überwindung einer kritischen Phase, in der die Umgewöhnung schwieriger erscheint als zu Beginn, setzt die Routine ein und es wird konstant einfacher.

Lehre 1: Erfolg attraktiv und realistisch für sich definieren

Motiviert bist du, wenn du dir ein begehrenswertes Ziel setzt. Du benötigst, wie du seit Kapitel 1 weißt, etwas, das auf dich Attraktivität ausstrahlt und ein Verlangen in dir weckt. Dann spielen die Emotionen und Gedankenprozesse zu deinen Gunsten mit. In Anbetracht des Umstands, dass du dieses Buch liest, das Gewohnheiten und Erfolg in Zusammenhang miteinander setzt, wird angenommen, dass du durch die Umgewöhnung erfolgreich werden möchtest. Dementsprechend ist dein grob formuliertes Ziel erstmal Erfolg. In solch einer groben Formulierung klingt Erfolg zwar gut, aber bei weitem nicht so, dass du es als attraktiv empfinden und mit jeder Faser deines Körpers danach trachten würdest. Doch genau das willst du erreichen: Du musst dich verzehren nach dem, was du als Ziel definierst.

Das Ziel kann dir nicht diktiert werden, aber der Weg, mit dem du ein hochattraktives Ziel findest, kann dir immerhin gezeigt werden. Also auf geht's: Die Praxis lässt wieder grüßen!

Ein Ziel ist mehr als nur ein Wort – umschreibe es!

Wenn du dein Ziel formulierst, dann mache es zunächst präzise mit einem Wort oder einem Satz. „Reichtum" wäre eine Formulierung, die absolut passend ist. Ebenso wäre „Familienglück" angemessen. „Abgeschlossenes Studium mit der Durchschnittsnote 1,0" passt auch. Das ein oder andere Ziel mag eventuell mehr Interpretationsspielraum lassen. Dieses Problem wird später noch aufgegriffen. Erstmal übst du deine Sinne darin, das jeweilige Ziel möglichst vielschichtig zu betrachten – „vielschichtig attraktiv" natürlich.

Aufgabe 1

Möglicherweise erinnerst du dich noch an den Schulunterricht und die Rolle der drei Wortarten: Adjektive, Verben, Nomen. Adjektive beschreiben, wie etwas ist – genau hier lässt sich gut anknüpfen! Was das jeweilige Ziel ist, mag mit einem Wort formuliert sein. Aber wie es ist, dorthin zu kommen, es zu fühlen, es zu genießen, es auszukosten usw. ist nochmal was ganz anderes. Schreibe deswegen alle Adjektive auf, die dir im Zusammenhang mit dem erreichten Ziel einfallen. Wenn dir wenig Einfälle kommen, dann kannst du gern die Website wordassociations.net nutzen, die dir Vorschläge zu Adjektiven macht, die zum Wort passen. Bei „Reichtum" wären einige Ergebnisse beispielsweise „gesegnet", „berauschend" und „einflussreich". Auch ein Blick auf die Verben lohnt sich manchmal: „genießen" und „bestaunen" spuckt die Website zu „Reichtum" aus. Nutze diese Website, weitere Websites und deine eigene Vorstellungskraft, um das Ziel attraktiv zu umschreiben.

Du wirst im Zuge der Durchführung dieser Aufgabe womöglich ins Schwärmen geraten, weil du dein Ziel zu spüren beginnst und dessen Umschreibung genießt. Wenn du bereits einmal einen „berauschenden" Zustand empfunden oder von anderen „bestaunt" wurdest, kannst du bestens nachvollziehen, wie erstrebenswert diese Zustände sind. Dies wird dich motivieren, dein Ziel umzusetzen.

Das Ziel, dein Erfolg, ist eben weit mehr als nur ein Wort. Du kannst das Ziel derart vielseitig betrachten, dass es ein glänzendes Bild wird. Und nun kommt eine Verknüpfung mit dem ersten Kapitel: Wenn du das Ziel schon visualisiert hast, darfst du nun die Visualisierungen und sonstigen Übungen mit den Bildern und Ideen anreichern, die diese erste Aufgabe in deinen Vorstellungen erzeugt hat. Gestalte das Ziel maximal kreativ und ansprechend!

Mache schnelle Fortschritte real!

Wenn man dir zusichern würde, dass du dein lang ersehntes Ziel bereits in einem Tag erreichen würdest, aber dafür an besagtem Tag um 4 Uhr morgens aufstehen, zwölf Stunden arbeiten, drei Stunden Sport machen und 4 Stunden lernen müsstest, würdest du trotz der hohen Anforderung das Angebot nicht ausschlagen. Die Motivation ist dann besonders groß, wenn große Ziele in außerordentlich kurzer Zeit erreichbar sind, oder aber, wenn der Weg dahin einfach ist.

Dass du dein großes Ziel, also den Erfolg, in Blitzgeschwindigkeit erreichst, kann dir dieses Buch nicht bieten. Auch ist es unmöglich, zuzusichern, dass es für dich leicht wird, das Ziel zu erreichen. Aber du wusstest das sicher bereits. Dennoch, dieses Unterkapitel hält eine wichtige Motivation für dich bereit, wie du die Motivation steigerst, indem du von einem Trick Gebrauch machst, mit dem du dein Gehirn „hinters Licht führst": die Aufteilung des Ziels in Etappen.

Mehrere Wissenschaftler sind der Ansicht, es mache Sinn, Ziele in Etappen zu unterteilen. Einer dieser Wissenschaftler ist der Psychologie-Professor Wilhelm Hofmann von der Universität zu Köln. Du wirst ihn im nächsten Kapitel im Rahmen eines Experiments, das in dem Dokumentarfilm *Die Macht der Gewohnheit* durchgeführt wurde, näher kennenlernen. Das Experiment aus dem Film wird dir im nächsten Kapitel mehrere Methoden und Tricks an die Hand geben, die dir bei der Umgewöhnung helfen. Hofmann vertritt die Ansicht, die Umgewöhnung müsse anhand einer klaren Strategie durchgeführt werden. Teil dieser Strategie sollten kleinere Etappenziele sein.

Die Erklärung für den Nutzen der Etappenziele liefert ein Artikel der Zeitung ZEIT, in dem Worte des renommierten Hirnforschers Gerhard Roth zitiert werden: „Anstatt einem großen Ziel nachzueifern, verständigt man sich mit sich selbst auf kleine Schritte, für die man sich ebenso kleine Selbstbelohnungen ausdenkt." Die Vergrößerung der Abstände zwischen den Etappenzielen und die Verlängerung der Zeiträume bis zur Belohnung würden zusätzlich dazu beitragen, dass der Umgewöhnungsprozess sich irgendwann automatisiere und eine neue Gewohnheit entstehe.

Also seien die bisherigen Empfehlungen für Zielsetzungen zur Umgewöhnung schrittweise zusammengefasst:

I. Großes Ziel definieren und mit Adjektiven sowie anderen Wortarten umschreiben, damit es attraktiv und mit Emotionen verknüpft wird.
II. Ziel durch Visualisierungsmethoden und weitere Mittel noch attraktiver machen.
III. Durch Etappenziele den Fortschritt sichtbarer machen und beschleunigen.
IV. Für einzelne Etappen Belohnungen ausdenken, um die Motivation zu steigern.

V. Mit zunehmender Dauer die Entfernung der Etappen zueinander und die Dauer bis zur nächsten Belohnung verlängern.

Aufgabe 2

Gehe genau so, wie es in dieser Schrittfolge beschrieben ist, mit den von dir aufgeschriebenen großen Zielen vor. Unterteile beispielsweise das Ziel „Reichtum" in mehrere Etappen. Du darfst davon ausgehen, dass es bei einem solch allgemeinen Wort besonders vieler Etappen bedarf. Du kannst Kontostände als Etappen verwenden. Alternativ steht es dir offen, nach der Anzahl der geplanten Beförderungen und dem damit einhergehenden Gehaltseinstieg zu unterteilen. Finde deine sinnvolle Einteilung in Etappen. Nimm dir reichlich Zeit dafür. Lege für jede Etappe eine Belohnung fest. Stelle sicher, dass die Belohnung den bisherigen Fortschritt nicht zerstört. Nach einer Woche erfolgreicher Diät z. B. einen Fast-Food-Tag einzulegen, der einer „Kalorien-Eskalation" gleicht, wäre kontraproduktiv.

Insbesondere die Empfehlung des Hirnforschers Roth, die Entfernung der Etappen voneinander und die Dauer bis zur nächsten Belohnung zu verlängern, erscheint plausibel und deckt sich mit den bisherigen Erkenntnissen in diesem Buch. Da mit fortschreitender Umgewöhnung Motivation und Disziplin immer stärker durch die sich manifestierende Routine abgelöst werden, werden Belohnungen und das Erreichen von Etappenzielen weniger wichtig. Schließlich geht dir die Handlung ins Blut über und bedarf weniger Anreize zur Umsetzung.

Lehre 2: Erfolgsbringende Gewohnheiten finden

Es existieren einige Gewohnheiten, die universell erfolgsbringend sind. „Universell" meint in diesem Fall, dass sie unabhängig von deiner Definition des Erfolgs förderlich sind. Um es mit einem Beispiel zu belegen, das im ersten Kapitel mehrere Male verwendet wurde und äußerst nachvollziehbar ist: eine positive Grundhaltung zum Leben. Die Gewohnheit, positiv und optimistisch zu denken, ist hilfreich, wenn du …

- ➢ abnehmen möchtest.
- ➢ in eine Prüfung gehst.
- ➢ deine Zukunft planst.
- ➢ dich in eine neue Umgebung begibst.
- ➢ mit neuen Menschen interagierst.

Positives Denken ist universell gut. Es als Gewohnheit zu haben, ist eine erfolgsbringende Gewohnheit. Aufgrund der Tatsache, dass vor den Handlungen die Gedanken und Gefühle kommen, ist positives Denken umso wichtiger. Das hast du gelernt und das Gesetz der Anziehung als universelles Prinzip bestätigt. Aber das sind nur die Gedanken und Gefühle. Was sind die richtigen Handlungsgewohnheiten?

Richtig ist alles, was dich deinem persönlichen Ziel näherbringt. Es bieten sich Gewohnheiten an, die mit deinem Ziel in direkter oder indirekter Verbindung stehen. Ein schlechtes Beispiel wäre das Ziel einer Gewichtsabnahme, bei dem du dir als Gewohnheit das frühe Aufstehen aussuchst. Frühes Aufstehen ist vorteilhaft, aber hat nicht direkt etwas mit der Ernährung zu tun. Die gute Gewohnheit, früh aufzustehen, würde also aller Voraussicht nach nicht die gewünschte Wirkung entfalten.

Passende Mikro-Gewohnheiten ausmachen

Fürs Erste geht es uns darum, die passenden Mikro-Gewohnheiten auszumachen. „Mikro-Gewohnheiten" ist ein passend zu der Thematik dieses Buches neu eingeführter Begriff, der spezielle Gewohnheiten bezeichnet. Diese Gewohnheiten unterscheiden sich von größeren Gewohnheiten dahingehend, dass sie vordergründig leichter anzugewöhnen sind und zu den größeren Gewohnheiten beitragen:

Mikro-Gewohnheiten	Makro-Gewohnheiten
sind speziell und bezeichnen genau eine Handlung	sind allgemein und beschreiben Charakter- sowie weitere Eigenschaften
tragen zu einer Makro-Gewohnheit bei	setzen sich aus mehreren kleinen Gewohnheiten zusammen
Beispiele: ➤ früh aufstehen ➤ mehr Obst essen ➤ öfter mit Freunden treffen	Beispiele: ➤ diszipliniert sein ➤ gesund leben ➤ sozialen Zusammenhalt pflegen
benötigen weniger Umgewöhnungszeit	nehmen mehr Umgewöhnungszeit in Anspruch
lassen sich mit Etappenzielen gleichsetzen	können mit einem übergeordneten Ziel gleichgesetzt werden

Kleine Gewohnheiten sind also ein Beitrag zum großen Ganzen, das du dir wünschst. Die Makro-Gewohnheit trägt in ihrer Gesamtheit wesentlich zum Erreichen deines Ziels bei. Beruflichen Erfolg haben Menschen, die diszipliniert oder qualifiziert sind – oder beides. Eine große Gewohnheit, die der Disziplin beispielsweise, erfordert mehrere kleinere

Gewohnheiten, die in ihrer Gesamtheit zum Erreichen des Ziels beitragen.

Wenn du im Folgenden die Mikro-Gewohnheiten suchst, die für dein Ziel wichtig sind, dann hege bloß keine Zweifel, nur weil es sich bei den Mikro-Gewohnheiten scheinbar um Kleinigkeiten handelt. Jede Gewohnheit für sich erscheint unbedeutend und schwach. Aber in ihrer Gesamtheit bringen die Mikro-Gewohnheiten dich deinem Ziel nahe.

> *Aufgabe 1*
>
> Schaue auf deine großen Ziele – nicht die Etappenziele (!) – und überlegen dir, welche allgemeinen Charaktereigenschaften und Qualitäten du zum Erreichen dieser Ziele benötigst. Die aufgeschriebenen Charaktereigenschaften und Qualitäten führen dich zu den Makro und Mikro-Gewohnheiten. Notieren alle Makro- und Mikro-Gewohnheiten, die für dein Ziel infrage kommen. Schreibe alle möglichen Gewohnheiten zunächst auf; auch falls dir einige davon als nicht umsetzbar erscheinen. Vielleicht werden sie es zu einem späteren Zeitpunkt sein. Also erstmal alles aufschreiben.

Um dir die Durchführung der Aufgaben in dieser Lehre zu vereinfachen, wird das gesamte Kapitel anhand eines Beispiels durchgeführt. Als Beispiel dient ein Defizit, das du bei dir ausgemacht hast: Du bist übergewichtig und lebst allgemein nicht gesund. Dies ist insofern problematisch, als es auf lange Sicht deine Lebenserwartung verkürzt. Kurzfristig sind das geringere Wohlbefinden und die verschlechterte gesellschaftliche Teilhabe einige Konsequenzen. Du hast das Problem erkannt und möchtest gesünder leben. Diese Makro-Gewohnheit, gesund zu leben, ist dein übergeordnetes Ziel. Dieses hast du umschrieben mit Adjektiven, Verben und anderen Wörtern, um es attraktiv zu machen:

Anerkennung, wohlfühlen, hübsch, muskulös, selbstbewusst usw. Um das Ziel besser zu erreichen und die Motivation zu steigern, hast du überdies Etappenziele festgelegt. Diese Etappenziele sind u. a. Bewegung in den Alltag zu integrieren und Fast Food durch Gemüse zu ersetzen. Es ist sinnvoll, aus den Etappenzielen die Mikro-Gewohnheiten abzuleiten. Um Bewegung in den Alltag zu integrieren, lohnen sich z. B. folgende Mikro-Gewohnheiten:

➢ abends joggen gehen
➢ die Kinder zum Spielplatz begleiten
➢ Treppe anstelle des Fahrstuhls nehmen
➢ Fahrrad dem Auto vorziehen
➢ Einkaufen gehen, anstatt Einkaufen zu fahren
➢ morgens früher aufstehen und Crunches machen

So werden Mikro-Gewohnheiten gebildet. Natürlich stehen mit gesundem Leben auch andere Makro-Gewohnheiten in Verbindung, wie z. B. diszipliniert zu sein. In diesem Sinne könntest du dich regelmäßig Versuchungen aussetzen und diesen widerstehen, um deine Disziplin zu fördern. Somit kommen für jedes Ziel zahlreiche Makro-Gewohnheiten und Mikro-Gewohnheiten infrage. Du bist aufgerufen, selbstständig deinen Weg zusammenzustellen. Dabei wird es notwendig sein, dass du an der einen oder anderen Stelle auch um die Ecke denkst, um kreative Lösungen zu finden. Diese Aufgabe kann dir das Buch nicht abnehmen.

Aufgabe 2

Nachdem du anhand deiner Ziele und Etappenziele die möglichen Makro- und Mikro-Gewohnheiten für dich entdeckt und aufgeschrieben hast, wählst du die Gewohnheiten aus, die dir zum jetzigen oder zu einem nahen Zeitpunkt umsetzbar erscheinen. So grenzt du

> die Auswahl auf das für dich Realistische ein. Streiche die aktuell nicht umsetzbaren Gewohnheiten aber nicht durch, sondern hebe sie dir für später auf.

Fortfahrend mit dem Beispiel würde die Aufgabe 2 nach sich ziehen, dass du jede der Gewohnheiten aus der kleinen Beispielliste einer Prüfung auf aktuelle Umsetzbarkeit unterziehst:

Gewohnheit	Umsetzbarkeit aktuell vorhanden?	Perspektive
abends joggen gehen	nein	Du musst dich abends immer um deine Kinder kümmern. Selbst am Wochenende ändert sich daran nichts. Diese Gewohnheit ist also weder jetzt noch in naher Zukunft realistisch.
die Kinder zum Spielplatz begleiten	ja	Dies ist möglich. Plötzlich kommt dir ein Geistesblitz: Du kannst durch diese Gewohnheit auch die vorige Gewohnheit umsetzen. Denn wenn du dich abends um deine Kinder kümmern musst, kannst du sie – vor allem im Sommer, wenn es um 18 oder 19 Uhr noch hell ist – auch am Abend zum Spielplatz begleiten. Eventuell joggst du mit deinen Kindern zum Spielplatz.

Treppe anstelle des Fahrstuhls nehmen	ja	Da du an keinen körperlichen Einschränkungen leidest, ist diese Gewohnheit überall dort umsetzbar, wo es Treppen gibt.
Einkaufen gehen anstatt Einkaufen fahren	ja	Du wohnst nicht in der Einöde, kannst die Taschen tragen und bist allgemein leistungsfähig, sodass diese Gewohnheit ebenfalls umsetzbar ist.
morgens früher aufstehen und Crunches machen	jein	Jetzt überkommt dich der innere Schweinehund: Du könntest früher aufstehen, aber du traust dir diese Gewohnheit jetzt nicht zu, weil du gerne lange schläfst. Klare Sache: Wenn du noch weitere Gewohnheiten zur Auswahl hast, dann darfst du diese Umgewöhnung gern ein bisschen aufschieben.

An der letzten Gewohnheit in der Liste dürftest du erkennen, dass es nicht das Ziel ist, auf „Teufel komm raus" Gewohnheiten zu etablieren, die dich überfordern. Gehe so vor, wie es für dich persönlich umsetzbar erscheint. Je geringer die Anforderungen an Motivation und Disziplin anfangs sind, umso einfacher ist es zu Beginn, an der Umgewöhnung dran zu bleiben. Mit der Zeit wird der Schwierigkeitsgrad gesteigert.

Gewohnheiten mit Zielen in Einklang bringen

Apropos Etappenziele: Jetzt ist es Zeit, die einzelnen Mikro-Gewohnheiten deinen Etappenzielen anzupassen.

> **Aufgabe 3**
>
> Beginne mit der ersten Etappe deines großen Ziels und schaue, welche Mikro-Gewohnheiten das Erreichen dieser Etappe fördern. Gehe dann zur zweiten Etappe und füge diesen Mikro-Gewohnheiten weitere hinzu, sodass sich der Schwierigkeitsgrad konstant steigert.

Auf das Beispiel übertragen veranschaulicht eine kleine Grafik, in welche Richtung es ungefähr gehen müsste.

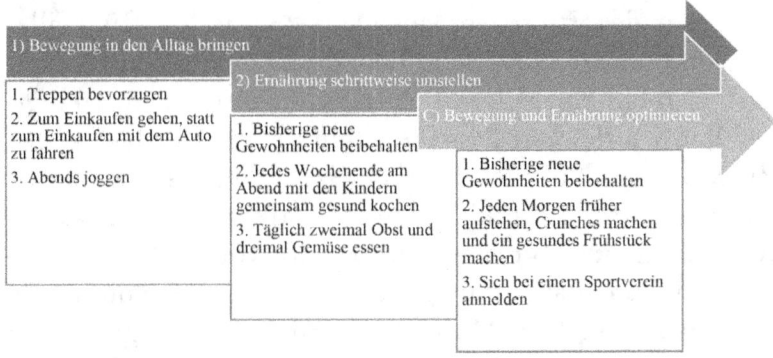

Abbildung 3: Übergeordnetes Ziel: Gesund leben

Gewohnheiten schrittweise auszubauen bringt dir mehrere Vorteile: Die Mehrwerte wachsen. Die Herausforderung hinter größeren Gewohnheiten reduziert sich. Synergien zwischen Mikro-Gewohnheiten und den größeren Makro-Gewohnheiten ergeben sich.

Falls du genauso vorgehst, wie bisher in den ersten beiden Lehren dieses Kapitels beschrieben, dann bringst du die Gewohnheiten mit deinen Zielen in Einklang. Etappenziele und Mikro-Gewohnheiten fördern sich gegenseitig, sodass sie zu größeren Konstrukten zusammenwachsen, die den Eintritt einer Routine und neuen größeren Gewohnheit fördern. Mache es richtig! Mache es mit diesen Strategien!

Lehre 3: Gewohnheiten und neue Strukturen festigen

Der Jo-Jo-Effekt, der Rückfall in alte Verhaltensmuster – wie kommt es zu diesen Phänomenen? Etwas hart Erarbeitetes ist nicht von Bestand. Es wird wieder durch das ersetzt, an das man früher gewohnt war. So zumindest verläuft es in einigen, eventuell sogar in vielen Fällen. Über die Häufigkeit von Rückfällen in alte Gewohnheiten soll gar nicht debattiert werden. Dein Ziel ist es, Rückfällen einfach entgegenzuwirken. Der Grund für einen Rückfall besteht nicht darin, dass die neue Gewohnheit einem nicht gefallen würde oder dass die Mehrwerte nicht klar wären. Rückfälle sind auf den simplen Sachverhalt zurückzuführen, dass Restbestände der alten Strukturen nach wie vor vorhanden sind. Sie sind derart stark vorhanden, dass sie die Fähigkeit haben, die scheinbar neuen Gewohnheiten zu übertreffen. Drei Maßnahmen in genau der genannten Reihenfolge sind zu beherzigen, um das Risiko für Rückfälle zu verringern:

I. Sei hinsichtlich des Fortschritts ehrlich zu dir selbst!
II. Gewähre dir für die Durchführung der Umgewöhnung einen großzügigen Zeitrahmen!
III. Behalte die neuen Gewohnheiten kompromisslos bei!

Ehrlichkeit

Meistens merkt man es selbst, wenn man sich an der Nase herumführt. Solltest du irgendwann einige Schritte bei der Umgewöhnung überspringen oder die Leine lockerer lassen, dann merkst du in deinem Unterbewusstsein, dass irgendetwas faul ist. Lüge dir nichts vor. Abweichungen von den geplanten Etappenzielen haben einen Grund, der meist darin zu suchen ist, dass du die Umgewöhnung nicht wie geplant umsetzt. Sollte es einmal vorkommen, dass du etwas nicht einhalten kannst, weil du beispielsweise jemanden im Krankenhaus besuchen oder für die Arbeit Überstunden machen musst, dann steht es außer Frage, dass es sich um Ausnahmen handelt. Wenn aber keine triftigen Argumente von außen gegeben sind und du dennoch von deinem Plan abweichst, sind die Ursachen dafür bei dir selbst zu suchen. Hier musst du Anpassungen vornehmen.

> ### Hinweis!
> Ausnahmen vom angepeilten Ziel sind nicht automatisch negativ. Teilweise können Ausnahmen sogar weniger ernste Hintergründe (nicht Krankenhausbesuche, nicht Arbeit) haben, sondern einem netten Abend mit Freunden geschuldet sein. Wenn du dich in einem bestimmten Freundeskreis monate- oder jahrelang nicht getroffen hast und nur dieser eine Abend für die nächsten Jahre die Chance auf ein erneutes Treffen darstellt, dann mache die Ausnahme! Man lebt nur einmal. Genieße es. Wichtig ist, dass diese Ausnahme dich nicht zu weiteren Ausnahmen bewegt. Dies stellst du sicher, indem du Ausnahmen wirklich Ausnahmen sein lässt; d. h. sie sollten sich selten bis sehr selten ereignen. Zudem hat Schritt 1, die Umgewöhnung in den Gedanken, mit der Umprogrammierung deiner Gedanken- und Gefühlswelt dazu beigetragen, dass Ausnahmen dich mit geringerer Wahrscheinlichkeit aus dem Gleichgewicht bringen.

Wenn du merkst, dass du vom Plan abweichst, ist es nützlich, unter Zuhilfenahme des ersten Kapitels mehrere Sichtweisen einnehmen:

> ➢ Mangelt es an Motivation?

> Sind die Etappenziele zu weit auseinander?
> Reichen die Belohnungen nicht aus?

Nimm diese und weitere Fragen zur Hand. Wäge möglichst objektiv ab. Kleinere Modifikationen sollten dazu beitragen, dass sich deine Ziele wieder einpendeln und du dich im Hinblick auf den Fortschritt nicht belügst. Dadurch erkennst du besser, wann sich neue Gewohnheiten ergeben haben. Sobald neue Gewohnheiten vorhanden sind, wirst du diese durch Ehrlichkeit dir selbst gegenüber besser beibehalten können.

Meine Erfahrungen

Ich bin nie von meinen positiven Gewohnheiten abgewichen, weil ich stets ehrlich zu mir war. Wenn ich ohne eine vernünftige Begründung nachlässig wurde, war bei mir meistens die Motivation die Ursache dafür. Wenn z. B. die Naschereien zwischen den Vorträgen wieder zunahmen und ich mich beim Sport anschließend unwohl fühlte, dann merkte ich anhand dieser klaren Signale meines Körpers, dass ich auf dem falschen Weg war. Um mich zu motivieren, entschloss ich mich beispielsweise, mich für jede Woche, die ich während der Vorträge ohne Nascherei auskam, am Sonntag mit einem sündhaft ungesunden Abendessen zu belohnen. Es war immer ein neues Abendessen, damit es interessant blieb. Ein weiterer Punkt, an dem die Motivation oftmals fehlte, war, wenn die Vorträge schlimmer liefen als bei der positiven Herangehensweise erhofft. Für diesen Fall hatte ich ein Ritual für nach der Arbeit eingeplant: Ich würde mich den Rest des Tages über mit einem Wellness-Programm verwöhnen lassen, wenn ich den schweren Tag gemeistert hatte. Fortan hatte ich immer, wenn die Zuhörer mich verzweifeln ließen, fast sofort ein Lächeln im Gesicht. Denn ich wusste: Heute steht zur Belohnung wieder Wellness auf dem Programm!

Geduld

Es mag mit Sehnsucht erwartet werden, sich die angestrebte Gewohnheit endlich angeeignet zu haben. In der Sehnsucht nach dem Ende der Umgewöhnung könnte es daher dazu kommen, dass du bestimmte Etappenziele überspringst und verkündest: „Ich habe mich umgewöhnt."

Das Trügerische an dieser Vorgehensweise ist, dass die Euphorie über die vermeintlich erfolgreiche Umgewöhnung über die Tatsache, dass du dich noch nicht umgewöhnt hast, hinwegzutäuschen vermag. Doch sobald die Euphorie verflogen ist, verleiten die vorigen Automatismen wieder dazu, der alten Gewohnheit nachzugehen. Lasse dir deswegen immer genügend Zeit, bevor du Gewohnheiten als beseitigt und neue Gewohnheiten als angeeignet deklarierst. Für Mikro-Gewohnheiten darfst du pauschal mit den wissenschaftlichen 66 Tagen Umgewöhnungszeit kalkulieren. Für Makro-Gewohnheiten sind – je nach Lebensalter und Stärke der vorigen Gewohnheiten – mehrere Monate bis zu Jahre als Umgewöhnungszeit anzusetzen. Sollte es Jahre dauern, dann wirst du trotzdem bereits nach wenigen Monaten eine deutliche Vereinfachung verspüren. Dies wird die willkommene Routine sein.

Beständigkeit

Sowohl während der Umgewöhnungsphase als auch nach erfolgter Umgewöhnung ist es optimal, wenn du dir eine gewisse Kompromisslosigkeit beibehältst. Sollten Ausnahmen angebracht oder sogar notwendig sein, dann sind diese erlaubt. Ansonsten aber solltest du dich voll und ganz auf die positiven neuen Gewohnheiten und deren Beibehalt konzentrieren. Beständigkeit lässt sich am einfachsten sicherstellen, indem du von speziellen Maßnahmen Gebrauch machst.

> **Tagebuchführung**: Durch die regelmäßige Tagebuchführung kannst du auf den Weg zurückblicken, den du bereits hinter dir hast. Insbesondere bei einer längeren Dauer der Umgewöhnung und schwindender Motivation erweist sich diese Maßnahme als hilfreich, weil du auf einen langen, erfolgreichen Weg stolz sein kannst. Da wäre es doch total schade, wenn du rückfällig würdest, oder? Den ganzen Weg umsonst gegangen? Auf keinen Fall!

> **Rückwärts-Visualisierung**: Du hast gelernt, Ziele vor deren Erreichen zu visualisieren, um sie attraktiver zu gestalten und eine positive Vision zu erlangen. In diesem Sinne fügt sich die Rückwärts-Visualisierung bei bereits vorhandenen Erfolgen perfekt in das Gesamtbild ein. Wenn du rückwärts visualisierst, hast du eventuell sogar Fotos von deiner bisherigen Umgewöhnung. Dies stärkt das Erinnerungsvermögen. Die Rückwärts-Visualisierung ist höchst authentisch, weil sie bereits Geschehenes wieder ans Tageslicht holt. Sie ähnelt vom Grundgedanken her einem Tagebuch, indem sie Geschehenes aufarbeitet. Allerdings hat die Rückwärts-Visualisierung mehr Ausdrucksstärke, weil mit Fotos gearbeitet wird.

> **Mehrwerte verdeutlichen**: Wenn du dir die Vorzüge dessen, was du tust, regelmäßig vor Augen führst, steigerst du dein Durchhaltevermögen. Hierzu verhelfen dir alle bisher erlernten Aufgaben und Informationen in diesem Buch. Was du zusätzlich machen kannst, ist das Prinzip der Abschreckung: Falls du Aufnahmen oder Fotos von dir zu Zeiten deiner früheren negativen Gewohnheiten hast oder du andere Menschen in denselben schlechten Umständen beobachten kannst, in denen du dich früher befunden hast, kannst du dich durch diese Dinge davon abschrecken, wieder in alte Muster zu verfallen.

3. Schritt: Methoden zur Umgewöhnung

Umgewöhnung braucht Strategie und Methode. Einen praktischen Eindruck, wie es funktionieren kann, liefert die Dokumentation *Macht der Gewohnheit*, die von der Sendung *W wie Wissen* durchgeführt und im ARD ausgestrahlt wurde. Neben mehreren Aussagen von Experten und informativen Sequenzen zum Thema Gewohnheit wird in der Doku ein interessantes Experiment gezeigt. Teil dieses Experiments ist ein Pärchen, die Webers, sowie der Tätowierer Jens. In Begleitung des Fernsehteams erhalten die Webers und Jens vom Psychologie-Professor Wilhelm Hofmann von der Universität zu Köln Hilfe bei den ersten Schritten zur Beseitigung ihrer negativen Gewohnheiten. Fakt ist: Es ist nicht einfach, denn die Gewohnheiten sind tief im Gehirn verwurzelt. Passend dazu spricht Professor Hofmann von einer notwendigen Umprogrammierung.

Der erste Schritt besteht darin, den Personen die Unattraktivität ihrer Gewohnheiten vor Augen zu führen. Sie werden bei ihren Gewohnheiten gefilmt; übrigens ein Mittel, von dem du ebenfalls Gebrauch machen kannst. Wenn man sich zur Abwechslung mal von außen sieht, erhält man einen ganz anderen Blickwinkel auf die eigene Situation. Die Aufnahmen der Webers und von Jens offenbaren folgende Szenarien:

Die Webers sitzen gemeinsam auf der Couch. Allerdings nicht nah beieinander, sondern recht weit entfernt. Jennifer Weber beschäftig sich mit ihrem Smartphone und sitzt auf der einen Ecke der Couch, Bilian Weber spielt mit seiner Konsole und sitzt in der Mitte. So verbringen beide ihren Abend. Beide interagieren kaum. Als sie die Aufnahmen von sich sehen, „fallen ihnen die Zähne aus dem Mund", um es mit den Worten Bilian Webers zu sagen. Auch Jennifer Weber ist wenig angetan: „Kein schönes Bild, sich so zu sehen." Beide sprechen sogar erstmals von einem auf lange Sicht drohenden Beziehungsaus. Es zeigt sich bei beiden ein Schock über das Ausmaß der negativen Gewohnheit. Zudem blicken sie erstmals nicht durch die rosarote Brille auf ihre Beziehung, sondern sehen die Gefahr klar: Beziehungsaus, da keine gemeinsame Interaktion. Ihre Idealvorstellung ist, zusammenzusitzen, sich zu unterhalten und hin und wieder am Abend den einen oder anderen Ausflug zu machen.

Jens vertreibt sich jeden Abend die Zeit mit Süßigkeiten, Chips, Bier und Whisky-Cola – nicht unbedingt alles an einem Abend, aber jeden Abend zumindest etwas davon. Früher, so sagt er, hatte er seinen Hund als Motivation für mehr Bewegung. Dieser sei aber verstorben. Als er sich sieht, ist seine Aussage: „Oh, Mann! Wenn man das so von außen sieht, dann denkt man sich, da müsste jemand einschreiten und das unterbrechen." Seine Idealvorstellung ist, seinen Gewohnheiten nicht alltäglich nachzugehen, aber gelegentlich möchte er sie sich als seine persönliche Art von Genuss erlauben.

Ein Pärchen, ein alleinerziehender Vater, zwei Missionen zur Umgewöhnung. Der Experte Hofmann soll helfen. Die Personen werden aufgefordert, sich Strategien zu überlegen, um die negativen Gewohnheiten durch positive Gewohnheiten zu ersetzen. Denn es brauche eine Strategie. Allein starker Willen reiche nach Ansicht des Experten nicht aus. Sobald eine stressbehaftete Situation komme, sei es mit der Umgewöhnung vorbei, wenn sie einzig und allein auf einem starken Willen bauen würde. Es solle ganz genau überlegt werden, wie es klappen könnte: Ersatz-Gewohnheiten, Veränderungen der Ausgangssituation und stabile Auslöser seien ein wichtiges Mittel. Jens fallen schnell Lösungen ein: Obstplatte und Kaugummis sollen die Süßigkeiten ersetzen. Die Whisky-Vorräte seien ihm zu kostbar, um sie zu verschenken. Stattdessen bringt er sie in den Weinkeller. Zudem schafft er sich einen neuen Hund an. Der Psychologe ist optimistisch, denn sowohl die Ersatzgewohnheit als auch ein stabiler Auslöser in Form des Hundes, der immer da ist, seien vorhanden. Den Webers fällt es schwerer, Lösungen zu finden. Der Experte macht als Ursache aus, dass die positive Vision fehlt. Schlussendlich entscheiden sich die Webers dafür, gemeinsam essen zu gehen und gemeinsam Filme zu gucken. Immerhin kommt es zu kleinen Annäherungen.

Wie es mit den Teilnehmern des Experiments im Anschluss daran weitergeht, steht in den Sternen. Wichtig werde es, einen Rhythmus reinzubekommen und konsequent beizubehalten, so der Psychologe. Jens gönnt sich bereits nach drei Tagen wieder ein Bier, aber bleibt ansonsten konsequent. Seine Kinder essen beim Obst gern mit und motivieren ihn zusätzlich. Jens gibt zu, dass die Gewohnheit nicht aus dem Kopf ist; also ist die Sache für ihn nicht abgetan, das wäre zu einfach. Bilian und Jennifer Weber nehmen sich nach eigener Aussage mehr Auszeit von ihren Smartphones und beschließen, Neues als positiv zu empfinden.

Die Informationen über das Experiment veranschaulichen einerseits, dass es positive Visionen braucht. Andererseits sind Strategien notwendig, denn Wille allein reicht nicht aus. Was merkst du? Diese Bestandteile einer erfolgreichen Umgewöhnung hast du bereits gelernt! Kapitel 1 brachte die in Gedanken positive Grundhaltung, Kapitel 2 die Motivation, die „Attraktivierung" der Umgewöhnung und förderte den Willen.

Nun geht es um Strategien, die die dritte wichtige Komponente bei der Umgewöhnung sind. Dieses Kapitel legt den Fokus auf Methoden und damit verbundene Aufgaben, die dir das Finden und Beibehalten passender Strategien erleichtern. Abgesehen davon werden interessante Einblicke in die Wissenschaft und Produktschöpfung gewährt, damit du eventuell nützliche weitere Hilfestellung für deine Umgewöhnung findest.

Methoden zur Übung: Entwöhnung und Angewöhnung

An Methoden mangelt es nicht. Das Kunststück besteht darin, Methoden zu finden, die zur Umgewöhnung universell einsetzbar sind. Ein Beispiel für eine nützliche, aber weniger universell anwendbare Methode, ist das Ankern aus dem Neurolinguistischen Programmieren (NLP).

Beim Ankern wählst du eine Geste, einen Gegenstand oder eine andere Ressource, von der du immer dann Gebrauch machst, wenn du die alte gegen eine neue Gewohnheit ersetzen möchtest. In diesem Beispiel ist der Anker ein kleiner Gegenstand, den du immer bei dir trägst. Du nimmst in der Übungsphase den Anker in die Hand und denkst an die positive Gewohnheit, die du anstrebst. Sofern in der Übungsphase möglich, praktizierst du diese Gewohnheit mit dem Anker in der Hand. Das Gehirn wird anhand dieses Auslösers darauf konditioniert, immer dann, wenn der Anker in die Hand genommen oder wenigstens berührt wird, der positiven Gewohnheit nachzugehen. Je häufiger und konsequenter du übst, umso stärker wird die Programmierung deines Gehirns. Solltest du irgendwann in eine Lage gelangen, in der du dich zur Ausübung der negativen Gewohnheit versucht fühlst, so nimmst du den Anker in die Hand und ankerst die positive Gewohnheit. Ist der Anker stark genug, dann ersetzt du mit dessen Hilfe die negative durch die positive Gewohnheit.

Das Problem bei dieser Methode der Umgewöhnung besteht darin, dass sie nicht auf alle Gewohnheiten anwendbar ist. Fällt es dir schwer, morgens früh aufzustehen, dann nützt dieser Anker nicht, weil du morgens früh aufstehen müsstest, um dich überhaupt mittels Anker zu konditionieren. Problem: Du bekommst es nicht hin, morgens früh aufzustehen … Also kannst du das frühe Aufstehen auch nicht ankern.

Im Folgenden werden daher Methoden vorgestellt, die nicht speziell sind, sondern durch eine universelle Anwendbarkeit überzeugen. Vier Lehren mit dazugehörigen Übungen weisen dir den Weg, um …

- ➢ Hürden für negative Gewohnheiten zu setzen,
- ➢ Barrieren für positive Gewohnheiten zu reduzieren,
- ➢ die Qualität der Auslöser positiver Gewohnheiten hoch zu halten oder zu erhöhen
- ➢ und Nutzen aus anderen Personen zu ziehen.

Eine Übertragbarkeit dieser Methoden auf jede Gewohnheit ist mit mal mehr, mal weniger Kreativität sicher gewährleistet.

Lehre 1: Hürden für schlechte Gewohnheiten

Durch Hürden fehlt die Ausübung einer Aktivität schwerer. Je mehr Hürden vorhanden sind und je stärker die Hürden sind, umso geringer wird die Wahrscheinlichkeit, dass du einer Aktivität nachgehst. Hürden sind ein nützliches Mittel zur Entwöhnung schlechter Gewohnheiten.

Am praktischsten ist eine Hürde, die die Ausübung der Gewohnheit unmöglich oder nahezu unmöglich macht. Neigst du z. B. am Abend dazu, zu viel Bier oder Wein zu konsumieren und machst dir Sorgen, daraus könne sich ein Alkoholismus entwickeln, dann erschwerst du dir im Idealfall den Alkoholkonsum dadurch, dass kein Alkohol zuhause ist. Unmöglich ist der Konsum dadurch zwar nicht, denn die nächste Tankstelle könnte in der Nähe sein. Aber beim Kauf in der Tankstelle kämen weitere Hürden hinzu; nämlich müsstest du erstens zur Tankstelle, was einen großen Aufwand bedeuten würde, zweitens wäre der hohe Tankstellen-Preis für die Flasche Alkohol abschreckend. Nun werden kreative Personen auf zwei weitere Ideen kommen: Entweder beim Nachbarn klingeln und um eine Flasche Alkohol bitten oder einen Taxi-Fahrer anrufen, der die Flasche Alkohol vorbeibringt; dies ist gleichbedeutend mit entweder peinlich oder noch teurer. Schlussfolgerung: Wenn abends nach der Ladenschluss Alkohol nur noch schwer verfügbar ist, dann ergeben sich mehrere Hürden, um dem Alkoholkonsum nachzugehen. Die Hürden sind durchaus hoch, sodass der Verzicht auf die Lagerung von Alkohol zuhause eine gute Maßnahme ist. Natürlich ist es bei süchtigen Menschen nochmal etwas ganz anderes als bei einer bloßen Gewohnheit, aber das Prinzip geht in die gleiche Richtung. Zunehmende Hürden erschweren die Praxis von Gewohnheiten.

Meine Erfahrungen

Mir hat die Bildung von Hürden sehr geholfen. Es war die erste Maßnahme, die ich auf meinem Weg zur Bildung positiver Gewohnheiten und zur Substitution negativer Gewohnheiten wählte. Als ich ganz am Anfang stand, wusste ich, dass das frühe Aufstehen das Wichtigste für mich sein würde. Wenn ich dies schaffte, dann würden sich täglich vier bis fünf Stunden mehr Zeit ergeben. Meine Hürde war die, dass ich zehn Wecker stellte und sie quer in meiner Wohnung verteilte. Die Wecker klingelten zeitversetzt: zuerst der Wecker am Bett, damit ich den ersten Wecker wirklich hörte und aufwachte, eine Minute später war es der Wecker etwas weiter entfernt am Kleiderschrank, dann die in den anderen Zimmern. Nachdem ich alle zehn Wecker zeitversetzt abgelaufen war, war ich so entnervt, dass ich nicht mal

> mehr eingeschlafen wäre, wenn ich es versucht hätte. Mit der Zeit reduzierte ich die Anzahl der Wecker, weil ich fast schon ohne Wecker von allein um sechs Uhr aufstand. Ich habe durch die neue Gewohnheit jeden Tag wichtige Stunden Lebenszeit gewonnen.

Im Idealfall sorgst du dafür, dass deinen schlechten Gewohnheiten Hürden in den Weg gestellt werden. Dies bewerkstelligst du mittels eines Folgediagramms oder einer Mind-Map. Nimm als Ausgangspunkt deine schlechte Gewohnheit; in dem folgenden Beispiel ist es das Fernsehen am Abend. Nun bildest du eine grafische Darstellung deiner Wahl, die veranschaulicht, wie eine Hürde zur nächsten führt und deiner Gewohnheit im Wege steht. Es könnte am Beispiel des Fernsehens am Abend wie folgt aussehen:

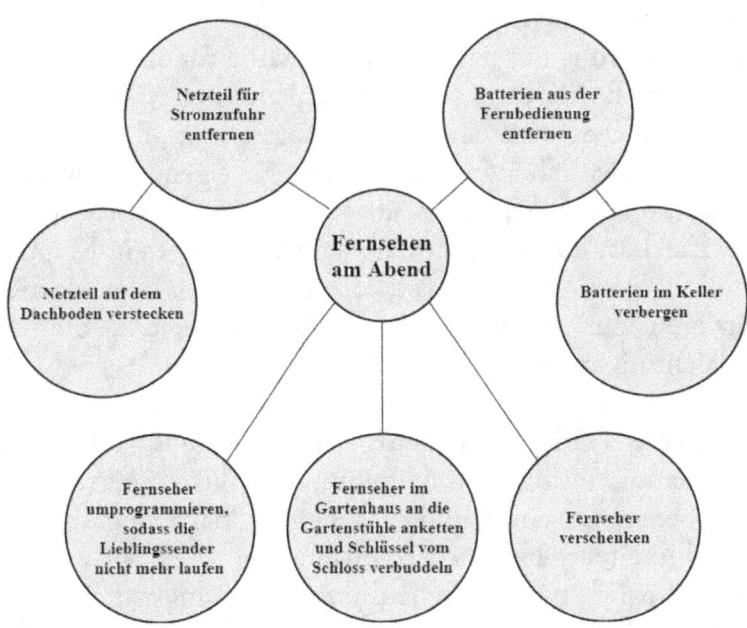

Abbildung 4: Mindmap schlechte Gewohnheit

> **Aufgabe 1**
>
> Die Hürden in dem Beispiel sind kreativ; vielleicht sogar zu kreativ. Mache es mit deinen negativen Gewohnheiten so, wie du es für richtig hältst. Schreibe jede negative Gewohnheit, die du bei dir findest, auf ein Blatt Papier und überlege realistische Hürden. Für den Anfang sollten es kleine Hürden sein. Falls diese nichts bringen, kannst du gern zu radikaleren und größeren Hürden übergehen. Fakt ist, dass es für dich umsetzbar und realistisch sein muss. Probiere anschließend die Hürden aus, um zu überprüfen, ob diese dir bei der Umgewöhnung helfen.

Lehre 2: Reduzierung der Barrieren für gute Gewohnheiten

Wenn die Aufstellung von Barrieren die Ausübung von Gewohnheiten erschwert oder sogar unmöglich macht, sorgt die Reduzierung der Barrieren folgerichtig für das Gegenteil. Je weniger Barrieren guten Gewohnheiten im Wege stehen, umso einfacher wird deren Ausübung. Die größte Barriere, die gute Gewohnheiten erschwert, ist die eigene Motivation. Es wurde daran gearbeitet, diese Barriere zu überwinden. Das Ziel hast du hierzu attraktiv gemacht und es in Etappen geteilt. Neben der Motivation gibt es allerdings weitere Barrieren zur Ausübung guter Gewohnheiten, die dir vielleicht nicht auffallen.

Die Lehre 1, die du soeben gelesen hast und hoffentlich mit allen dir verfügbaren Mitteln in die Tat umsetzen wirst, trägt bereits zu einer Reduzierung der Barrieren für gute Gewohnheiten bei. Sie ist somit auch ein Teil der zweiten Lehre. Inwiefern dies? Stelle dir vor, du zwingst dich durch diverse Hürden, morgens früh aufzustehen anstelle bis 10 oder gar 12 Uhr zu schlafen. Da diese Hürden dich automatisch dazu bringen, dein Ziel, früh aufzustehen, zu erreichen, sind automatisch die Barrieren zur guten Gewohnheit fort. Nochmal mit einfacheren Worten:

*Wenn du Hürden für schlechte Gewohnheiten festlegst, dann wähle möglichst Hürden, die die Ausübung schlechter Gewohnheiten **unmöglich** machen. Dies sorgt nämlich zugleich für eine Beseitigung aller Barrieren, die den guten Gewohnheiten im Wege stehen.*

Nicht immer ist dieses Vorgehen möglich. Dann solltest du dir Gedanken machen, welche speziellen Barrieren für einzelne positive Gewohnheiten dir im Weg stehen könnten. Besonders offensichtlich sind physische Barrieren. Je mehr Vorbereitungen du triffst oder Besorgungen du machen musst, um eine positive Gewohnheit auszuüben, umso nachteiliger ist es. Als Beispiel darf mal wieder die gesunde Ernährung dienen: Was sind hier die möglichen Barrieren?

> - Aufwändige Rezepte: Gesunde Ernährung wird oft mit aufwendigen Rezepten in Verbindung gebracht. Tatsächlich lässt sich eine gesunde Ernährung schon durch hochqualitatives Fertigessen abdecken. Im Internet steht zudem eine große Auswahl an einfachen Rezepten zur Verfügung. Zeiteinschätzungen, Schwierigkeitslevel und Umfang der Zutatenliste erlauben Rückschlüsse auf den Aufwand hinter einem Rezept.
> - Verfügbarkeit: Wenn kein Obst und Gemüse eingekauft wird, ist es nicht verfügbar. So wird die gesunde Ernährung unmöglich. Die generelle Verfügbarkeit ist von der unmittelbaren Verfügbarkeit zu unterscheiden. „Unmittelbar" bedeutet, dass du den Teller mit Obst rund um die Uhr griffbereit hast. „Generell" hingegen kann bedeuten, dass das Obst in der 50 Kilometer entfernten Parzelle auf deinen Bäumen

hängt – wenig praktisch. Bei unmittelbarer Verfügbarkeit wirst du mit höherer Wahrscheinlichkeit gesunde Lebensmittel konsumieren.

➤ Fehlendes Wissen: Wer schlecht informiert ist, macht Dinge nicht nur falsch, sondern neigt dazu, diese auf ein Podest zu stellen. Sie werden also als schwieriger eingeschätzt, als sie wirklich sind. Sich breit über ein Thema zu informieren, reduziert sogar psychische Barrieren. Denn bist du dir der Einfachheit einer Sache bewusst, so wirst du eine größere Motivation entwickeln.

Aufgabe 2

Nun bist du am Zug, die Barrieren für deine angedachten neuen Gewohnheiten zu reduzieren. Denke darüber nach, wie du mentale und physische Hürden beseitigen kannst. „Mental" bedeutet: durch Aneignung neuen Wissens oder Maßnahmen, die deine Motivation stärken. „Physisch" sieht Maßnahmen vor, bei denen Sachen oder Gegenstände genutzt werden, die zur Ausübung der neuen Gewohnheit verleiten. Überdenke im Zuge dieser Aufgaben nochmal deine Hürden für die schlechten Gewohnheiten aus Lehre 1: Lassen sich diese Hürden so umwandeln oder intensivieren, dass sie die Ausübung schlechter Gewohnheiten unmöglich und die neuen Gewohnheiten zur einzigen Alternative machen?

Wichtig ist bei Lehre 1 und 2 insgesamt, dass du keiner der Maßnahmen zu sehr vertraust. Hürden für schlechte Gewohnheiten mögen z. B. wirksam sein, aber sich selbst diese Hürden zu stellen, erfordert ein gewisses Maß an Selbstdisziplin. Menschen sind oft begnadet darin, sich selbst etwas vorzulügen, wenn sie gegen alte Gewohnheiten ankämpfen müssen. Irgendwann mag also der Zeitpunkt kommen, an dem du denken wirst, dass du die Hürde nicht mehr brauchst.

Es kann schon am dritten oder vierten Tag so weit sein: „Es nervt mich sowas von, die Fernbedienung aus dem Gartenbeet buddeln zu müssen. Ich lasse diesen Unsinn jetzt sein. Ganz sicher werde ich die Fernbedienung und den Fernseher nicht mehr benutzen." Sei jetzt schon darauf vorbereitet, dass das eine Lüge ist. Es ist eine Lüge deines inneren Schweinehundes, deiner zweiten Stimme, deiner alten Gewohnheit, deines ungewünschten Ichs. Nenne es, wie du willst, aber keine Gewohnheit ist am dritten oder vierten Tag stabil beseitigt.

> ### *Wusstest du schon?*
>
> „Nur noch ein Mal, ein einziges Mal.", heißt es bei Drogenabhängigen, Alkoholikern und anderweitig süchtigen Personen oftmals, wenn die Personen versprechen, sich zu bessern. Während einige Personen Süchte mit Gewohnheiten vergleichen, ist die Wissenschaft ein Stück weiter: Der Unterschied besteht darin, dass bei einer Gewohnheit irgendwann das Belohnungssignal erlischt. Weil sich die jeweilige Person an eine Sache gewöhnt hat, ist keine Belohnung mehr notwendig. Drogen hingegen machen süchtig, weil sie das Belohnungssignal durch hormonellen Eingriff in Prozesse des Gehirns künstlich aufrechterhalten. Der extreme Kampf, in dem sich jede Faser deines Seins nach einem einzigen weiteren Mal der Gewohnheitsausübung verzehrt, wird dir demzufolge erspart bleiben. Aber trotzdem ist davon auszugehen, dass dein Gehirn versuchen wird, dir den einen oder anderen Streich zu spielen.

Du darfst auf dem Weg zu deiner Entwöhnung also nicht zu sehr auf deine eigenen Gedanken vertrauen. Diese haben hohes Täuschungspotenzial; kein Täuschungspotenzial wie bei einem Drogenentzug, aber ein nicht zu unterschätzendes. Deswegen ist es wichtig, dass du dir einen festen Plan setzt, wie du zeitlich bei deiner Umgewöhnung vorgehst. Du hast bis hierhin das große Ziel, die wichtigen kleinen Etappen und die Makro- sowie Mikro-Gewohnheiten beisammen. Nun ist es an der Zeit, dass du dir einen festen Zeitplan setzt, wie du die negativen Gewohnheiten beseitigst und durch positive Gewohnheiten ersetzt.

Aufgabe 3

Fange bei deinem ersten Etappenziel an, bei dem du festlegst, in welcher Zeit du die Mikro-Gewohnheiten umsetzen möchtest: Soll das Etappenziel innerhalb von zwei Wochen erreicht sein? Ist dies realistisch? In welcher Reihenfolge und in welchem Zeitrahmen möchtest du Hürden für die einzelnen negativen Gewohnheiten aufstellen? In welcher Reihenfolge und in welchem Zeitrahmen möchtest du Barrieren für die positiven Gewohnheiten reduzieren? Wann legst du die zweite höhere Hürde fest, falls du merkst, dass die erste Hürde nicht genügt, um der negativen Gewohnheit zu trotzen? Definiere eine Zusammenstellung aus Zielen, Gewohnheiten, Maßnahmen, Gegenmaßnahmen, Zeitpunkten und weiteren Details, die dir einfallen.

Mit Verlaub: Das Leben ist keine To-Do-Liste. Aber ebenso wenig ist das Leben ein Ponyhof. Insbesondere beim Wunsch nach Erfolg ist ein striktes Vorgehen notwendig. Natürlich haben es einige Menschen in ihrem Leben einfacher, zum Erfolg zu gelangen. Die Ungleichheiten sind nicht zu leugnen. Deswegen müssen sich einige Personen eben mehr Mühe geben, um den gewünschten Erfolg zu realisieren. Bist du bereit, akkurat zu planen und nichts dem Zufall zu überlassen? Du wirst mit Sicherheit Erfolg haben, wenn du dir einen todsicheren Plan zusammenstellst. Dazu verhilft dir diese zweite Lehre in Kombination mit allem bisher Gelernten.

Lehre 3: Qualität der Auslöser hochhalten oder erhöhen

Positive Gewohnheiten können mittels Auslöser initiiert werden. Allein der Gedanke an eine Gewohnheit ist ein Auslöser. Bei negativen Gewohnheiten, die verinnerlicht sind, ist die Qualität der Auslöser hoch, weil sich Routinen und Automatismen entwickelt haben. Gedanken an positive Gewohnheiten sind ein guter Anfang, dem eine Verstärkung der Gedanken folgen muss. Visualisierungen und Affirmationen tragen zur Verstärkung bei. Die Reduzierung von Hürden ebenso.

Knöpfe dir alle deine Auslöser vor und stelle sicher, dass deren Qualität hoch bleibt. Erhöhe bei Bedarf die Qualität. Affirmationen haben den Nachteil, dass es rein mentale Auslöser positiver Gewohnheiten sind. Mit Visualisierungen kannst du schon bedeutend mehr anfangen: Beispielsweise ist es möglich, bei einer angefertigten Pinnwand regelmäßig neue Bilder von sich und dem Weg zum Erfolg hinzuzufügen. Vorher-Nachher-Bilder bei körperlichen Zielen, Noten aus Semestern beim Studium, Bilder von neuen Freunden oder Gruppen bei sozialen Zielen – all dies sind mögliche Qualitätssteigerungen für Visualisierungen als Auslöser. Wenn du Barrieren für die positiven Gewohnheiten reduzierst, indem du dir Wissen aneignest oder einfache Rezepte aussuchst – wie im Beispiel angeführt wurde –, erweiterst du deinen Wissensschatz, was ebenfalls eine Erhöhung der Qualität des Auslösers darstellt.

Wie du siehst, zählt eben nicht nur, die Auslöser zu haben, wie es bisher in diesem Buch thematisiert wurde. Es ist zumindest langfristig von Bedeutung, die Auslöser zu aktualisieren und zu optimieren. Keine Perfektion, aber Fortschritt ist nötig.

Lehre 4: Nutzen aus anderen Personen ziehen

Keine Bange: Es geht nicht darum, Menschen auszunutzen. Diese Lehre zeigt dir auf moralisch vertretbare Weise, wie du dir die Beziehungen zu Bekannten, Freunden und Familie zunutze machst, um deine Ziele zu erreichen. Der größte Nutzen, der sich für dich ergibt, ist, wenn du deine Ziele mit anderen Personen teilst. Erzähle so vielen Menschen wie möglich davon, was du zu erreichen gedenkst. Nun wirst du womöglich denken:

> ➢ „Aber das geht doch niemanden etwas an!"
> ➢ „HA! Und wenn ich es dann nicht schaffe, lachen sich alle über mich schlapp. Ganz sicher nicht mit mir!"
> ➢ „Ich weiß aber nicht, wie ich es tun soll."

Zu dem ersten Punkt sei gesagt, dass du äußerst private Ziele natürlich nicht teilen musst. Meistens ist es aber gut, zumindest mit engsten Vertrauten über eine Sache zu sprechen. Du redest dir dann die Sorgen und Zweifel von der Seele, woraufhin du dich besser fühlst. Ein paar ermutigende Worte dieser Personen sind ebenfalls hilfreich. Mal abgesehen davon, musst du mit keiner Person über dein komplettes Ziel oder die angestrebten neuen Makro-Gewohnheiten sprechen. Du kannst genauso gut von Mikro-Gewohnheiten erzählen, die du entwickeln möchtest. So bleibt das übergeordnete Ziel geheim, weil du nur von einem kleinen Bruchteil berichtest.

Zum zweiten Punkt aus der Aufzählung gibt es in Kürze mehr. Der Punkt hat einen besonderen Platz, weil in ihm das große Geheimrezept der Lehre 4 verborgen liegt.

Der dritte Punkt aus der Aufzählung: Es stimmt, dass es in manchen Gesprächen und gegenüber manchen Personen schwerfällt, bestimmte Dinge anzusprechen. Du hast keinerlei Zwang. Sprich zunächst mit deinen engsten Vertrauten offen über deine Pläne, die eine oder andere Gewohnheit zu entwickeln, um erfolgreicher zu werden. Hier sind in den seltensten Fällen Hemmungen gegeben. Unterhalte dich mit anderen Personen dann über deine Pläne, wenn es sich ergibt, weil z. B. gerade ein passendes Thema besprochen wird.

> **Aufgabe 4**
>
> Stelle dir eine Liste der Personen zusammen, mit denen du ohne Probleme überall deine Pläne und Vorhaben reden kannst, ohne Bedenken zu haben, ob dein Anliegen bei diesen Personen richtig aufgehoben ist. Schreibe auf einer weiteren Liste alle Personen auf, zu denen du zumindest eine gute Beziehung pflegst. In einer dritten Liste notierst du sämtliche Bekannte, denen du bei Gelegenheit von deinen Plänen erzählen könntest. Auch wenn du jetzt noch denkst, du würdest nie den Mut fassen, mit einigen Personen auf diesen Listen über deine Pläne zu sprechen: Erstelle trotzdem die Listen. Schließlich weiß niemand, wozu du dich später noch entschließen wirst...

Nun das zweite Argument aus der Liste, mit dem in dieser Lehre vieles steht und fällt:

> *„Anderen Personen von den Plänen zu erzählen, birgt das Risiko, von den Personen verspottet zu werden, sobald die Pläne scheitern."*

Die Ratschläge im Internet, in Ratgeber-Büchern und von berühmten Persönlichkeiten überschlagen sich förmlich in Lobeshymnen für die Strategie, zunächst die Pläne für sich zu behalten. Der Enthusiasmus für diese Strategie ist plausibel. Keine Frage. Neben der Tatsache, dass du nicht Gefahr läufst, dich durch negatives Gerede im Umkreis vom Ziel abbringen zu lassen und dich im Falle des Scheiterns nicht blamierst, hast du einen weiteren Vorzug: Wenn es dir gelingt, dann überraschst du alle. Wenn Leute dich plötzlich 30 Kilogramm schlanker sehen, erfahren, dass du Millionär/in geworden bist, oder von deiner Professur mitbekommen – welch ein Erfolg!

Aber denke mal daran zurück, was im zweiten Kapitel auf dem Lehrplan stand: Du hast verinnerlicht, wie wichtig positives Denken ist. Was sagt es nun über deine Lehren aus, wenn du dich mit deinen Plänen versteckst? Nicht unbedingt etwas Negatives, aber ganz sicher kann nicht von einer komplett positiven Grundhaltung die Rede sein. Wieso gehst du nicht einfach davon aus, dass andere Personen dir gut zureden werden, wenn sie von deinen Zielen erfahren? Tue es, erzähle von deinen Zielen und Plänen! Personen werden dir helfen. Und falls nicht, dann nutzt du die amüsierten Kommentare als Visualisierungsmaßnahme: Wie blöd diese Personen bloß dreinschauen werden, wenn du dein Ziel doch erreichst! Visualisiere deine Genugtuung, um noch größere Motivation zu entwickeln.

Neben diesen Tatsachen ist die Gefahr, sich zu blamieren, wenn das Ziel nicht erreicht wird, nicht zwingend negativ zu bewerten. Denn die Motivation und Disziplin werden durch die Angst vor der Blamage zweifellos vergrößert. Zudem kommt hinzu, dass es im Grunde genommen bei jedem Menschen gleich ist: Wir alle haben Träume, Wünsche und Ziele. Diejenigen, die offensiv über alle Träume oder einen Großteil der Träume reden, strahlen Lebensfreude aus. Sie haben keine Angst vor Blamagen, kennen kein Halten in der Dankbarkeit fürs Leben und nehmen auch ein Scheitern leicht hin. Demgegenüber stehen Personen, die wenig von ihren Wünschen und Zielen erzählen. Das bedeutet aber nicht, dass sie alles, was sie planen, erfolgreich umsetzen. Nach außen sehen diese Personen aus wie Macher, aber innen fühlen sie sich vielleicht schwach. Ein zahlenbehaftetes Beispiel verschafft mehr Klarheit: Nikolaus formuliert zwei Ziele und erreicht beide. Cindy formuliert 20 Ziele und erreicht fünf davon; unter anderem die beiden, die auch Nikolaus erreicht hat. Nach außen hin sieht Nikolaus wie der Macher aus, weil er alles erreicht. Aber ganz nüchtern betrachtet, ist die enthusiastische Cindy die Siegerin des Vergleichs.

> ### *Meine Erfahrungen*
>
> Ich bin absolut Feuer und Flamme dafür, mit anderen Personen über die Ziele zu reden, die man sich setzt. Bei meiner Bildung neuer Gewohnheiten habe ich vielen Personen davon erzählt, was ich plane. Einige wenige erklärten mich für verrückt, morgens zehn Wecker zu stellen. Andere fanden es kreativ. Wichtig war für mich in den ersten Gesprächen, die Leute auszumachen, die meinen Ideen zur Umgewöhnung wohlgesonnen waren. Als ich merkte, dass bestimmte Personen mein beginnendes Engagement im Umweltschutzverein als „hirnrissig" (das war der genaue Wortlaut) abstempelten und mich fast schon persönlich angriffen, habe ich dies dankend angenommen: Denn wenn eine Person so negativ aufbraust, weiß ich, dass ich den Kontakt zu ihr reduzieren sollte. Ich habe durch Gespräche mit anderen Personen gelernt, dass die objektiven Kritiker und Unterstützer wichtig sind, die ihre Meinungen begründen können. So habe ich gute Erkenntnisse für die Umsetzung meiner Umgewöhnung erhalten und mich mit den Unterstützern über meine Erfolge gemeinsam gefreut. Ein paar Personen im Umfeld machten sogar bei einigen Umgewöhnungen mit, so z. B. mein Bruder, der mich zwei Wochen lang besuchte: Er stand jeden Morgen mit mir um sechs Uhr auf. Dies motivierte mich. Sein Lachen über die zehn gestellten Wecker direkt am Morgen war für uns beide erfrischend und läutete den Beginn absolut überragender Tage ein – positive Morgenstunden haben eine bahnbrechende Auswirkung auf den gesamten Tag!

Dieses Beispiel soll nicht aussagen, dass Cindy besser ist als Nikolaus oder das eine Person unter den beiden etwas falsch macht. Diese gesamten Abschnitte sollen nicht untermauern, dass es besser ist, allen von den eigenen Zielen zu erzählen als sie für sich zu behalten. Die kompletten Ausführungen sollen lediglich zeigen, dass nicht Bedenken und Ängste vor der Reaktion anderer darüber entscheiden sollten, ob man von den eigenen Zielen berichtet. Motivation verlangt u. a. Enthusiasmus und positives Denken. Bringe Enthusiasmus und positives Denken daher nach außen! Zeige beides offen und versuche es anfangs einfach, anderen Menschen von deinen Plänen zu erzählen. Egal, wie diese Personen reagieren: Du verschaffst dir durch den Einbezug anderer Menschen zusätzliche Ressourcen, um dich umzugewöhnen. Setze diese Ressourcen ein, indem du das Positive darin siehst. Dies hast du bereits gelernt. Eventuell erklären sich Personen sogar bereit, bei der Umgewöhnung mitzumachen, und sorgen somit für eine zusätzliche Motivation. Alles ist möglich – am ehesten dann, wenn du in jedweder Hinsicht offensiv agierst!

Neues aus der Trickkiste: Wie Wissenschaft und Unternehmen Umgewöhnung erleichtern

Den Anstoß, dieses Unterkapitel im vorliegenden Buch zu integrieren, hat die mehrfach erwähnte Doku *Die Macht der Gewohnheit* gegeben. Dort wurden Forscher von der Universität Siegen vorgestellt, die kleine Geräte gegen negative Gewohnheiten produzieren. Der Effekt gegen Gewohnheiten ergibt sich dadurch, dass die Geräte entweder nerven, sodass die Ausübung der Gewohnheit unterlassen wird, oder zum Nachdenken animieren, ob es denn tatsächlich vernünftig ist, der jeweiligen Gewohnheit nachzugehen. Dr. Matthias Laschke und Prof. Marc Hassenzahl, der eine Mathematiker und der andere Designer, vereinten für die Erfindungen ihre Kompetenzen und die ihrer Teams.

Der Key-Moment – ein Denkanstoß

Die Erfindung „Key-Moment" ist eine jener Erfindungen, die zum Nachdenken animieren sollen. Es ist eine Schlüsselhalterung, die beim Versuch, einen der Schlüssel zu ergreifen, den anderen herunterrutschen lässt. Ihren Sinn entfaltet die Halterung genau dann, wenn der Schlüssel, der mit der schlechten Gewohnheit in Verbindung steht, auf der Seite angebracht wird, bei der der Schlüssel nicht herunterrutscht. Als Beispiel für ein besseres Verständnis: In der Doku wird vom Klassiker „Auto vs. Fahrrad" ausgegangen. Das Fahrrad sollte als gute Gewohnheit im Hinblick auf Umwelt, Gesundheit und Bewegung dem Auto vorgezogen werden. Also wird der Autoschlüssel so angebracht, dass beim Versuch, ihn zu ergreifen, der Fahrradschlüssel herunterrutscht. Natürlich steht es der betroffenen Person offen, sich gegen den Fahrradschlüssel zu entscheiden und stattdessen den Autoschlüssel zu nehmen. Aber die Person kommt nicht daran vorbei, nachzudenken.

Mit etwas Kreativität lässt sich Key-Moment in anderen Bezügen einsetzen. Stelle dir vor, du hättest eine Parzelle. Die Parzelle steht für Gesellschaft durch die anderen Mitglieder des Kleingartenvereins sowie Bewegung und Kreativität an der frischen Luft. Demgegenüber befindet sich die Versuchung in einem deiner Zimmer: dort steht der PC, an dem du Tag für Tag beim Zocken deine Zeit „vergeudest" – so deine eigene Sichtweise. Aber du schaffst es nicht, deiner Gewohnheit zu entsagen. Du hast einen Schlüssel für das Zimmer und schließt es ab. Diesen Schlüssel und den zu deiner Parzelle bringst du an Key-Moment an. Immer dann, wenn du den Schlüssel zum „Zockerraum" greifst, purzelt zuerst der Schlüssel zur Parzelle herunter: „Wie wäre es denn mal damit, heute den Rasen zu mähen oder mit anderen Mitgliedern im Kleingartenverein zu grillen?"

Solche Konstrukte wie Key-Moment lassen sich mit geringem Aufwand selbst basteln. Die Wissenschaftler von der Uni Siegen zeigen, dass es in erster Linie der Kreativität bedarf.

Treppe statt Fahrstuhl – individuelles Produkt

Eine Erfindung, die dazu animiert, anstelle des Fahrstuhls die Treppe zu nehmen, ist noch nicht konkret benannt und auf den Markt gebracht. Sie wurde aber demonstriert. Es handelt sich um eine Art Vorbau, der im Fahrstuhl oder außerhalb des Fahrstuhls montiert wird. Der Vorbau spricht bei Klick auf die gewünschte Etage mit der Person und gibt Sprüche ab, die empfehlen, die Treppe zu wählen.

Der interaktive Duschvorhang – geringen Wasserverbrauch beherrschen

Weil sich in Deutschland der Großteil der Bevölkerung weniger als in anderen Ecken und Enden der Welt Sorgen um eine ausreichende Wasserversorgung machen muss, kommt es vermehrt dazu, dass ein unnötig hoher Wasserverbrauch zustande kommt. In einigen Haushalten ist der Wasserverbrauch verschwenderisch hoch, in anderen Haushalten zumindest höher, als er sein müsste. Die eigenen Dusch- und Badegewohnheiten sind erstaunlicherweise ein Bereich, in dem weniger über gut oder schlecht geurteilt wird als in anderen Lebensbereichen, wie z. B. der Ernährung, dem Zeitvertreib und der Karriere. Tatsächlich gibt es aber auch beim Duschen und Baden Gewohnheiten, die als schlecht und gut bezeichnet werden können. Personen, die während des Duschens beim Einseifen das Wasser abstellen, verbrauchen weniger Wasser. Wer das Wasser durchgehend laufen lässt und sich unter Umständen unter der Dusche sogar rasiert oder die Zähne putzt, wird zu verschwenderischem Wasserverbrauch neigen.

Die Wissenschaftler der Uni Siegen haben in interdisziplinären Teams auch über diese Problemstellungen nachgedacht. Herausgekommen ist dabei eine Erfindung, die auf den Namen „Interaktiver Duschvorhang" getauft wurde. Dieser Duschvorhang kostet mehr als so manch ein anderer, hat aber die hilfreiche Eigenschaft, dass der Wasserverbrauch auf dem Duschvorhang in Form einer Animation dargestellt wird. Leicht verständlich motiviert diese Animation zu einem sorgsameren Umgang mit den Wasserressourcen. In Mehrpersonenhaushalten ist es sogar denkbar, Wettbewerbe zu veranstalten. Im Duschvorhang lassen sich nämlich verschiedene Personen eintragen, deren Duschverhalten mit anderen verglichen wird. Wer sich wohl demnächst die Krone als Meister des geringsten Wasserverbrauchs schnappt?

Die Stromsparraupe – Fernseher ausschalten, sonst nervt's!

Mit der Stromsparraupe haben die Wissenschaftler ihre wohl nervigste Erfindung in der Doku vorgestellt. Die Stromsparraupe gibt nervige Laute von sich, falls der Fernseher nicht komplett ausgeschaltet oder längere Zeit ohne Aktivität genutzt wird. Personen werden darauf aufmerksam gemacht, den Fernseher nach Nutzung komplett auszuschalten, damit der Stromverbrauch geringer als auf Standby ausfällt. Darüber hinaus wird durch die Geräusche der Stromsparraupe dafür gesorgt, dass die Nutzer bei längerer Nicht-Aktivität darauf aufmerksam gemacht werden, dass der Fernseher noch angeschaltet ist. In Anbetracht der Tatsache, dass die Nutzer einschlafen könnten, ist diese Funktion ziemlich nützlich. Sie weckt auf und erhöht die Wahrscheinlichkeit, dass der Fernseher nicht mehrere Stunden angeschaltet bleibt, ehe er sich von selbst abschaltet.

Produkte im freien Handel

Wie schon angedeutet, muss man kein Wissenschaftler sein, um Produkte zu erschaffen, die bei der Entwöhnung schlechter Gewohnheiten helfen.

Das „Armband für gute Gewohnheiten", das im Internet unter trnd.com erhältlich ist, eignet sich als universell einsetzbare Hilfe. Immer dann, wenn der negativen Gewohnheit nachgegangen wird, gibt das Armband leichte Stromstöße ab. Diese sind selbstverständlich nicht gesundheitsschädlich, aber unangenehm. Nutzer können individuell einstellen, wann das Armband Stromstöße abgibt. Das Armband lässt sich nicht beliebig programmieren, sodass es nicht gegen alle negativen Gewohnheiten eine Hilfe ist. Es bietet aber reichlich Individualisierungspotenzial, um u. a. Wecker nicht mehr zu missachten und früher aufzustehen oder Sporteinheiten nicht aufzuschieben und ihnen sofort nachzugehen. Der Hersteller empfiehlt, bei nicht programmierbaren Gewohnheiten das Armband selbst zu drücken, um den Stromschlag auszulösen.

Neben physischen Produkten existiert eine Reihe digitaler Produkte zur Entwöhnung von Gewohnheiten. Damit sind keineswegs die beworbenen Kurse von Online-Marketern zu Kosten von mehreren Hunderten Euro gemeint. Stattdessen ist eine Reihe kostenloser oder sogar günstiger Apps zum Download in den Stores erhältlich. Eine App ist *Streaks*. Sie macht das Anlegen von bis zu 12 Aufgaben möglich. Eine Aufgabe entspricht je einer negativen oder positiven Gewohnheit, die man beseitigen bzw. etablieren möchte. Erfolgsgrafiken werden angezeigt, Hilfestellungen bei einigen Umgewöhnungen sind ebenfalls vorhanden. Andere Apps pflegen andere Ansätze. Verfolgst du z. B. die Methode, andere Menschen in deine Umgewöhnung mit einzubeziehen, so erweist sich *Habit Share* als praktisch. Diese Anwendung führt deine Fortschritte anderen Nutzern übersichtlich auf. Es ist unter Umständen denkbar, dass du über *Habit Share* gleichgesinnte Personen findest und zusätzliche Unterstützer für deine Umgewöhnung gewinnst.

Top 10 außergewöhnliche Gewohnheiten

Im diesem letzten Kapitel wird es konkret und extravagant. Im Verlaufe des Buches hast du Anleitungen bekommen, um sinnvolle Gewohnheiten zu finden, die dich zum Erfolg führen. Hier und da hast du auch Beispiele für populäre Gewohnheiten gelesen. Ansonsten wurde mit speziellen Ratschlägen sparsam umgegangen, weil sie hochindividuell sind und nicht jeden Leser zwingend voranbringen. In diesem Kapitel erwarten dich die Top 10 der außergewöhnlichsten Gewohnheiten! Einerseits lernst du sehr spezielle und teils exotische Gewohnheiten kennen, die nicht jeder Person liegen, aber vielleicht hier und da deinen Geschmack treffen und dir eine zusätzliche Stütze auf deinem Weg zum Erfolg sind. Andererseits teile ich bei einigen der Gewohnheiten meine Erfahrungen und gebe dir Tipps zur Umsetzung, damit auch dieses letzte Kapitel für dich ein voller Zugewinn wird.

#1 Reduziere Stress mit immer derselben Garderobe

Das Treffen von Entscheidungen ist eine Herausforderung. Du musst zwischen verschiedenen Alternativen abwägen, was mentale Ressourcen fordert. Bei einigen Menschen entfällt ein Großteil dieser Entscheidungsanstrengungen auf die Wahl der Kleidung für den jeweiligen Tag. Vor allem Personen, die häufig in der Öffentlichkeit stehen, möchte man dies nicht verübeln. Denn sie stehen auch bei der Kleidung unter hohem Druck. Ein amüsantes Beispiel hierfür ist Trainer Julian Nagelsmann bei den ersten beiden Spielen des RB Leipzig in der UEFA Champions League 2020/2021: Beim ersten Auftritt hieß es in den Sozialen Medien, er sei wie ein Konfirmand gekleidet gewesen. Der zweite Auftritt bescherte ihm Vergleiche mit einem Senioren, wobei er nach dem Spiel sogar von der Presse teilweise mehr zu seinem Outfit als zum Spiel befragt wurde. Vielleicht ist dir Ähnliches schon mal mit deiner Mode widerfahren, indem du von den Kollegen bei der Arbeit oder Freunden belächelt wurdest.

Einige erfolgreiche Menschen machen es sich denkbar einfach, wobei vor allem der ehemalige Apple-CEO Steve Jobs und aktuelle Facebook-CEO Mark Zuckerberg populäre Beispiele sind. Steve Jobs zog sich fast immer gleich an, mit seinem klassischen schwarzen Pullover als Markenzeichen. Mark Zuckerberg wählt meist ziemlich ähnliche Kleidung und variiert nur minimal. Durch eine feste Garderobe treten vor allem zwei bereits angedeutete Vorteile ein: Erstens wird die Menge an Entscheidungen reduziert. Insbesondere am Morgen des Tages möchte man einen entspannten und stressfreien Tag, wobei eine feste Garderobe hilft. Zweitens kristallisiert sich nach einigen Probeläufen eine Garderobe heraus, die in der Öffentlichkeit keine Ansätze zur Kritik gibt. Somit werden modische Fettnäpfchen vermieden.

Etwas, woran bei einem eintönigen Kleidungsstil kaum gedacht wird, das sich aber dennoch als potenzieller weiterer Vorteil ergibt, ist die Unverkennbarkeit: Mit der Zeit wird es dein Alleinstellungsmerkmal, genau in dieser Kleidungskombi jeden Tag gesichtet zu werden. So erarbeitest du dir höchstwahrscheinlich einen kleinen Ruf.

#2 Nutze kalte Duschen, um dein Immunsystem und die geistige Verfassung zu verbessern

Kalt zu duschen ist eine Gewohnheit, die schon seit Erzählungen aus Kindestagen und aus Militärfilmen bekannt sein dürfte. Häufig wird diese Gewohnheit als „überhartes" Militärprogramm abgetan. Die angenehme warme Dusche oder das warme Bad nach einem anstrengenden Tag möchte man nicht missen! Oder etwa doch?

Studien haben da mehrere interessante Erkenntnisse gebracht. In einer niederländischen Studie beispielsweise wurde unter Probanden festgestellt, dass diejenigen, die kalt duschten, 30 % weniger Krankschreibungen als die „Warmduscher" hatten. Eine plausible medizinische Begründung hierfür ist die Mobilisierung der Leukozyten durch den Kältereiz. Leukozyten sind die weißen Blutkörperchen in Blut, Gewebe, Schleimhäuten und Lymphknoten. Sie tragen zur Abwehr von Krankheitserregern bei und sind ein wesentlicher Bestandteil des Immunsystems.

Es ist möglich, durch kaltes Duschen das Immunsystem zu stärken und die eigene Anfälligkeit für kleinere Infekte sowie größere Erkrankungen zu senken. Dies verschafft dir mehr Zeit bei voller Gesundheit, die du plangemäß nutzen kannst. Infekte hingegen machen dir bei deinen Plänen aufgrund der Genesungszeit einen Strich durch die Rechnung.

Ferner kann kaltes Duschen die geistige Verfassung verbessern. Der Wissenschaftler Sevchuk hat in einer Studie ermittelt, dass kalte Duschen bei Depressionen oder depressiven Stimmungsmustern helfen können. Aufgrund der hohen Dichte an Kälterezeptoren in der Haut sei es dem Wissenschaftler zufolge denkbar, dass kaltes Duschen mehrere elektrische Impulse aus dem peripheren Nervensystem zum Gehirn sende. Dies könne zu einem anti-depressiven Effekt führen. Seine Untersuchungen bestätigten diese Vermutung, wobei er eingesteht, dass es weiterer Untersuchungen bedürfe, um wissenschaftlich belastbare Aussagen zu fällen.

Irgendeine Wahrheit muss hinter der für den Geist belebenden Kraft des Kaltduschens stecken, denn anders lassen sich die vielen positiven Erfahrungen nicht erklären, die Personen im Selbsttest machen. Bessere Durchblutung, Wachheit und erhöhte Sauerstoffaufnahme werden u. a. als weitere Vorteile hervorgehoben, weswegen eine kalte Dusche vor allem morgens vor dem Start in den Tag empfohlen wird. Wann auch immer du es machst – dass kaltes Duschen dir als Gewohnheit keine Vorteile bringt, ist kaum denkbar!

#3 Trinke morgens lauwarmes Wasser als Grundlage für Wohlbefinden

Es ist ein Ansatz, der seine Wurzeln in Fernost hat, womöglich in Japan: morgens lauwarmes Wasser zu trinken. Wie viel, da sind sich die Quellen und selbst die Japaner uneins. Alles, was von einem Glas bis zu 4 Gläsern reicht, erscheint sinnvoll. Das lauwarme Wasser soll auf nüchternem Magen und noch vor dem Kaffee getrunken werden. Es ist also das erste, was du deinem Körper nach dem Aufstehen zuführst. Aber wieso? Das Wasser überlebenswichtig ist, ist klar. Aber warum lauwarm?

Zunächst einmal sendet der Konsum von Wasser allgemein einen Verdauungsimpuls an den Magen-Darm-Trakt. Durch die lauwarme Temperatur kommt es zu einem weiteren Effekt: Der Stoffwechsel wird angekurbelt. Direkt am Morgen, wo der Stoffwechsel noch träge ist, kann dies Gold wert sein. Unter Umständen gelingt es dir dadurch, das Frühstück besser zu verdauen und Unwohlsein am Morgen zu verhindern. Denn nicht selten beschweren sich Personen, dass sie morgens nichts essen können, weil sie dann Magenschmerzen bekommen. Das Glas lauwarmen Wassers kann dieses Problem lösen. Auch bei Personen, die bisher keine Probleme mit der Verdauung am Morgen haben, ist gegen lauwarmes Wasser nichts einzuwenden.

Es gibt eine Reihe weiterer Vorteile, die das lauwarme Wasser direkt nach dem Aufstehen bescheren soll, die aber nicht erwiesen sind. Zwar berichten Personen von Besserungen, aber ein Beweis der Wirksamkeit besteht nicht. Beispielsweise heißt es, die Zufuhr lauwarmen Wassers am Morgen könne Beschwerden bzw. Erkrankungen wie Bluthochdruck, Magenprobleme, Diabetes und Verstopfungen lindern. Auch der Gewichtszunahme könne vorgebeugt werden, die Gewichtsabnahme wiederum gefördert werden, weil warmes Wasser die Fettbestandteile im Verdauungstrakt angeblich besser löse.

> ### *Meine Erfahrungen*
>
> Ich selbst bin Feuer und Flamme für das Glas lauwarmen Wassers. Das Ritual habe ich zum ersten Mal auf einem Projekt-Wochenende mit meinem Team kennengelernt. Ein Kollege, der rund vier Jahre seines Lebens in Asien verbracht hatte, führte diesen Brauch schon seit mehr als zehn Jahren durch. Vom ersten Tag an empfand ich es als angenehm, morgens das lauwarme Wasser zu trinken. Positive Effekte auf die Verdauung verspürte ich erst nach mehreren Tagen. Insgesamt wirkt das Ritual bei mir bis heute. Ein weiterer positiver Nebeneffekt in meinen Augen ist, dass dieses Ritual einen reichhaltigen Konsum von Wasser fördert. Auf die empfohlenen 3 Liter Wasserkonsum täglich zu kommen, fällt mir persönlich durch das lauwarme Wasser morgens leichter, weil ich nach rund einer Viertelstunde bereits mehr als einen halben Liter getrunken habe.

#4 Iss regelmäßig Lebensmittel, die du nicht magst.

Eine absolut unterschätzte Gewohnheit! Es ist zwar normal, dass einem bestimmte Lebensmittel nicht zusagen und andere dafür umso mehr. Sicher ist dir aber aufgefallen, dass es Personen gibt, die nahezu alles essen. Selbst, wenn ihnen etwas aufgetischt wird, was ihnen nicht zusagt, essen sie es ohne Ekel-Grimassen oder Meckerei. Diese Personen sind nicht mal zwingend übergewichtig oder im Essen nicht „gemäßigt". Sie haben einfach einen offenen Geschmack und eine hohe Toleranzgrenze. Wer die Dinge so akzeptieren möchte, wie sie sind, wird einfach sagen: „Geschmäcker sind eben verschieden." Doch wer an sich arbeiten und die Vorteile eines toleranteren Geschmackssinns ausnutzen möchte, wird sagen: „Geschmack lässt sich trainieren, Toleranz ebenso."

Welche Vorteile hat das eigentlich?

- Durch die höhere Toleranz musst du als Gast keine Speisen mehr ablehnen, die dir nicht schmecken. So hinterlässt du bei den Gastgebern mutmaßlich einen besseren Eindruck und es bleibt dir die unangenehme Erklärung erspart, wieso du etwas nicht isst.
- Du wirst offener für verschiedene Lebensmittel und testest mehr, was deinen geschmacklichen Horizont erweitert. Dadurch kannst du sogar ein begnadeter Hobby-Koch werden.
- In Notsituationen, in denen weniger oder kaum Lebensmittel vorhanden sind, gibst du dich weniger wählerisch. Deswegen kommst du voraussichtlich besser durch die Notsituation.

Es geht bei dieser Gewohnheit nicht darum, dass du deine Präferenzen gegenüber bestimmten Lebensmitteln aufgibst. Das Ziel ist es, dass du dich darauf konditionierst, alle Lebensmittel zu probieren, ihnen offen zu begegnen und mit der

Zeit gegenüber den nicht gemochten Lebensmitteln deine Toleranz zu steigern. Hierfür gibt es mehrere Wege. Einer dieser Wege ist die abwechslungsreiche Zubereitung bzw. Nutzung der Lebensmittel: Es gibt z. B. viele Menschen, die rohen Käse nicht mögen. Für sie stinkt der Käse und daran wird sich nichts ändern. Diese Ansicht ist in Ordnung. Aber würde man denselben Personen eine mit Käse überbackene Pizza auf den Tisch stellen, wären sie nicht so abgeneigt. Du merkst: Du kannst dich durch eine unterschiedliche Verarbeitung deiner „Hass-Lebensmittel" an deren Geschmack herantasten. Ingwer beispielsweise musst du auch nicht auf Anhieb roh essen, sondern kannst es erstmal als Gewürz nehmen und später einen warmen Ingwertee zubereiten. So tastest du dich langsam an den Geschmack heran.

Die andere Möglichkeit, wie du deinen Geschmack umgewöhnen kannst, ist die harte Methode: Plane jede Woche bei bestimmten Mahlzeiten ein oder mehrere Lebensmittel ein, die du nicht magst. So gewöhnst du dich mit der Zeit an die Lebensmittel.

Meine Erfahrungen

Ich habe Lebensmittel wie Käse, Milch und zahlreiche Gemüsesorten früher nicht gemocht. Durch einen mehrmonatigen Aufenthalt im Ausland, bei dem ich bei den Mahlzeiten aufgrund eines streng getakteten Programms kaum Wahlmöglichkeiten hatte, war ich regelmäßig gezwungen, genau diese Lebensmittel zu essen. Vor allem das Gemüse stand in der orientalischen Küche immer auf dem Programm. Exotischer hätte das Gemüse dabei kaum sein können. Bei der Milch wurde ich sogar mit der für mich unbekannten Ziegenmilch konfrontiert – was hatte ich da für Bedenken! An den ersten Tagen mit diesem Speiseplan war ich nur bedingt begeistert.

> Aber mit der Zeit besserte sich alles. Heute habe ich einen wesentlich toleranteren Geschmack und esse Lebensmittel, die ich früher abgelehnt habe, sogar sehr gern! Für die Gesundheit ist dies natürlich auch ein Vorteil, weil mehr gesunde Lebensmittel auf dem Speiseplan stehen.

#5 Lasse dich von deinem Lieblingslied aufwecken, um optimistisch in den Tag zu starten

Eine Sache, von der ich Gebrauch gemacht habe, um besser aufstehen zu können, waren zunächst mehrere Wecker. Als das frühe Aufstehen mit einem einzigen gestellten Wecker kein Problem mehr war, überlegte ich trotzdem, was ich machen konnte, um meine Disziplin zum frühen Aufstehen aufrechtzuerhalten und gleichzeitig einen Gute-Laune-Faktor für den Start in den Tag einzubringen. Ich entschied mich, da ich es auf zahlreichen Websites gelesen hatte, für meinen Lieblingssong als Signal beim Wecken. Mehrere Websites sagten, das eigene Lieblingslied würde dabei helfen, optimistisch in den Tag zu starten. So war es auch bei mir. Ich hörte und höre mir auch heute jeden Morgen als Wecksignal das Lied „A real Hero" von der Band „Electric Youth" an.

Was für dich zu einer guten Umsetzung dieser Gewohnheit wichtig sein dürfte, ist der Hinweis, dass nicht immer das Lieblingslied die beste Wahl ist. Ein [Artikel im Süddeutsche Zeitung Magazin](#) machte mich darauf aufmerksam, dass einige Lieder eben nicht Optimismus hervorrufen. Im Artikel berichtet der Autor, er habe in seiner Kindheit zum Aufwachen immer Bon Jovis Lied „Always" gehört. Dieses schnulzige Rock-Lied kann vielleicht zum Aufstehen motivieren, wenn es das eigene Lieblingslied ist. Aber gleichzeitig hat es einen ernsten Hintergrund. Genau das erwähnt der Autor im Artikel: Man sage ihm heute, er sei ein ernstes Kind gewesen.

Demnach wäre für dich wichtig, dass du ein Lied wählst, dass dir sehr gefällt, aber zugleich eine positive Melodie und einen positiven Inhalt hat. Beispielsweise wäre „Happy" von Pharrell Williams eine Auswahl, die als dein Wecksignal zu einem optimistischen Tag beitragen könnte. Vermeide dagegen Lieblingslieder, die einen ernsten Hintergrund haben.

#6 Sei bereits zu Beginn des Tages proaktiv, um ihn so zu gestalten, wie du es magst

Dies ist eine Gewohnheit, die Mark Zuckerberg bei sich besonders hervorhebt. In seinen Augen sei es wichtig, im Tagesablauf von Tagesbeginn an proaktiv zu sein. Damit ist gemeint, dass 1) konkrete eigene Vorstellungen bezüglich des Tagesablaufs vorhanden sind und 2) diese Vorstellungen auf Anhieb und aktiv verfolgt werden. Andernfalls, so Zuckerberg, komme es dazu, dass man einen großen Teil des Tages dafür aufopfern müsse, zu reagieren.

Ein simples Beispiel macht dir diesen Sachverhalt einfacher begreiflich: Stelle dir vor, du hättest deinen Tagesablauf nicht geplant und dir stünden, bis auf vielleicht einige wenige Verpflichtungen, keine Aufgaben bevor. Eine Person ruft dich nun an und bittet dich um Unterstützung. Du möchtest diese Unterstützung nicht leisten, weil du eigentlich vorhattest, dich zu entspannen. Aber du hast keine andere Wahl, als zu helfen, weil du dich der Person gegenüber nicht mit festen Terminen herausreden kannst. Demgegenüber steht ein Fall, bei dem du den Tag genau geplant hast und die Entspannung fest integriert hast: Du schaltest das Smartphone aus und entspannst dich in einem warmen Bad oder sogar bei einer gebuchten Massage. Es besteht keine Möglichkeit, dass dich jemand von deinen Plänen abhält, weil dich niemand erreichen kann. In diesem Fall hast du deinen Tag proaktiv gestaltet und umgesetzt.

Plane also deinen Tag verbindlich, damit dir nichts dazwischenkommen kann, und beseitige möglichst viele Störfaktoren für die jeweilige Aktivität.

#7 Lasse dem Kind in dir Raum, um Lockerheit und Lebensfreude zu empfinden

Es gibt einige Situationen, da überkommt einen der Drang, etwas zu machen, das eigentlich nur Kinder tun. Vielleicht ist es das Laub, das im Herbst die Straßen säumt und das du wegtreten möchtest. Eventuell möchtest du auf den Bordsteinkanten bei Fußgängerwegen balancieren. Oder es ist dir danach, dich einfach nur komplett albern zu verhalten und in der Öffentlichkeit seltsame Grimassen zu schneiden. Grundsätzlich spricht nichts dagegen, all diesen Versuchungen nachzugeben, weil sie keine negativen Impulse darstellen. Seltsame Grimassen würdest du beispielsweise nicht schneiden wollen, wenn du traurig oder besorgt wärst. Auf Bordsteinkanten bei Fußgängerwegen zu balancieren, kann ein Zeichen für Leichtigkeit und Aktivitätslust sein.

Da du kein Kind, sondern eine erwachsene Person bist, solltest du natürlich bei einigen Dinge aufpassen. So verhält es sich z. B. mit Grimassen: Andere Personen könnten sich beleidigt fühlen oder dich sogar angreifen. Aber sofern du die Sache überlegt machst, gilt der Appell: Gewöhne dir an, dem Kind in dir reichlich Raum zu lassen! Baue sogar regelmäßig Phasen in deinen Tages- oder zumindest Wochenablauf ein, bei denen du für wenigstens eine Viertelstunde kindlichen Aktivitäten nachgehst. Probiere aus, was dir liegt – oft ist es sogar schwer, etwas als klar kindlich zu deklarieren.

Warren Buffet, US-amerikanischer Multimilliardär, hat beispielsweise eine kindliche Ernährungsgewohnheit entwickelt. Glaubt man seinen Aussagen, dann isst er täglich Eis und trinkt täglich Cola. Seine Begründung: Er habe festgestellt, dass Kinder die geringsten Sterblichkeitsraten aufweisen. Da sich diese am liebsten von Eis und Cola ernährten, habe er diese Lebensmittel in seinen Ernährungsplan eingebaut. Wie viel Wahrheit hinter diesem abstrusen Vergleich steckt, sei dahingestellt. Auf jeden Fall ist er mittlerweile 90 Jahre alt und gesund.

Suche dir am besten kindliche Aktivitäten aus, die für deine Gesundheit förderlich sind und dein Aktivitätslevel steigern. Dann profitierst du in mehrfacher Hinsicht. Es ist durchaus möglich, dass du, nachdem du dich ein paar Mal kindlich verhalten hast, mehr Aktivitäts- und Lebenslust sowie Lockerheit entwickelst.

#8 Prüfe alles doppelt, um Sicherheit in dein Leben zu bringen

Der Grat zwischen Gewährleistung von Sicherheit und dem weniger wünschenswerten Kontrollzwang kann denkbar schmal sein. Daher solltest du es mit dieser Gewohnheit nicht übertreiben und wirklich nur alles doppelt, aber nicht fünf- oder zehnfach prüfen. Die Rap-Ikone Eminem aus den USA geht laut Aussagen von Verwandten erst schlafen, sobald er selbst alle Fenster und Türen nochmal geprüft hat. Sind diese geschlossen, dann kann er in Ruhe und sicher einschlafen. Unvernünftig ist das nicht, denn 1) was spricht gegen einen kleinen Kontrollgang, bei dem man eventuell noch wichtige andere Dinge feststellt und 2) ist es dir nicht auch schonmal passiert, dass du vergessen hattest, eine Tür oder ein Fester zu schließen? Es geht hier nicht nur um Einbruchsicherheit, sondern ebenso um Wohlbefinden. Denn wenn du morgens im Winter in dein Bürozimmer kommst, wo die ganze Nacht über das Fenster ungewollt offen stand, dann wird die Motivation zur Arbeit schnell wieder verstrichen sein.

Vor dem Rausgehen zu prüfen, ob der Herd ausgeschaltet ist, erspart potenzielle Gefahren. Vor dem Feierabend sicherzustellen, dass wirklich alles ausgeschaltet ist, was nicht an sein muss, sorgt für Stromersparnisse und eventuell weniger Ärger mit dem Chef. Doppelt zu prüfen, macht in vielerlei Hinsicht Sinn, auch bei den Vorräten im Kühlschrank: Ist wirklich noch genug Milch da oder verwechsle ich die aktuelle Situation mit einem Bild von letzter Woche, das ich noch im Kopf habe? Prüfe alles doppelt, aber nicht unnötig häufiger. Zudem wichtig: Prüfe in erster Linie das, wofür du verantwortlich bist. Fange bloß nicht an, unbegründet anderen Leuten in deren Handwerk zu pfuschen. Ansonsten verlierst du schnell Sympathien oder erlangst den Ruf eines Kontrollfreaks.

#9 Spiele wichtige Gespräche und Situationen in deinem Kopf durch, um auf alles vorbereitet zu sein

Dies ist eine Gewohnheit, die viele Personen unbewusst haben. Sie stellen sich ein Ereignis vor, das bereits war, noch kommen wird oder aus ihrer Fantasie stammt und gehen die dazugehörigen Gespräche sowie Abläufe im Kopf durch. Manchmal stellen sie sich dabei vor, wie sie Erfolg haben. Dies ist eine hilfreiche Visualisierungsmethode. Pessimisten machen es umgekehrt und regen sich manchmal selbst auf, indem sie sich vorstellen, wie jemand ihnen im Gespräch die Leviten liest, oder anderweitige schlechte Abläufe imaginieren.

Mache diese Gewohnheit zu einer kontrollierten bewussten Gewohnheit, die du als Vorbereitung auf wichtige Gespräche und Momente in deinem Leben nutzt. Wenn du dir die verschiedenen Verläufe, Einwände, Herausforderungen und vieles mehr vorstellst, dann kannst du zugleich den Ablauf des Gesprächs in der Realität besser beeinflussen. Da sich im Leben bestimmte Muster in Gesprächen wiederholen, profitierst du davon, dass du durch diese regelmäßige Übung für zunehmend mehr Situationen in deinem Leben gewappnet sein wirst.

> ### *Meine Erfahrungen*
> Ich war eine Zeit lang bei Gesprächen mit Frauen nicht unbedingt einfallsreich und konnte mit kleinen provokanten Bemerkungen schlecht umgehen. Diese und weitere Defizite machten Dates für mich denkbar schwierig. Irgendwann habe ich begonnen, mir Dates und verschiedene Gesprächsverläufe vorzustellen. Dabei habe ich mir verschiedene Konter, Komplimente, Anekdoten und ähnliche Ideen einfallen lassen. Irgendwann traf ich mich mit wieder mit Frauen und habe mich speziell auf die Frau vorbereitet: Namensherkunft, Hintergründe über ihre Nationalität oder Kultur u. v. m. Ziel war es nie, Menschen zu manipulieren, sondern mehr zu Gesprächen beitragen zu können. Nach einiger Zeit merkte ich, dass mir mein Training, das eigentlich auf Dates ausgerichtet war, in allen Arten von Gesprächen half – sogar bei beruflichen Unterhaltungen! Ich hatte und habe heute noch fast immer die richtigen Worte parat, um zu agieren und zu reagieren.

#10 Laufe häufiger barfuß für mehr Wohlbefinden

Steve Jobs tat es gern im Büro: Barfußlaufen. Tatsächlich hat sich, wenn man in den letzten Jahren in Parks, Schulen, Universitäten, Fitnessstudios und zahlreichen anderen Orten auf Personen schaut, ein kleiner Trend um das Barfußlaufen entwickelt. Die Gegner sagen, es sei unhygienisch. Daher gilt der Ratschlag, dass du nicht auf Toiletten und anderen Räumlichkeiten, wo eine hohe Anzahl an Keimen wahrscheinlich ist, barfuß läufst. Aber gegen das Barfußlaufen auf Wiesen, sogar auf Fußgängerwegen und – falls es erlaubt ist – in Büros spricht fast gar nichts. Vielmehr können sich mehrere Vorteile ergeben.

Füße bestehen nämlich aus zahlreichen kleinen Muskeln, Sehnen und Rezeptoren. Ein Schuh, der die natürliche

Haltung des Fußes beim Gehen fördert, lässt sich angesichts der vielen Bestandteile des Fußes kaum finden. Auf lange Sicht kommt es daher zu einer Zurückbildung. Durch das Barfußlaufen wird dem vorgebeugt. Die Wahrscheinlichkeit für Fuß- und Nagelpilz kann gesenkt werden. Eine allgemein bessere Mobilität und auch ein größeres Wohlbefinden – vor allem in den warmen Monaten – sind wahrscheinlich.

Schlusswort

„Aber das ist doch eine Gewohnheit, die bekommt man nicht so einfach weg." Wie du gemerkt hast – vielleicht auch nach wie vor merkst –, stimmt dieser Satz, der oftmals als Ausrede angeführt wird, voll und ganz. Es gibt mehrere Ansätze, um Menschen dazu zu animieren, eine Sache umzusetzen und konsequent am Ball zu bleiben. Einer dieser Ansätze ist, die Probleme und Schwierigkeiten geheim zu halten. Der andere Ansatz ist, offen zu thematisieren, worin die Herausforderungen bestehen. Letzteres ist der wohl bessere Ansatz. Zwar ist es im Angesicht der vielen bevorstehenden Herausforderungen schwierig, Motivation zu entwickeln. Aber nachdem der Weg begangen wurde, ist man wesentlich krisenresistenter und weiß mit den Problemen umzugehen. Hoffentlich bist du nach diesem Ratgeber, der offen mit dir war, genauso offen dir selbst gegenüber.

Du hast gelernt, wie trügerisch das menschliche Gehirn sein kann. Der Mensch ist bestens in der Lage, sich selbst etwas vorzutäuschen. Täusche dir bei deinen angestrebten Umgewöhnungen nicht vor, dass alles einfacher werden wird als in diesem Ratgeber aufgeführt. Dies ist vielleicht mit dem Schlusswort die letzte Lektion, die du noch zu lernen hast: Gehe aufmerksam jedes Detail dieses Buches und jeden Schritt der Umgewöhnung mit all seinen Tücken durch, um dich auf die möglichen Hindernisse der Umgewöhnung einzustellen. Nimm dabei alle Hinweise und Aufgaben ernst, denn davon hängt dein Erfolg ab. Fühle dich nicht zu müde oder zu albern, bestimmte Aufgaben durchzuführen. Durch die Ausübung wirst du Pläne, Gegenmittel für Probleme und Nachhaltigkeit bei der Umgewöhnung sicherstellen.

Eine Umgewöhnung ist also kein leichtes Unterfangen. In der Suchttherapie und in anderen therapeutischen Zweigen kursiert daher die Empfehlung, keine langfristigen Ziele zu setzen. Dies hast du durch die Erläuterung über die Etappenziele zwar abgedeckt, aber gewöhne dir zusätzlich an, jeden Tag in noch kleineren Etappen zu denken: Du musst fürs Erste nicht mehrere Monate eine Gewohnheit vermeiden, sondern nur am nächsten Tag. Genau diesen Gedanken entwickelst du bestenfalls jeden Tag aufs Neue. So wird, obwohl du nur über den nächsten Tag sprichst, durch die Regelmäßigkeit dieses Satzes ein langfristiger Zeitraum abgedeckt. Du hast durch Gedankengänge wie diesen die Chance, die Selbsttäuschungsmechanismen des Gehirns für deine Zwecke zu nutzen. Einzig und allein die Kreativität steht zwischen dir und weiteren Ressourcen der erfolgreichen Umgewöhnung.

Kreativität ist ohnehin eine Quelle des Erfolgs: Je kreativer du denkst, umso mehr Optionen wirst du finden, um Barrieren für schlechten Gewohnheiten aufzustellen und die für gute Gewohnheiten zu reduzieren. Je kreativer du denkst, umso mehr Wege wirst du finden, um deine Visualisierungen ansprechend aufzubereiten. Je kreativer du denkst, umso besser wirst du deine Ziele mit Adjektiven umschreiben und umso mehr Motivation entwickeln. Nutze daher, wo empfohlen, Techniken wie das Mind-Mapping oder Tabellendarstellungen. Reichere die Empfehlungen dieses Buches obendrein mit weiteren Kreativitätstechniken an. So – und nur so – wirst du die vollen Potenziale zur Umgewöhnung ausschöpfen.

Unterschätze derweilen nie die Wirksamkeit einer Maßnahme. Dies gilt fürs Positive gleichermaßen wie fürs Negative. Du hast registriert, wie wirksam Mikro-Gewohnheiten sind. Entwickle nie Zweifel daran, dass eine Maßnahme eine gewisse Wirkung entfaltet. Nichts Positive ist zu wenig positiv, um dessen Wirksamkeit anzuzweifeln. Ebenso ist nichts Negative zu wenig negativ, um gewarnt zu sein. Umso wichtiger ist die Einhaltung der klaren Pläne und Strukturen, die du mit an die Hand erhalten und selbst entwickelt hast. Lasse es unter keinen Umständen zu Rückfällen bei deinen Umgewöhnungen kommen. Sofern du die Neigung zu Rückfällen verspürst, solltest du immer erst die Leine lockern, indem du die positiven Gewohnheiten mit einer geringeren Geschwindigkeit etablierst. „Lieber einen Monat mehr zur Umgewöhnung Zeit nehmen als nach einem langen Weg zusammenzubrechen, weil du dich selbst überschätzt hast", das ist die Devise. Unter diesem Blickpunkt – Bezug nehmend auf die einleitenden Worte des gesamten Buches – ist der Mensch natürlich keine Maschine. Du hast im Kern deine Stärken und Schwächen. Die negativen Gewohnheiten sind der Ausdruck dieser Schwächen. Sie zu leugnen oder nicht ernst zu nehmen und bei der Umgewöhnung ein zu hohes Tempo zu gehen, würde automatisch nach hinten losgehen.

Offenheit gegenüber sich selbst, Konsequenz in der Befolgung der Ratschläge in diesem Buch, Kreativität und Wertschätzung gegenüber jedem noch so kleinen Erfolg oder jeder sich anbahnenden noch so kleinen Gefahr – dies sind die letzten Worte, die dir im Kopf verbleiben sollten. Alles andere ist reine Übungssache. Neue Gewohnheiten sind Übungssache. Übung macht dich zum Meister. Werde zum Meister deines Erfolgs und nicht deines Scheiterns!

Und was, wenn es doch das Scheitern wird? Dann präge dir ein, dass auf jedes Scheitern ein Erfolg folgen kann, der alles Bisherige überstrahlt. Große Macher auf der Weltbühne, VIPs und Talente, sind erst nach mehreren Misserfolgen erfolgreich geworden. Aber sie haben nie aufgehört, an den

Erfolg zu glauben. Sollte es mit der Umgewöhnung nicht klappen, dann lege das Buch gern für einige Wochen oder Monate beiseite, um über Verbesserungspotenziale nachzudenken. Anschließend startest du deinen Weg erneut, denn das ist das Prinzip: Weiter, immer weiter! Ist das nicht die beste Gewohnheit, die man entwickeln kann?

Verweise und weiterführende Literatur

Literatur:

A. Florack, M. Scarabis, E. Primosch: Psychologie der Markenführung. München: Verlag Franz Vahlen, 2007.

Byrne, R.: *The Secret – Das Geheimnis*. München: Random House GmbH, 2007.

Clear, J.: *Die 1%-Methode – Minimale Veränderung, maximale Wirkung*. München: Wilhelm Goldmann Verlag, 2020.

Cabane, O. Fox: *Das Charisma-Geheimnis – Wie jeder die Kunst erlernen kann, andere Menschen in seinen Bann zu ziehen*. München: Münchner Verlagsgruppe GmbH, 2020. 3. Auflage.

Ganseforth, H.: *NLP - Neurolinguistisches Programmieren. Wissenschaft, Magie oder Methode?* Studienarbeit: 2004.

Eker, T. Harv: So denken Millionäre – Die Beziehung zwischen Ihrem Kopf und Ihrem Kontostand. Kulmbach: Börsenmedien AG, 2006. 6. Auflage.

Ready, Romilla; Burton, Kate: *Neuro-Linguistisches Programmieren für Dummies*. 2. Nachdruck, Wiley-VCH Verlag GmbH & Co. KGaA (2014)

Online:

http://paedpsych.jku.at/cicero/LERNEN/AllgemeinesLernmodell.pdf

https://www.marathonfitness.de/gute-gewohnheiten/

https://onlinelibrary.wiley.com/doi/abs/10.1002/ejsp.674

https://www.deutschlandfunk.de/denken-fuehlen-handeln-wie-das-gehirn-unser-verhalten.700.de.html?dram:article_id=80426

https://medlexi.de/Gro%C3%9Fhirnrinde

https://www.pharmazeutische-zeitung.de/ausgabe-462017/placebo-effekt-wirkung-ohne-wirkstoff/

https://www.spektrum.de/lexikon/biologie/unterbewusstsein/68591

https://www.geo.de/wissen/gesundheit/22098-rtkl-psychologie-es-gibt-keinen-hinweis-dass-ein-unterbewusstsein-existiert

https://www.youtube.com/watch?v=lVhFhR_lSdw&feature=youtu.be

https://siga-fsia.ch/files/Ausbildung/Abschlussarbeiten/XUND_Luzern/2018_Diplomarbeit_Andrea_Birchler.pdf

https://www.wissenschaft.de/umwelt-natur/was-das-gehirn-empfaenglich-fuer-ratschlaege-macht/

https://www.psychologie.uzh.ch/de/bereiche/dev/lifespan/erleben/berichte/mehr-berichte-1/selbstwertgefuehl.html

http://www.report-psychologie.de/nc/news/artikel/der-einfluss-emotionaler-bilder-auf-das-gehirn-2011-12-22/

https://www.wiwo.de/erfolg/management/coaching-und-motivation-marketing-oder-methode-der-streit-ueber-die-neurologische-fernsteuerung/24674220.html

https://wordassociations.net/de/

https://www.zeit.de/zeit-wissen/2013/02/Psychologie-Gewohnheiten/seite-4

Stangl, W. (2020). Stichwort: „Motivation". Online Lexikon für Psychologie und Pädagogik.

WWW: https://lexikon.stangl.eu/337/motivation/ (2020-09-15)

Stangl, W. (2020). Stichwort: „Disziplin". Online Lexikon für Psychologie und Pädagogik.

WWW: https://lexikon.stangl.eu/5158/disziplin/ (2020-09-15)

https://www.spektrum.de/news/sucht-und-gewohnheit-im-gehirn/1399787

https://www.trnd.com/de/toptrnd/ein-armband-gegen-schlechte-gewohnheiten

https://futurezone.at/apps/5-apps-mit-denen-man-schlechte-gewohnheiten-los-wird/400945208

https://www.aerztezeitung.de/Medizin/Wer-sechs-bis-acht-Stunden-pro-Nacht-schlaeft-lebt-am-laengsten-232317.html

https://www.rki.de/DE/Content/Gesundheitsmonitoring/
Studien/Adipositas_Monitoring/Verhalten/PDF_
Themenblatt_Schlaf.pdf?__blob=publicationFile

https://www.medicalnewstoday.com/articles/323145

https://www.aerzteblatt.de/nachrichten/105181/Soziale-
Kontakte-im-mittleren-und-spaeten-Lebensalter-
koennten-Demenzrisiko-senken

https://www.focus.de/gesundheit/gesundleben/fitness/
studie-zeigt-wer-soziale-kontakte-pflegt-lebt-gesuender_
id_10851369.html

https://www.tagesspiegel.de/wissen/studie-ueber-
einsamkeit-soziale-kontakte-verlaengern-das-
leben/1892120.html

Klare Ziele

Was willst du im Leben wirklich erreichen?
Ultimativer Erfolg durch deine persönliche Zielplanung in 4 Schritten

PATRICK DRECHSLER

Inhaltsverzeichnis

Einleitung 143

Ziele und deren Planung lassen dich jeden Traum präzise leben! 147
   Der Mensch und sein Umfeld als Systeme 148
   Zuerst: Die richtigen Ziele finden...........................153
   Dein Umfeld übt Macht auf dich aus......................161
   Abschlussaufgabe..163

1. Schritt | Was *muss* sein?..165
   Existieren..166
   Mit beiden Beinen fest im Leben stehen..................179
   Zeitbezug von Zielen 182
   Achtung, die Zeit ist eng bemessen! Nutze sie!........189
   Abschlussaufgabe..194

2. Schritt | Was *willst* du?..199
   Welche Bedürfnisse die Ziele befriedigen sollten......200
   Wunsch-Ziele finden..211
   Vom bloßen Ziel zur Handlung 222
   Abschlussaufgabe..226

3. Schritt | Filtern und entscheiden – was *wirst* du *tun*? 229

Methode 1 zum Filtern: Komplementäre Ziele suchen 230

Methode 2 zum Filtern: Ziele an den Charakter anpassen 233

Methode 3 zum Filtern: Bevorzuge die beeinflussbaren Ziele 236

Methode 4 zum Filtern: Fokussiere deine Stärken ... 240

Abschlussaufgabe 241

4. Schritt | Langfristige Planung durchführen 247

Rangordnung von Zielen 249

Zeitbezug von Zielen 257

Regelmäßig monitoren, auswerten und bei Bedarf ändern 263

Abschlussaufgabe 268

Schlusswort 269

Verweise und weiterführende Literatur 273

Einleitung

Stelle dir vor: Du hast dir gerade vorgenommen, zusätzlich zu deinem weniger gut bezahlten Vollzeitjob Geld zu verdienen. Es soll dein Ausweg aus dem Hamsterrad sein, in dem du zurzeit gefangen bist. Dieses Hamsterrad besteht darin, dass du täglich einem Job nachgehst, der nicht nur schlecht entlohnt ist, sondern den du zudem nicht ausstehen kannst. Du nimmst also einen Minijob auf, der deine Wochenenden füllt. Außerdem arbeitest du schwarz in einem Restaurant, um deine Einkünfte nochmals zu erhöhen. Doch nach nur drei Wochen bist du physisch und psychisch am Ende, denn das Pensum ist einfach zu hoch. Weil du nun unregelmäßig zu den Nebenjobs erscheinst, wirst du dort gefeuert. Du stehst erneut am Anfang; nur, dass du dich diesmal viel schlimmer fühlst, weil zu der Abneigung gegenüber deinem Hauptjob eine physische und psychische Erschöpfung hinzukommt. Klassischer Fall von „Ich habe mir zu viele bzw. zu hohe Ziele gesetzt."

Anderes Szenario: Vor dir steht der Start in einen neuen Lebensabschnitt. Das Abitur hast du mit einem sagenhaften Schnitt von 1,0 in der Tasche. Lehrer prognostizieren dir eine herausragende Zukunft. Du selbst bist erstmal glücklich und genießt die freie Zeit nach dem Abi. Schnell stehen aber wichtige Entscheidungen an: Studium, Ausbildung oder ein entspannendes und entschleunigendes Auslandsjahr? Letzteres sagt dir zu, weil du die Welt erkunden möchtest und gar nicht weißt, welches Studium das richtige für dich sein könnte. Deine Eltern aber drängen dich zum sofortigen Studium. „Nimm doch einfach Medizin. Das ist für die

Besten der Besten." Deine Eltern sind stolz auf dich und raten einfach, was aus ihrem Blickwinkel das Beste für dich ist. Obwohl du davon nicht mal ansatzweise überzeugt bist, weil ausgerechnet der Beruf Arzt nicht deinen Wünschen für die Zukunft entspricht, entscheidest du dich dafür. Das Ergebnis: Studienabbruch, wütende Eltern und du als desillusionierter und unentschlossener Studienabbrecher, der zwei Jahre seines Lebens nach dem Abitur damit verbracht hat, Mühen in etwas zu investieren, das dir nicht das gebracht hat, was erwartet wurde. Dabei wusstest du vorher, dass es der falsche Weg sein würde. Klassischer Fall von „Ich habe mir die falschen Ziele gesetzt bzw. mich bei meinen Zielsetzungen zu stark von anderen Menschen beeinflussen lassen."

Zielsetzungen sind eine Kunst für sich. Wer diese Kunst beherrscht, steigert die Wahrscheinlichkeit für das Erreichen seiner Ziele um ein Vielfaches. Das Gegenteil ist bei Zielen der Fall, die nicht richtig gesetzt werden: zu hohe Ziele, zu viele Ziele, nicht den eigenen Interessen und Träumen folgen, sich von anderen Personen bei der Wahl der Ziele zu stark beeinflussen lassen, infolge der falschen Zielsetzung wenig Motivation und Disziplin an den Tag legen … All diese genannten Fälle führen sehr wahrscheinlich dazu, dass die Ziele nicht erreicht werden. Obwohl es einleuchtend ist, machen leider immer wieder aufs Neue erstaunlich viele Menschen diese Fehler. Stellst auch du regelmäßig in deinem Bekanntenkreis fest, dass Personen Dingen nacheifern, an denen ihnen eigentlich gar nichts liegt? Beobachtest auch du, wie gewisse Personen eine derart hohe Menge an Zielen verfolgen, dass sie sich im Leben kaum noch erholen können und das Erreichen all dieser Ziele unrealistisch ist? Hörst du des Öfteren, wie Menschen in deinem Umfeld sich beklagen, dass alles, was sie machen, ihnen auf den Wecker geht? Und das Wichtigste: Sind diese oder ähnliche Fälle auch bei dir gegeben?

Es wird Zeit, dass du anfängst, deine Ziele im Leben richtig zu setzen und sie mit höchster Wahrscheinlichkeit zu erreichen; „mit höchster Wahrscheinlichkeit", weil es nie eine Garantie für das Erreichen von Zielen gibt. Nun kommt aber eine faszinierende Botschaft für dich: Solange du Ziele verfolgst, die wirklich deinen Träumen entsprechen, ist es nicht in allen Fällen notwendig, sie auch tatsächlich zu erreichen. Denn durch das reine Verfolgen der Ziele füllst du dein Leben mit Motivation, Zielstrebigkeit, Begeisterung und Faszination. Selbst bei den erfolgreichsten Menschen werden Ziele hin und wieder abgebrochen, weil die Entwicklungen im Leben dynamisch sind und es einer Anpassung der Ziele bedarf.

Was auch immer dich in Verbindung mit Zielen interessiert und was auch immer dir am Herzen liegt – in diesem Ratgeber findest du wertvolle Hilfestellungen und Anregungen dazu. Aufgrund meiner zahlreichen Erfahrungen biete ich dir im Verlaufe des Ratgebers authentischen Input. Das Besondere bei diesem Buch ist, dass es sich auf ein sehr spezielles Gebiet der Persönlichkeitsentwicklung ausrichtet: die Ziele. So ergibt sich die Chance, besonders tief in die Materie zu gehen. Dies geschieht in diesem Ratgeber durch eine einzigartige Fusion: die Persönlichkeitsentwicklung wird mit der Unternehmensführung kombiniert. Wie das geht und was es dir bringen soll?

Mir ist während eines Rückblicks auf mein früheres BWL-Studium aufgefallen, dass sich die Betriebswirtschaftslehre zu einem erheblichen Teil der Frage nach der idealen Zielsetzung widmet. Als ich die Inhalte genauer unter die Lupe nahm, war ich begeistert. „Die hohe Präzision und feine Unterteilung der Ziele kommt doch auch für Menschen in ihrem alltäglichen Leben in Frage!", war damals mein Gedanke. Als ich Teile der Zielsetzung und -planung aus der BWL mit meinen Lebenserfahrungen kombinierte und auf mein Leben anwandte, war ich begeistert von den Vorteilen, die ich erzielte: vom Privatleben über die Familie bis hin zu Hobbys, Karriere und Beruf. Du möchtest in einer transparenten Schritt-für-Schritt-Abfolge und mit den präzisesten Methoden deine Ziele setzen und erreichen? Dann bist du hier genau richtig! Dieser Ratgeber bietet dir komplett neue Anleitungen und Methoden.

Bei Zielsetzungen existieren zwei wichtige Faktoren, die abzudecken sind: Zunächst gibt es im Leben die Dinge, die man machen muss; also die **Verpflichtungen**. Dann gibt es den Raum, den du frei planen kannst; hier setzt du dir deine **Wunsch-Ziele**. Nach dem einleitenden ersten Kapitel werden dich die Kapitel 2 und 3 darin einweisen, wie du Schritt für Schritt deine Verpflichtungen und Wunsch-Ziele korrekt planst. Dabei erstellst du zwei Listen. Diese Listen verfeinerst und präzisierst du mithilfe der Hinweise zum Filtern in Kapitel 4 und der langfristigen Planung in Kapitel 5, sodass du eine Art persönliche Lebensanleitung erhältst. Zwischendurch erwarten dich beim Lesen immer mal wieder Hinweise, wie du geeignete Ziele findest, was du bei deinem Umfeld beachten solltest und zu weiteren wichtigen Dingen rund um Zielsetzungen. Durch die Aufgaben in den Kapiteln und die große Abschlussaufgabe am Ende jedes Kapitels gelingt es dir, die Theorie in die Praxis zu überführen.

Ziele und deren Planung lassen dich jeden Traum präzise leben!

Dieser Ratgeber ist etwas Besonderes, weil er auf ungewöhnlichem Wege inspiriert wurde. Ebenso ungewöhnlich – zumindest auf den ersten Blick – war mein Weg zu optimalen Zielsetzungen und dem Erreichen von Zielen.

Das Fundament für meinen Erfolg bei verschiedenen Zielen und Planungen bildete nämlich mein BWL-Studium. Ich wälzte zahlreiche Ratgeber und hörte Kurse von Coaches, doch beim Setzen und Erreichen von Zielen konnte mir lange Zeit nichts helfen. Als ich ein Buch aus meinem ehemaligen BWL-Studium in der Hand hielt, kam mir eine Idee. Diese Idee führte mich zum perfekten Umgang mit Zielen. Nun gebe ich diese Idee an dich weiter. Sie soll dir helfen, so wie sie mir half, und zieht sich wie ein roter Faden durch das gesamte Buch.

Was ist nun die Idee? Wenn man in die Betriebswirtschaftslehre blickt und die Zielsetzung von Unternehmen als wesentlichen Teil unternehmerischen Handelns studiert, stellt man als wohl wichtigsten Aspekt fest: Unternehmen sind **Systeme**. Aus dieser Erkenntnis folgen zahlreiche wichtige Hinweise für die Zielsetzung von Unternehmen. Während des Lesens über das Thema dämmerte mir, dass genau dasselbe auch auf den Menschen zutrifft. Du und dein Umfeld – ihr seid ein System! Wenn du das und alle daraus folgenden Konsequenzen verinnerlichst, wirst du die Fähigkeit haben, Ziele optimal zu setzen und die Wahrscheinlichkeit für deren Erreichen am höchsten zu halten.

Keine Sorge: Dir steht in diesem Ratgeber keine Entmenschlichung bevor, bei der du wie ein Unternehmen behandelt wirst. Alles, was du lernst, ist dir die enorme Präzision erfolgreicher Unternehmen in der Zielsetzung zunutze zu machen – für deinen Beruf, für dein Privatleben, für deine sozialen Kontakte, für deine Hobbys, für deine Träume und so vieles mehr! Die bekanntesten und mächtigsten Konzerne erreichen deswegen den Großteil ihrer Ziele, weil sie alles minutiös planen. Stelle dir nun vor, du würdest so auch als Mensch vorgehen: akkurate Planung, hohe Präzision, dennoch reichlich Platz für Spontaneität und unvorhergesehene Ereignisse – du würdest deine Träume leben. Fange noch heute damit an!

Der Mensch und sein Umfeld als Systeme

Per Definition ist ein System ein aus mehreren Teilen zusammengesetztes Ganzes. Diese Teile interagieren miteinander, sodass sich ständig Wechselwirkungen ergeben. Daraus folgt, dass, wenn du eine Maßnahme durchführst, sie auf mehrere Teile des Systems Auswirkungen hat. Du erwartest von der Maßnahme eine bestimmte Besserung.

Stelle dir nun vor, du erreichst die angestrebte Besserung: Eventuell hat die Besserung die gewünschte Wirkung, aber zugleich eine Auswirkung auf einen anderen Lebensbereich, die nicht erwünscht ist? Neben diesem Negativszenario ist es möglich, dass eine Maßnahme nicht nur die eine erwartete Besserung hervorruft. Stattdessen treten zusätzlich noch zwei oder drei weitere Besserungen in anderen Lebensbereichen ein, die du nicht erwartet hättest. Umso größer ist dann die

Freude. Also kurz und knapp: *Viele der erreichten Ziele haben mehrere Auswirkungen, nicht nur die eine geplante Auswirkung.*

Was für Teile können in dem System „Leben" vorhanden sein? Aus welchen Teilen setzt sich dein persönliches System zusammen? Zum einen bist es du, zum anderen ist es dein Umfeld. Nur um zu verdeutlichen, wie viel bereits diese beiden Teile ausmachen: Du selbst bestehst aus Hunderten, Tausenden weiteren Teilen. Du weißt genau, was gemeint ist: Mal ist es dein innerer Schweinehund, der dein System aus dem Gleichgewicht bringen möchte. Überwindest du den Schweinehund, bist du zwar glücklich, einer Pflicht nachgekommen zu sein und sie nicht aufgeschoben zu haben, am Abend diesen harten Tages jedoch bist du müde. Deine Kinder und deine Frau erwarten dich an diesem Abend in Höchstform. Kinder und Frau – weitere Teile des Systems, die du berücksichtigen musst. Bei jeder noch so kleinen Entscheidung und Handlung von dir geraten bestimmte Teile des Systems in Bewegung. Wie soll man bei all den Dingen den Überblick behalten?

> **Beispiel**
>
> Du hast ambitionierte berufliche Ziele. Diese beginnen mit einem Studium, gehen dann in die ersten Arbeitsjahre über und münden schließlich in der Promotion zum Doktor. Die Folge sind noch mehr Termine, Pflichten und Möglichkeiten, die du dir nicht entgehen lassen möchtest. Du weißt schon zur Studienzeit, dass die prägnantesten Merkmale deines Alltags ein voller Terminkalender und Arbeitsplan sein werden. Was dir Unbehagen bereitet, ist das angesichts dessen schwer realisierbare Familienleben: Wie kann eine Person mit derart vielen beruflichen Verpflichtungen ein glückliches Familienleben führen? Möglich ist es, keine Frage! Aber es ist sehr schwierig; schwieriger zumindest als

> bei einer Person, die keinen 12-Stunden-Arbeitstag mit anschließenden Terminen hat. Das hier ist die wohl häufigste Form, in der sich die Systemeigenschaften eines Menschenlebens zeigen: Arbeit oder Familie? Manchmal ist es schwer, beides unter einen Hut zu bringen. Falls beides dein Ziel ist, ist eine frühzeitige Planung erforderlich, um ein Leben mit Karriere und Familie erfolgreich zu meistern.

Jede Person, die sich mehr als ein Ziel in ihrem Leben setzt, steht vor der Herausforderung, zwischen sich gegenseitig beeinflussenden Zielen abzuwägen. Dies beeinflusst die kleinen Alltagsverläufe ebenfalls. Gehen wir davon aus, dass eine Person zwischen Arbeit und Familie nicht priorisieren möchte: So etwas kann eine Zeit lang gut laufen, bis vor einem wichtigen beruflichen Vortrag der Anruf kommt, das Kind sei schwer erkrankt und warte im Krankenhaus. Und? Welche Entscheidung wird jetzt gefällt? Vater oder Mutter entscheidet sich fürs Kind und hat am nächsten Tag die Kündigung vorliegen, weil wegen des ausgelassenen Vortrags ein Deal geplatzt ist, der hohe Umsatzeinbußen fürs Unternehmen zur Folge hat.

Eine zentrale und mit Zielsetzungen verbundene Frage ist für dich also auch die Priorisierung: Welches Ziel ist generell wichtiger? Welches Ziel ist in Abhängigkeit von einer bestimmten Situation jetzt in diesem Moment wichtiger? Eine Person, die mit einem Tunnelblick nur auf eine Sache hinarbeitet, hat es da wesentlich einfacher. Sie muss nämlich nicht zwischen verschiedenen Zielen abwägen. Ein Spagat zwischen Familie und Arbeit ist unwichtig, weil sie sich bereits auf eine Sache festgelegt hat. Diese Person geht strikt ihren Weg und lässt Nebenwirkungen außer Acht. Zwar lebt sie auch in einem System, aber ihr sind die Wechselwirkungen egal. Vielleicht ist sie sogar bereit, über Leichen zu gehen – das wäre der Extremfall.

Personen, die mit einem Tunnelblick ein einziges Ziel verfolgen, können temporär sehr erfolgreich sein. Schließlich lenkt sie nichts ab. Auf lange Sicht ist dieser Lebensstil aber mit negativen Begleiterscheinungen verbunden. Beispielsweise führt der Tunnelblick dazu, dass Möglichkeiten zu Synergien zwischen verschiedenen Zielen übersehen werden. Es wird unter Umständen wenig Neues ausprobiert. Möglicherweise ist die körperliche und/oder psychische Belastung derart stark, dass irgendwann ein Burnout eintritt.

Der Tunnelblick ist nicht der Regelfall. Meist haben Menschen mehrere Träume. Oder sie haben Träume und Verpflichtungen, was das Verfolgen mehrerer Ziele zur gleichen Zeit erfordert. Daraus ergibt sich für dich die elementare Herausforderung, bei der dir dieser Ratgeber helfen möchte: Du lebst in einem System. Ein Teil dieses Systems bist du mit allem, was zu dir gehört. Der zweite Teil dieses Systems ist dein Umfeld; ebenfalls mit allem, was dazugehört. Dein Ziel wird es sein, Transparenz in dein System zu bringen oder dir überhaupt erst Klarheit über dein System zu verschaffen; d. h. Ziele zu finden, die für dich wichtig sind und deren Erfüllung nach jetzigem Stand realistisch ist. Danach wird das Kunststück sein, diese Ziele in gemeinsamer Vereinbarkeit mit allem, was dich umgibt, zu verfolgen. Nur so kann am Ende das gesamte System, also dein Leben, gemäß deiner Träume funktionieren.

Es gibt im Leben keine einfachen Wenn-Dann-Prinzipen. Meist hat eine Entscheidung nicht nur zur Folge, dass die angestrebte Wirkung eintritt, sondern zusätzlich weitere (Neben-)Wirkungen. Die Akteure in Unternehmen sind sich dessen bewusst. Sie entscheiden deswegen nicht isoliert: Keine Entscheidungen aus einer Laune heraus. Kein undurchdachtes Handeln. Weniger Gefahr für negative Überraschungen im Nachhinein. Natürlich haben Unternehmen gewisse Vorteile, denn Entscheidungen werden in der Regel in Absprache mit mehreren Personen getroffen. Emotionale Entscheidungen sind bei Teams von mehreren Personen höchst unwahrscheinlich und in den größten Unternehmen gar nicht anzutreffen.

Diese Qualitäten kannst du dir selbst ebenso aneignen. Ein wesentlicher Faktor, um zu spontane, emotional gesteuerte oder auf reinem Glück basierende Entscheidungen zu vermeiden, ist die Kontrolle emotionaler Impulse. Falls du mein Buch *„Aufschieben sofort stoppen"* gelesen hast: Dort geht es um Methoden und Mittel zum Erlangen von Impulskontrolle.

> ### *Meine Erfahrungen*
>
> Wie sehr wir Menschen Teil eines Systems mit Wechselwirkungen sind, bekam ich am eigenen Leib eindrucksvoll zu spüren, als ich über einen Arbeitskollegen in einen neuen Freundschaftskreis gelangte. Es war ganz anders, als ich es bisher gewohnt war. Die Lockerheit meiner neuen „Freunde" faszinierte mich. Jedoch hatte die Lockerheit den Nachteil, dass ständig Klischees, veraltete Rollenbilder und andere unkluge Äußerungen genutzt wurden. Wieso diese Menschen eine so starke Anziehungskraft auf mich ausübten, kann ich bis heute nicht beantworten. Aber sie taten es. Mit der Zeit adaptierte ich deren Denkweisen ein Stück weit. Meine zwischenmenschlichen Kompetenzen und die vorige Disziplin schwanden. Heute bin ich glücklicherweise aus diesem zu mir nicht passenden Umfeld wieder raus. Aber ich hätte nie gedacht, dass sich durch das veränderte Umfeld mein Charakter zwischenzeitlich derart stark wandeln würde. Es hatte Auswirkungen auf alles, was ich tat und dachte.

Zuerst: Die richtigen Ziele finden

Im Grunde genommen geht es im ganzen Buch und bei jedem der vier Schritte um Folgendes: die richtigen Ziele finden. Das Finden der richtigen Ziele schließt nämlich das Wichtigste ein. Sobald du die richtigen Ziele beisammen hast, ist sichergestellt, dass du …

- ➢ dein System analysiert und dir die Wechselwirkungen klargemacht hast.
- ➢ weißt, wie du auf die möglichen Wechselwirkungen reagierst.
- ➢ Prioritäten festgelegt hast, um die wichtigsten Ziele den weniger wichtigen vorzuziehen.
- ➢ dem folgst, was dir am Herzen liegt.
- ➢ Motivation, Disziplin und Konsequenz entwickelst, weil du deinen Träumen folgst und beste Voraussetzungen für deren Erreichen schaffst.

Diese und weitere untergeordnete Aspekte sind sichergestellt, sobald du die richtigen Ziele gefunden hast. Denn nichts anderes bedeutet „richtig": dass du das findest, was deinen Träumen entspricht und gleichzeitig dein System berücksichtigst. Wenn du beispielsweise einen Ehepartner hast, ist es wichtig, bestimmte Ziele gemeinsam abzusprechen, damit an einem Strang gezogen wird. Gleiches gilt für Freundeskreise. Ziele festzulegen, ist demnach nicht immer eine Sache für eine Einzelperson, sondern manchmal mit den Interessen anderer verknüpft.

Personen dort, wo es notwendig ist, in die Zielsetzung mit einzubinden, vermittelt dir dieser Ratgeber ebenfalls. Um Ziele adäquat formulieren und verfolgen zu können, bist du auf ein möglichst präzises Verständnis dieses Wortes „Ziel" angewiesen. Hierzu ein paar Worte …

Der Kellner des Lebens: Was willst du wirklich?

Herzlich Willkommen im Lebensrestaurant! Hier bekommst du wirklich alles, was du möchtest, sofern es von dieser Welt stammt und richtig formuliert wird. Also, auf geht's! Du hängst deinen Mantel auf und bist froh, im Warmen zu sein. Das Kaminfeuer im Restaurant spendet Wärme und der Klavierspieler sorgt für die passende musikalische Untermalung an einem für dich fantastischen Abend. Denn heute wünschst du dir das, was du vom Leben möchtest!

Du setzt dich hin. Nach ein paar Minuten Wartezeit – es ist viel los in diesem sagenumwobenen Restaurant – kommt der Kellner auf dich zu. Jetzt ist es soweit: „Sie wünschen?", fragt dich der Kellner, seinen Notizblock und Stift bereitwillig in der Hand.

Du entgegnest: „Ich habe Hunger. Ich will essen."

Der Kellner wiederholt seine Frage: „Sie wünschen?"

Du wiederholst, diesmal energischer: „Ich will essen!"

Als Reaktion schüttelt der Kellner langsam den Kopf und sagt, er gebe dir noch etwas Bedenkzeit, bis du wirklich wüsstest, was du wolltest. Als Hilfestellung gibt er dir das Menü, obwohl es eigentlich unnötig ist. Im Lebensrestaurant bekommst du schließlich alles, was du willst! Anschließend geht der Kellner fort und widmet sich den anderen Gästen.

Du beobachtest den Kellner und die anderen Gäste im Austausch. Sie kriegen tatsächlich alles, was sie wollen. Obendrein ist der Kellner freundlicher zu ihnen als zu dir. Hat sich die ganze Welt gegen dich verschworen? Was ist hier los? Du blickst ins Menü und bist schockiert: In diesem Restaurant, da ist ja wirklich alles möglich! Es gleicht fast schon einer Unverschämtheit, weil du dich kaum entscheiden kannst.

Früher als es dir lieb ist, kommt der Kellner wieder zu dir zurück. Er erkundigt sich erneut nach deinem Wunsch. Was nun? Du gehst nach dem Ausschlussverfahren vor und antwortest zögerlich: „Also ... Die ganzen Fleischgerichte will ich nicht. Ich esse vegetarisch."

Der Kellner notiert sich das und ist schon verschwunden. Ehe du dich versiehst, kommt nicht nur der Kellner zurück, sondern mit ihm ein ganzes Gefolge. Sowohl der Kellner als auch sein Gefolge tragen lauter Teller bei sich. Du fragst dich schon, wieso es so viele Teller sind. Haben sie dir etwa alles vorbereitet, was vegetarisch ist? Das wäre zu viel!

Tatsächlich wird es paradoxer ... „Bitte sehr", spricht der Kellner, während er und sein Gefolge sämtliche Teller auf deinem Tisch abstellen, „hier haben Sie alle Fleischgerichte, die sich auf unserem Menü befinden. Und unser Menü ist groß, denn wir sind das Restaurant des Lebens." Dann lächelt er.

Während dir der nach deinem Geschmack penetrante Geruch von Schweinshaxen und Hähnchenkeulen in die Nase steigt und dich der Kellner provokant anlächelt, verlierst du die Nerven: „Wieso bekomme ich genau das, was ich nicht wollte?!?", fragst du laut und erregt.

Der Kellner ist sich seines Fehlers nicht bewusst: „Tut mir leid, aber meine Zeit ist kostbar. Ich arbeite nicht nach dem Ausschlussprinzip. Woran Sie denken und was Sie aussprechen, das bekommen Sie auch. Einzelne unwichtige Worte beachte ich dabei nicht."

Du hast es verstanden und wünschst dir dann einfach nur eine Cola-Light, weil du alles satt hast. Die Cola-Light bekommst du wenig später serviert. Während du dich mit der Cola-Light begnügst, widmen sich die Menschen um dich herum schon dem dritten und vierten Gang ihres Menüs. Sie helfen sich gegenseitig bei ihren Bestellungen und manchmal sogar dabei, den Teller leerzubekommen.

Autor: Fabian Ries (https://www.fabianries.de/)

Das Leben ist genauso wie dieses Restaurant. Du hast unglaublich viele Möglichkeiten, zu wählen. Falls es dir abwegig erscheint, dass eine Person sich ins Restaurant setzt und einfach sagt, dass Sie essen will, dann führe dir vor Augen, dass genau das im realen Leben des Öfteren passiert. Hast du nicht schon einmal gesagt, dass du etwas willst, aber warst dabei nicht konkret genug? Sei ehrlich zu dir:

- Ich will reich sein.
- Ich will erfolgreich sein.
- Ich will attraktiv / hübsch sein.
- Ich will mehr Freunde haben.
- Ich will mehr berufliche Perspektiven haben.

Diese und weitere Beispiele sind das Problem: Wo ist denn formuliert, was Reichtum, Erfolg etc. bedeuten und was genau dafür zu tun ist? Wenn du Reichtum über Geld bzw. Vermögen definierst, dann solltest du festhalten, welche Summe du anpeilst. So wird es bereits konkreter. Als nächstes ergibt sich die Herausforderung, dass derart große und allgemeine Ziele wie in der Auflistung nicht auf Anhieb erreicht werden können. Selbstverständlich ist es möglich, sie im Verlaufe mehrerer Jahre zu erreichen. Doch wieso bürdet man sich dann ein alleiniges großes Ziel auf, statt kleinere Zwischenziele zu setzen? Eine Einteilung in Zwischenziele begünstigt eine größere Motivation. Denn durch das Erreichen von Zwischenzielen zeigen sich Fortschritte.

Präzision in der Formulierung. Unterteilung der großen Ziele in kleinere Ziele. Entschlossenheit, das jeweilige Ziel umsetzen zu wollen. Das sind einige der Dinge, an deren

Umsetzung bei präzisen Zielformulierungen kaum ein Weg vorbeiführt. Das Leben ist das größte Restaurant der Welt mit der denkbar größten Speisekarte, aus der jeder Mensch zu wählen hat. Wahrscheinlich ist dir bekannt, dass jedes Restaurant, das gut läuft, mit der Zeit expandiert. Oder es erweitert zumindest das Angebot. So ist es auch mit dem Lebensrestaurant. Damit sind wir bei einem typischen Problem des heutigen Zeitalters bei der Setzung von Zielen angekommen: dem Überangebot.

Heutige Herausforderungen bei der Festlegung von Zielen

Die Entwicklungen der letzten Jahrzehnte und Jahre haben eine Fülle an Möglichkeiten entstehen lassen. Diese Möglichkeiten erweitern die Perspektiven für zahlreiche Personen. Das Internet hat neue Verdienstmöglichkeiten geschaffen. Mit einem eigenen Unternehmen oder als Freiberufler selbstständig zu werden, ist nicht mehr zwingend mit einem hohen Finanzaufwand verbunden. Miete für Läden und somit hohe laufende Kosten können also entfallen. An dieser Stelle setzen mehrere Ratgeber an, indem sie zur Selbstständigkeit im Internet anraten. So könnten Reichtum und Erfolg erreicht werden. So viel Fachkompetenz in diesen Ratgebern auch enthalten sein mag, so speziell sind sie zugleich: Nicht jede Person definiert Erfolg über einen höheren Verdienst. Selbst, wenn dem so wäre, würde sich daraus nicht zwangsläufig ergeben, dass die in den Ratgebern vorgestellten Modelle dem jeweiligen Leser zusagen.

Neben Möglichkeiten zur Selbstständigkeit bzw. im beruflichen Bereich hat sich eine Fülle an Chancen ergeben, um als junge Person das Leben nach der Schulzeit zu gestalten. Wie früher den Betrieb oder den Job des Elternteils zu übernehmen, ist nicht mehr die Norm, viel eher eine Seltenheit. Junge Personen können zwischen zahlreichen Ausbildungs- und Studiengängen wählen. Außerdem ermöglichen

Auslandsprogramme früh die Erkundung der Welt. Ein halbes Jahr durch Neuseeland wandern und ein halbes Jahr in einem Wildtierpark in Südafrika mit professionellen Rangern arbeiten? Alles im Rahmen des Machbaren. Diese Dinge sind nicht nur jungen Erwachsenen aus der wohlhabenden Gesellschaftsschicht zugänglich. Weil Deutschland ein Sozialstaat ist, existieren zahlreiche Förderprogramme, von denen im weltweiten Vergleich Jugendliche aus anderen Staaten nur träumen können: Bafög für das Studium und die Ausbildung, Auslands-Bafög, Stipendien, organisiertes Work & Travel und vieles mehr!

Selbst bei Fragen der politischen Gesinnung besteht ein großes Angebot. Zahlreiche politische Strömungen sind entstanden, sodass sich mittlerweile genau die zu den eigenen Vorstellungen passende Strömung finden lässt. Treffen sind aufgrund der Organisation über das Internet und die Sozialen Medien einfach. Und auch bei den Religionen gibt es zahlreiche Richtungen und Bewegungen. Allein schon innerhalb des Christentums gibt es die verschiedensten Ausprägungen. Die evangelische und katholische Konfession wird begleitet von diversen anderen Gruppierungen bzw. Sekten.

Die verschiedensten Wahlmöglichkeiten, Lebensphilosophien und Überzeugungen treffen aufeinander. Obwohl vieles denselben Kern hat, ist es mittlerweile doch so verschieden! Und zwischen alledem stehst du und hast Entscheidungen zu treffen. Mit zunehmendem Alter mögen sich die Perspektiven vielleicht reduzieren. Gewisse Dinge sind nicht mehr zugänglich (z. B. Auslandsprogramme für junge Leute) oder unrealistisch (z. B. Ausbildung). Aber auch für Personen von über 40 Jahren mit familiären sowie beruflichen Verpflichtungen hat sich in letzter Zeit eine Reihe an neuen Möglichkeiten ergeben, die vor einigen Jahrzehnten nicht denkbar waren.

> **Beispiel**
>
> Mit 60 Jahren anfangen, sich mit dem Aktienhandel zu befassen? Ist man da nicht bereits zu alt? Und dann auch noch als Frau? „Pah, alles Vorurteile!", dachte sich korrekterweise Beate Sanders, als sie mit 60 Jahren anfing, Geld in Aktien anzulegen und viele existierende Vorurteile über den Haufen zu werfen. Sie begann mit umgerechnet 30.000 Euro und machte daraus innerhalb von 20 Jahren ein Vermögen von rund 2,5 Millionen Euro. Ihr Erfolg verlieh ihr einen enormen Status und verdeutlichte, dass Geldanlage in Aktien für jede Person realistisch ist. Sie schrieb Bücher und nahm an Interviews teil. Im September 2020 verstarb sie im Alter von 82 Jahren an Krebs.

Perspektiven sind also jederzeit gegeben. Gewöhnliche Menschen schreiben erstaunliche Geschichten. Manchmal werden sie berühmt. Manchmal reicht es ihnen, glücklich zu werden. Vor allem probieren Menschen Neues aus, um außergewöhnliche Dinge zu erleben. Dann setzen sie sich ihre ersten Ziele. Sobald diese erreicht sind, gehen sie Schritt für Schritt weiter und setzen die Messlatte bei jedem weiteren Ziel höher.

Werde dir an dieser Stelle bewusst: *Du kannst wirklich alles haben, was du willst.* Wichtig ist nur eine korrekte und präzise Zielplanung, womit wir erneut beim Gegenstand dieses Kapitels wären. Es ist unerlässlich, dass du dir einen Plan für dein Leben aufstellst und diesen in mehrere Etappen unterteilst. So bewegst du dich vom einem Punkt zum nächsten. Im Zuge deiner Planungen – dieser Ratgeber hier erläutert dir minutiös bis ins Detail, wie sich am besten planen lässt – wirst du Folgendes feststellen: *Wie hoch dürfen die Ziele überhaupt sein?* Alles, was sich zumindest nicht im Ansatz planen lässt, ist fürs Erste unerreichbar! Das bedeutet nicht, dass sich daran nichts ändern kann. Bei der Aktualisierung deiner Ziele wirst du merken, wenn ein zuvor nicht erreichbares Ziel dir näher rückt. Dann wirst du Änderungen vornehmen. **Am Anfang der Zielsetzung steht, dass du lediglich planbare und somit erreichbare Ziele setzt.** Mehr dazu in den weiteren Kapiteln. Alles aber, was realistisch planbar ist, kannst du auch umsetzen. Mal angenommen, du würdest dies schon mit 16 Jahren begreifen, dann wäre dein Weg zum Millionär theoretisch ein ganz einfacher:

- ➢ In der Schule ordentlich pauken und einen Schnitt von 1,0 erzielen.
- ➢ Medizin mit Bestnoten abschließen und anfangen, als Arzt zu arbeiten.
- ➢ Bei einem durchschnittlichen Jahresverdienst von 60.000 € im Jahr sammelt sich innerhalb von weniger als 20 Jahren 1 Million Euro an.

Das klingt zu einfach? Aber genauso einfach sind die Dinge in der Theorie! Wenn Pannen ausbleiben und du deine Zielsetzungen konsequent umsetzt, ist es in der Praxis genauso simpel. Du wirst im weiteren Verlauf des Ratgebers in die Tiefe gehen, um die Ziele festzulegen, an denen dir wirklich gelegen ist, und sie – egal, wie hoch und wie weit entfernt sie sind – im Laufe der Zeit mit möglichst hoher Wahrscheinlichkeit erreichen zu können. Dabei wird eine Sache so bedeutend sein, wie wohl kaum eine andere: *Die Antworten findest du in dir selbst.* Niemand kann dir die Entscheidung abnehmen, wenn du zwischen mehreren Zielen oder Optionen schwankst. Andere Menschen können dich beraten, aber die Entscheidungen über die Ziele, die nur dich betreffen, triffst du selbst. Damit einher geht, dass du die Verantwortung zu tragen hast.

> **Hinweis!**
>
> Verantwortung ist ein kritischer Punkt. Personen, die es nicht gewohnt sind, Verantwortung zu übernehmen, neigen dazu, ein fremdbestimmtes Leben zu führen. Begründen lässt sich diese Behauptung wie folgt: Wenn du eine Entscheidung treffen musst, aber sie dir schwerfällt, fragst du andere. Bist du dir unsicher oder hast Angst vor der jeweiligen Sache, dann kannst du die Verantwortung auf die Person, die dich beraten hat, abwälzen. Verantwortung abwälzen zu können, verschafft vielleicht etwas Beruhigung in den Gedanken. Doch es hilft dir nicht dabei, ein selbstbestimmtes Leben zu führen und deine Träume zu verwirklichen. Handle und übernimm die Verantwortung! Jetzt beginnt dein selbstbestimmtes Leben.

Dein Umfeld übt Macht auf dich aus

Dein Umfeld und du, ihr übt große Macht auf einander aus. Ihr könnt euch gegenseitig helfen oder schaden; ob bewusst oder unbewusst. Sicher hast du dich schon einmal in einem Umfeld oder zumindest Gespräch mit einer Person befunden, die gänzlich andere Interessen und einen anderen Charakter als du hatte. Ihr seid nicht gemeinsam auf einen Nenner gekommen und habt euch nicht ganz wohl gefühlt. Mit der Zeit hätten sich sicher Gemeinsamkeiten und ein angenehmer gemeinsamer Umgang ergeben, aber dazu ist es nun mal nicht gekommen. Stelle dir nun vor, dass es Menschen gibt, die sich regelmäßig mit solchen Situationen konfrontiert sehen: Ein extremer Fall sind Mobbingopfer. Sie befinden sich in einem Umfeld, das nicht nur gegensätzlich ist, sondern komplett destruktiv gegen sie agiert. Was sind die möglichen Auswirkungen davon auf die Person? Sie fühlt sich einsam, schlimmstenfalls sogar minderwertig, zweifelt an sich und entwickelt möglicherweise sogar psychische Probleme.

Natürlich gibt es auch positive Beispiele: Personen, die so viele Gesprächsthemen beherrschen und so eine Ausstrahlung haben, dass sich fast jeder Mensch zu ihnen hingezogen fühlt. Sie sind auf der Höhe, haben immer Gesellschaft, oft ein ausgeprägtes Selbstvertrauen und können auf Unterstützung in schwierigen Zeiten hoffen.

Was wäre nun, wenn du erführest, dass auch du die zuletzt beschriebene Person sein kannst? Es liegt in deiner Hand, dir ein Umfeld aufzubauen, das dich hervorragend ergänzt. Sogar aus der schlechtesten Startposition heraus bist du in der Lage, dir einen Familien-, Freundes- und Bekanntenkreis aufzubauen, in dem du dich hervorragend fühlst und – ganz wichtig – den Personen von deiner Seite aus ein hervorragendes Gefühl gibst.

Das Umfeld kann Antreiber und Hindernis zugleich sein. Dieser Ratgeber wird dir den Weg weisen, um das Umfeld möglichst passend zu deinen Zielen zu wählen. Dir wird dabei die freie Wahl obliegen, zu entscheiden, welche Personen du in dein Umfeld hineinlässt. Vorteilhaft sind Personen, denen du vertrauen kannst und die dich bei deinen Vorhaben unterstützen. Gegenseitige Wertschätzung ist von großer Bedeutung, sie sollte sich auch in der Wortwahl widerspiegeln. Zu guter Letzt hat emotionale Intelligenz einen hohen Stellenwert.

Abschlussaufgabe

Die Abschlussaufgabe zum ersten Kapitel läutet deinen Wandel ein; einen Wandel von einem Menschen mit lauter faszinierenden Träumen, die nach einer klaren Richtung zur Umsetzung verlangen, hin zu einem Menschen mit absolut präziser Verfolgung von Zielen. Am Anfang steht die Bestandsaufnahme: Schreibe all die Dinge in Stichpunkten auf, die dir in diesem Kapitel besonders wichtig erschienen. Vor allem solltest du Informationen aufschreiben, die du noch gar nicht bedacht hattest. Häufig steckt der Teufel im Detail: Vielleicht sind in den kleinen Lehren dieses Kapitels die Antworten darauf verborgen, wieso du bisher nicht all deine Ziele so erreicht hast, wie du es dir gewünscht hast. Notiere außerdem die Dinge, die du bei dir offensichtlich als Defizite ausmachst, wenn es um das Erreichen von Zielen geht.

1. Schritt | Was muss sein?

So ungern man es manchmal hört: *Einige Dinge müssen sein.* Sie lassen sich nicht verhindern. Auch wenn du morgens am liebsten im Bett liegen bleiben würdest, so tust du es dennoch nicht. Weil Arbeit, Vorlesung, das schreiende Baby oder andere Verpflichtungen dich zu einem gegensätzlichen Handeln bewegen. Also tust du, was du musst. Es gibt weitere **Verpflichtungen** abgesehen vom frühen Aufstehen, die du verfolgen *musst*. Einige davon sind sogar notwendig, um zu existieren. Andere sind mehr oder weniger selbst gewählt, wie beispielsweise der Beruf oder das Baby. Der Beruf ist, obwohl selbst gewählt, nötig, um Geld zu verdienen. Das Baby braucht eine Erziehung, um alles zu erlernen, was für das Kindes- und spätere Jugendlichen- und Erwachsenenleben notwendig ist; ebenfalls eine Pflicht also.

Dieses Kapitel hilft dir dabei, deine Verpflichtungen zu ermitteln und sie zu planen. Denn bevor du an deinen Wünschen und Träumen arbeiten kannst, musst du dein Pflichtprogramm abdecken. Ansonsten wird es für deine Gesundheit, deine Zahlungsfähigkeit oder deine Familie schlimmstenfalls kritisch. Es erwartet dich eine sehr wichtige Lektion, die ein Schlüssel dazu ist, dein Leben langfristig entspannter zu gestalten:

So sehr es heute vielleicht noch danach aussehen mag, dass du in deinem Alltagstrott gefangen bist und deine Pflichten dich nie loslassen werden, mindestens genauso sehr täuscht dieser Eindruck. Denn langfristig lässt sich einiges an den Verpflichtungen verändern. Dadurch hast du die Chance, ein Leben zu führen, wie du es dir erträumst. Anderer Beruf? Mehr Gehalt? Passives Einkommen? Entspannteres Familienleben? Alles im Rahmen des Machbaren, zum Teil aber erst langfristig.

Existieren

Seit jeher in der Geschichte der Lebewesen war es das Ziel, die eigene Spezies am Leben zu erhalten. Überleben und Fortpflanzung dienten dem Erreichen dieses Ziels. Heute ist beides einfacher. Das Überleben ist kein blanker Kampf mehr, wie es zu Zeiten der Neandertaler noch der Fall gewesen sein mag. Die Fortpflanzung ist sichergestellt, selbst wenn nicht jede Person sich dazu entscheidet, Kinder zu haben. Nahrung ist in Läden erhältlich und in den meisten Ländern kann sie sich die große Mehrheit der Bevölkerung problemlos leisten. Die medizinische Versorgung in Deutschland ist gut. Krisenzeiten wie die Corona-Pandemie haben im Vergleich zu anderen Nationen gezeigt, wie gut das deutsche Gesundheitssystem dasteht. Die Tatsache, dass die **Sicherung der Existenz einfacher geworden** ist, verschafft vor allem den Menschen in den hochentwickelten Industrieländern **Vorteile**:

> ➤ Mehr Zeit! Früher ging einiges an Zeit für das Jagen oder den Ackerbau verloren, um sich ernähren zu können. Diese Zeit ist nun eingespart, weil die Nahrungsmittel einfach gekauft werden können. Fast Food für die ganz schnellen Alltagsabläufe macht ebenfalls einiges leichter.
> ➤ Mehr Sicherheit! Vor einigen Jahrhunderten konnte eine einfache Grippe den Tod bedeuten. Heute können Krankheiten immer besser behandelt werden und die allgemeine Lebenserwartung steigt.
> ➤ Mehr Aufklärung! Die Menschen sind teilweise bis ins Detail darüber informiert, was beim Mangel eines bestimmten Vitamins im Körper passiert oder

wie sich mangelnder Schlaf auswirkt. So kann negativen Folgen für Gesundheit und Psyche vorgebeugt werden.

Führe dir jetzt einmal vor Augen, was für riesige Vorteile du in die Wiege gelegt bekommen hast, als du in diesem Zeitalter das Licht der Welt erblickt hast! Tue das mit einem Gefühl der Dankbarkeit. Denn Dankbarkeit ist ein Grundbaustein, um das Leben positiv anzugehen.

> ### Meine Erfahrungen
>
> Ich selbst hatte einst einen grippalen Infekt und kein Paracetamol oder ein anderes fiebersenkendes Mittel bei mir zuhause. Am zweiten Tag meines Infekts schlug mein Herz mehrere Stunden lang über 200 Schläge die Minute – das hält man nicht lange aus! Tatsächlich musste bei diesem scheinbar „banalen" grippalen Infekt der Rettungsdienst anrücken und ich blieb zwei Tage im Krankenhaus. In dieser Situation begriff ich zumindest annähernd, was für ein Privileg wir dadurch genießen, dass wir heutzutage Medikamente haben, die früher tödliche Infekte innerhalb eines oder zweier Tage komplett kurieren. Tatsächlich starben früher Menschen im jüngsten Alter wegen grippaler Infekte. Heute haben wir es im Vergleich dazu in den meisten Staaten und Gegenden wesentlich besser.

Deine Existenz und die vieler anderer Menschen in der deutschen Bevölkerung hat sich im Verlaufe der letzten Jahrhunderte und auch der letzten Jahrzehnte verbessert. Vieles ist einfacher geworden, Vieles ist besser geworden. Natürlich gibt es in diesem Land noch Ungleichheiten, es geschehen Verbrechen und es herrschen riesige Einkommensunterschiede zwischen Arm und Reich. Aber wenn man es optimistisch sehen und sich selbst motivieren möchte – und genau das empfehle ich dir, weil es keinen Sinn macht, sich auszubremsen –, dann gelangt man zur Erkenntnis, dass sich auch für die Geringverdiener in der Gesellschaft einiges verbessert hat. Schließlich haben auch Geringverdiener durch die Unterstützung des Staates meist ein Dach über dem Kopf, ihre Kinder können zumindest in die Schule gehen und für ein besseres Leben lernen sowie arbeiten, und nicht selten besitzen sie sogar einen Plasma-Bildschirm mit Netflix-Abo zum Zeitvertreib. Es ist nicht die Regel, aber kommt doch vor. Davon konnten Geringverdiener vor einem Jahrhundert nur träumen.

Mit den im Großen und Ganzen verbesserten Existenzbedingungen eröffnen sich dir Spielräume, um ...

> zum einen an der Qualität der Erfüllung deiner existenziellen Bedürfnisse zu arbeiten und
> zum anderen hier und da Umstrukturierungen vorzunehmen, um letzten Endes
> alle Ziele, die du hast, zu fördern und zu unterstützen.

Existenzielle Bedürfnisse bzw. Ziele (Essen, Trinken, Schlafen, medizinische Versorgung sowie Absicherung und weitere) sind die Grundbausteine, auf denen alle anderen Ziele aufbauen. Du wirst beispielsweise nicht gut arbeiten können, wenn du zu wenig schläfst und die Erholung nicht passt. Schlimmstenfalls machst du Fehler, die dich deinen Job kosten. Oder aber du ziehst es langfristig durch und behältst deinen Job, aber erleidest irgendwann psychische Erkrankungen, weil du dich überforderst. Ungesundes Essen ist eine Gefahr, die z. B. sogar ins Krankenhaus oder zu teuren Zahnoperationen führen kann.

Mit den langfristig negativen Auswirkungen auf die Psyche habe ich selbst schockierende Erfahrungen gemacht, die mein Handeln bis heute prägen: Als ich mich das erste Mal selbstständig machte, setzte ich alles auf eine Karte. Altersvorsorge? Darum kann ich mich kümmern, wenn ich älter bin. Im jungen Alter muss ich erstmal Kapital generieren und mein Business vergrößern. Gesetzliche Krankenversicherung? Zu teuer für junge Personen, stattdessen lieber in die private Krankenversicherung. Und reichlich Schlaf? Den Schlaf kann man nachholen, wenn man tot ist. Was letzten Endes prekär für mich war, waren die letztgenannten zwei Punkte: Krankenversicherung und Schlaf. Die Altersvorsorge setzte ich vier Jahre später verantwortungsbewusst in die Tat um und machte damit alles richtig. Aber bei der Krankenversicherung war ich nicht sehr vorausschauend. Obwohl ich eine Vorgeschichte mit dem Herzen hatte, verheimlichte ich diese und schummelte mich so in die günstigere private Krankenversicherung. Schlafen tat ich sehr wenig und arbeitete des Öfteren mal bis zu 60 Stunden am Stück – Koffeinpillen und Energy-Drinks machten es möglich. Mit meinem Herz passierte nichts, aber stattdessen mit meiner Psyche nach ungefähr zweieinhalb Jahren. Ich war ausgelaugt, arbeitete trotzdem weiter. Irgendwann kamen diverse körperliche Signale, wozu u. a. Kopfschmerzen, Verdauungsprobleme und später sogar Zahnprobleme gehörten. Der Stress hatte in meinem Mund mehrere Geschwüre entstehen lassen. Weil ich kaum Essen konnte, nahm ich ab, erlitt einen Nährstoffmangel und schwächte mein Immunsystem. Da stand ich nun, mit einer supergünstigen privaten Krankenversicherung, aber einem hohen jährlichen Selbstbehalt für medizinische Behandlungen. Ich musste für die Behandlungen große Mengen an Geld aufbringen. Als ich nach einem Jahr voller Arztbesuche, Behandlungen und mit reichlich Erholung so „wohlhabend" wie zu Beginn meiner Selbstständigkeit und somit nicht vom Fleck gekommen war, wurde ich vernünftig. Ich fokussierte die Erholung und eine gesunde Ernährung, stufte meinen Krankenversicherungstarif für vernünftige Leistungen höher und kam in den folgenden vier Jahren wesentlich weiter als zuvor – weil ich klar im Kopf war, mein

Körper und meine Psyche erholt waren und ich die richtigen Entscheidungen treffen konnte.

Wenn ich dir jetzt sagen würde, dass die Qualität deines Steaks oder des Gemüse-Ratatouilles darüber entscheidet, wie erfolgreich du wirst, würdest du mich für verrückt erklären. Glücklicherweise will ich das auch gar nicht sagen. Denn zu Unbeschwertheit und Ausgeglichenheit gehört es, auch mal die Fertigpizza im Discounter zu kaufen und sich daheim mit den Liebsten für einen fettreichen und sündhaft faulen Abend zusammenzusetzen und Netflix zu sehen. Wichtig ist vielmehr, ein gesundes Maß zu wahren. Letztlich sind es die vielen Kleinigkeiten, die zusammenaddiert werden und zu einem Ergebnis führen. Wenn du größtenteils gesund und nachhaltig deine existenziellen Bedürfnisse befriedigst, machst du bereits vieles richtig und förderst deine Ziele.

> ### *Hinweis!*
>
> Du hast dir ein Buch über das Setzen und Erreichen von Zielen geholt. Nun ist eine der ersten Sachen, die du hörst, dass du das Schlafen, Essen und andere Bedürfnisse bei der Zielsetzung berücksichtigen sollst. Geht das nicht ein bisschen am Thema vorbei? Du wirst merken, dass genau das Gegenteil der Fall ist. Für diese Bedürfnisse solltest du eine Menge Zeit im Tagesablauf einplanen. Wenn du diese Bedürfnisse und deren Zeitaufwand nicht berücksichtigst und dir zu viele Ziele setzt, wirst du entweder deinen Schlaf oder das entspannte Essen kürzen oder aber gesetzte Ziele wieder streichen müssen. Nimm also die existenziellen Bedürfnisse und die folgenden Ratschläge dazu ernst. Deine Gesundheit und Zielsetzung werden es dir danken!

Wie wichtig ist die Qualität?

Die Qualität bei der Deckung der existenziellen Bedürfnisse spielt eine entscheidende Rolle. Bist du schon einmal aus einem Bett aufgestanden, das zu klein für dich war? Hast du danach Muskel- und Gelenkschmerzen gehabt? Falls ja, dann stelle dir bitte vor, du hättest zusätzlich auch noch zu wenig geschlafen. Je häufiger dieses Szenario auftritt, desto weniger erholt wirst du sein. Bei der Schlafdauer sind sich die Wissenschaftler weitestgehend einig: Sechs bis acht Stunden Schlaf gelten als optimal. Mehr noch: Sechs bis acht Stunden lassen dich sogar länger leben, wie die Ärztezeitung in Berufung auf ein Mammutprojekt mit sage und schreibe 117.000 Teilnehmern berichtet! Vielschläfer, die deutlich länger schliefen, hatten folgende Probleme:

➢ körperliche Trägheit
➢ Depressionen oder häufige depressive Zustände
➢ Zigaretten- und Alkoholkonsum
➢ Bluthochdruck

Extreme Kurzschläfer demgegenüber litten des Öfteren an Diabetes und Übergewicht. Ansonsten wurden wenige Krankheiten bei Kurzschläfern beobachtet, dafür aber umso mehr Unfälle. Naheliegend ist nämlich, dass zu wenig Schlaf die Konzentration schwächt.

Auch für die Schlafqualität ist die Schlafdauer ein entscheidender Punkt. Weder zu lang noch zu kurz sollte sie sein, beides ist mit Nachteilen und Gefahren verbunden. Für den Hormonspiegel ist es am besten, bei Dunkelheit zu schlafen, so wie es der Natur entspricht. Außerdem ist die Raumtemperatur zu beachten: Zwischen 16 und 19 Grad gelten als ideal, da so nach dem Einschlafen das Wachstumshormon Somatropin am besten aktiviert wird. Dieses Hormon hat Einfluss auf die Reparaturprozesse von Muskeln, Haut und Haaren. Verbleibt noch die Frage nach einer gemütlichen und ergonomischen Liegefläche: Bequemes Schlafen sorgt für schnelleres Einschlafen und mehr körperliches Wohlbefinden während des Alltags. Die einfachste Lösung ist, dir eine Matratze und Kissen zu kaufen, die du nach einem Probeliegen als bequem empfindest. Falls du Lust auf und das Geld für eine professionelle Lösung hast, kannst du dir Liegefläche und Kissen individuell an deinen Körper anpassen lassen.

Auch anderen Autoren, wie Calvin Hollywood in seinem Ratgeber *Wer will, der kann!* (2018), betonen die Wichtigkeit von ausreichend Schlaf zur optimalen Zeit: *„Es kommt wirklich sehr, sehr selten vor, dass ich mal nach 22 Uhr ins Bett gehe. Ja, ein paar Ausnahmen gibt es sicherlich: wenn ich zum Beispiel einen Langstreckenflug habe und über Nacht unterwegs bin, oder auch an Silvester. Aber generell ist es so, dass um 21.30 Uhr mein Wecker klingelt, der mir mitteilt, dass ich mich jetzt auf den Schlaf vorbereiten sollte. Mein Ziel ist es, stets zwischen sieben und acht Stunden Schlaf zu bekommen, um dann am Folgetag wirklich topfit zu sein."*

Hinweis!

Nur damit du es wirklich verinnerlichst, worüber wir hier sprechen: Du verbringst täglich sechs bis acht Stunden schlafend im Bett. Mit zunehmendem Alter verringert sich diese Dauer aufgrund des sinkenden Grundumsatzes. Rechnet man der Einfachheit halber mit den sechs bis acht Stunden, so spielen sich 25 bis ca. 33 % deines Lebens im Bett ab! Wenn dieser Anteil deines Lebens nicht die gebührende Aufmerksamkeit bekommt, werden die anderen Anteile negativ beeinflusst. Durch Wechselwirkungen (siehe Kapitel 1: Der Mensch und sein Umfeld sind Systeme)

> kann es dazu kommen, dass schlechter Schlaf sogar die Hälfte deines Lebens negativ beeinflusst. Nimm daher diesen Abschnitt über das Schlafen ernst und bemühe dich um optimale Schlafbedingungen.

Der nächste wesentliche Punkt, um Qualität bei den existenziellen Bedürfnissen und Zielen sicherzustellen, sind Essen und Trinken. Mit der richtigen Ernährung fühlst du dich besser, beeinflusst deine Gesundheit positiv und erhöhst die Wahrscheinlichkeit auf physische sowie psychische Leistungsfähigkeit. Am besten lässt sich dies anhand eines Sportlers zeigen. Sportler brauchen Ressourcen, wozu vor allem Energie zählt. Diese wird über einen langfristigen Zeitraum durch Kohlenhydrate zur Verfügung gestellt. Kohlenhydrate sind aber nicht gleich Kohlenhydrate. Der darunter befindliche Zucker sorgt nur für einen kurzen Energieschub. Am besten für langfristige Leistungsfähigkeit sind langkettige Kohlenhydrate, z. B. aus Vollkornprodukten und Gemüse. Für den Sportler mag diese Empfehlung besonders gelten, damit er seinen Marathon schafft, doch für Angestellte im Büro gilt es auch. Falls der Frühstücksmuffel morgens nur Kaffee zu sich nimmt und gegen Vormittag eine Packung Haribo verputzen muss, um das Leistungslevel anzuheben, wurde etwas grundlegend falsch gemacht. Denn außer einem kurzen Leistungsschub durch den schnellen Anstieg des Blutzuckerspiegels kommt später wenig dabei rum. Die Ernährung hat keine Qualität. Stattdessen ist der Grundstein für Diabetes und Übergewicht gelegt.

Um Qualität in der Ernährung sicherzustellen, ist der einfachste Weg die Befolgung der zehn Regeln der DGE:

Klare Ziele

1. Vielfältig essen und vor allem pflanzliche Lebensmittel in den abwechslungsreichen Speiseplan integrieren.
2. Täglich mindestens drei Gemüsesorten und zwei Obstsorten essen.
3. Unter den Getreideprodukten die Vollkornprodukte bevorzugen.
4. Milch- und Milchprodukte täglich, Fisch bis zu zweimal die Woche und maximal 300 bis 600 Gramm Fleisch in der Woche essen.
5. Überwiegend pflanzliche Öle zur Deckung des Fettbedarfs nutzen.
6. Anstelle von Zucker und Salz lieber mit Kräutern und Gewürzen würzen.
7. Mindestens 1,5 Liter Wasser pro Tag trinken. Ansonsten kalorienfreie oder -arme Getränke, wie z. B. Tee, bevorzugen.
8. Lebensmittel schonend zubereiten, um den Gehalt an Mikronährstoffen möglichst hoch zu halten.
9. Langsam essen und zwischen den Mahlzeiten Pausen festlegen.
10. Die Entwicklung des Körpergewichts im Blick behalten und sich regelmäßig bewegen.

Informiere dich gern tiefergehend über diese Punkte. Nutze als Quellen am besten offizielle Websites von anerkannten Instituten oder Fachliteratur, denn viele Internetquellen vermitteln die Informationen lückenhaft oder nicht korrekt. Stelle deine Ernährung gern schrittweise in diese Richtung um. Es ist keine 180°-Wendung notwendig. Zudem ist hier und da eine Ausnahme und eine Süßigkeit erlaubt, denn sich selbst durch unnötige Enthaltsamkeit zu kasteien, ergibt keinen Sinn, weil es für die meisten Personen die Lebensfreude senkt. Eine gesunde Ernährung optimiert dein Wohlbefinden. Zögere daher nicht, Modifizierungen bei deiner bisherigen Ernährung langsam vorzunehmen, damit du dich wohlfühlst.

Auch Wohlbefinden ist ein existenzielles Bedürfnis, weil ein Leben in Schmerzen und Einschränkungen schwierig ist. Das Wohlbefinden förderst du durch die bereits erwähnten Hinweise zu Schlaf und Ernährung. Außerdem sind Hygiene und Entspannungsmaßnahmen wichtig.

> ### Hinweis!
> Wenn du mein Buch über das Entwickeln mentaler Stärke gelesen hast, wird dir das körperliche Wohlbefinden in einem anderen Zusammenhang geläufig sein: Wertschätzung. Sich selbst gegenüber Wertschätzung zu zeigen, ist ein Grundbaustein dafür, zufrieden mit sich selbst zu werden und Motivation sowie Zuversicht für die anstehenden Aufgaben und Ziele zu entwickeln.

Du hast die freie Wahl bei den Methoden zur Steigerung deines Wohlbefindens. Entspannungsmethoden wie die Meditation haben sogar das Potenzial, die Schlafqualität zu verbessern. Hier siehst du die Wechselwirkungen, die beim System „Mensch" auftreten können, mal von einer positiven Seite aus: Du ergreifst mit der Meditation eine Maßnahme, die dein körperliches Wohlbefinden steigert, und förderst damit gleichzeitig die Schlafqualität.

Weitere Maßnahmen für die Steigerung des körperlichen Wohlbefindens sind u. a. Massagen, Dehnübungen, Sport, Spaziergänge, Yoga. Zudem steigert Hygiene das körperliche Wohlbefinden. Sie ist sogar ein entscheidender Part der Gesundheit. Zur Hygiene und Gesundheit gehört beispielsweise, zweimal im Jahr die empfohlene professionelle

Zahnreinigung in einer Zahnarztpraxis in Anspruch zu nehmen. Es ist die einzige Hygienemaßnahme bei gesunden Menschen, die wirklich ärztlicher Umsetzung bedarf. Nimm sie also besonders ernst, denn Operationen an den Zähnen oder gar Zahnersatz können schneller notwendig werden, als man es sich vorstellt. Dies ist unangenehm und teuer. Das Erreichen von Zielen kann dadurch sogar immens beeinträchtigt werden. Wie du siehst: Die Kleinigkeiten machen es aus.

Methoden und Ansätze zur Umstrukturierung

Ich habe nun für dich eine Liste mit den existenziellen Bedürfnissen erstellt, die absolut notwendig sind. Am besten kopierst du diese Liste so, wie sie ist, auf ein Blatt Papier um in der Folge deine ersten Verpflichtungen für ein gesundes Leben festzulegen und sie zeitlich einzuschätzen:

Muss-Ziel	Hinweise	Zeitaufwand
Schlafen		
Ernährung		
Hygiene		
körperliches Wohlbefinden		

Die gute Botschaft für dich an dieser Stelle ist, dass du Spielräume bei der Planung dieser Bereiche hast. Beim Schlafen kannst du zwar nur zwischen sechs und acht Stunden Dauer wählen, aber immerhin hast du zwei Stunden Spielraum. Hinsichtlich der Ernährung bestehen Möglichkeiten zu gesundem Fertigessen oder Bestellungen, um Zeit einzusparen, oder aber dazu, selbst zu kochen, um Geld zu sparen. Nun gehen wir die Methoden und Ansätze zur Umstrukturierung, um Zeit oder Qualität bei deinen existenziellen Bedürfnissen zu gewinnen, durch.

Aufgabe 1

Nachdem du die Liste bzw. Tabelle von oben auf ein Blatt Papier übertragen hast, beginnt die Arbeit. Die erste Liste nutzt du, um dein bisheriges Verhalten zu dokumentieren. Notiere, wie viel Zeit du täglich den vier Bereichen gewidmet hast. Falls du etwas nicht täglich gemacht hast, rechne von der Woche auf den Tag runter, indem du die Stunden, die du einer Sache im Laufe der Woche gewidmet hast, durch 7 teilst.

Bei mir kam früher beispielsweise folgendes Bild heraus:

Muss-Ziel	Hinweise	Zeitaufwand
Schlafen		10 Stunden
Ernährung		2 Stunden
Hygiene		45 Minuten
körperliches Wohlbefinden		0,5 Stunden

Ich sah bei mir das größte Defizit beim Schlafen und bei dem körperlichen Wohlbefinden. Ich kam früher auf nur 0,5 Stunden körperliche Entspannung täglich. Meine Änderung war, zwei Stunden weniger zu schlafen. Dadurch wurden 2 Stunden frei, von denen ich eine in körperliches Wohlbefinden investierte. Die andere Stunde bewahrte ich mir auf, um sie anderweitig einzusetzen. So entstand folgende Tabelle:

Muss-Ziel	Hinweise	Zeitaufwand
Schlafen		8 Stunden
Ernährung		2 Stunden
Hygiene		45 Minuten
körperliches Wohlbefinden		1,5 Stunden

Klare Ziele

> Führe die Aufgabe genauso bei dir durch. Überlege dir dabei, wo du Verbesserungen vornehmen möchtest, um z. B. mehr Zeit zu gewinnen oder mehr Zeit in ein besseres Wohlbefinden zu investieren.

Diese Aufgabe leuchtet ein, aber ist ziemlich theoretisch. In der Praxis kommen nämlich die großen Herausforderungen auf: Wie setze ich meine Bestrebungen um? Eine populäre Hürde ist das frühe Aufstehen: Wie gelingt es dir, früh aufzustehen? Meistens hat man sich zu langen Schlaf oder zu kurzen Schlaf angewöhnt. An dieser Stelle wartet auf dich ein anspruchsvoller Weg der Umgewöhnung. Einerseits hilft dir mein Buch „Gewohnheiten der Gewinner", um Umgewöhnungen erfolgreich durchzuführen. Andererseits sollten sich folgende drei Blitz-Tipps als hilfreich erweisen:

I. Gehe schrittweise vor. Versuche z. B., nicht sofort zwei Stunden früher aufzuwachen, sondern zunächst zwei Wochen lang eine halbe Stunde früher. Steigere dich anschließend auf eine Stunde und so weiter.
II. Setze dir Hürden für schlechte Gewohnheiten. Indem du die Ausübung schlechter Gewohnheiten nicht möglich machst, ist eine Umgewöhnung wesentlich einfacher.
III. Belohne dich für erfolgreiche kleine Schritte bei den Umgewöhnungen. Dadurch steigerst du aller Voraussicht nach dein Durchhaltevermögen.

Als Ergänzung zu dieser Aufgabe sind hier ein paar Infos, wie du in den einzelnen Bereichen Umstrukturierungen vornehmen kannst: Im Bereich Ernährung kannst du z. B. den Zeitaufwand steigern, wenn du bei dir feststellst, dass du immer zu wenig Zeit zum Essen oder Kochen hast. So kommt mehr Qualität und wahrscheinlich mehr Frische in die Ernährung. Wenn du bei der Übersicht in der Tabelle findest, dass du zu viel Zeit in Ernährung investierst, kannst du darüber nachdenken, ob du die Qualität nicht minimal reduzierst, indem du hin und wieder Fertigessen kaufst oder weniger umständlich kochst. Eine gute Option, um schnell an Essen zu kommen, sind Imbisse unterwegs oder Bestellungen nach Hause.

> *Hinweis!*
>
> Diese scheinbaren Kleinigkeiten, die du bis jetzt geplant und zeitlich eingeordnet hast (Schlaf, Ernährung etc.) entscheiden darüber, ob du täglich zwei Stunden oder sogar drei Stunden mehr oder weniger zur Verfügung hast, um an deinen Träumen zu arbeiten. Unterschätze diese Dinge nicht. Denn ansonsten kommt es dazu, dass alles wieder den gewohnten Lauf nimmt: Du bleibst in einem Hamsterrad gefangen und verfehlst deine Ziele teilweise oder komplett. Dieser Ratgeber und dein Erfolg leben davon, dass du genau planst und Ziele festlegst. Hierfür schaffst du mit der Planung deiner existenziellen Bedürfnisse einen Zeitrahmen. Vor allem bei Langschläfern kann ein Zeitgewinn von 2 Stunden durch kürzeren Schlaf Wunder bewirken, weil er zeitlich neue Kapazitäten zum Erreichen von Zielen schafft.

Mit beiden Beinen fest im Leben stehen

Weil es im Leben nicht nur darum geht, zu existieren (das ist der soeben thematisierte Teil deiner Verpflichtungen), sondern außerdem darum, mit beiden Beinen fest im Leben zu stehen, geht die Planung nun weiter: Was braucht man, um mit beiden Beinen fest im Leben zu stehen? Welche Ziele muss man sich setzen?

- ➢ Finanzierung des Lebenswandels
- ➢ Absicherung bis ins hohe Alter

➤ Absicherung in Notfällen

Wenn du nicht genug Geld auf der hohen Kante hast, um deinen Lebensunterhalt ohne Arbeit zu finanzieren, ist ein Job für regelmäßiges Einkommen notwendig. Fakt ist: Arbeit kostet Zeit. Dementsprechend ist Arbeit bei den meisten Personen ein fester Bestandteil der Agenda. Die Alters- und Gesundheitsvorsorge ist ebenfalls von Bedeutung, wobei diese meist einen finanziellen Aufwand anstelle eines zeitlichen Aufwandes birgt. Wie wichtig Altersvorsorge ist, zeigt sich insbesondere bei langfristig ausgelegten Zielen: Wenn du auch im hohen Alter noch agil sein und die Welt erkunden möchtest, benötigst du eine gute Rente. Die Absicherung für Notfälle erfolgt durch die Kranken- und Pflegeversicherung, Haftpflichtversicherung gegen verursachte Schäden und weitere individuell notwendige Versicherungen.

Nun ist dieses Buch kein Versicherungsratgeber, weswegen bei den Versicherungen nicht in die Tiefe gegangen wird. Aber eines sei gesagt: Langfristig sind viele Veränderungen möglich! Falls du jetzt noch nicht mit deinem Hauptberuf, deiner späteren Rente oder anderen Dingen zufrieden bist, hast du langfristig die Chance auf Änderungen! Viele Personen, die ihre Träume weder erreichen noch sich diese zum Ziel setzen, geben sich dem Irrglauben hin, dass der jetzige Job für alle Ewigkeiten ist. Sie sehen sich im Job gefangen, weil sie eine Ausbildung gemacht haben und bereits längere Zeit in dem jeweiligen Job tätig sind. Aber das ist nicht richtig. Wie bereits erwähnt, kannst du alles haben, was du willst! Hierfür sind nur die **richtigen langfristigen Ziele** zu planen.

Langfristig lässt sich einiges bewegen

Es ist in den meisten Fällen so, dass der Job nicht von heute auf morgen gewechselt werden kann. Mal angenommen, du bist Maler oder Krankenpfleger und unzufrieden mit deinem

Beruf: Heute arbeitest du deine acht Stunden und morgen auch. Du hast – außer bei ganz unwahrscheinlichen Ereignissen wie einem Lotto-Gewinn – keine realistische Möglichkeit, deinen Job von einem Tag auf den anderen zu wechseln. Wenn du jedoch langfristig nebenberuflich auf eine Veränderung hinarbeitest und diese Zeit akkurat planst, kannst du in fünf bis acht Jahren mit hoher Wahrscheinlichkeit deinen Traumjob erlangen.

> ### *Meine Erfahrungen*
>
> Eine Erfahrung, die ich bereits in einem anderen Buch dieser Reihe geteilt habe, ist meine berufliche Transformation. Ich muss gestehen, dass ich es einfacher hatte als andere Personen. Ich arbeitete als Dozent an nur drei Tagen in der Woche und verdiente trotzdem ein Vollzeitgehalt, sodass ich mich nicht beklagen konnte. Aber der Job war anstrengend. Ständig trug ich dieselben Inhalte vor. Die Aufstiegsmöglichkeiten waren begrenzt. Also suchte ich nach Veränderung und fand sie: Neben meiner damaligen Tätigkeit als Dozent baute ich mir im Bereich Online-Marketing eine weitere Selbstständigkeit auf, in der ich mein Business beliebig erweitern konnte. Ich hatte eine positive Vision und schließlich den Mut, meine bisherige Stelle aufzugeben und im Online-Marketing mein Glück zu versuchen. So erlangte ich mit der Zeit einen Job, den ich liebte und bis heute liebe, sowie Perspektiven, die unbegrenzt sind.

Das Online-Marketing ist nicht für jeden etwas. Du hast einen anderen Traum oder wirst einen persönlichen Traum finden. Es muss sich dabei nicht zwingend um den Hauptberuf handeln. Du kannst dich ebenso auf andere Sachen konzentrieren. Beispielsweise kannst du dir vornehmen, dich nicht mehr mit Mietzahlungen für ein Dach über dem Kopf zu belasten. Hierfür setzt du dir das Ziel, eine eigene

Immobilie zu finanzieren. So wird deine existenzielle Verpflichtung „Miete zahlen" irgendwann nicht mehr notwendig sein. Du streichst eine finanzielle Belastung und senkst durch die eigene Immobilie die laufenden Kosten.

Es mag also sein, dass du heute noch acht Stunden Vollzeit arbeiten, die Miete zahlen oder anderen Pflichten nachkommen musst, die dir nicht zusagen. Mit einer positiven Vision, die realistisch umsetzbar ist, erlangst du langfristig die Chance, deine Gegenwart zu ändern. Hierfür findest du nun einen kleinen Exkurs, der die Einteilung von Zielen nach deren Zeitbezug beschreibt.

Zeitbezug von Zielen

Die Einteilung nach dem Zeitbezug von Zielen ist dein Schlüssel dazu, dein Leben grundlegend umzukrempeln. Viele deiner Verpflichtungen, die du von heute auf morgen nicht ändern kannst und die dich unzufrieden stimmen, müssen nicht langfristig Teil deines Lebens sein! Du hast es in der Hand, deine Zukunft zu ändern. Hierfür ist eine langfristige Planung wichtig.

Unternehmen unterteilen ihre Ziele gemäß dem Zeitbezug in kurz-, mittel- und langfristig. Dasselbe macht beim Menschen Sinn. **Kurzfristig** werden die **Verpflichtungen** verfolgt, die wir bereits angesprochen haben und die sich von heute auf morgen nicht ändern lassen, wozu bei einem großen Teil der Bevölkerung vor allem der aktuelle Vollzeitjob und die Finanzierung des Dachs über dem Kopf zählen. Wenn zu wenig Geld, zu wenig Zeit oder andere Ressourcen in nicht ausreichender Menge gegeben sind, ist kurzfristig das Verfolgen all dieser Aktivitäten notwendig. Nichtsdestotrotz kannst du bereits **kurzfristig beginnen, das Leben im Sinne einer langfristigen Planung in eine andere Richtung zu entwickeln.** Das bedeutet: Während du heute deinen

Vollzeitjob ausübst, kannst du dich nebenbei in einen Studiengang eintragen und dadurch vom heutigen Tag an in drei bis fünf Jahren Qualifikationen erlangen, die dich deinen Träumen näher bringen.

Damit du einen besseren Eindruck von den Zeithorizonten bei kurz-, mittel- und langfristigen Zielen erhältst, folgen nun ein paar Zeitangaben. Es gibt keine allgemeingültigen Erklärungen, aber in der Betriebswirtschaftslehre wird von folgender Einteilung Gebrauch gemacht:

- Kurzfristige Ziele sind jene, die innerhalb eines Jahres erledigt werden sollen.
- Mittelfristige Ziele werden auf eine Dauer von bis zu fünf Jahren ausgelegt.
- Unter langfristigen Zielen sind alle Ziele zu verstehen, die Zeithorizonte von über fünf Jahren betreffen.

Diese zeitliche Einteilung lässt sich auf die allgemeine Lebensplanung gut anwenden. Alles, was du jetzt und somit kurzfristig machen musst, um zu existieren und langfristige Veränderungen anzustreben, erledigst du während eines Jahres. Deswegen entscheiden kurzfristige Zielsetzungen maßgeblich über den langfristigen Erfolg.

Mittelfristig hingegen ist mit bis zu fünf Jahren genug Zeit gegeben, um die Weichen für einen neuen Vollzeitjob, eine Immobilie oder eine allgemeine Besserung der Perspektiven zu stellen. Beispielsweise lässt sich in diesen fünf Jahren ein berufsbegleitendes Studium mit Erfolg abschließen. Wenn es ein dreijähriger Bachelor ist, dann kann innerhalb von fünf Jahren sogar der neue Job begonnen werden, der den persönlichen Träumen entspricht und mehr Aufstiegschancen sowie ein besseres Gehalt bietet.

Zuletzt die langfristigen Ziele: In über fünf Jahren kannst du alles erreichen, was im Rahmen deiner Situation realistisch ist. Bist du ein gut verdienender Angestellter mit 3.000 Euro netto im Monat, kannst du in über fünf Jahren Millionär werden; hier sprechen wir realistisch von rund 15 Jahren. Falls du eine Familie gründen möchtest, hast du bei langfristigen Planungen die Chance, einen Partner zu finden und eine berufliche Situation herauszuarbeiten, die dir das Versorgen deiner Familie ermöglicht. Zwar ist so etwas wie eine Familienplanung nur begrenzt langfristig planbar, wenn der Partner noch nicht gefunden ist. Schließlich ist das Sich-Verlieben oft von Zufällen begleitet. Und trotzdem: Langfristig darfst du dich aus dem Fenster lehnen und dir solche Ziele setzen.

> ### *Hinweis!*
>
> Bereits mittelfristige Ziele verschaffen dir viele Spielräume. Du würdest dich wundern, was Menschen innerhalb von fünf Jahren bewerkstelligen können! Jetzt hast du die Gelegenheit, deinen eigenen Traum zu erfüllen. Und was ist erst bei einem Zeitraum von über fünf Jahren? Da kann sich nochmals mehr ändern!
>
> Nun haben diese langfristigeren Perspektiven von mehreren Jahren das Risiko der Unvorhersehbarkeit. Zwar kann auch bei kurzfristigen Zielen etwas dazwischenkommen, aber dann werden sie innerhalb weniger Tage oder Wochen nachgeholt. Das ist in der Regel einfach mach- und planbar. Je länger der Zeithorizont bei der Planung, umso mehr Unvorhergesehenes kann passieren, was die mittel- und langfristigen Ziele schwer planbar macht. Du solltest bei mittel- und langfristigen Zielen deswegen allgemein planen und mehr Zeit- und Finanzpolster zur Umsetzung haben, um bei unvorhergesehenen Ereignissen nicht die komplette Zielplanung umkrempeln zu müssen.

Praktischer Nutzen der Einteilung von Zielen nach deren Zeitbezug

Wie funktioniert das alles in der Praxis? Was bringt dir die Einteilung von Zielen nach dem Zeitbezug?

Ganz einfach: Zuerst schreibst du all deine Verpflichtungen auf, die wir bisher angesprochen haben. Du schreibst auf, wie viele Stunden täglich du für Schlafen, Essen, Hygiene, Vollzeit-Job etc. und wie viel Geld du für Essen, Miete, Altersvorsorge und wichtige Versicherungen aufbringen musst. Daraus wird ersichtlich, was du kurzfristig alles in dein Leben investieren musst und wie viel Geld und Zeit übrigbleiben.

Als nächstes kannst du den mittel- und langfristigen Blick unternehmen: Wie viel meiner Zeit und meines Geldes kann ich **jetzt** entbehren, um **mittel- und langfristig meine Wunsch-Zukunft zu gestalten**? Passend dazu setzt du dir deine mittel- und langfristigen Ziele: Du investierst z. B. drei Stunden wöchentlich in Fortbildungen oder beginnst, eine Immobilie zu finanzieren, um langfristig keine Miete mehr zahlen zu müssen.

Dein Vorteil im Vergleich zu den Menschen, die keine Ahnung über den Zeitbezug von Zielen haben: Du hast deine Wunsch-Zukunft zeitlich terminiert und führst bereits heute Aktivitäten durch, von denen du weißt, dass sie dir langfristig zu deiner erträumten Zukunft verhelfen werden! Das alles planst du dabei mit konkreten Zahlen für den Zeitaufwand und den finanziellen Aufwand, sodass du dich bei deinen Zielen nicht überforderst und die Erfolgswahrscheinlichkeit steigt. All das wirst du am Ende dieses Kapitels noch bei der großen Abschlussaufgabe lernen. Fürs Erste weißt du nun, worum es beim Zeitbezug von Zielen geht und wieso dieser wichtig für dich ist. Personen, die diese Kenntnisse nicht haben – und das trifft leider auf einen erheblichen Anteil an Menschen dort draußen zu –, planen ohne einen Überblick über kurz-, mittel- und langfristige Ziele. Sie wissen dadurch nur im Unterbewusstsein, wieso sie etwas machen. Dadurch sind sie seltener motiviert. Auch ist eine Gefahr, dass sich die betroffenen Personen zu viele Ziele setzen, weil sie keinen Gesamtüberblick haben. Sie setzen sich unter Umständen so viele Ziele, dass sie diese unter keinen Umständen allesamt erreichen können.

Visionen! Das Positive an all den Anstrengungen sehen

So weit, so gut: Langfristig lässt sich also unglaublich viel in deinem Leben verändern. Wenn du dir langfristige Ziele setzt, die mit deinen Träumen übereinstimmen, bist du auf dem besten Weg, dein Traumleben zu leben. Vor allem bist du dann imstande, positive Visionen von deiner Zukunft zu entwickeln. Du siehst dich nicht mehr täglich an derselben Stelle im Büro, bis kurz vor der Rente. Stattdessen siehst du dich beruflich um die Welt reisend oder in einem praxisorientierten Beruf – so, wie du es dir wünschst. Auch für deine Familie kannst du positive Visionen entwickeln: Deine langfristigen Ziele können familienorientiert sein, sodass es dir und deinen Liebsten gelingt, öfter in den Urlaub zu fahren, weil sich die finanzielle Lage verbessert hat. Auch ist es möglich, dass deine Kinder durch bessere Lebensumstände von einzigartigen Möglichkeiten, wie z. B. einem Auslandsstudium, profitieren.

Was auch immer du dir als langfristiges Ziel setzt: Jedes langfristige und konkret benannte Ziel, das du durch deine heutigen Handlungen in Angriff nimmst, verhilft dir dazu, positive Visionen zu entwickeln. Diese positiven Visionen verschaffen dir eine enorme Motivation und Durchschlagskraft. Dein Leben bekommt einen Sinn!

> ### *Beispiel*
>
> Es gibt eine Rede von Arnold Schwarzenegger (erfolgreicher Bodybuilder, Hollywood-Schauspieler, Unternehmer, Politiker), die knapp über 10 Millionen Aufrufe im Internet erzielte; eine ungewöhnliche Menge an Aufrufen. Die Rede war eine der Reden in der Geschichte des Internets, die am stärksten viral gingen. Arnold Schwarzenegger redet über Erfolg und von seinen Anfängen in den USA: Fünf Stunden Training, Arbeit, Universität, 4 Stunden Schauspielschule. Hier ein interessantes Zitat aus dieser Rede:
>
> *Leute fragten mich immer, als sie mich beim Training sahen [...]: „Warum trainierst du so hart – fünf Stunden pro Tag, sechs Stunden pro Tag – und hast trotzdem ein Lächeln im Gesicht? Die anderen trainieren genauso hart wie du, aber sehen unzufrieden aus. Wieso ist der Unterschied so groß?" Ich sagte den Leuten immer, dass es für mich etwas anderes ist: Ich greife nach einem Ziel. Vor mir wartet der Titel als Mr. Universe (größte Auszeichnung im Bodybuilding; Anm.) auf mich. Jede Wiederholung, die ich mache, bringt mich dem Erreichen dieses Ziels näher; dem näher, dieses Ziel, diese Vision, Realität werden zu lassen. [...] Deswegen konnte ich es nicht erwarten, wieder 500 Pfund Kniebeugen zu machen, 500 Pfund Bankdrücken zu machen, nochmal 2.000 Sit-ups zu machen, nochmal einen Satz zu machen. Also lasst mich euch eines sagen: Euer Ziel zu visualisieren und danach zu streben, macht Spaß und Freude. Ihr braucht ein Ziel im Leben; egal, was ihr in eurem Leben tut.*

Das ist es: Visualisiere! Stelle dir deinen Erfolg bildlich vor und alles, was du jetzt machst und was für sich genommen bedeutungslos oder mickrig erscheint, wird eine unfassbar große und positive Bedeutung erlangen! So siehst du das

Positive in deinen jetzigen Anstrengungen. Wer das Positive in seinen Anstrengungen sieht, wird sich eher aufraffen, seine Pflichten konsequent und schnell wahrzunehmen, um parallel mehr und besser an seinen Wunschzielen und seiner Traumzukunft zu arbeiten.

Wenn du einen Lebensplan mit Zielen erstellst, dann setzt du ihn also aus kleinen und kurzfristigen sowie größeren mittel- bzw. langfristigen Zielen zusammen. Die mittel- und langfristigen Ziele können sich immer ändern und werden angepasst. Nur, weil du aktuell einem Job nachgehst, den du vielleicht nicht magst, bedeutet es nicht, dass dies dauerhaft der Fall sein wird. Deswegen feilst du mittel- und langfristig in jeder Minute, die du entbehren kannst, an deiner Traumzukunft!

Es kommt insgesamt zu folgender Motivation: Die acht Stunden, die du heute auf der Arbeit verbringst, sind der Schlüssel, um dir neue Perspektiven zu finanzieren oder um dir wichtige Fähigkeiten dafür anzueignen. Ein Beispiel: Eine Person nutzt nach ihrer Ausbildung drei Jahre lang eine Festanstellung, obwohl sie den Arbeitgeber hasst. Sie weiß aber, dass sie hier vieles lernt und – damit sind wir beim großen Traum dieser Person angekommen – sich danach mit hoher Erfolgswahrscheinlichkeit selbstständig machen kann.

Verinnerliche eines: Sogar bei einer großen Abneigung gegenüber deinen aktuellen Verpflichtungen solltest du optimistisch sein und deine mittel- bis langfristigen Möglichkeiten fokussieren. Denn diese Möglichkeiten sind dein Weg dazu, dass du deine Träume verwirklichen und ein bestmögliches Leben bestreiten kannst. Dafür aber ist es nötig, dass du deine aktuellen Pflichten (Arbeit, Miete bezahlen etc.) erledigst. Parallel mobilisierst du die freie Zeit, um deine Wunsch-Zukunft zu gestalten.

> **Aufgabe 2**
>
> Langfristige Ziele lassen sich durch Übungen zur Visualisierung fördern. Von Visualisierungen hast du womöglich in meinen anderen Büchern gelesen. Sie sind eine bekannte Methode in Mental- und Motivationstrainings.
>
> Bei Visualisierungen bringst du deine Ziele schriftlich oder in Form einer Grafik aufs Papier. Dabei verwendest du am besten Zwischenschritte: Beispielsweise schreibst du den Notendurchschnitt, den du bei deiner Ausbildung anstrebst, auf ein Blatt Papier und hängst es zuhause an eine Wand. So hast du den Erfolg immer im Blick. Das schaltet zusätzliche Motivation in dir frei. Alternativ kannst du deine Vorstellungskraft nutzen, indem du dir den angestrebten Zustand vorstellst: Wenn du die Augen schließt und dir mehrmals täglich bildlich vorstellst, wie du das jeweilige Ziel erreichst und am Ende eines mehrjährigen Weges großen Erfolg verspürst, kreierst du eine positive Vision, die dich die einzelnen Etappen bis zum Erreichen des Ziels leichter meistern lässt. Überlege dir und/oder recherchiere im Internet drei Visualisierungsmaßnahmen, die dir zusagen und dich beim Erreichen deiner Ziele unterstützen. Mit diesen Methoden wirst du später arbeiten.

Achtung, die Zeit ist eng bemessen! Nutze sie!

Du kennst wahrscheinlich die vielen Zitate, die sich mit der Bedeutung der Zeit im Leben eines Menschen befassen. In diesen Zitaten geht es darum, dass man wenig Zeit hat und diese ausnutzen sollte. Irgendwann sei es dafür nämlich zu spät. Manche Menschen halten diese Zitate nur für Binsenweisheiten, sodass ihre Wirkung verpufft. Aber es verbirgt sich viel Wahrheit hinter den Zitaten. Hier nun zehn Sätze, die sehr hilfreich sein können:

Die zehn Gebote der Zeit

I. Es ist nicht zu wenig Zeit, die wir haben, sondern es ist zu viel Zeit, die wir nicht nutzen. (Lucius Annaeus Seneca)
II. Wenn die Zeit kommt, in der man könnte, ist die vorüber, in der man kann. (Marie von Ebner-Eschenbach)
III. Zeit, die wir uns nehmen, ist Zeit, die uns etwas gibt. (Ernst Fernstl)
IV. Die Zeit vergeht nicht schneller als früher, aber wir laufen eiliger an ihr vorbei. (George Orwell)
V. Es gibt Diebe, die nicht bestraft werden und einem doch das kostbarste stehlen: die Zeit. (Napoleon)
VI. Die Leute, die niemals Zeit haben, tun am wenigsten. (George Christoph Lichtenberg)
VII. Die Zeit verweilt lange genug für denjenigen, der sie nutzen will. (Leonardo da Vinci)
VIII. Wir leben in einer Zeit vollkommener Mittel und verworrener Ziele. (Albert Einstein)
IX. Ihre Zeit ist begrenzt, also verschwenden Sie sie nicht damit, das Leben eines anderen zu leben. Lassen Sie sich nicht von Dogmen in die Falle locken. Lassen Sie nicht zu, dass die Meinungen anderer Ihre innere Stimme ersticken. Am wichtigsten ist es, dass Sie den Mut haben, Ihrem Herzen und Ihrer Intuition zu folgen. Alles andere ist nebensächlich. (Steve Jobs)
X. Gewöhnliche Menschen überlegen nur, wie sie ihre Zeit verbringen. Ein intelligenter Mensch versucht, sie auszunutzen. (Arthur Schopenhauer)

Jedes dieser Zitate bringt zum Ausdruck, dass die Zeit, die wir haben, wertvoll ist, hebt dabei aber andere Aspekte hervor. Orwell und Einstein betonen klassische Probleme der heutigen Zeit, die darin bestünden, dass wir Menschen zu schnell und zu verworren handeln würden, obwohl eigentlich die vorhandenen Mittel vollkommen sind und genug Zeit vorhanden wäre. Von Ebner-Eschenbach und Steve Jobs läuten die Alarmglocken und warnen, die Zeit zu nutzen, solange es noch möglich ist. Steve Jobs formuliert dabei ausführlich, dass es hierzu notwendig sei, den eigenen Zielen zu folgen. Dabei solle man sich nicht von Dogmen in die Falle locken lassen. Diese Dogmen sind mitunter jene Diebe der Zeit, die Napoleon in seinem Zitat anspricht: Dogmen und Menschen seien Diebe, die den Menschen die so kostbare Zeit rauben und ungestraft bleiben. Seneca und da Vinci geben zu bedenken, dass stets genug Zeit vorhanden sei, solange man sie wirklich nutzen will. Schopenhauer stellt Unterschiede unter den Menschen fest. Dabei sei es ein Zeichen von Intelligenz, die Zeit auszunutzen und nicht „nur" zu verbringen – sinnstiftend, zielführend und für einen konkreten Zweck zu einem konkreten Nutzen zu handeln.

Einige dieser Zitate sind so einfach gehalten, dass sie zahlreiche Faktoren außer Acht lassen. Aber gerade das kann dir dabei helfen, querzudenken: Mir beispielsweise missfällt das Zitat VI, bei dem es heißt, dass Leute, die niemals Zeit hätten, am wenigsten täten. Das ist in dieser Form ziemlich einfach, verallgemeinernd und gegenüber den vielen Ausnahmen unfair. Aber wenn ich etwas länger darüber nachdenke, entwickle ich eine bestimmte Interpretation des Zitats, mit der ich etwas anfangen kann: Das Zitat kritisiert, dass man sich bei bestimmten Sachen herausredet; unter dem Vorwand, keine Zeit zu haben. In Wirklichkeit aber hat man Zeit. Tatsächlich finde ich auch heute noch Situationen, in denen ich dieses Verhalten zeige, obwohl es mir besser täte, mich nicht herauszureden und eine Stunde mehr zu arbeiten, zu lesen, Sport zu machen oder etwas Ähnliches.

Klare Ziele

> **Aufgabe 3**
>
> Du hast zehn Zitate. Sicher stimmst du nicht allen zu oder du findest einige unfair. Aber in jedem Zitat ist wenigstens ein kleines Fünkchen Wahrheit. Schreibe die Zitate auf die linke Seite eines Zettels und lasse auf der rechten Seite des Zettels Platz für Kommentare zu den Zitaten. Nachdem du die Zitate aufgeschrieben hast, machst du dir zu jedem Zitat Gedanken. Dabei lautet die Frage, die du für jedes Zitate einzeln zu beantworten hast: „Wie kann mir dieses Zitat helfen, meinen bisherigen Umgang mit der Zeit zu verbessern und dadurch meine Ziele zu fördern?" Ziel ist dabei, dass du dich offen mit den Verbesserungsmöglichkeiten bei dir beschäftigst. Diese Zitate helfen dir dabei, verschiedenste Blickwinkel einzunehmen.

Ziel dieser Aufgabe und der bisherigen Erläuterungen ist, dir zu verdeutlichen, wie eng bemessen die Zeit im Leben eines Menschen ist. Wieso dieses Thema in dieses Kapitel gehört? Ganz einfach: In deinem Leben geht unglaublich viel Zeit für deine Verpflichtungen drauf! Arbeiten, Essen zubereiten und konsumieren, Gesundheit, Ordnung im Haushalt halten ... Tatsächlich sind diese Dinge ein Muss. Mich hat es regelrecht schockiert, als ich über die Dauer einer Woche beobachtet und festgehalten habe, wie viel Zeit sogar die gewöhnlichsten Pflichten in Anspruch nehmen: Kochen, Staubsaugen, Wäsche waschen, Bügeln etc. Diese Dinge wegzulassen, ist aber keine Alternative. Denn ein Leben in Unordnung, mit mangelnder Gesundheit und mangelndem Genuss aufgrund von viel Fertigessen sowie weitere Vernachlässigungen reduzieren die Perspektiven für die Zukunft.

> ### *Meine Erfahrungen*
>
> Was dich an dieser Stelle reizen sollte, ist die Tatsache, dass du dir mit konsequenter Arbeit an deinen Zielen sogar die Perspektive sicherst, „Zeit erkaufen" zu können. So habe ich es gemacht, als ich ein höheres Einkommen verzeichnete und mich nicht mehr komplett um den Haushalt kümmern wollte. Bügeln, Wäsche waschen, Bürokram und Kochen habe ich nach wie vor selbst gemacht. Für das Staubsaugen und Wischen habe ich hingegen eine Hilfe eingestellt. Im Garten ließ ich mir die lästigsten Arbeiten von einem Nachbarsjungen abnehmen. Der verdiente sich jede Stunde 10 Euro Taschengeld dazu und ich musste nicht mehr Unkraut jäten oder Rasen mähen, sondern konnte endlich an der Terrasse arbeiten. Durch das Delegieren dieser Arbeiten erkaufte ich mir wöchentlich rund fünf zusätzliche Stunden an Zeit. Da mein Einkommen deutlich gestiegen war, konnte ich es mir locker erlauben.

Du wirst, sofern es dein Wunsch ist und du deine Ziele dahingehend ausrichtest, bestimmte Arbeiten abtreten können und dadurch an Zeit gewinnen. Allerdings ist dafür eine akkurate Planung notwendig. Diese beginnt bei deinen Verpflichtungen. Alles, was sein muss, wird idealerweise auch getan – damit hat sich's! Der Zeitaufwand ist dabei möglichst genau zu kalkulieren.

Anschließend bleibt Zeit übrig, mit der du auf das hinarbeiten kannst, was du wirklich möchtest. Mit der Planung dieser Zeit beschäftigst du dich im nächsten Kapitel bzw. Schritt dieses Ratgebers, indem du deine Wunsch-Ziele festlegst. Es wird deutlich, dass die Zeit, die die meisten Menschen zur Arbeit an ihren Träumen und Wünschen haben, tatsächlich eher eng bemessen ist – zumindest zu Anfang.

Ein Extrembeispiel: Person A schläft zehn Stunden und arbeitet acht Stunden. Inklusive einer Stunde Hin- und Rückweg zur bzw. von der Arbeit verbleiben nur noch fünf Stunden, um den Tag nach dem eigenen Willen zu gestalten. Über den Tag verteilt geht eine Stunde fürs Essen drauf, eine halbe Stunde für den Haushalt. So verbleiben nur noch 3,5 Stunden.

➔ *Willst du wirklich Person A sein?*

Ein positives Gegenbeispiel: Person B schläft sechs Stunden. Sie hat ansonsten aber denselben Tagesablauf. Tatsache ist, dass sie durch vier Stunden weniger Schlaf 4 Stunden mehr Zeit für die Arbeit an ihren Träumen und Wünschen hat. Sie arbeitet an einer Verbesserung ihrer beruflichen Situation, wodurch sie in zwei Jahren mehr verdient und weniger arbeiten muss. Sie verkürzt die tägliche Arbeitszeit auf sechs Stunden und gönnt sich als Belohnung für die intensive Phase eine Stunde täglichen Schlaf mehr. Insgesamt hat sie nun 6,5 Stunden mehr vom Leben als Person A.

➔ *Wenn du Person B sein willst, dann hast du bisher das Wesentliche in diesem Buch verstanden und wirst um jede freie Stunde in deinem Alltag bzw. deiner Zielplanung kämpfen.*

Abschlussaufgabe

Lege mit deiner eigenen Zielplanung los! Gemäß den Erkenntnissen aus diesem Kapitel schreibst du zuerst deine Verpflichtungen in einer Liste auf. Mache eine Bestandsaufnahme, wie du am liebsten mit deinen Verpflichtungen haushalten würdest, um die dir gegebene Zeit sowie die finanziellen Mittel möglichst effizient zu nutzen. In den weiteren Schritten bzw. Kapiteln wird diese Zielplanung selbstverständlich um deine Wunsch-

> Ziele ergänzt. Wie dir die Anleitung zur Durchführung der Aufgabe zeigt, kannst du dir gern schon jetzt ein paar Gedanken über langfristige Ziele machen. Im Vordergrund steht hier fürs Erste aber die Planung deiner Verpflichtungen. Lege vor allem also die folgenden Dinge zeitlich und vom finanziellen Aufwand her präzise fest:
> - Arbeit
> - Haushaltspflichten
> - evtl. familiäre Pflichten
> - Kochen bzw. Essen
> - Hygiene
> - Schlafen
> - Entspannung und Entschleunigung (z. B. Faulenzen, Lesen, Massagen, Hobbys)
> - (weitere) Lebenshaltungskosten; getrennt nach individuellen Posten wie Miete, Versicherungen etc.
>
> Welche dieser Dinge müssen bei dir in die Planung einbezogen werden und wie viel Zeit- und Kostenaufwand verursachen sie? Was planst du, auf Basis der Ratschläge in diesem Ratgeber zu ändern (z. B. Kürzung der Schlafzeit, mehr frisches Kochen)? Die Festlegung und Planung dieser Verpflichtungen in deinem Alltag schafft den Rahmen dafür, dass du in dem nächsten Kapitel an deinen Wunsch-Zielen arbeiten und z. B. langfristige Änderungen einleiten kannst.

Anleitung zur Durchführung der Aufgabe

Hanna arbeitet an sechs Tagen in der Woche je acht Stunden. Abgesehen davon schläft sie im Schnitt neun Stunden pro Tag. Sie braucht für den Haushalt ungefähr 10 Stunden in der Woche. Das Kochen für sich und ihre Familie nimmt täglich zwei Stunden in Anspruch. Nebenbei bringt Hanna vor der Arbeit die Kinder zur Schule, was eine halbe Stunde täglich (von Montag bis Freitag) in Anspruch nimmt. Die wöchentliche Hygiene kostet ungefähr 6 Stunden Zeit. Sie verdient 1.700 € netto im Monat. Nach Ausgaben für die Miete inkl. Nebenkosten, Lebensmittel und ein paar Dinge für die Kinder verbleiben 300 € im Monat zum Sparen. Der Ehepartner Jonas kann 200 € monatlich beisteuern, den Rest des Geldes gibt er für seine Hobbys und seinen Anteil an Lebensmitteln und Miete aus. Meistens geben Hanna und Jonas das restliche Geld für mehrere Urlaube, Ausflüge oder Kleidung aus, weil keine anderweitige Planung dafür gegeben ist. Manchmal ist Hanna in ihrem Leben unzufrieden, weil sie kein Hobby hat, dem sie nachgeht. Bisher mangelte es an Zeit – so zumindest der Gedanke. Nun möchte sie umplanen, um nicht mehr alles für den Konsum auszugeben, sondern vielleicht eine Immobilie zu finanzieren. Sie möchte Jonas stärker in den Haushalt einbinden und dadurch Zeit gewinnen. Außerdem ist eine etwas kürzere Schlafdauer das Ziel. Und vielleicht ist ja noch eine Altersvorsorge drin. Denn so schlecht sehen die Finanzen nicht aus.

*Die **neue Planung** im Sinne der Aufgabe verläuft wie folgt:*

Aktivität	Zeitaufwand pro Woche (in Stunden)	Finanzieller Ertrag pro Monat	Finanzieller Aufwand pro Monat
Arbeit	48	1.700 € netto	-
Kindergeld (2 Kinder)		400 € netto	
vom Ehepartner beigesteuert	-	200 €	-
Haushaltspflichten	7		
Kochen	14		
Kinder zur Schule bringen	2,5		
Hygiene	6		

Schlafen	49		
Immobilienfinanzierung (inkl. Nebenkosten) anstelle von Miete	-	-	1.000 €
Lebensmittel und andere private Ausgaben	-	-	900 €
Altersvorsorge	-	-	100 €
Gesamt	**126,5**	**2.300 € netto**	**2.000 €**

Aus der aktuellen Planung folgt, dass von 168 Stunden in der Woche nach Abzug der verplanten 126,5 Stunden noch 41,5 Stunden frei sind. Dies entspricht fast 6 Stunden pro Tag! Auf Basis ihrer finanziellen und zeitlichen Möglichkeiten setzt sich Hanna das Ziel, ihre übrigen 300 € im Monat zu sparen, um bald eine eigene Immobilie finanzieren zu können. Sie bespricht sich mit Jonas, der sich bereiterklärt, seine 200 € ebenfalls beizusteuern und sich von der Idee einer Immobilienfinanzierung begeistert zeigt. Da bei einer Immobilienfinanzierung und Bezug der Immobilie die Mietzahlungen entfallen würden, bliebe trotz der Investition der gesparten 500 € sogar noch Geld übrig, sodass es eine wirtschaftlich kluge Planung wäre. In zwei bis drei Jahrzehnten – so der langfristige realistische Plan – wäre die Immobilie abbezahlt und es gäbe keinerlei finanzielle Belastungen durch Miete oder Kreditraten mehr. Parallel soll eine ergänzende private Altersvorsorge für rund 100 € im Monat abgeschlossen werden. Zudem plant Hanna, den Ehepartner mehr als bisher in den Haushalt einzubinden. Dieser stimmt dem Vorhaben zu. Dadurch gewinnt Hanna Zeit für ein Hobby oder bestimmte Entspannungspraktiken. Mit der genaueren Planung der Hobbys und Wünsche geht es im nächsten Kapitel weiter.

2. Schritt | Was willst du?

Sobald deine Verpflichtungen erfasst sind, ist das Pflichtprogramm fürs Erste abgeschlossen. Behalte die Liste aus der Abschlussaufgabe im ersten Kapitel trotzdem bei dir, weil du mit der Liste noch arbeiten wirst. Das ist deine Liste 1 mit Verpflichtungen. Auf Basis deiner Verpflichtungen werden u. a. die weiteren Schritte festgelegt. Im Fokus steht in diesem Kapitel, dem zweiten Schritt, deine Wünsche, Träume und deinen Willen zu berücksichtigen.

Wenn im Leben nur das getan würde, was sein muss und nicht den eigenen Träumen entspricht, wäre das Leben für einige Personen unerträglich. Besonders erfolgreiche und weltbekannte Menschen betonen immer wieder, wie wichtig es ist, sich für gewisse Dinge zu begeistern und diesen zu folgen. Es könne im Leben nicht nur darum gehen, Probleme zu lösen – so Star-Unternehmer Elon Musk. Nichts anderes ist jedoch ein Leben, in dem man nur das tut, was notwendig ist: Schlafen, Arbeiten und Essen beispielsweise sind Aktivitäten, die der Problemlösung dienen. Menschen schlafen, weil sie ansonsten müde wären und nicht funktionieren würden. Arbeit dient dazu, das Problem zu lösen, dass man ohne Arbeit sein Leben nicht finanzieren könnte. Schließlich dienen Essen und Trinken der Lösung des Problems, dass Menschen sich ernähren müssen, um leistungsfähig zu sein und zu überleben.

Weg von den Problemen, rein in die erträumte Welt – das ist das Motto dieses zweiten Schritts! Lasse dich inspirieren, probiere Dinge aus und finde Leidenschaften. Setze schon lange Erträumtes in die Tat um. All das u. a. bedeutet, den eigenen Wünschen und Träumen zu folgen. Nun kommt eine pikante Info: Am besten kannst du Träume verwirklichen, wenn du auch hier eine konsequente Planung anwendest. Nicht umsonst gibt es im Fitnessstudio spezielle Trainingspläne, beim Tanzen besondere Tänze mit simplen Schritten für den Beginn, beim Kampfsport eine bestimmte Rangordnung mit Gürteln und Übungen bei der Prüfung, beim Sprachenlernen eine klare Reihenfolge der Lehrinhalte, beim Töpfern eine bestimmte Abfolge an Skills, die nacheinander erlernt werden.

Fange an, auch deine Wunsch-Ziele so akkurat zu planen, wie man es in Lehrbüchern oder Kursen bei bestimmten Aktivitäten lernt. So setzt du dein Wunsch-Programm konsequenter um und erwirbst Fähigkeiten schneller. Hin und wieder verlieren Menschen schnell das Interesse, wenn sie Neues ausprobieren. Mögliche Gründe sind, dass die Dinge ihnen nicht liegen oder mehrere Hindernisse bei der Ausübung auftreten. Dem kannst du entgegenwirken, indem du optimal planst. Wie dies gelingt, verrät dir dieses Kapitel. So fällt dir Wahrscheinlichkeit hoch aus, dass deine Anläufe zu neuen Hobbys und Interessen direkt erfolgreich werden. Lasse dich begeistern!

Welche Bedürfnisse die Ziele befriedigen sollten

Es bestehen gewisse Bedürfnisse beim Menschen, die vollkommen natürlich sind und einer Befriedigung bedürfen. Demzufolge bietet es sich an, genau diese Wünsche auch in die Planung zu integrieren. Bitte verstehe dieses Unterkapitel nicht falsch, während es dir einzelne Bedürfnisse genauer vorstellt: Ziel ist nicht, dir einzelne Bedürfnisse und Ziele vorzuschreiben. Selbstverständlich entscheidest du allein, was du auf deine Wunschliste mit Zielen setzt. Die folgenden

Ausführungen dienen einzig und allein dazu, dich umfassend aufzuklären. Dadurch wird dem Problem vorgebeugt, dass du bestimmte Bedürfnisse außer Acht lässt, als Folge dessen trotz einer guten Zielsetzung unzufrieden bist und letztlich deine Ziele verfehlst.

Es gab eine Phase in meinem Leben, da war ich bereits auf einem guten Weg. Der berufliche Erfolg war da. Ich hatte meine Dozententätigkeit aufgegeben und war im Online-Marketing tätig. Außerdem hatte ich reichlich Zeit für meine Hobbys. Parallel begann ich ein Studium, das ich sogar erfolgreich durchzog. Ich hatte meine alte Disziplin zurückgewonnen und sogar noch gesteigert. Konsequente Zielsetzungen waren selbstverständlich, das Erreichen der Ziele funktionierte wie geschmiert. Ich übersah bei alledem aber eine wichtige Komponente: die Mitmenschen. Mit zunehmendem Erfolg wurde ich so ehrgeizig, dass ich immer mehr meines Lebens plante und der Spontaneität jeglichen Raum entzog. So kam es nicht mal zufällig zu sozialen Kontakten. Ich hatte also weder fest Zeit für Soziales eingeplant, noch hatte ich spontane dafür verfügbare Zeiträume. Mit der Zeit wurde ich müder in der Umsetzung meiner Ziele, eine Unzufriedenheit kam in mir hoch. Wenn ich es mir recht überlege, war es kein Wunder, denn ich hatte mich über ein halbes Jahr lang sozial immer mehr und mehr distanziert ... bis ich fast nur noch für mich allein lebte. Alles, was funktionierte, brach weg. Als ich mir ein paar Stunden Freiraum täglich genehmigte, aber sich das Problem nicht löste, verzweifelte ich langsam. Woran konnte es liegen, dass ich mich so demotiviert und kraftlos fühlte? Den Grund erfuhr ich, als ich überraschend Besuch von zwei alten Freunden bekam. Während ihrer regelmäßigen Besuche über die Dauer von zwei Wochen (sie machten in meiner Nähe zwei Wochen Urlaub und drängten sich häufig auf, weswegen wir uns des Öfteren trafen) erlangte ich wieder mehr Lebenslust und Motivation. Ich hatte die ganze Zeit ein zentrales Bedürfnis in meinen Planungen übersehen: Der Mensch ist ein soziales Wesen.

Weil der Mensch ein soziales Wesen ist, ist die größte Empfehlung an dieser Stelle, dass du in deiner Liste mit den Wunsch-Zielen vor allem dem Sozialen genug Raum gibst. Wie stark du die sozialen Bedürfnisse in deinem Alltag planst, sollte sich danach richten, wie viel Kontakt zu Menschen du in deinem Alltag schon automatisch durch deine Verpflichtungen (z. B. bei Arbeit und Familie) hast. Falls du bei der Arbeit häufig mit Menschen in Berührung kommst und deine Kollegen bei der Arbeit dir zusagen, kannst du dir in deiner Freizeit mehr Raum für dich nehmen. Nichtsdestotrotz haben Familie und Freunde nach wie vor einen hohen Stellenwert und sollten durch den vielen Kontakt mit Mitmenschen bei der Arbeit nicht vernachlässigt werden.

Soziale Ziele und deren Bedeutung

Geht es nach Bedürfnis-Forschern, dann müssen soziale Ziele eine zentrale Rolle spielen. Gleiches wissen auch die Unternehmen, womit wir wieder beim unternehmerischen Aspekt der Zielplanung wären. Unternehmen legen ihre Ziele nicht nur in Bezug auf Bestellungen, Produktion, Verkaufszahlen und Expansion fest. In den vergangenen Jahrzehnten ist die Corporate Social Responsibility (CSR) zunehmend in den Vordergrund gerückt. Dabei wird die Verantwortung eines Unternehmens im sozialen Bereich zum Ausdruck gebracht: Unternehmen sind verpflichtet, ihren Mitarbeitern ein angenehmes Betriebsklima zu schaffen und dabei deren Bedürfnisse zu berücksichtigen. Und tatsächlich – sogar in den vermeintlich kapitalistischen und profitorientierten Unternehmen – gibt es heutzutage reichlich Züge der Menschlichkeit. Der Mensch wird anhand von Modellen als Pool von Fähigkeiten und Fertigkeiten gesehen. Dementsprechend solle ihm eine Weiterentwicklung und Selbstverwirklichung ermöglicht werden.

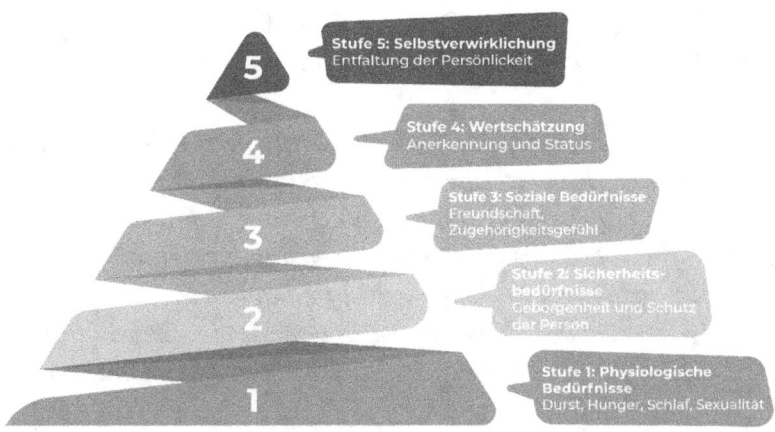

Abbildung 1: Bedürfnispyramide nach Maslow

Die Bedürfnispyramide von Maslow ist ein Paradebeispiel für die Stellung der sozialen Bedürfnisse im Leben eines Menschen. Sie findet in der BWL Anwendung, ist aber gleichsam für jeden privaten Menschen wichtig bei der Festlegung von Zielen und der Planung des eigenen Lebens. Die Pyramide hat fünf Stufen. Auf der dritten Stufe von unten kommen die sozialen Bedürfnisse. Damit ist gemeint, bestimmte Kontaktpersonen zu haben und sich mit ihnen zu unterhalten. Eine Stufe darüber auf Stufe 4 steht das Bedürfnis nach sozialer Achtung und Wertschätzung. Es wird also dazwischen differenziert, sich nur mit Menschen zu unterhalten und von diesen Menschen Achtung sowie Wertschätzung entgegengebracht bekommen.

Tatsächlich ist das Zweite besonders wichtig: Wer denn, wenn nicht die Menschen um dich herum, könnten dir das Gefühl von Achtung und Wertschätzung wirksam übermitteln? Natürlich du dir selbst auch. Aber wenn man bedenkt, dass sich in jedem Menschen hin und wieder Zweifel regen, ist es besonders gut, auf Personen im Umfeld vertrauen zu können, die einem die Zweifel ausreden. So erlangst du in schwierigen Phasen Zuversicht und bist stärker, als wenn du allein auf dich gestellt bist. Fein formuliert Wolfgang Schmidbauer (2012) diesen wichtigen Aspekt:

„Der Mensch ist zwar in seinem Körperbau ein Wirbeltier, dem Knochen und Bänder eine feste Struktur geben. Seelisch aber gleicht er den Insekten, deren Körper innen weich ist und von einer äußeren Schale gleichzeitig getragen und gegen die Umwelt geschützt wird. Wir sind psychisch darauf angewiesen, von außen gefestigt zu werden. Ohne symbolische oder im zwischenmenschlichen Kontakt wurzelnde Bestätigung verlieren wir unseren inneren Halt."

Diese Ausführungen geben Hinweise, in welche Richtung die sozialen Ziele gehen sollten: Im Idealfall baust du dir ein Umfeld auf, in dem du dich mit deinen Mitmenschen gegenseitig stark machst. Dieses gegenseitige Starkmachen muss keinesfalls darauf basieren, sich nur zu loben. Es steht neben den lobenden Worten im Fokus, auch mal berechtigte Kritik zu erheben und sie konstruktiv vorzutragen. Die Kritik sollte im Verhältnis zu den realen Möglichkeiten stehen.

Neue Kontakte knüpfen und richtig mit Menschen umgehen

Möglicherweise bist du schüchtern und hast einen kleinen Freundeskreis. Oder aber du bist so nach außen gekehrt, dass du dir einen großen Freundeskreis zusammengestellt hast. Wichtig ist in erster Linie nicht die Größe des Freundeskreises, sondern dessen Qualität. Mit Qualität ist das Gefühl gemeint, das du bei Treffen mit deinen Freunden und sonstigen Mitmenschen hast: Fühlst du dich im Umfeld dieser Menschen – ganz nach deinen eigenen Maßstäben gemessen – gut? Falls ja, dann hast du ein gutes Umfeld. Falls nein, so besteht Luft nach oben: Beispielsweise könntest du dir das Ziel setzen, an der Verbesserung deines Freundes- bzw. Bekanntenkreises zu arbeiten. Dir stehen die Möglichkeiten offen, bestehende Beziehungen zu vertiefen und neue Freunde zu suchen.

Bemühe dich bei allem Positivem, das du empfängst, ein Gefühl der Gegenseitigkeit zu erzeugen: Macht dir eine Person häufig Komplimente, dann suche nach den Qualitäten der Person und spreche ihr ebenfalls berechtigte Komplimente aus. Steht dir ein Familienmitglied immer bei, so stehe auch du diesem Mitglied mit allem, was dir möglich ist, bei. In einem gesunden Umfeld ist es wichtig, nicht nur zu nehmen, sondern auch zu geben. So halten deine positiven Beziehungen voraussichtlich länger.

Was gänzlich unerwünscht ist, sind häufige Meckereien, Vergleiche mit anderen, Konkurrenzdenken unter Freunden oder Familienmitgliedern, häufige Lügen und häufig „keine Zeit". Natürlich gibt es bei all diesen Dingen Ausnahmen: Hin und wieder ist eine Konkurrenz unter Freunden vorteilhaft; etwa dann, wenn sie beide Personen pusht und fair ausgetragen wird. Aus großen Rivalen wurden schon hin und wieder große Freunde. Auch, dass man für Freunde zwischenzeitlich „keine Zeit" hat, kann normal sein. Aber abgesehen von wenigen Ausnahmen sind die am Anfang dieses Absatzes aufgezählten Gedanken und Taten nicht hilfreich.

Ich bewegte mich einst in einem Freundeskreis, der kontraproduktiv war. Wenn ich nicht mit dem Finger auf gewisse Personen zeigen soll, lautet meine Begründung: Der Freundeskreis passte nicht zu meinem Charakter. Falls ich mit dem Finger auf gewisse Personen zeigen darf, heißt meine Begründung: Die Personen in meinem Freundeskreis waren charakterlich absolut verwerflich. Einer meiner besten Freunde lenkte das Gespräch immer in Richtungen, die seinem beruflichen Fachgebiet entsprachen. Wenn man dennoch darauf einging, drehte er einem das Wort im Mund um und stellte einen fachlich bloß. Ein anderer Freund entstammte einer anderen Kultur. Dies ist an sich eine interessante Sache, aber ein Problem, sofern er seine Kultur über alles stellt. Dementsprechend präsentierte er sich in der Sicht auf verschiedene Themen auf bestimmte Sichtweisen eingeschränkt und unangepasst, was dahingehend ein Problem war, dass er abfällig über das weibliche Geschlecht sprach und meine Sichtweise kleinredete. In der Familie wiederum hatte ich einen radikalen Pessimisten, zu dem ich viel Kontakt hatte: meinen Vater. Solange ich an diesem Familien- und Freundeskreis nichts änderte, hatte ich immer Probleme: Ich fühlte mich nicht wertgeschätzt. Ich erfuhr keine Unterstützung bei meinen Zielen. Als ich diese Dinge ansprach und Lösungen finden wollte, zeigte keiner dieser Menschen Einsicht. Ich wurde dadurch immer unzufriedener. Letztlich half mir die Reduzierung des Kontakts zu diesen Personen und sogar der komplette Abbruch des Kontakts. Ich ließ mir mehr Zeit beim Knüpfen neuer Kontakte und achtete darauf, dass es charakterliche Übereinstimmungen gab oder zumindest die Offenheit, sich über andere Sichtweisen zu unterhalten.

Aufgabe 1

Es ist normal, dass man mit bestimmten Personen nicht klarkommt. Dies kann verschiedene Gründe haben. Schreibe alle Personen aus deinem Bekannten-, Freundes- und Familienkreis untereinander auf ein Blatt Papier in die linke Spalte. Denke bei jeder Person fünf Minuten lang darüber nach, welches Gefühl du nach dem Kontakt mit dieser Person hattest. Trage in die rechte Spalte, in der zum jeweiligen Namen aus der linken Spalte gehörenden Zeile, auf einer Skala von 1 bis 10 deine Gefühlslage nach einem Treffen mit der Person ein. „10" steht dafür, dass du dich nach Treffen mit der Person absolut top fühlst. Alle Personen, die weniger als eine „5" erhalten, hinterlassen bei dir aus irgendwelchen Gründen ein ungutes Gefühl. Überlege, woran dies liegen

> könnte und inwiefern es deine Ziele und dein psychisches Wohlbefinden gefährdet. Lege auf Basis dieser Beurteilung die richtigen Maßnahmen fest:
> - Mit welchen Personen begibst du dich in ein offenes und klärendes Gespräch, um Probleme im gegenseitigen zwischenmenschlichen Umgang zu beseitigen?
> - Was kannst du dazu beitragen, dass in den Gesprächen und Treffen mit den Personen ein besseres Gefühl bei dir und bei der jeweiligen Person entsteht?
> - Mit welchen Personen solltest du eventuell den Kontakt abbrechen? Lohnt es sich, neue Kontakte aufzunehmen?
> - Welche sozialen Ziele hast du und welche Personen tragen dazu bei, dass du sie erreichst?

Können soziale Bedürfnisse unwichtig sein?

Ich habe in der Box mit meinen Erfahrungen bereits einen Einblick darin gegeben, wie schwierig es ohne soziale Kontakte für mich war. Zwar kann ich mir schwer vorstellen, dass es für andere Menschen anders ist, aber meine eigenen Vorstellungen verleihen der Argumentation in diesem Buch natürlich nicht ausreichend Fundament. Daher gehen wir auf Basis weiterer Erfahrungen und wissenschaftlicher Untersuchungen der Frage nach: *Können soziale Bedürfnisse wirklich unwichtig sein?*

Für dich ist die Klärung dieser Frage vor allem dann wichtig, wenn du die bisherigen Ausführungen zur Wichtigkeit sozialer Ziele anzweifelst. Dementsprechend stellt sich dir vielleicht zudem die Frage: *„Wieso sollte ich mir jetzt mit Hilfe dieses Ratgebers irgendwelche sozialen Ziele setzen, wo mir mein Umfeld doch egal ist? Ich ziehe einfach mein Ding durch, oder etwa nicht?"*

Diese Denkweise haben einige Personen. Ich hatte sie auch. Mich führte diese Denkweise ins Unglück, wie bereits dargelegt. Geht es nach Erkenntnissen von Psychologen, Soziologen und anderen Wissenschaftlern, ergibt sich ein ähnliches Urteil: Soziale Bedürfnisse sind für den Menschen absolut wichtig. Mehr noch: Sie steigern die Aussichten auf ein gesundes Leben. Zu viel Einsamkeit mache den Menschen krank – so ein Artikel im TAGESSPIEGEL. Es lässt sich dabei in emotionale und soziale Einsamkeit unterscheiden. Die erstere tritt ein, wenn man keinen festen Partner und somit keine enge Bezugsperson hat. Die soziale Einsamkeit hingegen betrifft jene, die komplett allein sind und keine Kontakte haben. Beide Formen der Einsamkeit haben unterschiedliche Auswirkungen auf den Menschen, lassen sich aber aufgrund der individuellen Reaktion des Menschen nicht verallgemeinern. Fakt ist bei alledem – egal, ob emotionale oder soziale Einsamkeit –, dass neben psychischen Problemen auch körperliche Beschwerden mögliche Folgen von Einsamkeit sind. So berichtet der Artikel im TAGESSPIEGEL in Berufung auf Forschungsergebnisse der Universität von Chicago, dass, wenn der Mensch von anderen abgewiesen wird, im Gehirn dieselben Regionen reagieren wie bei körperlichem Schmerz.

Was allerdings bedeutet Einsamkeit? Ab welchem Ausmaß an Zurückweisung, Alleinsein und anderen Formen des fehlenden Kontakts zu Menschen kann wirklich von Einsamkeit die Rede sein?

Den Ansatz einer Antwort bietet die Bindungstheorie nach Kim Bartholomew. Demnach gebe es vier verschiedene Bindungstypen:

    I. Sicherer Typ; entwickelt schnell erfüllende Beziehungen, aber sorgt sich gleichzeitig nicht darüber, allein sein zu müssen

II. Ängstlicher Typ; hat Angst vor den möglichen negativen Folgen des sozialen Kontakts und riskiert wenig, obwohl er dadurch meist einsam bleibt und genau das empfindet, was er fürchtet
III. Besitzergreifender Typ; enge Verbindungen zu Mitmenschen sind sein Ziel, weswegen er auf kleinere Abweisungen bereits sehr empfindlich reagiert
IV. Abweisender Typ; will weder selbst von anderen abhängig sein noch, dass andere von ihm abhängig sind, weswegen er wenige Beziehungen eingeht

Zugegebenermaßen ist diese Einteilung in Typen sehr simplifizierend. Allerdings kannst du ihr einige hilfreiche Informationen entnehmen. Zum einen verraten die Typen einige Vor- und Nachteile von Einsamkeit; beispielsweise kann die ausbleibende Abhängigkeit als ein Vorteil angesehen werden. Zum anderen zeigen die Typen eindrucksvoll, dass es nicht die eine Form von Einsamkeit gibt. In Anbetracht der Tatsache, dass sich noch viele weitere Bindungstypen finden ließen, muss Einsamkeit differenziert betrachtet werden.

Aufgabe 2

Diese Aufgabe dient der Klärung einer Frage: Fühlst du dich einsam? Wenn du dir deine sozialen Ziele setzt, solltest du diese Frage klären. Was bei der Beurteilung zählt, ist rein deine Gefühlslage. Denn was du empfindest, spiegelt deine soziale Zufriedenheit wider oder zeigt eine vorliegende Unzufriedenheit auf. Führe deswegen von heute an zwei Wochen lang Tagebuch und hinterfrage bei jedem Eintrag (mindestens zwei Einträge täglich) verschiedene Situationen des Alltags. Hast du dich einsam gefühlt? Falls ja: Wann war es und wieso hast du dich einsam gefühlt? Selbst bei kleinen Anzeichen von Einsamkeit solltest du dich darum bemühen,

> im Anschluss an diese Aufgabe nach Lösungen zu suchen. Setze dir ein zu deinem Problem passendes Ziel. Beispiele: Häufiger mit Freunden ausgehen, bei einem Club/Verein anmelden oder neue Freunde suchen.

Kleiner Hinweis mit Verweis auf die erste Aufgabe: Einsamkeit kann auch daher rühren, dass du keine Personen in deinem Umfeld hast, die bestimmte emotionale Zustände nachvollziehen können und dir falsche Hilfestellungen geben. Versuche daher bei dem Festsetzen deiner sozialen Ziele, deine Bedürfnisse genauestens zu analysieren.

Beispiel

Ein passendes Beispiel für diesen Sachverhalt sind Therapie-Gruppen: Selbst der beste Freundeskreis kann einer kokainsüchtigen Person, einem trockenen Alkoholiker oder einem Vergewaltigungsopfer nicht immer die passenden Ratschläge geben. Denn manche Probleme muss man selbst erlebt haben, um sich in eine betroffene Person hineinversetzen und gute Ratschläge geben zu können. Suche daher bei besonderen Anliegen nach besonderen Gesprächspartnern. Dieses Radikalbeispiel lässt sich auch auf kleinere Sachverhalte übertragen. Beispielsweise kann es Freundeskreise geben, die deine Begeisterung für ein kleines Hobby nicht teilen. Tipp: Versuche dann, dir bei deinem Hobby soziale Kontakte zu suchen. Es gibt sicher für jedes noch so kleine Hobby eine passende Facebook-Gruppe, in der du gleichgesinnte Personen findest und dich über deine Leidenschaft austauschen kannst.

Genau das bedeutet letzten Endes, seine sozialen Bedürfnisse in der Zielsetzung zu berücksichtigen und sich ein gutes Umfeld aufzubauen: **Passend zu den eigenen Interessen,**

Zielen und Aktivitäten – mögen diese noch so klein sein – eine angemessene Menge an verständnisvollen Gesprächspartnern finden! Auf diesem Wege lernst du sogar möglichst viel dazu und kannst deine Ziele besser erreichen. Schließlich sind Mitmenschen auch dazu da, dir zu helfen. Abschließend sei erwähnt, dass du natürlich – wenn es dir lieb ist – gewisse Aktivitäten ganz allein ausüben und die Begeisterung für dich behalten kannst. Wenn du eine Sache gern für dich machst, ist es dein persönlicher Wunsch. Soziale Kontakte müssen also nicht omnipräsent sein. Zeit für sich selbst sollte an jedem Tag vorhanden sein. Die Balance zwischen Kontakt und Ruhe macht es. Diese Balance findest du für dich selbst, indem du probierst und Zeit mit Mitmenschen verbringst. Komplett allein zu sein ist laut wissenschaftlichen Erkenntnissen auf langfristige Sicht jedoch nie gut.

Wunsch-Ziele finden

Jetzt kommt die Festlegung deiner Wunsch-Ziele. Zunächst ist die begriffliche Abgrenzung wichtig: In diesem Ratgeber ist unter den Wunsch-Zielen alles zu verstehen, was du machst, weil du es dir wünschst. Das können einzelne Aktivitäten (z. B. Hobbys, Freunde treffen) oder aber langfristige berufliche und private Ziele (z. B. neuer Job, Eigenheim statt Miete) sein. Es handelt sich um alles, was du außerhalb deiner Verpflichtungen machst. Die Verpflichtungen waren das Hauptthema im letzten Kapitel. Das Hauptthema dieses Kapitels sind die Wunsch-Ziele. Diese Ziele sind eng verbunden mit deinen sozialen Zielen, weil du in deinem Privatleben im Gegensatz zur Arbeit die Möglichkeit hast, dein soziales Umfeld frei zu gestalten. Versuche also, deine Wunsch-Ziele auf Basis der ersten beiden Aufgaben in diesem Kapitel oder passend zu den Erkenntnissen aus diesen beiden Aufgaben festzulegen. So gestaltest du zwei wichtige Komponenten deines Privatlebens – Soziales und Aktivitäten – im Einklang miteinander. Du bist imstande, eventuelle soziale Defizite aus deinen

Muss-Zielen (z. B. wenn du bei deiner Arbeit kaum unter Menschen bist) mit den Wunsch-Zielen auszugleichen.

Es steht dir eine Reihe an Wunsch-Zielen offen, die aus den verschiedensten Bereichen stammen:

- Sport (u. a. Mannschaftssport, Kampfsport, Leichtathletik, Turnen, Fitness, Joggen)
- Kunst (u. a. Töpfern, Bildhauen, Malen)
- Tanzen (u. a. Hiphop, Paartanz, Gruppenperformances, Ballett)
- Natur (u. a. Gärtnern, Engagement in einem Naturschutzverein, Wandern, Fahrradfahren)

Diese Bereiche, die noch ziemlich hobby-orientiert sind, werden um weitere ergänzt, die bestimmten Zwecken dienen können. Solltest du den Wunsch haben, auf lange Sicht einen anderen Job als bisher zu praktizieren, dann gibt es noch Wunsch-Ziele im Bereich der Bildung: Kurse, Studiengänge, Ausbildungen, Fortbildungen, spezielle Lehrgänge. Manchmal genügt schon das Erlernen einer neuen Sprache, um sich im aktuellen Job bessere Perspektiven und ein besseres Gehalt zu verschaffen.

> *Beispiel*
>
> Die Mutter eines guten Freundes ist seit über 30 Jahren als ambulante Pflegerin tätig. Sie fährt von Haus zu Haus und versorgt Patienten, die pflegebedürftig sind. Sie ist Angestellte für das Deutsche Rote Kreuz. Aufstiegsperspektiven sind durchaus vorhanden, das waren sie immer. Der Haken: Die Mutter des Freundes ist Einwanderin und obwohl sie die deutsche Sprache relativ zügig erlernte, macht sie hin und wieder Fehler in kleinen grammatikalischen Aspekten. Weil sie zusätzlich noch mit einem kleinen Akzent spricht, schämt sie sich.

> Tatsache ist, dass ihr dies kein bisschen im Weg stünde und ihr schon mehrmals Beförderungen vorgeschlagen wurden. Doch sie lehnte ab, denn es wäre ihr peinlich, in einer höheren Position Fehler beim Verfassen von Texten zu machen. Nun steht sie kurz vor der Rente. Sie hat ihren Job zu jedem Zeitpunkt geliebt, weil sie Menschen helfen konnte. Aber sie bedauert es, die gebotenen Chancen nicht genutzt zu haben, um ihre eigenen Vorstellungen und Visionen ins Unternehmen einfließen zu lassen und sich einen besseren Lebenswandel finanzieren zu können.

Im Falle der Mutter hätte es geholfen, über mehrere Monate einen Deutsch-Kurs zu besuchen. Vielleicht hätte es nicht mal ein Kurs sein müssen, sondern eine App auf dem Smartphone. Dort hätte sie ihre sprachlichen Fähigkeiten verbessert. Wenn man recht überlegt, wäre nicht einmal das notwendig gewesen. Sie hatte die Beförderungen ohnehin sicher, weil Angebote vorlagen. Scham und Angst standen ihr im Wege; in diesem Fall sogar irrationale Scham und Angst.

Falls du dir unsicher bist, was deine Wunsch-Ziele sind, dann fange am besten an, dich zu informieren. Je mehr Fachmagazine du liest, Dokumentationen anschaust, Hobbys oder Weiterbildungen testest (es gibt immer kostenlose Testphasen) und immer wieder nach Neuem Ausschau hältst, umso eher und schneller wirst du etwas Passendes für dich finden.

Was kann der Grund dafür sein, dass dir keine Wunsch-Ziele einfallen? Ein mögliches Szenario ist, dass du mit deinem Leben bereits zufrieden bist. Ein weiteres denkbares Szenario ist das Fehlen einer konkreten Vorstellung: Vielleicht fehlt dir eine positive Vision von deinem künftigen Leben, weil du schon zu lange in deinem persönlichen Hamsterrad gefangen bist. Möglicherweise bist du ängstlich, selbst Verantwortung zu übernehmen und eigene Ziele ins Visier zu nehmen. Auch denkbar ist das klassische Problem des digitalen Zeitalters als Ursache: Du hast zu viele Ideen und setzt dir zu viele Ziele.

Falls du mit deinem Leben aktuell zufrieden bist, halte Ausschau nach kleinen Verbesserungspotenzialen. Findest du keine, dann hast du womöglich bereits die richtigen Muss- und Wunsch-Ziele. Dies bedeutet, dass du anhand der Ratschläge in den weiteren Kapiteln dieses Buches vielleicht noch die Planung optimierst, aber ansonsten alles so belässt, wie es ist.

Anders sieht die Sache aus, wenn du mit deinem Leben unzufrieden bist:

> ➢ Du verfehlst regelmäßig deine Ziele?
> ➢ Dein Alltag belastet dich zu sehr?
> ➢ Dein Beruf, deine Freizeit und die Menschen in deinem Umfeld hinterlassen bei dir zu viele negative Emotionen?
> ➢ Dir fehlen die Ideen zum kreativen Zeitvertreib und es erscheint dir, als würdest du dein Leben verschwenden?

Exakt für diese Emotionen und Probleme sind die folgenden Inhalte eine Hilfe. Sie inspirieren dich, weisen auf Talente sowie die Perspektiven durch das Ausnutzen der Talente hin und liefern dir konkrete Anleitungen, um dich für passende Wunsch-Ziele zu entscheiden.

> **Beispiel**
>
> Der US-Schauspieler Denzel Washington, der als ein einzigartiger Charakterdarsteller und für sein Engagement außerhalb der Schauspielerei bekannt ist, sprach mehrere Male vor College-Absolventen.

> Seine Motivationsreden werden auf mehreren YouTube-Kanälen in einer Reihe mit denen der größten Unternehmer sowie Politiker gelistet. In einer seiner Reden trug er einen wichtigen Punkt vor: Es käme bei uns Menschen *nicht* immer darauf an, *wie viel* wir hätten, sondern *was* wir hätten. Es sei jedoch wichtiger, das zu tun, was einem im Leben liegt und was das Richtige für einen selbst ist. Dadurch, dass man seinen Leidenschaften folge und darauf aufbaue, was man bereits habe – ob es Charakterzüge wie Geduld oder Ressourcen wie Geld sind –, steigere man die Chance auf Erfolg.

Inspirieren lassen und mutig Neues ausprobieren

Häufig folgen Menschen ihren Wunsch-Zielen nicht, weil damit eine gewisse Unsicherheit oder Unwahrscheinlichkeit in Verbindung steht. Daraus lässt sich der zentrale Vorteil erschließen, den die Verpflichtungen haben: Das Leben zu leben, das man muss – arbeiten, schlafen, sich ernähren, Haushalt pflegen, mehr oder weniger auf die Gesundheit achten –, ist mit Sicherheit und Normalität verbunden. Man tanzt nicht aus der Reihe. Dementsprechend selten muss man sich den Menschen erklären. Wenn du an dieser Stelle stutzig wirst, dann erklärt dir das folgende Beispiel, was gemeint ist: Stelle dir vor, du beobachtest zwei Personen. Die eine Person arbeitet acht Stunden täglich, geht danach nach Hause und macht sich ihr Essen. Der Rest des Tages wird mit Seriengucken auf der Couch verbracht. Die andere Person arbeitet acht Stunden, hat zusätzlich einen Minijob und macht parallel ein Fernstudium. Sie ist oftmals erschöpft, weil sie ein hohes Pensum bewältigt. Deswegen nutzt sie den Sonntag für ausgiebige Erholung. Bei welcher dieser Personen würdest du eher Einwände gegen den Alltag erheben? Meist trifft es die zweite Person, die zwei Jobs hat und gleichzeitig studiert. Denn so ein Pensum zu haben – ist das denn normal?

Nein. Aber seit wann ist nicht normal denn automatisch schlimm? Solange man die Regeneration als ausreichend empfindet und die kleinen Auszeiten tagsüber gut nutzt, kann man einen noch so vollen Terminplan haben und trotzdem zufrieden und größtenteils erholt sein. Wenn du deine wahren Wunsch-Ziele finden und deine Lebenszeit maximal effizient ausnutzen möchtest, lasse dich bitte inspirieren! Traue dich, auch ungewohnte Wege zu gehen. Möglicherweise zieht dies nach sich, dass du Neues ausprobierst. Habe keine Scheu davor.

> **Beispiel**
>
> Zum Festlegen von Zielen trug Denzel Washington in einer seiner Reden eine Anekdote vor. Er kam auf eine Aufgabe eines IQ-Tests zu sprechen: Bei diesem Test gibt es neun Punkte in drei Reihen innerhalb einer Box. Die Aufgabe besteht darin, mit einem Bleistift fünf Linien zu ziehen, ohne den Bleistift anzuheben. Der Knackpunkt: Die fünf Linien sollen all die neun Punkte miteinander verbinden. Diese Aufgabe kann nur erfolgreich abgeschlossen werden, wenn man die Linien bis außerhalb der Box zieht. Mit diesem Beispiel appelliert Washington an die Studenten, außerhalb der Box zu denken; also auch ungewöhnliche Gedankengänge zu verfolgen und dementsprechend zu handeln.

Die Wunsch-Ziele sind es, die dich deine Komfort-Zone verlassen lassen. Für diese Wunsch-Ziele gehst du die Extrameile in deinem Leben. Du tust nicht mehr nur das, was du musst, sondern das, was dir am Herzen liegt. Falls du bei diesem Wunsch-Programm Erfolg haben und die Ziele erreichen möchtest, sollten deine Ziele aus vollem Herzen kommen. Betrachte diese Wunsch-Ziele anschließend genau als das, was sie sind: eine Wunsch-Planung, bei der du zwar zielgerichtet vorgehst, aber keinen Druck verspürst. Wen interessiert denn, ob du beim nächsten Handballspiel in einer der untersten Ligen Deutschlands mal einen Freiwurf versemmelst? Wen interessiert denn, wenn das Fernstudium in den Sand gesetzt wird? Eventuell war es dann einfach nicht das Richtige für dich. Du hast nach wie vor deinen Vollzeitjob und somit alle Sicherheiten im Leben.

Die Wunsch-Ziele warten auf dich. Sie warten auf all deine Kreativität, deinen Mut, deine Begeisterung, deine Leidenschaft, deine Visionen, deine Träume. Habe keine Angst, Fehler zu machen! Denke nicht darüber nach, dich vor anderen rechtfertigen zu müssen, wieso du ein bestimmtes Hobby ausübst oder nicht! Zeige dich selbst den ausgefallensten Hobbys und Ideen gegenüber offen, denn vielleicht ist in einer der schier wahnsinnigen Ideen genau das Richtige für dich verborgen!

Aufgabe 3

Fange an, eine vorläufige Liste mit Wunsch-Zielen zu erarbeiten. Trage hierzu auf ein leeres Blatt Papier alle Dinge und Ziele ein, die du gern machen würdest. Die genaue zeitliche Planung bis zur Umsetzung sowie das Abwägen, welches Ziel Sinn ergibt, ist später dran. Erstmal sammelst du nur. Versuche bei der Erstellung der vorläufigen Liste, deine Erkenntnisse aus den Aufgaben zu sozialen Bedürfnissen mit einzubinden. Welche Wunsch-Ziele eignen sich dazu, deine sozialen Bedürfnisse zu befriedigen? Berücksichtige außerdem – falls du mit deinem Vollzeitjob, den Mietzahlungen oder anderen Verpflichtungen in deinem Leben unzufrieden bist –, welche Chancen es gibt, anhand von Wunsch-Zielen langfristig etwas zu ändern. Hier sind Ziele wie die Finanzierung eines Eigenheims, häufiger verreisen, Studium neben dem Beruf, Fortbildung und ähnliche Ziele absolut richtig am Platz. Weitere Ratschläge erwarten dich in den kommenden Unterkapiteln. Deine Liste an Wunsch-Zielen darf gern umfangreich sein.

Persönliche Hobbys und Talente – hier schlummern große Möglichkeiten

Schon mal darüber nachgedacht, dass Hobbys und Talente zum Beruf werden können? Es ist nicht die Regel, aber möglich ist es. Vor allem in heutigen Zeiten ist es einfacher, Hobbys und Talente zu monetarisieren. Mal angenommen, du hast handwerkliches Geschick und setzt es auf deine Wunschliste, jeden Tag ein altes Möbelstück zu überarbeiten. Du schleifst einen alten Schrank ab, grundierst und lackierst ihn neu. Die Innenseiten des Schranks bespannst du mit Stoff. So entsteht ein französischer Provence-Stil. Aus Jux kommst du auf die Idee, den Schrank auf Ebay-Kleinanzeigen zum Verkauf zu stellen. Du machst beim Verkauf einen satten Gewinn, denn die Interessenten zahlen gern für einzigartige Produkte, die Persönlichkeit ausstrahlen. Mit der Zeit kommst du auf die Idee, deine Kunstwerke in den Sozialen Medien zu verbreiten, erstellst einen Online-Shop mit einem einfachen Baukasten-System und baust dir ein kleines Business auf. Nebenberuflich erwirtschaftest du dadurch einen hohen vierstelligen Betrag pro Jahr. Hinzu kommt, dass du einer Sache nachgehst, die dir am Herzen liegt und Spaß macht. Über die Sozialen Medien erhältst du Anerkennung. So werden auch deine sozialen Bedürfnisse befriedigt.

Hobby und Talent = Beruf

Diese einfache Formel kann aufgehen, wenn du es möchtest. Falls du es als zu stressig empfindest und dein Hobby lieber Hobby lassen sein möchtest, steht dir das natürlich ebenso frei. Ob als Beruf oder zum Spaß: Fördere Hobbys und Talente! Mache mehr von dem, was dir Spaß macht. Baue deine Talente aus. Arbeite, um aus dem Hobby vielleicht einen Beruf zu machen. Nicht nur Hobby und Talente sind wichtig: Auch der Ausbau von Wissen und Interessen machen sich auf deiner Liste exzellent. Diese Tipps helfen dir dabei, passende Wunsch-Ziele zu finden und festzulegen.

> **Hinweis!**
>
> Die Ausübung von Hobbys sollte niemals stressig werden. Ansonsten dienen sie nicht der Entspannung und erfüllen dich immer weniger mit Freude. Zielsetzungen, die deine Hobbys betreffen, werden im Idealfall möglichst locker formuliert. Lasse zudem Raum für Spontaneität. Sobald du merkst, dass das Hobby dich in irgendeiner Form belastet oder es dir zu viel Zeit abverlangt, sodass du dich tagsüber nicht oder kaum entspannen kannst, solltest du deine Zielsetzungen entschärfen.

„Eines Tages wird deine Zeit gekommen sein. An deinem Sterbebett werden nicht nur Freunde und Familie stehen, sondern auch die anderen Begleiter deines Lebens: deine Talente und Fähigkeiten. Sie werden dir sagen, dass es schade ist, dass du sie ungenutzt gelassen hast. Dass du irgendwann das Zeitliche segnen würdest, war von vornherein klar. Die Talente jedoch hätten dich überdauern können. Nun werden sie leider mit dir zusammen beerdigt."
– Denzel Washington (US-Schauspieler)

Mit diesem Zitat schließen wir die Aussagen von Denzel Washington ab. Der Schauspieler animierte Studenten mit diesem Satz dazu, ihre Talente und Fähigkeiten möglichst gut zu nutzen. Fehler seien dabei nur allzu normal. Auch große Fehler könnten eintreten. Es komme im Leben aber darauf an, diesen Mut zu Fehlern zu haben. Und wenn man fällt, immer nach vorn zu fallen und weiterzugehen. Bloß nicht zurückfallen ...

Aus Alt mach Neu – Fähigkeiten im Wandel der Zeit

Bei deiner Suche nach Wunsch-Zielen für eine umfassende Zielplanung wartet ein letzter Ratschlag auf dich: Gewöhne dir an, niemals auf Basis früherer Erfahrungen ein Ziel endgültig abzuschreiben. Wenn du früher etwas nicht konntest oder es dir ausgeredet wurde, muss es nicht zwingend auch heute noch falsch für dich sein. Im Laufe der Jahre kann sich vieles in deinem Denken und Handeln geändert haben. Eventuell liegen dir heute Tätigkeiten, die vor fünf bis zehn Jahren ungeeignet für dich waren.

Auf diesen Sachverhalt kommt auch Autor Bernhard Moestl in seinem Bestseller *Der Weg des Tigers* (2013) zu sprechen. Er führt eine Erfahrung aus seinem eigenen Leben an: Ihm wurde in seinem Umfeld immer wieder eingeredet, er habe kein handwerkliches Geschick. Noch dazu machten ihm handwerkliche Tätigkeiten keinen Spaß. Er ließ daher häufig anderen Menschen bei den entsprechenden Arbeiten den Vortritt. Dabei war er überzeugt von seiner eigenen Unfähigkeit. Eines Tages geriet er in eine Situation, in der er gezwungen war, ein Fotostudio zu renovieren. Helfer waren nicht verfügbar. Die Not der Situation brachte ihn dazu, sich selbst zu versuchen. Er nahm sich vor, seine vermeintliche jahrelange Unfähigkeit zu vergessen und sich der Aufgabe unvoreingenommen anzunehmen. Das Ergebnis: Alle Renovierungen sahen vollkommen zufriedenstellend aus. Offensichtlich hatte er doch nicht zwei linke Hände.

Was Moestl mit diesem Beispiel sagen möchte und worauf er später direkt zu sprechen kommt, ist die Tatsache, dass im Laufe der Zeit jeder Mensch eine Weiterentwicklung durchläuft. Wieso sollte der Mensch im Rahmen dieser Weiterentwicklung nicht neue Fähigkeiten erlernen, von denen er gar nicht weiß? Zitat von Moestl: *„Es ist aber eine Tatsache, dass wir dazulernen und uns weiterentwickeln. Und dass wir heute vielleicht Dinge mit Leichtigkeit tun könnten, die uns vor zehn Jahren noch unmöglich gewesen wären."*

Dieser Sachverhalt lässt sich mit einem Wort transparent erklären: Transferleistungen. Wenn du im Laufe deines

Lebens bestimmte Dinge oder Aktivitäten erlernst, profitierst du davon ebenfalls in Bezug auf andere Dinge und Aktivitäten. So kann eine Person, die bereits zehn Instrumente spielen kann, jedes weitere Instrument mit geringerem Aufwand erlernen als eine Person, die noch kein Instrument spielt. Außerdem gibt es ein weiteres Phänomen, das wissenschaftlich leider wenig erforscht ist: Wenn du eine Aktivität eine Zeit lang probiert hast und dann eine längere Pause (egal, ob Jahre, Monate, Wochen) machst, kannst du die Aktivität nach der Pause leichter lernen. Einige Lernkonzepte machen davon Anwendung und verweisen dabei auf das Langzeitgedächtnis: Wer eine Aktivität um jeden Preis durchpaukt, wird die Abläufe nur im Kurzzeitgedächtnis behalten und sie schlechter abrufen können. Demgegenüber stehen Personen, die sich regelmäßig mit den Inhalten befassen und diese dadurch im Langzeitgedächtnis speichern können, von wo aus sie besser abrufbar sind, wenn sie erstmal sitzen.

Aufgabe 4

Übertrage diese Erkenntnisse auf deine Wunsch-Ziele, indem du dir überlegst, ob es Dinge gibt, die du gern machen würdest, aber bei denen du an deinen Fähigkeiten zweifelst. Denke zurück bis in deine Kindheit: War dort, in deiner Jugend oder im Erwachsenenleben etwas, was du sehr gern machen wolltest, aber aus verschiedensten Gründen nicht funktioniert hat? Falls ja, dann schreibe es auf einen leeren Zettel auf. Überlege anschließend bei jeder dieser Sachen, wieso du sie nicht beherrscht hast oder nicht umsetzen konntest. Beantworte dir dann die Frage, ob es heute anders sein könnte. Probiere am besten unverbindlich die Aktivitäten aus. So merkst du am besten, ob dir eine früher unpassende Aktivität heute besser liegt. Wenn dem so ist, dann nimmst du die Sache am besten in die vorläufige Liste mit deinen Wunsch-Zielen auf.

Vom bloßen Ziel zur Handlung

Wie viele Wunsch-Ziele hast du jetzt beisammen? Was kommt für dich in Frage? Worin möchtest du dich neu entdecken? Wenn du mithilfe der bisherigen Aufgaben und Inhalte in diesem Kapitel einige Wunsch-Ziele formuliert hast, stellt sich jetzt die Frage nach der Operationalisierung:

Wie überführst du deine Wünsche und Träume in Handlungen? Wie viele Wunsch-Ziele gleichzeitig kannst bzw. solltest du festlegen, um dich angesichts der parallel existierenden Verpflichtungen nicht zu überfordern?

Bei deinen alltäglichen Verpflichtungen ist es etwas einfacher. So ist für deine Arbeit meist eine bestimmte Zeitspanne vorgegeben. Die Aufgabenzuteilung übernehmen deine Vorgesetzten oder der Chef direkt. Die Pflichten im Haushalt wiederum sind flexibel planbar und werden meist dann gemacht, wenn die Zeit dafür da ist – oder sie werden überhaupt nicht gemacht … Trotzdem: Verpflichtungen verlangen dir in der Regel etwas weniger Planung ab als freiwillige Ziele.

Bei deinen Wunsch-Zielen bist du der Boss: Du bestimmst, welches Ziel du wählst, wie du es in Zwischenschritte unterteilst und schließlich, wie du es erreichst. Auch bestimmst du die Menge der Ziele. Du trägst die Verantwortung für deine Ziele. Natürlich kannst du, wie es viele Personen machen, lieber auf die Ratschläge anderer Leute hören und deren Wünsche in deinem Leben verfolgen. Oder du machst gar nichts. Dann hast du keine Verantwortung und musst nichts planen. Aber dann hat dieser Ratgeber nichts bewirkt. Es ist Zeit, zu handeln und die Träume anzupacken. Hierfür ist es unabdingbar, dass du die Verantwortung für deine Zielsetzung und dein Handeln übernimmst.

Es ist Zeit, Verantwortung zu übernehmen

Falls du dich bisher davor gesträubt hast, die Verantwortung für dein Handeln zu übernehmen, ist spätestens jetzt ein Umdenken angesagt. Du stehst vor mehreren Möglichkeiten, wie du mit der Wirkung deines Umfelds auf dich umgehst. Bei all den Optionen für Zielsetzungen, die du aus den ersten beiden Schritten dieses Ratgebers zusammengetragen hast, wird das Umfeld eine Rolle spielen. Grund hierfür ist, dass bei so ziemlich jedem Ziel andere Menschen involviert sind. Selbst, wenn du so etwas wie eine Diät für dich behältst, werden Freunde, Familie oder Arbeitskollegen früher oder später merken, dass sich etwas an deinen Essgewohnheiten geändert hat. Für die einen wird es ein Grund zum Lob, für die anderen hingegen ein Grund zum Tadel sein.

> ### *Beispiel*
>
> Lob und Kritik solltest du heutzutage nicht immer ernst nehmen. Ein erstaunliches Beispiel sind die Reaktionen auf einen Instagram-Post des Plus-Size-Models Ashley Graham. Die Frau hat ihre Rundungen und medizinisch betrachtet ist sie übergewichtig, was sie allerdings akzeptiert. Sie ist damit glücklich und arbeitet erfolgreich als Model. Eine umfassende Fanbase bewundert sie. Soweit ist alles in Ordnung. Nun hat Ashley Graham scheinbar trotzdem sportliche Hobbys. Sport auszuüben, aber trotzdem seiner übergewichtigen Figur treu zu bleiben und mit ihr zufrieden zu sein, widerspricht sich nicht. Als sie ein Foto von sich im Fitnessstudio postete, sammelte sich dennoch reichlich Kritik von ihren Followern. Sie bleibe sich nicht mehr treu und stehe nicht zu ihrem Körper, hieß es vereinzelt. Diese Form der Kritik ist unangemessen.

Dieses Beispiel soll keine Debatte über die Berechtigung von Sport, Übergewicht oder körperliche Ideale auslösen. Es soll nur veranschaulichen, dass heutzutage Menschen teilweise so stark auf eine Sichtweise ausgerichtet sind, dass sie nicht mehr differenzieren können. So kann es dazu kommen, dass du sogar bei – aus deiner Sicht – höchst lobenswerten Zielen viel Kritik zu hören bekommst. Mache dich darauf gefasst, bei deinen Entscheidungen vielleicht die seltsamste und absurdeste Kritik zu hören; wie in dem Beispiel. Die Philosophie der Kritiker würde in dem Beispiel nämlich bedeuten, dass keine übergewichtige Person auf ihre Figur stolz sein kann, wenn sie Sport praktiziert. Hat aber nicht jeder Mensch das Recht, in der Öffentlichkeit sportliche Hobbys auszuüben?

Kritik wird es immer geben. Es hilft, sich diese Kritik anzuhören. Je sinnvoller die Kritik aus deinem Blickwinkel erscheint, umso mehr darf sie in die Entscheidung über das Setzen und Verfolgen von Zielen einbezogen werden. Aber die Entscheidung ist stets deine oder – im Falle gemeinsamer, weil z. B. familiärer Ziele – deine und die anderer Beteiligter. Negative Umstände im Umfeld können sich früher oder später ergeben. Du entscheidest, ob du jammern und die Verantwortung für die Entscheidung abwälzen oder in Eigenregie den nicht vermeidbaren Widerständen zum Trotz dein Traumleben leben möchtest. Sobald du deine Eigenverantwortung erkennst und dementsprechend handelst, wird dir bewusst werden, dass du die Fähigkeit hast, dein Umfeld zu beeinflussen und zu steuern, und entscheiden kannst, wie weit du dich von diesem beeinflussen lässt.

Präzisere deine Liste mit Wunsch-Zielen

Bei deiner Liste für Wunsch-Ziele ist zuallererst wichtig, dass du das aufschreibst, was von deinem heutigen Standpunkt aus realistisch und planbar ist. Ob das jeweilige Ziel kurz-, mittel- oder langfristig ist, spielt dabei keine Rolle. Du unterteilst die Ziele schließlich zur besseren Operationalisierung ohnehin in Zwischenschritte. Mehr diesbezüglich erwartet dich im vierten Schritt dieses Buches, wenn du deine langfristige Planung präzise ausformulierst.

Zeitaufwand einschätzen

Nach der Formulierung realistischer Ziele musst du herausfinden, wie viel Zeitaufwand sich hinter deinen Wunsch-Zielen verbirgt. Nur so kannst du später die richtige Menge an gleichzeitig verfolgten Zielen wählen, um dich nicht zu sehr zu belasten. Falls du neben deinen Verpflichtungen zu viele Wunsch-Ziele wählst, gehst du Risiken ein. Möglich ist zum einen, dass durch die Vielzahl an Zielen keines richtig umgesetzt wird und die Verpflichtungen darunter leiden. Zum anderen kann es dazu kommen, dass du eine Zeit lang alle Ziele gut verfolgst, aber dann zu stark ausgelastet bist und mentale sowie körperliche Ermüdungserscheinungen eintreten, die dich vollends ausbremsen.

Daher besteht der nächste Schritt nach dem Aufschreiben deiner Wunsch-Ziele darin, dass du den Zeitaufwand für jedes dieser Ziele einschätzt. Es kann der tägliche Zeitaufwand sein, ebenso aber der Zeitaufwand über einen längeren Zeithorizont. Beim Verreisen beispielsweise kannst du den täglichen Zeitaufwand schlecht erfassen, weil du nicht täglich verreist. Hier macht es mehr Sinn, den monatlichen Zeitaufwand anzugeben.

Wichtig: Schätze den Zeitaufwand realistisch und großzügig ein. Dazu gehören auch vorbereitende Maßnahmen, wie die Sporttasche zu packen oder bei einem Ausflug mit der Familie vorher einzukaufen (z. B. Proviant und Zelt für ein Camping-Wochenende). Wenn du mehr Allgemeinwissen haben möchtest, und dafür dein Smartphone als Wissensbibliothek nutzt, entfallen vorbereitende Maßnahmen. Bei regelmäßigen Ausflügen in die Bibliothek dagegen fallen vorbereitende Maßnahmen an. Gleichwohl gibt es aber auch

Ziele, die keinen zusätzlichen Zeitaufwand erfordern, wie z. B. die Raucherentwöhnung. Sie bescheren dir eher mehr Zeit, weil du keine Zigaretten mehr kaufen musst. Notiere in deiner Liste neben jedem Ziel, wie viel zusätzliche Zeit es dich kostet.

> ### Abschlussaufgabe
>
> Überarbeite die Liste, mit der du bisher in den vier Aufgaben des Kapitels gearbeitet hast. Du hast Wunsch-Ziele notiert. Nun streichst du die Wunsch-Ziele von der Liste, die dich nicht vollends überzeugen. Streiche außerdem die Ziele, die dir vom heutigen Standpunkt aus überhaupt nicht realistisch erscheinen. Es muss nicht zwingend ein „Lebewohl" sein, denn eventuell werden die Ziele in ein paar Jahren oder Monaten realistisch. Fürs Erste aber sind sie es nicht und gehören nicht auf die Liste. Trage neben jedem verbleibenden Wunsch-Ziel Ziffern ein, die dessen Priorität beschreiben. Die Ziffer „1" steht für die höchste Priorität, „5" steht für die geringste Priorität. Notiere zudem den Zeitaufwand, den du hinter jedem Ziel vermutest. Die Menge deiner Ziele ist zunächst egal.

Anleitung zur Durchführung der Aufgabe

Nehmen wir als Beispiel Ingo, der beim Lesen dieses Kapitels in den einzelnen Aufgaben folgende Wunsch-Ziele für sich ausgemacht hat:

> ➢ Bei den Aufgaben 1 und 2 hat er keine, weil er mit seinem sozialen Umfeld sehr zufrieden ist.
> ➢ Bei der Aufgabe 3 hat er als Ziele ein besseres Gehalt bei seinem Vollzeitjob eingetragen, was er durch eine Fortbildung und den damit einhergehenden Erwerb neuer Qualifikationen zu erreichen gedenkt.

Außerdem hat er in der Aufgabe 3 das Ziel formuliert, das Tischtennisspielen im Verein wieder aufzunehmen. Tatsächlich fehlt ihm diese Leidenschaft aus seiner Jugendzeit ziemlich.

> Die Aufgabe 4 hat Ingo die Erkenntnis gebracht, dass ihm immer nachgesagt wurde, er könne nicht kochen. Dabei ist der Ursprung dieser Behauptung ziemlich lächerlich, denn ihm ist nur einmal ein Gericht misslungen; dummerweise dann, als er den gesamten Bekanntenkreis bekocht hat. Dementsprechend hatte das Malheur große Auswirkungen. Weil Ingo vor allem am Wochenende und manchmal an den Abenden viel Zeit hat, nimmt er sich vor, es hin und wieder mit dem Kochen zu versuchen. Dadurch kann er eventuell seiner Ehefrau eine nette Überraschung machen.

Ingo legt die Prioritätsziffern für seine Wunsch-Ziele wie folgt fest:

> Fortbildung: 1
> Tischtennis: 2
> Kochen: 4

Offenkundig ist ihm eine Verbesserung seiner beruflichen Situation am wichtigsten, aber die Aufnahme seines alten Hobbys ist ihm fast genauso wichtig. Zuletzt ist das Kochen in Ingos Augen eher ein netter Zusatz, mit dem er sich die Zeit vertreibt, wenn alles andere gut läuft und er viel verfügbare Freizeit dafür hat. Daher hat Kochen eine geringere Priorität. Auf Basis der Prioritätsziffern legt der den Zeitaufwand fest, der bei der Fortbildung am höchsten ausfällt. Er hält sich an den Lehrplan: Seine Fortbildung soll insgesamt anderthalb Jahre dauern, bei einer empfohlenen Lernzeit von 20 Stunden wöchentlich. Vorsichtshalber kalkuliert er 5 Stunden dazu, die er größtenteils aufs freie Wochenende legt. Tischtennis steht zweimal pro Woche an, insgesamt je anderthalb Stunden pro Training, sodass wöchentlich drei Stunden Zeit dafür draufgehen. Aber Moment: Du erinnerst dich sicher, dass auch vorbereitende Maßnahmen in eine Zeitplanung einfließen sollten. Für Ingo bedeutet dies, dass bei drei Stunden Tischtennis pro Woche noch anderthalb Stunden vorbereitende Maßnahmen (Tasche packen, Hin- und Rückfahrt) hinzukommen. Es kostet ihn also 4,5 Stunden Zeit pro Woche. Das Kochen ist weniger wichtig. Ingo würde es bereits reichen, wenn er an zwei Wochenenden im Monat je drei Stunden Zeit für ein oder zwei Gerichte fände; also sind wir bei einem monatlichen schätzungsweisen Zeitaufwand von sechs Stunden.

Diese Angaben sind noch nicht verbindlich. Aber sie geben bereits eine Richtung vor, was Ingo wie wichtig ist und was wie viel Zeit in Anspruch nimmt. Damit kann er in den folgenden Schritten bzw. Kapiteln des Ratgebers seine Zielsetzungen verfeinern und letztlich eine genaue Gesamtplanung für seine Ziele entwerfen.

3. Schritt | Filtern und entscheiden – was wirst du tun?

Das Filtern ist der Schritt, der dir hilft, herauszufinden, welche deiner vielen Zielen du zeitnah in Angriff nimmst. Einen Filter hast du bereits im ersten Schritt der Zielfindung angewandt: Den „Muss"-Filter. Diese Ziele bzw. Pflichten wirst du gezwungenermaßen verfolgen, weil du sie für dein Leben brauchst. Sie sind in der Planung relevant, weil sie die für deine eigenen Ziele verfügbare Zeit und Energie einschränken.

Das Muss, also die Verpflichtungen, lassen wir zunächst außen vor. Wir setzen am Ende des zweiten Schrittes an, nämlich bei deinen Wunschzielen. Im Idealfall hast du nach den letzten Übungen eine Liste aus mehreren Zielen beisammen. Das ist **Liste 2 mit deinen Wunsch-Zielen**. Große Enthusiasten und Visionäre werden womöglich 20 Ziele beisammenhaben, bescheidene Personen vielleicht um die zwei oder drei Ziele. Die Menge ist egal, solange alles aufgeschrieben ist, was dir am Herzen liegt.

Je mehr Ziele du hast oder umso mehr Zeit einzelne Ziele in Anspruch nehmen, umso eher wirst du das Dilemma merken, das oftmals bei erfolglosen Personen ohne klare Zielplanung eintritt: Die Ziele kollidieren eventuell miteinander und es kommt – wenn du alle deine Wünsche verfolgen möchtest – zu einem enormen Zeitaufwand. Eventuell steht so viel Zeit nicht mal zur Verfügung. Taucht bei dir dasselbe Problem auf?

Was auch immer in deiner Wunsch-Liste steht: Es darf dich nicht überfordern. Die notwendige Maßnahme, die du im Zuge dieses Schrittes vollziehst, ist deswegen das Filtern. Nimm hierfür 1) deine Liste 2 mit Wunsch-Zielen und 2) zusätzlich die Liste 1, auf der deine Verpflichtungen aus Schritt 1 dieses Buches notiert sind. Schreibe jetzt – falls noch nicht gemacht – auf, wie viel Zeit deine Verpflichtungen täglich beanspruchen. Im Normalfall, bei einem 40- bis 48-Stunden-Job, wirst du unter der Woche kaum mehr als drei bis fünf Stunden Zeit übrighaben, um an deinen Wunsch-Zielen zu arbeiten. Du merkst, was ansteht: das Filtern. Beim Filtern werden durch die Ratschläge zur Auswahl der Ziele die Systemeigenschaften berücksichtigt. Wie wirken die Ziele aufeinander? Das ist eine der Fragen, die geklärt wird, um die Auswahl der Ziele zu optimieren.

Beim Filtern helfen dir mehrere Methoden. Vier Methoden habe ich für dich parat. Du musst sie nicht zwingend in dieser Reihenfolge anwenden. Dementsprechend musst du auch die einzelnen Aufgaben in diesem Kapitel nicht der Reihe nach machen. Es bietet sich an, zuerst das gesamte Kapitel einfach durchzulesen und dir dann zu überlegen, welche Methoden du probieren bzw. anwenden möchtest. So findest du am ehesten die richtige Filtermethode für dich.

Methode 1 zum Filtern: Komplementäre Ziele suchen

Aus meinem Studium habe ich den brillanten Ansatz der Unterteilung und Filterung nach Zielbeziehungen mitgenommen: Ziele stehen in verschiedenen Beziehungen zueinander; damit es dir in der Umsetzung hilft, reicht bereits eine Unterteilung in komplementäre, konfliktäre und indifferente

Ziele aus. Klingt alles zu wissenschaftlich? Kein Problem, dann machen wir es mal einfacher ...

Komplementäre Ziele sind miteinander vereinbar. Sie unterstützen sich gegenseitig. Dadurch, dass du zwei Ziele verfolgst, die sich gegenseitig unterstützen, fördert die Erreichung des einen Ziels gleichzeitig die Erreichung des anderen Ziels. Dies ist für dich vorteilhaft, wenn es um das Verfolgen mehrerer deiner Ziele geht. Denn bei zwei sich ergänzenden Zielen ist die Umsetzung einfacher. Für die Liste oben sähe es beispielsweise wie folgt aus:

> - Die Ziele „Diät" und „mehr Sport machen" sind zwei verschiedene Ziele, aber unterstützen sich gegenseitig.
> - Auch das Aufhören mit dem Rauchen und der Sport können als komplementär angesehen werden, denn der Sport lenkt von der schwierigen Raucherentwöhnung ab (Stichwort: Suchtverlagerung), sodass diese im Idealfall konsequenter und erfolgreicher durchgezogen wird.
> - Nicht komplementär hingegen wäre es bei berufstätigen Menschen, ein Fernstudium und gleichzeitig Wochenendausflüge zu machen. Für ein Fernstudium ist nämlich ein hoher Zeitaufwand nötig. Wer die Wochenenden nicht zum Teil investiert, wird es schwierig haben, bei einem parallel ausgeübten 48-Stunden-Job das Studium erfolgreich zu absolvieren.

Wenn du komplementäre Ziele ausmachst, hast du die Chance, mehr Ziele von deiner Wunsch-Liste in der dir verbleibenden täglichen Zeit abzuarbeiten. Stelle dabei immer sicher, dass du komplementäre Ziele nicht nur deswegen wählst, weil sie sich ergänzen und du dann möglichst viel machen kannst. Sie müssen dir auch wirklich am Herzen liegen. Also: Nicht auf Teufel komm raus in deine Liste neue

Ziele eintragen, die sich mit den anderen Zielen ergänzen! Stattdessen orientierst du dich streng an deiner angefertigten Liste mit Verpflichtungen und Wunsch-Zielen.

Hilfreich ist es zudem, **konfliktäre Ziele** auszumachen; also solche, die sich behindern. Dadurch erhältst du Aufschluss darüber, welche Ziele du womöglich nicht zeitgleich verfolgen solltest. Ein Beispiel hierfür hatte ich gerade erwähnt: 48-Stunden-Job als Verpflichtung und Fernstudium sowie Wochenendausflüge als Wunsch-Ziel. In seltenen Fällen kann dieses Vorgehen klappen, aber bei einem Vollzeitjob mit Arbeitszeit am Samstag sind Wochenendausflüge und Fernstudium konfliktär, weil beides viel der restlichen verbliebenen Zeit frisst.

Die **indifferenten Ziele** sind solche, die sich gegenseitig nicht beeinflussen. Nach Kenntnis über komplementäre, konfliktäre und indifferente Ziele bietet es sich an, dass du die komplementären Ziele in deinen Plänen bevorzugst, weil du so deine Wunsch-Ziele am besten abarbeiten kannst. Wenn dir ein Ziel, das sich mit den anderen Zielen schlecht vereinbaren lässt – also ein Ziel, das mit den anderen konfliktär ist –, besonders am Herzen liegt, dann solltest du dir genau durch den Kopf gehen lassen, ob es dir dieses Ziel wirklich wert ist, alle anderen Wunsch-Ziele fürs Erste aufzugeben oder auf einen späteren Zeitpunkt zu verschieben.

> **Aufgabe 1**
>
> Schaue in deine beiden Listen mit Verpflichtungen und Wunsch-Zielen. Überlege, welche Beziehungen sich unter den Zielen auftun. Schreibe auf einem separaten Blatt Papier auf, welche Ziele zueinander komplementär, konfliktär und indifferent sind. Weil du deinen Verpflichtungen ohnehin nachkommen musst, gehst du im Idealfall davon aus und ermittelst, welche Wunsch-Ziele

> sich am besten mit deinen Verpflichtungen vereinbaren lassen: Welche Wunsch-Ziele sind komplementär zu deinen Verpflichtungen? Welche Wunsch-Ziele sind eher konfliktär und sollten zunächst gemieden werden?

Methode 2 zum Filtern: Ziele an den Charakter anpassen

Jeder Mensch ist einzigartig. Individuelle Charaktere ziehen individuelle Ziele nach sich. Genau deswegen liest du übrigens zurzeit dieses Buch – du bist individuell und externe Ratschläge haben dich bisher nicht zufriedengestellt. Nun suchst du nach Antworten in dir selbst. Angesichts dessen gibt es wohl kaum was Besseres, als sich ein paar grundlegende Gedanken darüber zu machen, wer man überhaupt wirklich ist …

Manchmal fällt die Antwort auf die Frage, wer man ist, leichter als die Antwort auf die Frage, was man tun will. Gelingt es dir vielleicht, dich auf Anhieb zu kategorisieren, z. B. als Familienmensch, Karrieremensch, Sportfanatiker, sozialer Mensch? Natürlich ist das gewissermaßen ein Schubladendenken, das simplifizierend ist, und vielleicht willst du dich selbst nicht auf diese Weise einordnen. Manchmal bringt dich das einfache Schubladendenken jedoch weiter als kompliziertes Denken.

> **Beispiel**
>
> Wenn du häufig und gern unter Menschen bist und dir kaum etwas Besseres vorstellen kannst, als deine Zeit mit anderen Menschen zu verbringen, dann deutet sich an, dass du eine ausgeprägte soziale Ader hast, die du mit deinen Zielen weiter fördern könntest.

> Das ist eine Form des einfachen Denkens, um den eigenen Charakter schnell zu umschreiben. Bist du das komplette Gegenteil von einem gesellschaftsfreudigen Menschen – hast du eine bestimmte Leidenschaft (z. B. Musik, Kunst, Sport, IT, Gaming, Fachliteratur) und in Verbindung mit dieser Leidenschaft einen festen Karriereweg vor Augen, bei dem private Beziehungen für dich kaum eine Rolle spielen? In diesem Fall böte es sich an, einen Weg einzuschlagen, bei dem du geradewegs deine Fähigkeiten förderst. Du bist ein Karrieremensch mit hohen Ambitionen.

Ein Charakter kann nicht immer so simpel eingestuft werden wie in diesen beiden Beispielen. Die besten Belege hierfür lieferte das letzte Kapitel, das dich auf die Notwendigkeit von Balance in deinem Leben hinwies. Dabei solltest du deine vielfältigen Bedürfnisse berücksichtigen. Und dennoch ist das Schubladendenken hin und wieder nützlich. Denn wenn du überhaupt keine Ideen hast, welche Ziele aus der Liste am besten zu dir passen, und die Balance bereits sichergestellt ist, wählst du einfach den simplen Weg des Schubladendenkens: Charakterisiere dich mit einem Wort, wähle das passendste Ziel aus und probiere aus, ob es dir liegt.

Nun gibt es aber Charaktere, die besonders kompliziert sind und bei denen sich Schubladendenken nicht anwenden lässt. Womöglich kennst du es selbst aus deinem Leben: Du bist hin- und hergerissen zwischen zwei Dingen. Einerseits willst du nichts lieber als für deine erträumte Karriere arbeiten, andererseits liegt dir vieles an deiner Familie. Was nun? Welche Ziele sollst du wählen? Wenn du dich nicht klar festlegen kannst, dann legst du die Ziele ausgewogen fest. Deine Arbeit deckt beispielsweise bereits einen großen Teil des „Karriere"-Bereichs ab. Es böte sich an, bei den Wunsch-Zielen weniger karriereorientierte Ziele auszusuchen, dafür aber den eigenen sozialen Bereich zu fördern. Passe deine Ziele an deinen aktuellen Charakter an und prüfe regelmäßig alle paar Monate, ob dir deine Ziele nach wie vor liegen. Es gibt reichlich beeindruckende Geschichten von Karrieremenschen, die sich nach einigen Jahren oder Jahrzehnten dachten: Nein, das ist nicht das, was ich will. Ihr Charakter wandelte sich oder sie erkannten, das von vornherein eine andere Seite in ihnen schlummerte. Sie schmissen den Beruf hin und bereisten die Welt oder widmeten sich stärker ihrer Familie.

Meine Erfahrungen

Ich selbst stehe bei der Auswahl neuer Ziele immer wieder vor enormen Herausforderungen, weil mein Charakter so vielschichtig ist. Ohne Zweifel hat diese Eigenschaft diverse Vorzüge, aber manchmal macht sie die Dinge schwieriger. So ist es bei mir mit Zielsetzungen. Ich komme fast nie daran vorbei, Aktivitäten zunächst mehrere Wochen oder sogar Monate auszuprobieren, ehe ich mir diesbezüglich Ziele setze. Die Anpassung der Ziele an den Charakter kann also hochkomplex sein und permanente Achtsamkeit erfordern, um bei Bedarf Veränderungen durchführen zu können. Was mir geholfen hat, waren regelmäßige Selbsttests. Diese gibt es im Internet in Massen. Man kann Selbsttest für den Beruf, die Persönlichkeit, das passende Hobby, die Familie und für zahlreiche weitere Felder machen. Probiere gern ein paar dieser Tests aus. Vorteilhaft sind die Tests insbesondere für Personen, die sich charakterlich schwer einschätzen können. Sie geben selbst bei den widersprüchlichsten Charakterzügen und bei den zwiespältigsten Antworten Ratschläge, die sich womöglich perfekt anwenden lassen.

Methode 3 zum Filtern: Bevorzuge die beeinflussbaren Ziele

Kennst du es, wenn du dir alles super zurechtgelegt und klasse geplant hast, aber der Erfolg der Sache auch von anderen Leuten abhängt, die einfach unzuverlässig sind? Meistens gibt es in Studium, Schule, Arbeit und Mannschaftssport – überall dort, wo Abhängigkeiten bestehen – diesen einen Gruppenpartner, der fast die gesamte Arbeit zunichtemacht. So kann es auch bei Zielen sein. Denn einige Ziele sind nicht nur von dir beeinflussbar.

Zum besseren Verständnis verhilft das Modell *Drei Kreise des Einflussbereichs* nach Stephen R. Covey. Es unterteilt die Ziele in drei Einflussbereiche:

> ➢ von mir allein steuerbar
> ➢ von mir beeinflussbar
> ➢ betrifft mich

Wenn ein **Ziel von dir allein steuerbar** ist, dann kannst du an ihm arbeiten und musst dich mit keiner Person in der Vorgehensweise besprechen. Das sind nach Covey die Ziele, die du bevorzugen solltest. Der zentrale Vorteil ist die absolute Souveränität, der zentrale Nachteil die absolute Verantwortung. Bezüglich der Verantwortung hat dieser Ratgeber schon den ein oder anderen wichtigen Ratschlag gegeben: Auch wenn sie von Covey als Nachteil angeführt wird, so ist sie dennoch mit vielen Vorteilen verbunden. Denn wer Verantwortung übernimmt, hat auch die Kontrolle. Genau deswegen bist du bei einem Ziel, das von dir allein steuerbar ist, absolut unabhängig. Ein perfektes Beispiel findet sich in Calvin Hollywoods Ratgeber *Wer will, der kann!* (2018).

> **Beispiel**
>
> Hollywood erzählt davon, wie sein Sohn nach der Schule zurück nach Hause kam und berichtete, dass er nachsitzen müsse. Grund dafür sei eine Schlägerei mit einem Jungen. Hollywoods Sohn gelang es, dass die Schuld dem anderen Jungen zugesprochen wurde. Trotzdem mussten beide Jungs nachsitzen, was Hollywoods Sohn unfair fand. Der Vater, Hollywood, erklärte seinem Sohn das Problem: In dem Moment, wo dieser die Schuld auf den anderen Jungen abgewälzt habe, habe er die Kontrolle über die Situation abgegeben und sich abhängig von dem Jungen gemacht. Hätte er zumindest einen Teil der Schuld übernommen, dann hätte er vor den Lehrern besser argumentieren können.

Zugegebenermaßen ist Verantwortung für viele Personen etwas, das mit einem mulmigen Gefühl einhergeht. Viele Personen sträuben sich davor, Kontrolle und Verantwortung über eine Situation zu tragen. Denn daraus resultieren Pflichten und die volle Strafbarkeit bei Fehlern. Das Gute ist, dass du bei von dir allein steuerbaren Wunsch-Zielen nur dir gegenüber Rechenschaft ablegen musst.

Als nächstes gibt es die **von dir beeinflussbaren Ziele**: Diese sind Ziele, auf deren Erfolg du Einfluss nimmst, aber den du nicht komplett selbstständig steuerst. Sei an dieser Stelle aufmerksam, denn diese Ziele machen einen großen Bestandteil deines Lebens aus:

> ➤ Familienentscheidungen sind Ziele, die von dir beeinflussbar, aber nicht von dir allein steuerbar sind.
> ➤ Die Suche nach einem Ehepartner ist ein Ziel, das in hohem Maße von einer anderen Person abhängt.

> Ziele bei Mannschaftssport oder Hobbys mit anderen Personen werden idealerweise im Einvernehmen aller Betroffenen getroffen.
> Bei der Gründung eines Unternehmens mit einer anderen Person zusammen und der Führung des Unternehmens stehen lauter Ziele bevor, die nicht durch dich allein bestimmt werden.

Vor allem Familienziele und die Suche nach einem festen Partner erfordern in der Zielformulierung und -umsetzung viel Rücksicht auf andere. So finden selbst die charismatischsten und redegewandtesten Personen nicht zwingend einen Partner fürs Leben auf die Schnelle oder im Rahmen des angestrebten Zeitplans. Solche Ziele, die von dir beeinflussbar, jedoch nicht komplett entscheidbar sind, sollten nur dann auf deine Ziele-Agenda, wenn sie dir a) besonders wichtig sind und zugleich b) mit anderen Zielen komplementär sind.

Beispiel

Deine Ziele sind „Verreisen" und „Freunde finden". Ersteres ist von dir allein steuerbar, Zweiteres ist lediglich von dir „beeinflussbar". Am besten ist deswegen, wenn du das zweite Ziel nicht verbindlich planst, sondern nebenbei in deinen Alltag oder deine Unternehmungen integrierst. Glücklicherweise sind „Verreisen" und „Freunde finden" mögliche komplementäre Ziele: Beispielsweise kannst du beim Reisen unterwegs versuchen, Menschen kennenzulernen. Dies wäre eine Möglichkeit, einem nur beeinflussbaren Ziel, dem Freunde finden, ohne großen Aufwand nachzugehen.

Zuletzt die **Betrifft-mich-Ziele**: Diese Art von Zielen ist irrelevant, weil sie außerhalb deiner Entscheidungsgewalt liegen. Sie sind nicht oder nur bedingt von dir beeinflussbar.

Die Arbeit an diesen Zielen gliche einem enormen Aufwand, der sich nicht rentiert.

Fazit: Es geht um dein Leben und dessen Gestaltung. Verschaffe dir die größtmögliche Kontrolle über dein Leben, indem du Ziele wählst, die voll in deinem Kontrollbereich sind. Bei den seltenen Zielen, bei denen du dich mit anderen Personen (z. B. mit deiner Familie, deinen Freunden) absprechen musst, ist Wert darauf zu legen, dass ihr alle untereinander klar und detailliert kommuniziert, wie das Ziel angegangen werden soll. So bist du dir sicher, dass die Personen mitziehen. Hier zeigen sich einmal mehr die Systemeigenschaften. Vor allem bei nicht vollends von dir steuerbaren Zielen können viele unvorhergesehen Wechselwirkungen beim Verfolgen von Zielen auftreten.

Aufgabe 2

Schaue dir deine Liste mit den Wunsch-Zielen an. Überprüfe und notiere auf einem Blatt Papier, welche der Wunsch-Ziele von dir allein steuerbar sind. Diese Ziele kennzeichnest du deutlich, weil sie zu bevorzugen sind. Danach notierst du die Ziele, die von dir nur beeinflussbar sind. Hinterfrage dich, ob es sich wirklich lohnt, diese Ziele, bei denen dein Erfolg von anderen Menschen abhängt, fest zu planen. Wenn es wichtige familiäre Ziele sind, dann schreibst du einige dieser Ziele natürlich auf. Schließlich ist es für ein glückliches Familienleben erforderlich, im Zusammenleben Kompromisse einzugehen. Versuche trotzdem, den Großteil deiner Wunsch-Ziele so zu planen und zu wählen, dass sie von dir allein steuerbar sind – volle Verantwortung, aber volle Unabhängigkeit und Kontrolle!

Methode 4 zum Filtern: Fokussiere deine Stärken

Das Fokussieren deiner Stärken wird dir nicht nur beim Filtern helfen, sondern vielleicht noch ein paar neue zusätzliche Ziele auf deine Liste bringen. Eventuell änderst du bei dieser Filtermethode sogar deine bisherige Grundeinstellung. Denn viele Menschen, die keinen Erfolg haben oder sehnsüchtig nach Erfolg suchen, zeichnet das Problem aus, dass sie sich auf ihre Schwächen fokussieren oder sich von den Schwächen blenden lassen. Wenn du deine Denkweise änderst und in einem optimistischen Blickwinkel deine Stärken fokussierst, wirst du womöglich besser vorankommen. Diverse geflügelte Sprüche von erfolgreichen Menschen gehen argumentativ in diese Richtung:

> ➢ *„Wer mit seinen Stärken arbeitet, wird stärker."* – Ingo Krawiec
> ➢ *„Erfolg besteht darin, dass man genau die Fähigkeiten hat, die im Moment gefragt sind."* – Henry Ford
> ➢ *„Man soll den Wert eines Menschen nicht nach den großen Eigenschaften betrachten, die er hat, sondern nach dem Gebrauch, den er von Ihnen macht."* – La Rochefoucauld
> ➢ *„Denke lieber an das, was du hast, als an das, was dir fehlt."* – Marus Aurelius

Es zählt im Leben also der Fokus auf die eigenen Stärken. Wieso solltest du dich von deinen Schwächen aufhalten lassen und irgendetwas machen, was dir nicht liegt? Vielleicht, weil andere dich dazu anstiften. Aber nein, damit ist Schluss! Du übernimmst schließlich jetzt die Verantwortung für all deine Taten. Du entscheidest dich dafür, was du tun willst. Deine Stärken sollten dabei in den Vordergrund rücken. Fördere sie und – du erinnerst dich an das letzte Kapitel – probiere regelmäßig Dinge aus, die du früher nicht konntest. Denn vielleicht hast du in der Zwischenzeit neue Fähigkeiten gewonnen, ohne es zu wissen.

Natürlich darfst du, falls dir eine Sache besonders gefällt, aber du sie nicht beherrschst, neue Fähigkeiten entwickeln und lernen. Den Großteil deiner Ziele machen im Idealfall aber die Ziele aus, die mit deinen Stärken kompatibel sind. So kommst du am besten voran.

> **Aufgabe 3**
>
> Was war dein bisheriges Mindset? Hast du dich selbst unterbewertet und dir im Wege gestanden, weil du zu stark an deine Schwächen gedacht hast? Falls ja, dann drehe den Spieß nun um: Denke daran, worin deine Stärken bestehen **und** was du gern machen möchtest. Jedes Ziel, das diese beiden Kriterien erfüllt, markierst du in deiner Wunsch-Liste mit Zielen.

> **Abschlussaufgabe**
>
> Du kennst jetzt verschiedene Methoden des Filterns. Wende zum Abschluss alle Methoden an; unabhängig davon, ob du die drei Aufgaben in diesem Kapitel bereits durchgeführt hast oder nicht. Sobald du alle vier Methoden durchgeführt hast, kannst du eine Gesamtauswertung vornehmen und dich auf die Wunsch-Ziele festlegen, die dir zum jetzigen Zeitpunkt am besten erscheinen und in deinen Zeitrahmen passen. Beachte dabei, dass du nicht zu eng kalkulierst und deine Verpflichtungen berücksichtigst. Apropos Verpflichtungen: Jetzt ist der Zeitpunkt gekommen, an dem du Modifikationen bei der Planung deiner Verpflichtungen besser vornehmen kannst, um dir mehr Raum zu verschaffen.

> Den Schlaf um ein bis zwei Stunden zu kürzen, um mehr Zeit für die Wunsch-Ziele zu gewinnen, ist jetzt eine mögliche Maßnahme. Denn nun hast du den Überblick über deine Wunsch-Ziele und Verpflichtungen – also dein komplettes Zielprogramm – mit dem zugehörigen Zeitaufwand. Durch diesen Überblick kannst du die Verpflichtungen und Wunsch-Ziele noch besser und genauer in Einklang miteinander bringen. Alle Wunsch-Ziele, die aufgrund der Verpflichtungen nicht in deinen Zeitplan passen, legst du erstmal ad acta. Du kannst sie im Rahmen der langfristigen Planung im nächsten Schritt für später einplanen.

Anleitung zur Durchführung der Aufgabe

Theo hat aktuell folgende Verpflichtungen:

- Schlafen: bisher rund acht Stunden täglich (am Wochenende ein bisschen mehr)
- Hygiene: ungefähr eine halbe Stunde täglich
- Vollzeitjob: 5 x 9 Stunden täglich unter der Woche (davon je eine Stunde täglich für Hin- und Rückweg)
- sich um seine Kinder kümmern: knapp zwei Stunden täglich, um die Kinder zur Schule zu bringen und wieder abzuholen, sowie Spielen und Vorlesen am Abend
- Essen zubereiten und verspeisen: manchmal übernimmt es die Frau, manchmal Theo; insgesamt fallen schätzungsweise anderthalb Stunden täglich hierfür an

Es verbleiben unter der Woche 3 Stunden täglich für die Verfolgung von Wunsch-Zielen, weil bereits 21 Stunden für die Verpflichtungen einzukalkulieren sind. An Wochenendtagen verbleiben – abzüglich der 9 Stunden Arbeit und zuzüglich von knapp zwei zusätzlichen Stunden Schlaf – jeweils ca. 10

Stunden. Somit hat Theo Montag bis Freitag täglich drei Stunden zur Verfügung und am Samstag sowie Sonntag je 10 Stunden.

Zusätzlich hat er, als musikaffiner Mensch, folgende Wunsch-Ziele mit einem geschätzten Zeitaufwand:

> - mit der Ehefrau Tanzen lernen; jeden Dienstag und Donnerstag je 2 Stunden (+ 0,5 Stunden insgesamt für Hin- und Rückweg)
> - Klavierspielen lernen; jeden Montag und Freitag je 1 Stunde (+ 1 Stunde insgesamt für Hin- und Rückweg)
> - mehr Zeit mit Freunden verbringen, weil der Großteil der Zeit für die Familie aufgebracht wird; an zwei Sonntagabenden im Monat je 5 Stunden mit den Freunden etwas unternehmen
> - mehr Zeit für Entspannung finden und das Wohlbefinden fördern (z. B. durch Massagen, Wellness); jedes Wochenende für 3 Stunden und einmal unter der Woche für 1 Stunde ein Wellness-Programm buchen (+ 1 Stunde insgesamt für Hin- und Rückweg)
> - um die Welt reisen (nur während des Urlaubs möglich)

Man liest schon aus den Zielen heraus, dass es Theo und seiner Familie nicht an Geld mangelt. Denn wer zweimal wöchentlich Wellness-Programme bucht, um die Welt reist und professionell Tanzen sowie Klavierspielen lernen möchte, muss einiges an Geld zur Verfügung haben. Tatsächlich sind Theo und seine Frau Top-Verdiener.

Dennoch ist die Zielplanung nicht vorteilhaft, denn insbesondere unter der Woche bleibt kaum noch Zeit für etwas anderes als die eingeplanten Aktivitäten. Zwar sprengen die Wunsch-Ziele nicht den Rahmen der zeitlichen Verfügbarkeit, aber Theo weiß, dass ein eng getakteter Plan mit Nachteilen verbunden ist. Selbst, wenn die Termine teilweise

Hobbys beinhalten, sollte in einem nachhaltigen Plan reichlich freie, unverplante Zeit gegeben sein. Theo stellt nach Rücksprache mit seiner Frau fest, dass Tanzen lernen nicht zur Debatte steht. Denn irgendjemand muss für die Kinder sorgen, sodass sie beide nicht zur gleichen Zeit fort sein können. Also beschließen Theo und seine Frau, an den vier Urlauben, die sie pro Jahr gemeinsam haben, Intensivtanzkurse zu besuchen.

> So wird das „Tanzen" und „Verreisen" zu einem komplementären Ziel.
> Unter der Bedingung, dass Theo täglich eine Stunde früher aufsteht und sich morgens intensiver um die Kinder kümmert, erklärt sich seine Frau einverstanden damit, dass er an zwei Abenden in der Woche Klavierspielen lernt.
> Am Wochenende mehr Zeit mit seinen Freunden zu verbringen **und** Wellness-Programme zu buchen, ist für die Familie von Theo nicht in Ordnung. Vieles der gemeinsamen Zeit würde verloren gehen und die Frau müsste sich fast das komplette Wochenende über um die Kinder kümmern. Deswegen beschließen alle im Einvernehmen, dass Theo sich für eine Sache entscheidet. Er legt sich darauf fest, sich häufiger mit seinen Freunden zu treffen. Ab und zu geht er mit den Freunden zum Wellness, was die Ziele „mehr Treffen mit Freunden" und „mehr Wellness" komplementär macht.
> Auch unter der Woche eine Stunde Wellness zu machen, ist nach Rücksprache mit der Frau nicht drin. Dafür beschließen beide, sich hin und wieder am Abend gegenseitig zu massieren oder sich ein wohltuendes Bad einzulassen. So kommen sie sich körperlich näher, was zuletzt in ihrer Ehe oftmals fehlte.

Wir merken, dass Theo aufgrund seiner Familie sehr viele Ziele hat, die er nicht allein steuern kann. Stattdessen muss er fast alles mit seiner Familie besprechen. Dennoch lassen sich Kompromisse schließen, bei denen die Frau von Theo reichlich Freiräume hat und auch mal das machen kann, was ihr zusagt. Unterm Strich hat Theo einige Ziele komplementär gemacht oder sie in seine sonstigen alltäglichen Verpflichtungen eingebunden. Es erscheint, als hätte sich am Tagesablauf wenig geändert, weil ein großer Teil der Wunsch-Ziele auf die Urlaubszeit abgewälzt wurde. Aber seine Freunde häufiger zu treffen und die musikalische Ader auszuleben – diese für ihn wichtigen Ziele hat Theo erreicht. Innerhalb von Familien muss man eben hin und wieder kleinere Brötchen backen.

4. Schritt | Langfristige Planung durchführen

Wenn du deine Ziele kurz-, mittel- und langfristig setzt und konsequent verfolgst, folgt dein ganzes Leben einem Plan. Durch das Filtern im letzten Kapitel hast du dich dafür entschieden, welche Ziele du zuerst angehen möchtest. Dadurch hast du eine Reihenfolge gewählt, mit der du dich den einzelnen Zielen widmest. Die langfristige Planung eröffnet dir die Möglichkeit, auch die Wunsch-Ziele in den Planungen zu berücksichtigen, für die du aktuell keine Zeit hast. Denn die Planung ist langfristig und kennt keine einengenden Zeithorizonte.

Beispielsweise hast du erkannt, dass du am schnellsten an deinem Vollzeit-Job etwas änderst, wenn du schon jetzt die Weichen zu stellen beginnst. Weil der Vollzeit-Job einen beträchtlichen Teil deines Lebens ausmacht, ist es sinnvoll, hier mit der Planung anzufangen: Welche Ziele helfen mir, meinen Vollzeit-Job zu verbessern (z. B. Fortbildung zwecks Gehaltserhöhung und mehr Perspektiven) oder einen neuen und in meinem Augen besseren Vollzeit-Job zu erhalten (z. B. Studium, andere Ausbildung, Aufbau einer Selbstständigkeit)?

Neben dem Vollzeit-Job hilft dir eine langfristige Planung auch im privaten Bereich. So kannst du zusammen mit deinem Ehepartner planen, wann und unter welchen Bedingungen ihr ein Kind bekommen möchtet. Beispiel: Zuerst

Ersparnisse steigern, bessere Lebensbedingungen schaffen und dann den Nachwuchs planen.

Obwohl dieser vierte Schritt unter dem Verweis auf eine „langfristige Planung" genannt wird, umfasst er auch die kurzfristige Planung. Denn eine langfristige Planung schließt eine kurzfristige definitiv mit ein – zumindest, wenn du es richtig genau machen und mit höherer Wahrscheinlichkeit erfolgreich sein möchtest. Langfristige Ziele bedürfen einer Einteilung in Zwischenetappen. Diese Zwischenetappen werden nochmals in kleinere Etappen unterteilt und dann finden weitere Unterteilungen statt. Ohne Zwischenetappen ist die Gefahr, dass du umherirrst, groß.

Wenn man es pikant, aber auch konsequent und richtig formulieren möchte, dann kommt man zu der Erkenntnis: Es gibt im Grunde genommen keine separate kurzfristige Planung. Sie existiert zwar, ist jedoch Teil einer übergeordneten langfristigen Planung. Demnach erreichen die Personen am ehesten ihre Ziele, die sich überlegen, wie sie die kurzfristige Planung in Verbindung mit langfristigen Zielen vornehmen können. Dadurch erhalten selbst die kleinsten kurzfristigen Ziele einen übergeordneten größeren Sinn. Folglich ist die Motivation am höchsten, die Ziele zu erreichen.

Mit alledem, was du in den bisherigen Kapiteln dieses Buches zusammengetragen hast – all deine Verpflichtungen und Wunsch-Ziele, deine Pflichten und Träume –, wirst du nun eine langfristige Planung erstellen, in der ein Rädchen ins andere greift und die kleinsten Ziele zu langfristigen Puzzle-Teilen werden. Sie werden zu Puzzle-Teilen eines faszinierenden und beeindruckenden Projekts, das jeder Mensch zu meistern hat: des Lebens.

Rangordnung von Zielen

Die Grundlage, die dir hilft, Ordnung und Übersicht in deine Planungen zu bringen, ist die Einteilung der Ziele nach deren Rangordnung. Denn genau hier kommt das zum Tragen, was bereits viele Autoren in Büchern und auf Websites, zahlreiche Coaches sowie Psychologen nahelegen: die Einteilung der Ziele in Etappen. In der BWL wird bei größeren Zielen regulär von mindestens vier Etappen Gebrauch gemacht:

- ➤ Das **Oberziel** ist das, was du am Ende erreichen möchtest.
- ➤ Das **Zwischenziel** ist dem Oberziel untergeordnet.
- ➤ Dem Zwischenziel ist das **Unterziel** untergeordnet.
- ➤ Am unteren Punkt der Kette steht das **Etappenziel**, das als kurzfristig formuliertes Ziel sofort in Angriff genommen wird.

In Etappen eingeteilte Ziele halten dein Durchhaltevermögen und deine Motivation höher. Stelle dir vor, du würdest 20 Kilogramm abnehmen wollen. Eine solche Diät braucht ihre Zeit; vor allem dann, wenn sie unter gesundheitlichem Blickpunkt unbedenklich sein soll.

Gehen wir von etwas denkbar Unpraktischem aus: Du hast keine Waage zuhause und wiegst dich die ganze Zeit über nicht. Die Folge ist, dass du im Ungewissen bist und nicht Bescheid weißt, wie es um dein Ziel steht. Dadurch kannst du dir keine Zwischenerfolge vor Augen führen. Dein Durchhaltvermögen und deine Motivation sinken angesichts der Strapazen der Diät, bei denen keine Gewissheit darüber besteht, ob sie sich auszahlen. Denn Wiegen tust du dich nicht.

Demgegenüber kannst du dir nun einen Menschen vorstellen, der sich jede Woche bei seiner Diät wiegt und die Kilos

Klare Ziele

purzeln sieht. Er hat die Gewissheit, dass die Diät wirkt und darf sich darüber freuen, seinem Ziel immer näher zu kommen.

Etappeneinteilungen und präzise Zusammenfassungen von Zwischenschritten auf dem Weg zu deinem Ziel bringen es auf den Punkt: deinen bisherigen Erfolg, deinen Fortschritt, dein Durchhaltevermögen. So bist du motivierter, gegen innere und äußere Widerstände anzukämpfen und dein Ziel trotzdem zu verfolgen. Klingt das nicht reizvoll?

Daher wird eine Rangordnung für jedes größere Ziel aufgestellt. Diese Rangordnung besagt, welche einzelnen Schritte du gehen musst, um das Ziel zu erreichen. Hier mal ein Beispiel einer Rangordnung für das Ziel, mit dem Rauchen aufzuhören. Es wird davon ausgegangen, dass es ein mittelfristiges oder sogar kurzfristiges Ziel (siehe: „Zeitbezug von Zielen" aus dem 1. Schritt dieses Buches) ist, weil eine konsequente Raucherentwöhnung binnen weniger als fünf Jahren möglich ist.

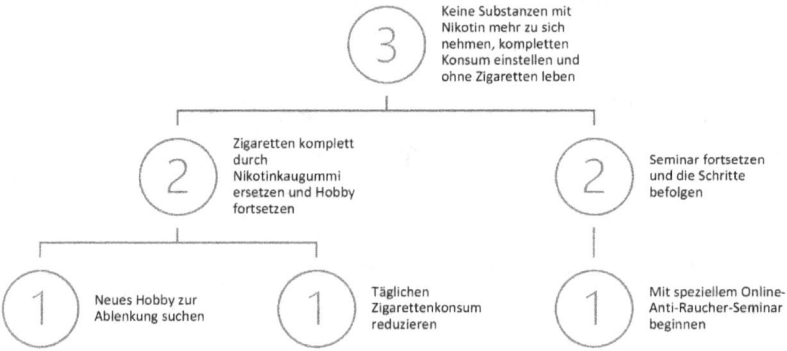

Die Zahlen 1 stehen für die ersten kurzfristigen Ziele, die formuliert werden: Du beginnst die Raucherentwöhnung, indem du weniger Zigaretten zu dir nimmst und ein Hobby zur Suchtverlagerung bzw. Ablenkung ausübst. Auf der zweiten Seite steht das professionelle Online-Seminar, das dir weiterführende Ratschläge zur Durchführung der Raucherentwöhnung gibt. Danach – es kann beispielsweise nach 2 Monaten sein – wird das Seminar gemäß der Vorgaben des Seminarleiters fortgesetzt. Währenddessen werden die Zigaretten komplett durch Nikotinkaugummi ersetzt, um die Entwöhnung zu verbessern. Nach z. B. 8 Monaten können die Zigaretten komplett abgesetzt werden. Fürs Erste ist die Entwöhnung dann gelungen.

So funktioniert eine Rangordnung: Was muss wie lange zuerst gemacht werden? Was kommt als nächster Schritt und wie lange nimmt dieser Schritt wiederum in Anspruch? Dieses schrittweise Vorgehen bis zum Ziel ist unerlässlich, um alle notwendigen Schritte durchzuführen, nichts Wichtiges außer Acht zu lassen und am Ende erfolgreich dazustehen.

Beispiel: Nina legt eine Rangordnung fest

Beziehen wir die Rangordnung der Ziele nun auf ein Beispiel. Das Beispiel wird sich durch große Teile dieses Kapitels ziehen, um dir angemessen vorzuführen, wie du deine Liste mit Zielen zur vollendeten langfristigen Planung bringst. Nina hat zehn Ziele für sich festgelegt. Sie hat die Ziele nicht zwingend präzise formuliert, aber eine ausreichend konkrete Vorstellung von den Zielen:

- ➢ 20 Kilogramm abnehmen
- ➢ mit dem Rauchen aufhören
- ➢ mehr Geld verdienen
- ➢ sich mehr Zeit für die Familie (Eltern und ihre zwei Brüder) nehmen
- ➢ mehr Allgemeinwissen gewinnen

- öfter verreisen
- häufiger etwas Neues ausprobieren
- daheim Ordnung schaffen
- festen Freund finden
- mehr Sport machen

Nina hat bisher gemerkt, dass sich das Aufhören mit dem Rauchen und die Diät nicht vertragen. Es sind gewissermaßen konfliktäre Ziele. Denn stell dir mal vor, wie schwierig es ist, mit zwei Lastern gleichzeitig aufzuhören: Sowohl das Rauchen als auch das Naschen sofort und gleichzeitig aufzugeben, ist eine starke Zumutung für den eigenen Willen. Nina hat sich deswegen erstmal auf die Diät festgelegt, die ihr wichtiger ist.

Weiter mit den anderen Zielen: Die Wünsche nach mehr Allgemeinwissen und mehr Geld kann Nina durch ein Fernstudium gleichzeitig verfolgen, weswegen sie sie zu komplementären Zielen macht.

Ihre Diät fördert Nina außerdem durch Sport.

Wer weiß – vielleicht findet sie beim Sport den festen Freund, nach dem sie sich sehnt? Also beschließt Nina, die Priorität nicht auf das Ziel, einen festen Freund zu finden, zu legen.

Für ihre Familie nimmt sie sich mehr Zeit, indem sie mit Eltern und Brüdern kleinere Tagesausflüge unternimmt. Hierfür nutzt sie zwei Wochenendtage im Monat und die Feiertage im Jahr. An diesen insgesamt wenigen Tagen pausiert sie mit dem Fernstudium, um sich genug Erholung zu gönnen.

So hat sie die Ziele festgelegt und definiert, welche Ziele sie zuerst angeht und welche sie fürs Erste aufschiebt. Sie überlegt sich zusätzlich die folgende Rangordnung an Zielen:

Oberziel	Zwischenziel	Unterziel	Etappenziel
20 kg abnehmen und mehr Sport machen	Bis zum Ende des sechsten Monats 10 kg abgenommen haben	Ab der zehnten Woche im Fitnessstudio anmelden und ein halbes Kilogramm pro Woche abnehmen	Jede Woche ein halbes Kilogramm abnehmen; zunächst durch eine Ernährungsumstellung
Höherer Verdienst und mehr Allgemeinwissen	Fernstudium komplett abschließen und um neuen Job bewerben	Erstes Semester plangemäß innerhalb von sechs Monaten abschließen	Mit Fernstudium beginnen, um Qualifikationen für einen besser bezahlten Job zu erlangen, und jeden Abend zwei Stunden Zeit zum Lernen nehmen
Mehr Zeit für Familie nehmen, häufiger verreisen und Neues ausprobieren	Nach sechs Monaten erstmals einen mehrtägigen Ausflug oder Urlaub mit der Familie unternehmen und den Urlaub reich an Erlebnissen und Aktivitäten gestalten	Konkrete Planungen für zwei Wochenendtage durchführen -> Devise ist, möglichst außerhalb der gewohnten Umgebung und mit neuen Aktivitäten gemeinsam die Zeit zu verbringen	Jeden Monat zwei freie Wochenendtage mit Familienmitgliedern besprechen
Daheim Ordnung schaffen	Nach sechs Monaten ggfs. an ein bis zwei freien Tagen groß ausmisten	Jeden Tag – eine Stunde nach der Rückkehr von der Arbeit – für eine halbe Stunde lang Haushaltsarbeiten machen; an Wochenendtagen je eine Stunde	Sich angewöhnen, immer nach der Rückkehr die Kleidung aufzuhängen, nach dem Essen sofort den Abwasch zu machen und anderweitig die entstandene Unordnung sofort wieder zu beseitigen

Festen Freund finden	Sollte sich zwei Jahre lang kein Erfolg einstellen, dann Planung ggfs. überdenken und Ratschläge einholen	Falls das Etappenziel nichts gebracht hat, klassische Anlaufstellen für Singles ausprobieren (z. B. Speed-Dating, spezielle Veranstaltungen, Bars)	Zunächst all die anderen Sachen machen; denn bereits durch Fitnessstudio, Fernstudium und Verreisen kann man Personen kennenlernen
Mit dem Rauchen aufhören	Nach den drei Monaten geringer dosierte Nikotinprodukte verwenden und langsam absetzen	In den ersten drei Monaten der Entwöhnung Nikotinkaugummis, -pflaster oder andere spezielle Produkte verwenden und Menge der gerauchten Zigaretten reduzieren	Falls es die Gesundheit erlaubt, dann erst zwei Jahre nach der gelungenen Diät mit der Raucherentwöhnung beginnen, damit keine „Suchtverlagerung" stattfindet

Was macht Nina bei ihrer Rangordnung?

Zum einen legt sie komplementäre Ziele (20 kg abnehmen und Sport machen) fest. Zum anderen macht sie Ziele komplementär, indem sie ihre Planung speziell ausrichtet: Beispielsweise sind ein höherer Verdienst und mehr Allgemeinwissen nicht zwingend komplementäre Ziele. Dadurch jedoch, dass sie ein Fernstudium macht, macht sie die Ziele komplementär. Denn das Studium verschafft ihr durch die Vielzahl an interdisziplinären Modulen und Einblicken in andere Fachbereiche das gewünschte Allgemeinwissen, während der Bachelor-Abschluss ihr einen Beruf mit höherem Verdienst ermöglicht.

Neben der geschickten Wahl komplementärer Ziele (sie kombiniert insgesamt sieben Ziele in drei Zielen) schiebt sie andere Ziele auf. Dies zeigt sich bei dem Finden des festen Freundes und der Raucherentwöhnung. Bei der Raucherentwöhnung stellt sie einen konfliktären Charakter mit dem Abnehmen fest. An sich muss sich beides nicht ausschließen, aber würde Nina beides gleichzeitig machen, dann müsste sie von einem Tag auf den anderen diverse Einschnitte verkraften – so zumindest legt sie es argumentativ für sich aus. Der Vorteil dieser Planung ist, dass sie zwei weitere Jahre das Rauchen „genießen" kann und sich bei ihrer Zielsetzung weniger unter Druck setzt. Bei dem Ziel, einen Freund zu finden, sieht sie zunächst von einer eindeutigen Planung ab. Denn sie erkennt die Spontaneität hinter diesem Ziel: Wann man mit einem Mann zusammenkommt, lässt sich zum Teil nur schwer oder gar nicht steuern. Die wahre Liebe, die Nina nun mal sucht, lässt sich nicht erzwingen. Also erkennt sie, dass sie vielleicht schon bei der Ausübung der neuen sportlichen Aktivitäten, dem Treffen mit der Familie oder beim Verreisen auf ihren künftigen festen Freund trifft. Für den Fall, dass dem nicht so ist, hat sie ein paar „Notfallpläne" im Zwischenziel und Unterziel formuliert.

Das Ziel, Ordnung im Haushalt zu schaffen und diese Ordnung zu halten, handelt Nina mit kleinen Zeitfenstern ab. Wenn man es nüchtern betrachtet, ist genau das die richtige Wahl. Denn wer konstant Ordnung hält und die Sachen sofort an die richtige Stelle räumt, Geschirr abwäscht oder mal den Staubsauger anschmeißt, wird für gewöhnlich nicht viel mehr als 30 Minuten täglich für Ordnung sorgen müssen.

Insgesamt arbeitet Nina durch die Kombination mehrerer komplementärer oder potenziell komplementärer Ziele und das Aufschieben zweier Ziele nur an acht Wunsch-Zielen gleichzeitig. Da sie fast alle Ziele in irgendeiner Form mit mindestens einem anderen Ziel kombiniert, fühlt es sich an, als würde Nina nur an vier Zielen gleichzeitig arbeiten. Zeitgleich geht sie Verpflichtungen wie ihrem Job nach. Parallel integriert sie durch die Familie und den Sport soziale Kontakte in ihr Leben. Durch die größtenteils freie Verfügbarkeit am Wochenende schafft sie reichlich Entspannung und Raum für Spontaneität. Die Zeitfenster, die für bestimmte Verpflichtungen (Schlafen, Essen, Hygiene) verbleiben, fügen sich gut in den Zeitplan ein und lassen keinesfalls Stress aufkommen.

Was du aus dem Beispiel für deine Planungen lernst .

Du lernst aus dem Beispiel von Nina in erster Linie, dass das Verfolgen komplementärer Ziele enorme Vorteile bietet. Dir gelingt es dadurch, mehrere Ziele auf einmal zu verfolgen und die Zeit effizienter zu nutzen. Dabei müssen Ziele nicht immer von sich aus komplementär sein. Du kannst sie komplementär machen, indem du Handlungen zur Zielerreichung aussuchst, von denen beide Ziele profitieren. So hat es Nina bei der Zielkombination „höherer Verdienst & mehr Allgemeinwissen" gemacht.

Ferner solltest du nicht bestrebt sein, möglichst schnell alle Ziele abzuhandeln. Wenn du keinen zeitlichen Druck verspürst und gewisse Freiheiten in der Priorisierung und Erledigung deiner Ziele hast, dann nimm dir reichlich Zeit! Nina beispielsweise hat sich in ihren Zwischen- und Unterzielen die Möglichkeit einbehalten, nochmal nachzujustieren: Sollte sie nach sechs Monaten nicht die 10 Kilogramm abgenommen haben, nimmt sie in ihrer Planung ein paar Änderungen vor. Das kannst du aus der Tabelle oben herauslesen.

Letzter Tipp: Gehe nicht davon aus, dass alles optimal läuft. Dass Hindernisse und Probleme auftreten werden, ist absolut normal und sehr wahrscheinlich. Nina hat das begriffen.

Wenn du nachrechnest, stellst du fest, dass sie bei einem halben Kilogramm Gewichtsverlust pro Woche bei ihrer Diät keineswegs ein halbes Jahr zum Verlust von 10 Kilogramm bräuchte. Sie hat sich fast einen ganzen Monat als Zeitpuffer gelassen, um bei Problemen – vor allem am Anfang können welche auftreten – nicht das Erreichen des Zwischenziels zu gefährden. Dieser Puffer hat außerdem den Vorteil, dass sie bei einem planmäßigen Verlauf mehr abnimmt, als im Zwischenziel formuliert. So kann es zu einem positiven Überraschungseffekt kommen und Nina ist auf dem Weg zu ihrem Ziel höchstwahrscheinlich motivierter, auch die zweite Hälfte des Weges zu beschreiten und die weiteren 10 Kilogramm abzunehmen.

Aufgabe 1

Nimm deine Listen mit Verpflichtungen und Wunsch-Zielen aus den letzten Kapiteln. Lege eine Rangordnung für jedes Ziel fest: Wie fein unterteilst du jedes Ziel, damit du dessen Etappen möglichst einfach abarbeitest und motiviert bleibst? Erstelle auch eine Rangordnung für die Wunsch-Ziele, die du aufgeschoben hast und erstmal nicht auf deine Agenda schreibst. Denn später kommst du irgendwann auf deine Wunsch-Ziele zurück. Dann ist es praktisch, direkt die passende Rangordnung zu haben.

Zeitbezug von Zielen

Die Einteilung von Zielen nach deren Zeitbezug ist dir schon aus dem 1. Schritt des Buches geläufig. Es war relevant, diesen Aspekt schon früher vorzustellen. Lies gern in dem Abschnitt nochmal nach, weil die Inhalte sehr wichtig für die langfristige Planung sind. Fahre dann an dieser Stelle mit deinen Listen und dem folgenden Beispiel fort.

Beispiel: Nina legt einen Zeitbezug fest

Eine Einteilung der Ziele nach Zeitbezug, wie in dem folgenden Beispiel, kann natürlich **vor** der Festlegung der Rangordnung Sinn machen. Allerdings wurde in diesem Ratgeber die Vorgehensweise gewählt, dass zunächst die Rangordnung gebildet wird. Der Grund hierfür ist, dass die Rangordnung zu einer minutiösen und ganz penibel durchgeführten Unterteilung der Oberziele führt. So kann die Dauer bis zum Erreichen der Ziele besser eingeschätzt werden.

Schauen wir uns nun am Beispiel von Nina an, wie sie ihre Ziele nach Zeitbezug unterteilt und wie ihr dabei die vorige Bildung einer Rangordnung geholfen hat. Sie hat nach wie vor ihre zehn Oberziele, von denen sie die komplementären Ziele zusammenfasst und für die sie sich folgende Zeithorizonte errechnet:

Oberziel	Geplante Dauer	Weitere Anmerkungen	Zeitbezug
20 Kilogramm abnehmen und mehr Sport machen	1 Jahr und 2 Monate	Plus weitere vier Monate zur Verhinderung des Jojo-Effekts	mittelfristig
Höherer Verdienst und mehr Allgemeinwissen	3 Jahre (Dauer des Studiums)	Nach 3 Jahren wahrscheinlich noch bis zu 2 Jahre, um einen besser bezahlten Job zu erhalten	mittel- bis langfristig
Mehr Zeit für die Familie nehmen, öfter verreisen und häufiger etwas Neues ausprobieren	1 Monat zur Organisation	Im ersten Monat organisieren und danach Monat für Monat regelmäßige Unternehmungen beibehalten	kurzfristig

Mit dem Rauchen aufhören	1 Jahr, bis keine Zigarette mehr geraucht wird; danach durch neue positive Gewohn- heiteneinen Rückfall verhindern	Erst zwei Jahre nach Gewichts- reduzierung beginnen	mittel- bis langfristig
Daheim Ordnung schaffen	Spätestens nach 8 Mona- ten (um komplett ausge- mistet zu haben)	Sofort anfan- gen und täglich etwas mehr Ordnung schaffen	kurzfristig
Festen Freund finden	Bei einer natür- lichen Herange- hensweise sollte sich inner- halb von 2 Jahren etwas ergeben	Nicht genau planbar; erst nach der Deadline von 2 Jahren Bemühungen intensivieren	mittelfristig

Was macht Nina beim Zeitbezug ihrer Ziele?

Nachdem sie die Rangordnung gebildet hat, schreibt sie sich auf, wie viel Zeit ihre Ziele in Anspruch nehmen. Wenn sie in der rechten Spalte „kurzfristig" liest, weiß sie, dass sie die jeweilige Aufgabe täglich oder monatlich genauer zu über- prüfen hat. Streng genommen ist dieses Beispiel unvollstän- dig: Eine gute Einteilung nach Zeitbezug würde so aussehen, dass Nina alle kurzfristigen, mittelfristigen und langfristigen Ziele in drei separaten Tabellen aufführt. Mit diesen drei Tabellen wäre es möglich, dass sie in verschiedenen Zeitfenstern den Zwischenstand kontrolliert:

> - In die Tabelle mit den kurzfristigen Zielen würde Nina beispielsweise jeden Tag oder jede Woche schauen.
> - Die Tabelle mit den mittelfristigen Zielen könnte sie sich z. B. jeden Monat ansehen.
> - Zuletzt würde Nina in die Tabelle mit den langfristigen Zielen einmal pro Jahr schauen.

Durch die drei Tabellen mit der Einteilung nach Zeitbezug hätte Nina eine strikte Trennung der verschiedenen Zeitbezüge. Sie würde sich nicht von mittelfristigen Zielen verrückt machen lassen, sondern sich regelmäßig über die Fortschritte bei ihren kurzfristigen Zielen freuen. Die mittel- und langfristigen Ziele wiederum würde sie sich in regelmäßigen, aber weiter auseinanderliegenden Zeitabständen ansehen, um die Zwischenstände zu monitoren und bei drohenden Verfehlungen der Ziele rechtzeitig die kurzfristigen Ziele zu verschärfen.

Wenn Nina all das zusätzlich noch mit einer Visualisierung kombiniert, hat sie den ultimativen Motivations-Booster. Stellt man sich vor, dass sie die kurzfristigen Ziele Tag für Tag oder Woche für Woche abhakt, in einem Diagramm einzeichnet und so sieht, wie sie dem langfristigen Ziel durch ein paar kleine Maßnahmen wieder um ein paar Prozent nähergekommen ist, dann begreift man, dass die Unterteilung der Ziele nach Zeitbezug in Kombination mit einer klaren Rangordnung optimal ist, um motiviert zu bleiben und mit kleinen Schritten den großen Zielen konsequent näherzukommen.

Was du aus dem Beispiel für deine Planungen lernst

Die Unterteilung der Ziele nach dem Zeitbezug verhilft dir dazu, in kleinen Schritten voranzugehen. Wenn du alle kurz-, mittel- und langfristigen Ziele in drei verschiedenen Katalogen (Bücher oder Hefte) aufführst, hast du eine klare Trennung. Du schaust dann jeden Tag oder jede Woche in die Liste mit den kurzfristigen Zielen. Wenn du sie plangemäß erreichst, kannst du sie nacheinander abhaken und siehst, wie schnell du vorankommst. Das ist ein psychologischer Trick: Wieso immer wieder auf den langen Weg zu den großen Zielen blicken? Wieso sich entmutigen lassen von den vielen Aufgaben, die noch bevorstehen? Durch das Abarbeiten der kurzfristigen und leichteren Ziele kommst du viel leichter und unbeschwerter voran.

> ### *Aufgabe 2*
>
> Plane auch du nach dem Zeitbezug von Zielen. Richte dir am besten – so wie beschrieben – drei Kataloge ein. Der erste Katalog betrifft die kurzfristigen Ziele, der zweite die mittelfristigen Ziele und der dritte die langfristigen Ziele. Erstelle die Kataloge und lege für dich fest, wie regelmäßig du in einen Katalog reinschauen möchtest. Naheliegend ist, in den Katalog mit kurzfristigen Zielen in kurzen Zeitabständen (z. B. jede Woche) zu schauen. Und dann? Tja, dann legst du am besten direkt mit dem Verfolgen deiner Ziele gemäß deiner Planung los! Wieso warten, wenn deine Träume zum Greifen nah sind?

Unterteilung nach Zielbedeutung

Die Zielbedeutungen haben einige Parallelen zum Zeitbezug. Hier erfolgt eine Unterteilung in strategische, taktische und operative Ziele. **Strategische Ziele** sind die langfristigen

Ziele, die **ziemlich allgemein formuliert** werden: Besserung der Einkommenssituation, erste Immobilie etc. Sie sind grundlegend für dein Gesamtleben. Je nachdem, welche Strategie du verfolgst – Karriere machen, Familienmensch, anderen Menschen helfen etc. –, legst du die strategischen Ziele fest und formulierst sie anhand der taktischen Ziele aus.

Taktische Ziele betreffen meist den mittelfristigen Zeithorizont. Sie **bringen auf den Punkt, welche Aktivitäten erforderlich sind, damit du die strategischen Ziele erreichst.** Einen guten Eindruck hiervon kannst du dir anhand der zuvor genannten Beispiele verschaffen. Wenn du als strategisches Ziel einen besseren Job mit höherem Gehalt hast, dient ein Studium oder eine Ausbildung als taktisches Ziel mit mittelfristigem Zeithorizont dem Erreichen dieses Ziels.

Zu guter Letzt gibt es die **operativen Ziele**, die sowohl kurz- als auch langfristiger Natur sind. Sie sind einerseits dazu da, um dein aktuelles Pflichtprogramm aus Arbeit und sonstigen Verpflichtungen durchzuführen. Darüber hinaus **detaillieren die operativen Ziele die mittelfristigen Ziele, was dir dabei hilft, die mittelfristigen Ziele zu erreichen und somit den langfristigen Zielen näherzukommen.** Um an das vorherige Beispiel anzuknüpfen: Um das Studium durchzuführen und später einen besseren Job zu finden, ist zeitnah eine Einschreibung an einer Hochschule und der Beginn mit dem Lernen notwendig.

> *Hinweis!*
>
> Welchen Zusammenhang haben eigentlich all die vorgestellten Unterteilungen von Zielen nach Zeithorizont, Zielbedeutung und Rangordnung? Der Zusammenhang all dieser Dinge besteht darin, dass sie eine adäquate Zielplanung überhaupt erst ermöglichen.

> Du hast strategische Ziele im Leben, die dich deinen Träumen näherbringen sollen? Diese Ziele sind langfristig. Es ist erforderlich, sie in taktische Ziele zu unterteilen und – damit du handeln kannst – sie zu operationalisieren. Sprich: Du legst operative kurz- und mittelfristige Ziele fest, um zielgerichtet zu handeln. Die Rangordnung der Ziele unterstützt dich dabei, eine Aufgabe nach der anderen abzuhaken, dich zu motivieren und dranzubleiben. Wenn du die Schritte durchführst und im Zeitplan bleibst, geht deine Taktik auf, sodass du die mittelfristigen Ziele erreichst und konsequent auf die langfristigen Zielen zusteuerst. Wenn du bei deiner langfristigen Planung all diese Dinge durchgehst und alle Ziele nach Zeithorizont, Zielbedeutung und Rangordnung unterteilst, fallen dir außerdem eventuelle Widersprüche auf. Du merkst auf diesem Wege, dass dir vielleicht doch einige wichtige Aspekte entgangen sind. Folgerichtig korrigierst du deine Zielsetzung.

Regelmäßig monitoren, auswerten und bei Bedarf ändern

Selbstverständlich brauchst du bei deinen Zielen einen Überblick. Denn seien wir mal ganz offen und ehrlich: Selbst bei der allergrößten Motivation kann es dazu kommen, dass du einzelne Ziele übersiehst. Damit es nicht dazu kommt und du plangemäß verfährst, gibt es im Wesentlichen drei Methoden fürs Monitoring:

- Handschriftlich auf einem Blatt Papier oder in einem Buch
- Nutzung spezialisierter Apps
- Nutzung umfassender Programme (z. B. Projektmanagement)

Die handschriftliche Erfassung deiner Ziele und deren Monitoring haben wir bis hierhin in dem Buch bei fast allen Aufgaben durchgeführt. Der Grund dafür, dass du bei nahezu jeder Aufgabe mit Zettel und Stift arbeitest, ist wissenschaftlich begründet: Es führt dazu, dass Menschen sich genauer überlegen, was sie schreiben. Sie selektieren besser und denken dementsprechend genauer über die Inhalte nach. Das – ganz nebenbei erwähnt – hilft dir dabei, dich jedes Mal intensiver damit auseinanderzusetzen, ob du die jeweiligen Ziele wirklich willst.

Neben der handschriftlichen Erfassung steht es dir frei, digitale Helfer zum Erfassen und Monitoren deiner Ziele zu nutzen. Ich empfehle, weil der Mensch täglich tendenziell viele digitale Anwendungen nutzt, eher die handschriftliche Variante. Eines ist dabei klar: Wenn du die Ziele alle ausformulierst und ganze Sätze schreibst, wird dir das viel Aufwand bereiten. Deswegen ist in den letzten Jahren ein Trend rund um das sogenannte *Bullet Journal* entstanden. Du findest unter der URL „https://bulletjournal.com/" alle erdenklichen und wichtigen Informationen zu dieser Art der Tagebuchführung und Erfassung der täglichen Aufgaben. Der Autor Ryder Carroll hat zu diesem Thema sogar ein umfassendes Buch verfasst. Der Trick bei seiner Art der schriftlichen Aufgaben- und Zielerfassung: Es wird mit verschiedenen Arten von **Stichpunkten** gearbeitet, die alles übersichtlicher, einfacher und zeitsparender machen.

Aufgabe 3

Du hast die Wahl: Informiere dich entweder darüber, wie das *Bullet Journal* funktioniert, und setze es bei deinen Zielen probeweise ein. Oder aber überlege dir selbst eine Methode, wie du die handschriftliche Aufführung und das Monitoring deiner Ziele einfach gestalten kannst. Denn die Ziele in ganzen Sätzen zu formulieren

> und sich täglich oder wöchentlich daran zu orientieren, ist auf Dauer anstrengend. Gehe auch bei der Dokumentation deiner Ziele sparsam mit deinen Energien um und mache es dir lieber einfach als schwierig.

Als Gegensatz zur handschriftlichen Vorgehensweise gibt es die digitalen Helfer. Apps fürs Smartphone und Desktopanwendungen für stationäre PCs sind reichlich vorhanden. Weil ein Überangebot vorliegt, ist es schwierig, gute Programme zu finden. Ich selbst habe nur mit einer Anwendung, dafür aber täglich, als Ergänzung zur handschriftlichen Erfassung meiner Ziele gearbeitet: Asana. Es ist ein Programm, das sich sowohl auf dem PC und Laptop als auch auf kleineren Endgeräten nutzen lässt. Ich habe es immer auf dem Laptop und dem Smartphone verwendet. So hatte ich daheim und unterwegs immer alle Aufgaben und Ziele im Blick. Das Praktische ist, dass du mehrere Projekte anlegen kannst. Ein Projekt kann beispielsweise den Namen „Privatleben" und das andere den Namen „Karriere" erhalten. Dies ist eine grobe Unterteilung, unter der du deine detaillierteren Ziele aufführen kannst. Schau dir das Programm am besten selbst an und finde deinen eigenen Weg, es zu nutzen. Denn es gibt diverse Möglichkeiten, Projekte anzulegen und so die Ziele zu unterteilen. Im Programm selbst wird tabellarisch und anhand der Projekte aufgeführt, welche Aufgaben noch durchzuführen und welchen Zielen sie untergeordnet sind.

Eine weitere Liste an nützlichen Apps findet sich in dem Buch *Richtig priorisieren* (2014). Bei Bedarf kannst du diese ebenfalls ausprobieren. Sie sind teils auf einzelne Funktionen spezialisiert. Hier fünf vielversprechende Apps:

- *Things* für iPhone- und iPad-Nutzer zum Selbstmanagement
- *aTimeLogger* als Zeiterfassung-App für das iPhone

> *AWD Time Logger* als Zeiterfassung-App für Geräte mit dem Android-System
> *Eisenhower* als App für das iPhone zum Festlegen von Prioritäten
> *Tenplustwo* als eine Stoppuhr-App mit großem Nutzen bei ungeliebten Aufgaben (nach 10 Minuten Arbeitszeit kommen immer zwei Minuten Pause)

Abgesehen von handschriftlichen Journals und Apps gibt es eine weitere Methode des Monitorings, die gleichzeitig in der Persönlichkeitsentwicklung einen hohen Stellenwert genießt. Es handelt sich hierbei um die Visualisierungsmaßnahmen: Diese hast du bereits in „Aufgabe 2" vom Kapitel „Schritt 1" in diesem Buch kennengelernt. Nutze diese Methode vor allem bei den Zielen, die dir unlieb sind. Die Visualisierungen werden dich besser bei Motivation und Laune halten. Eine mögliche Visualisierung wäre der „Fortschrittskuchen". Hänge die Visualisierungen am besten deutlich sichtbar an einer Wand bei dir zuhause auf.

Abschließend verbleibt eine wichtige Frage: Wie und wann änderst du etwas an deinen Zielen?

Genau hierfür ist das Monitoring nämlich da: um bei Bedarf etwas an den Zielsetzungen zu ändern. Das zentrale Problem beim Ändern von Zielen ist, dass man nicht immer ganz sicher ist, ob die Ziele nun zurecht geändert werden oder ob es die falsche Entscheidung ist. Es kommt nämlich des Öfteren vor, dass Personen ihr Ziel gut und konsequent verfolgen, aber es trotzdem abbrechen. Dann heißt es, es sei zu schwer gewesen. Aber war es das wirklich?

Eine allgemeine Formel dafür, wann Ziele abgebrochen werden sollten, gibt es nicht. Offensichtlich ist, dass du keine Ziele verfolgen solltest, an denen dir nichts liegt oder mit denen du anderen keinen angemessenen Gefallen erweist, der die Mühe rechtfertigen würde. Zum Verfolgen solch falscher Ziele sollte es ohnehin nicht kommen, wenn du die Ratschläge und Anleitungen in diesem Ratgeber befolgst. Nun ist es möglich, dass du selbst beim Verfolgen der richtigen Ziele und der Anweisungen in diesem Ratgeber irgendwann den Drang verspüren könntest, einzelne Ziele zu ändern …

Erlaubt und wichtig sind Änderungen, wenn du merkst, dass du ein zu hohes Pensum gehst. Vor allem in den ersten Wochen neuer Zielsetzungen ist die Erkenntnis nicht unüblich, dass man sich ein bisschen zu viel vorgenommen hat. Jetzt das Tempo zu entschärfen, ist hilfreich. Entweder streichst du weniger wichtige Ziele oder du reduzierst das Tempo beim Erreichen dieser Ziele.

Eine weitere Situation, in der sich Zielsetzungen ändern, sind Veränderungen des eigenen Charakters, bestimmter Denkweisen und der Lebensumstände. Ein Paradebeispiel hierfür liefert der Autor Eric Adler in seinem Werk *Mehr vom Leben* (2014): Eine Person setzt sich das Ziel, der erfolgreichste Vertreter seiner Firma zu sein. Auf dem Weg zu diesem Ziel lernt er eine Frau kennen, mit der er eine Beziehung beginnt. Mit diesem einen Kennenlernen verschieben sich die Schwerpunkte im eigenen Leben quasi schlagartig. In solchen Situationen ist es ebenfalls nicht verkehrt, die eigenen Ziele zu ändern oder unter Umständen komplett zu streichen.

Damit sind wir mit den Situationen, die zum Ändern oder Abbrechen von Zielen berechtigen, nicht am Ende: Es existieren Ziele, die man aufnimmt, obwohl man sich nicht sicher ist, dass sie wirklich zu einem und der jeweiligen Situation im Leben passen. Sogar beim Lesen dieses Ratgebers und bei dem Befolgen all der hilfreichen Ratschläge könnte es dazu kommen, dass du dir über deine Zukunft ungewiss bist. Dann gilt der Tipp: Probiere alles aus, was dir nur im

Ansatz zusagt. Versuche gern Neues. Manchmal geht es nur über das Probieren und Beobachten. Finde durch das Tun heraus, welche Ziele dir liegen und welche nicht. Habe den Mut, Ziele abzubrechen und neue Ziele festzulegen, wenn dir etwas bei den ersten Anläufen nicht zusagt. Wichtig: Brich nicht gleich bei der ersten Hürde ab, sondern gib der Sache geduldig eine Chance.

Ich hoffe, diese paar Hinweise konnten dir helfen, herauszufinden, wann du Ziele abbrechen solltest und wann nicht. Grundsätzlich gilt trotzdem: Es gibt keine allgemeine Formel. Du wirst selbst intuitiv entscheiden müssen, wann eine Änderung der Ziele angebracht ist. Behalte jedoch im Hinterkopf, dass du Ziele, bei denen du bereits mehr als 50 % des Weges beschritten hast oder die dich viel kosten (z. B. Fernstudium) lediglich in den äußersten Fällen abbrechen solltest.

Abschlussaufgabe

Falls du die Aufgaben in diesem Kapitel erledigt hast, ist die langfristige Planung bereits durchgeführt und deine Ziele stehen. Im Idealfall hast du mit dem Verfolgen der Ziele bereits begonnen. Worum könnte es dann in der Abschlussaufgabe überhaupt gehen? Jetzt wird es im Hinblick auf dein Umfeld interessant: Angesichts der Tatsache, dass alle deine Ziele stehen, kannst du dich mit deinem Umfeld über deine Zielsetzungen unterhalten, dir Meinungen einholen und bei Notwendigkeit das Umfeld neu gestalten. Erfrage, was die Personen von deinen Zielen halten. Konstruktive Kritik kannst du gern annehmen und Änderungen an deinen Zielen vornehmen. Versuche, falls du komplett neuartige Ziele im Leben hast, neue inspirierende Bekanntschaften in Bezug auf deine jeweiligen Ziele zu knüpfen.

Schlusswort

Jeder Leser schreibt seine eigene Geschichte. Du hast das Blatt Papier, den Stift und eine Reihe an Ideen. Nun entscheidest du, welche Geschichte du schreiben möchtest. Danach richten sich deine Ziele aus. Willst du die Geschichte eines Karrieremenschen schreiben, der ein umfassendes Knowhow hat und sich in der Arbeit selbst verwirklicht? Möchtest du Menschen erreichen und deine Ansichten verbreiten? Schlägt dein Herz für deine Familie und definierst du dein Leben über dein Familienglück?

Welchen Weg auch immer du wählst: Du kannst ihn gehen und all deine Ziele erreichen, sofern du sie realistisch setzt und eine gewisse Balance gewährleistest. Diese Balance braucht jeder Mensch in seinem Leben. Es kann sich nicht alles um ein Ziel drehen, wenn man in seinem Leben nicht zu viel verpassen will. So sehen es Wissenschaftler, Psychologen, Bedürfnis-Forscher und viele weitere Personengruppen, die auf dem Gebiet der Persönlichkeitsentwicklung und Zielsetzung etwas zu sagen haben. Daher ist der größte Hinweis dieses Ratgebers, dass wir Menschen – so verschieden wir auch sein mögen – im Kern dieselben Bedürfnisse haben und dieselben Komponenten im Leben brauchen. Hierzu gehören existenzielle Bedürfnisse, körperliches und geistiges Wohlbefinden, ein soziales Umfeld und die Möglichkeit, uns selbst zu verwirklichen. Wie viel wir von diesen Dingen benötigen, das ist jedoch eine individuelle Sache.

Überlege, was du in deinem Leben als wichtig für dich erachtest. Erstelle nach Anleitung dieses Buches einen sorgfältigen

Klare Ziele

Plan mit Zielen. Denn ohne einen Plan Ziele zu setzen und zu verfolgen, ist kaum möglich. Leider schlagen erstaunlich viele Menschen einen solchen Weg ein. Folglich irren sie in einigen Lebensbereichen oder sogar im kompletten Leben umher. Sie holen nicht das Optimum aus ihrem Leben heraus. Manchmal bleiben Talente ungenutzt, manchmal kommen die Personen aus Verzweiflung sogar auf die schiefe Bahn. Einige hätten womöglich die Chance gehabt, ganze Nationen oder sogar die Welt positiv zu prägen, ließen ihr Leben aber ziellos verstreichen.

In unserer Kindheit braucht es meist keinen Plan, weil ein Großteil des Lebens fremdbestimmt ist. Die Schule mit dem Lehrplan und den Lehrern als durchsetzenden Personen geben uns einen Rahmen vor, die Eltern mit ihrer Erziehung den anderen Rahmen. Schon hier zeigt sich: Wenn Eltern die Leine locker lassen, dann passiert es nicht selten, dass Kinder ihre schulischen Pflichten vernachlässigen und die dortigen Ziele nicht erreichen können. Wenn ein Teil im System des Menschen nicht funktioniert, treten Wechselwirkungen auf, die andere Teile ebenfalls negativ beeinflussen können. Schon in der Kindheit wird also deutlich, wie fein und eng das System „Mensch & Umfeld" funktioniert. Im Erwachsenenalter ist es dann genau dasselbe Thema, nur dass du selbst mehr Verantwortung übernehmen musst.

Habe den Mut, mit einer eigenen Zielsetzung die Verantwortung zu übernehmen. Womöglich ist dies die größte Herausforderung: die Komfortzone zu verlassen und selbst Entscheidungen zu treffen. Dass dabei Fehler unterlaufen, ist nur allzu wahrscheinlich. Denn ein Leben ist lang und vor allem in den frühen 20ern eines jeden Menschen ist die Erfahrung gering. Doch es werden wenigstens deine Fehler sein – sie werden dein Markenzeichen tragen und du wirst später von ihnen erzählen können, um anderen Menschen zu helfen oder sie zu warnen. Außerdem senkt jeder Fehler die

Wahrscheinlichkeit, dass du weitere Fehler begehst. Schließlich lernst du dazu.

Überlege, an welchen Stellschrauben du in deinem Leben drehen möchtest. Wer weiß – vielleicht merkst du dank dieses Ratgebers, dass du bereits alles hast, was du haben möchtest? Im Streben nach Mehr hat so manch ein ambitionierter Mensch gemerkt, dass es eigentlich nicht mehr sein muss. Lasse dich also nicht von bestimmten Ambitionen in dir blenden, sondern berücksichtige bei allem – in dir drin und bei dem, was von außen auf dich einwirkt – das große Ganze. Viel Erfolg dabei!

Verweise und weiterführende Literatur

Literatur-Quellen:

Adler, E.: *Mehr vom Leben – Die 12 Naturgesetze zum Erfolg©*. München: Südwest Verlag, 2014.

Hollywood, C.: *Wer will, der kann! Wie du deine Ziele schneller und einfacher erreichst*. Heidelberg: dpunkt.verlag GmbH, 2018.

Moestl, B.: *Der Weg des Tigers*. München: Knaur Verlag, 2013.

Proske, H.; Reichert, J. F.; Reiff, E.: Richtig priorisieren. Freiburg: Haufe-Lexware GmbH & Co. KG, 2014.

Schmidbauer, W.: *Die gelassene Art, Ziele zu erreichen! Abschied vom Erfolgszwang*. Freiburg im Breisgau: KREUZ VERLAG, 2012.

Online-Quellen:

Asendorpf, J. B.; Banse, R.; Wilpers, S.; Neyer, F. J.: Diagnostica 1997, 43, Heft 4, 289:313, *Beziehungsspezifische Bindungsskalen für Erwachsene und ihre Validierung durch Netzwerk- und Tagebuchverfahren*. Göttingen: Hogrefe-Verlag, 1997, von https://www.psychologie.hu-berlin.de/de/prof/per/downloads/Bindungsskalen.pdf, abgerufen 08.03.2021

Carroll, R.: The Bullet Journal Merthod, von https://bulletjournal.com/. (Download vom 25.02.2021, 19:55 Uhr).

Clauß, M.; Kern, C.: Südwest Presse, *Multi-Millionärin durch Aktien: „Börsen-Oma" aus Ulm ist tot.* (29. September 2020). https://www.swp.de/suedwesten/staedte/ulm/beate-sander-ulm-tod-burch-krebs-vermoegen-boerse-boersen-oma-aktien-millionen-51893466.html, abgerufen 08.03.2021

Deutsche Gesellschaft für Ernährung e. V., *Vollwertig essen und trinken nach den 10 Regeln der DGE.* (Download vom 25.02.2021, 19:44 Uhr). https://www.dge.de/ernaehrungspraxis/vollwertige-ernaehrung/10-regeln-der-dge/.

Müller, T.: ÄrzteZeitung, *Wer sechs bis acht Stunden pro Nacht schläft, lebt am längsten.* (28. Dezember 2018). https://www.aerztezeitung.de/Medizin/Wer-sechs-bis-acht-Stunden-pro-Nacht-schlaeft-lebt-am-laengsten-232317.html, abgerufen 08.03.2021

Ries, F.: https://www.fabianries.de/. *Das Lebensrestaurant.* (1. November 2015). https://lebensrestaurant.de/lebensrestaurant-geschichte/, abgerufen 08.03.2021

Schmermund, K.: Forschung & Lehre, *Warum wir wieder mehr mit der Hand schreiben sollten.* (04.02.2020). https://www.forschung-und-lehre.de/forschung/warum-wir-wieder-mehr-mit-der-hand-schreiben-sollten-2504/, abgerufen 08.03.2021

Stanzl, E.: Wiener Zeitung .at, *Was die Handschrift im Gehirn bewirkt.* (10.02.2015). https://www.wienerzeitung.at/nachrichten/wissen/mensch/734175-Was-die-Handschrift-im-Gehirn-bewirkt.html, abgerufen 08.03.2021

Washington, D.: YouTube-Channel von AlexKaltsMotivation, *WATCH THIS EVERYDAY AND CHANGE YOUR LIFE - Denzel Washington Motivational Speech 2020.* (Download vom 25.02.2021, 19:50 Uhr). https://www.youtube.com/watch?v=tbnzAVRZ9Xc&t=260s.

Weiss, B.: Der Tagesspiegel, Einsamkeit macht Menschen krank. (01.09.2012). https://www.tagesspiegel.de/wissen/psychologie-einsamkeit-macht-menschen-krank/7080868.html, abgerufen 08.03.2021

ZSH GmbH, *Effizient lernen: die vier besten Lerntechniken für Zahnmedizin-Studenten.* (23. Juni 2020). https://www.zsh.de/blog/lerntechniken-zahnmedizin-studenten#_Toc42861265, abgerufen 08.03.2021

Das Mind-Power-System

Durch mentale Stärke und positives Denken zum Erfolg.

So baust du in 6 Schritten ein unerschütterliches Gewinner-Mindset auf.

PATRICK DRECHSLER

Inhaltsverzeichnis

Einleitung..283

Mental stark: Was es dir bringt, was es bedeutet und wie
du es schaffst...287

    Mentale Stärke bringt dir Fortschritt und
    Widerstandskraft!...288

    Was bedeutet es, mental stark zu sein? Was brauchst
    du dafür?..298

    Personengruppen, an denen man sich ein Beispiel
    nehmen kann..308

    Das Wichtigste auf den Punkt gebracht..................313

MPS Schritt 1: Gegenwart leben, achten und genießen..315

    Ab heute zählt für dich die Gegenwart 318

    Wie du mittels Achtsamkeit Erkenntnisse gewinnst...324

    Realismus und Märchen werden klar getrennt 329

    Erwartungen sind wichtig, gehören aber nur
    bedingt in die Gegenwart......................................333

    MPS Schritt 1 in Kürze...338

MPS Schritt 2: Erkenne deinen Wert..............................341

    Wertschätzung entwickeln bedarf klarer
    Anhaltspunkte 342

    Rede es dir ein, und es wird sein!...........................349

    Vorsicht! Wann ist es zu viel der Wertschätzung? 353

Körperliches Wohlbefinden für mehr
Wertschätzung..355

MPS Schritt 2 in Kürze..357

MPS Schritt 3: Was du wirklich willst, wirst du
auch tun!..359

Wenn du es nicht willst oder musst, dann lass es!......360

Mit der Entschlossenheit kommt die mentale Stärke....368

Hindernisse akzeptieren und behutsam aus dem Weg
räumen..373

MPS Schritt 3 in Kürze..377

MPS Schritt 4: Reduziere deine Bedenken!..................379

Umgang mit kleineren Sorgen: Sind es die Lacher
von Morgen?..379

Umgang mit größeren Sorgen, die Leben,
Existenz und Zukunft gefährden.................................383

Langsamkeit schlägt Eile..390

MPS Schritt 4 in Kürze..393

MPS Schritt 5: Arbeite an deinen Skills!......................395

Über den Nutzen von Fähigkeiten..............................397

Welche Fähigkeiten und Ressourcen brauchst du?....400

3 Tipps zur Verbesserung deiner Fähigkeiten.............405

MPS Schritt 5 in Kürze..409

MPS Schritt 6: Weitermachen!....................................411

Lektion 1: Sei deinen Feinden gegenüber
wohlgesonnen und respektvoll....................................412

Lektion 2: Vergiss nie, wo du herkommst...................414

Lektion 3: Geben und Nehmen sind beide notwendig. 415

Lektion 4: Nutze Macht, um mit anderen zusammen Ziele zu erreichen. 416

Schlusswort 419

Verweise 421

Einleitung

Dein Vorgesetzter bei der Arbeit hat dich kritisiert. Ihm gefiel dein Entwurf nicht, den du abgegeben hast. Noch dazu hast du den Entwurf am allerletzten Tag, dem Fälligkeitstermin, abgegeben. „Zeitlich ziemlich eng kalkuliert, hm?", provoziert der Vorgesetzte mit einem schelmischen Grinsen auf dem Gesicht. Du weißt, dass er irgendetwas gegen dich hat. *Ist doch egal, wann du den Entwurf abgibst, solange es pünktlich ist!* Aber er reitet darauf herum. Dann kritisiert er deine Arbeit besonders penibel. Oder hat er etwa recht? Kritik konntest du schließlich nie gut ab, hast sie immer persönlich genommen. Vom Ende dieses grausamen Arbeitstages an über die komplette Dauer deines Feierabends bis in die nächsten Tage bist du verärgert. Es brodelt in dir, du bist verunsichert, du hast keine Lust auf die Arbeit – alles wegen der Kritik eines Vorgesetzten, der dich nicht leiden kann.

Wie wäre es mit einem anderen Beispiel? Anstrengende Vorgesetzte und mangelnde Kritikfähigkeit sind nur zwei von vielen Problemen, die auf diesem Planeten auftreten. Ein anderes ist dein innerer Schweinehund: Hast du es schon mal erlebt, wie du etwas unbedingt wolltest, aber dir einfach die Disziplin dafür gefehlt hat? Regelmäßig musstest du diese eine Sache, die dir so sehr am Herzen lag, aufschieben. Irgendwann verpuffte dein Traum in der Luft. Du bist in deinem Hamsterrad geblieben und hier sitzt du nun in der Hoffnung, dass dir dieses Buch hilft, in Zukunft all deine Träume und Herzensangelegenheiten konsequent in die Tat umzusetzen. Denn u. a. das bedeutet mentale Stärke: beständig an den eigenen Vorhaben dranzubleiben.

Mentale Stärke bedeutet auch, resilient zu sein. Mit Resilienz ist deine Widerstandsfähigkeit gegenüber schlechten Erfahrungen und Erlebnissen gemeint. Dazu gehört einerseits der richtige Umgang mit Vorgesetzten, die es auf dich abgesehen haben. Andererseits umfasst die Resilienz andere Aspekte, wie z. B. deine Fähigkeit, mit Verlusten umzugehen. Verluste können sich in finanzieller Form äußern, aber ebenso darin, dass du einen geliebten Menschen verlierst. Zu weinen und zu trauern ist in diesen Fällen bei weitem nicht das Problem, es ist vielmehr heilend. Was ein Problem darstellt, ist der Verlust jeglicher Motivation, Lebenslust und Zuversicht durch schwere Schicksalsschläge. Mentale Stärke hilft dabei, wieder mit beiden Beinen ins Leben zu finden.

Mentale Stärke lässt sich, wie du siehst, auf viele Weisen beschreiben und mit Beispielen belegen. In jedem Menschenleben kommt es dazu, dass wir unsere mentale Stärke auf verschiedenen Wegen unter Beweis stellen müssen – um zu überleben, um weiterzuleben und/oder um besser zu leben. Wir kommen nicht umhin, uns den Herausforderungen, die das Leben bereitet, zu stellen. Früher oder später verlieren wir alle einen geliebten Menschen, haben Probleme in der Familie oder zweifeln an uns selbst. Es ist unausweichlich.

Das Prinzip der Unausweichlichkeit ist der Grund, weshalb du diesen Ratgeber liest. Die Herausforderungen im Leben werden kommen oder sind bei dir sogar schon gekommen. Am besten kannst du mit Herausforderungen umgehen, wenn du Hilfe erhältst. Dieses Buch ist deine Hilfe für Herausforderungen in allen Lebenslagen, um mentale Stärke zu entwickeln und von ihr Gebrauch zu machen. Es hilft dir einerseits bei einzelnen Problemen, indem es verschiedene Beispiele vorstellt und Lösungen nennt. Andererseits – genau dies ist der rote Faden im Buch und der Grund, weswegen du es Schritt für Schritt von Anfang bis Ende lesen solltest – ist es eine ganzheitliche Anleitung, um generell mentale

Stärke zu entwickeln. Das erste Kapitel vermittelt dir wertvolles Knowhow über die verschiedenen Faktoren mentaler Stärke und den Weg dorthin. Danach kommt das **Mind-Power-System (MPS),** eine 6 Schritte-Anleitung, die dich für verschiedenste Situationen mit mentaler Stärke ausstattet. Folge daher der Struktur dieses Buches und werde mithilfe der Inhalte ganzheitlich glücklicher, erfolgreicher, krisensicherer und optimistischer.

Mental stark: Was es dir bringt, was es bedeutet und wie du es schaffst

Die Vorteile und Mehrwerte mentaler Stärke, die in der Einleitung angeschnitten wurden, sind nur ein kleiner Teil dessen, was du als mental starke Person bewerkstelligen kannst. Mentale Stärke steht in Verbindung mit Widerstandskraft: Wenn eine Person trotz Krisen immer wieder zum Erfolg zurückfindet, wird sie als stark angesehen.

Besonders interessant ist es dabei, nicht nur die Fälle berühmter erfolgreicher Menschen zu betrachten. Bekannte Persönlichkeiten aus dem öffentlichen Leben wie Sylvester Stallone (war pleite und vor der Obdachlosigkeit), Thomas Hitzlsperger (outete sich als einer der ersten Fußballer als homosexuell) und Coco Chanel (arbeitete sich aus dem Kloster zur weltbekannten Modeschöpferin durch) gelten als Paradebeispiele für mentale Stärke. Aber abgesehen von diesen berühmten Beispielen gibt es überall um dich herum Menschen mit mentaler Stärke. Ideale Beispiele sind Personen in harten Berufen, die schlecht bezahlt werden. Trotz des mauen Gehalts können einige dieser Personen ihre Familie versorgen und ihr Leben außerhalb der Arbeit sogar noch genießen – ist das nicht bewundernswert? Oder aber wir nehmen Teenager als Beispiel, die gerade in der Pubertät stecken und sich Sorgen um ein schwerkrankes Elternteil machen, aber ihre Abschlussprüfungen in der Mittelstufe trotzdem mit Bravour hinbekommen – nötigt das einem, in Anbetracht des zarten Alters einer jugendlichen Person, nicht höchste Anerkennung ab? Ein weiteres Beispiel sind alleinerziehende Elternteile, die nach dem Tod ihres Ehepartners Witwer sind, doppelt bis dreifach so viel Arbeit wie andere Elternteile verrichten und nebenbei ihrem Kind erklären müssen, wieso es nicht Vater *und* Mutter gibt – ist dies nicht ebenfalls der Inbegriff mentaler Stärke?

Mentale Stärke ist, wie diese Beispiele und zahlreiche weitere zeigen, nicht nur eine Frage des Erfolgs in Form von Bekanntheit, Ruhm und Medienwirksamkeit. Mentale Stärke spiegelt sich täglich bei einer Vielzahl an Durchschnittsbürgern wider. Dieses Kapitel zeigt dir die vielen Facetten mentaler Stärke. Außerdem erklärt es dir, wieso dir mentale Stärke in diversen Lebenssituationen hilft.

Mentale Stärke bringt dir Fortschritt und Widerstandskraft!

Fortschritt spielt für den Sinn des Lebens eine entscheidende Rolle. Denn der Mensch möchte sich entwickeln und seine Persönlichkeit entfalten. So hat es bereits Maslow in seiner Bedürfnispyramide erfasst, indem er das Bedürfnis nach Selbstverwirklichung als einziges Wachstumsbedürfnis eingestuft hat: Es wächst mit dem Ausmaß der Befriedigung und nimmt nicht ab. Demnach gilt: Wir Menschen wollen immer mehr!

Jede Person hat eine eigene Auffassung davon, was Weiterentwicklung, Persönlichkeitsentwicklung und „mehr wollen" bedeuten. Aber jede Person wird auf diesem Weg Herausforderungen begegnen. Je nachdem, ob man eine Familie gründet, sich voll dem Sport, seinem Unternehmen oder anderen Dingen widmet, kommen früher oder später verschiedenste Schicksalsschläge oder Probleme auf. Die Entwicklung mentaler Stärke hilft dabei, sowohl in negativ als auch positiv wahrgenommenen Zeiten Fortschritte zu machen. Zudem wird die Widerstandskraft ausgeprägter, was wichtig ist, um an Herausforderungen nicht zu zerbrechen, sondern so weiterzumachen, wie man es sich für sein Leben vorgenommen hat.

Am Anfang steht die Herausforderung

Herausforderungen, Hindernisse und Schicksalsschläge im Leben lassen sich mit negativen und positiven Emotionen verknüpfen. „Positive Emotionen bei Schicksalsschlägen? Auf dem Papier ist das leicht gesagt, aber im Leben wohl kaum!", wirst du dir vielleicht denken. Da hast du fürs Erste recht. Wer von einer schweren Erkrankung erfährt oder ein Familienmitglied verliert, wird definitiv nicht die positiven Seiten dessen beleuchten. Dieses Verhalten ist menschlich. Die negativen Emotionen sind da und müssen angenommen werden. Auch, wenn es für betroffene Personen in ihrer schicksalhaften Situation schwer vorstellbar sein mag, lässt sich aus diesen Situationen dennoch Stärke gewinnen.

Es existieren Personen, die das Leben an sich vorbeiziehen ließen, ohne es auszukosten und die vielen Möglichkeiten, die sie hatten, wahrzunehmen. Als sie die Diagnose bekamen, sie hätten nur noch wenige Monate zu leben, waren sie zuerst schockiert, aber rafften sich innerhalb einiger Tage oder Wochen dazu auf, das Leben zu nutzen – im Angesicht des Todes kam die Erkenntnis, leben zu wollen. Ferner gibt es Fälle, in denen der Verlust von Menschen ungeahnte Kräfte in trauernden Personen freisetzte. Plötzlich krempelten sie ihr ganzes Leben um, um beispielsweise als alleinerziehender Vater und Witwer dem Kind all die Liebe zukommen zu lassen, die die Mutter auf dem Sterbebett sich für ihr Kind gewünscht hatte; Rabenväter wurden zu Vorzeigevätern. Schlechte Schüler wurden ihrer verstorbenen Väter zuliebe zu Vorzeigeschülern und machten Karriere. Der Hirnforscher Gerhard Roth nennt dies die „Teachable Moments":

Momente, die den Menschen emotional derart tief berühren, dass sie ihn von einem Moment auf den anderen zu einer Veränderung der bisherigen Verhaltensweisen animieren.

> **Beispiel**
>
> Christiano Ronaldo ist mehrfacher Weltfußballer. Er hat mit seinen Vereinen zahlreiche nationale und internationale Titel gewonnen. Am Anfang seiner Karriere war er ein großes Talent und sein Vater stolz auf ihn. Doch der Vater starb früh und erlebte den Aufstieg seines Sohnes zum Weltfußballer und mehrfachen Titelträger nicht mit. In den letzten Jahren verwies Christiano Ronaldo in den sozialen Medien und Interviews immer wieder darauf, dass er seinen gesamten Erfolg seinem Vater widmet. Er brach im Fernsehen mehrmals in Tränen aus. Auch jetzt noch, in einem für Fußballer hohen Alter von 34 Jahren (Stand: November 2020), ist Christiano Ronaldo einer der besten seiner Zunft. Er schießt Tore um Tore und ist ein absoluter Führungsspieler. Wie bis ins hohe Fußballeralter Ehrgeiz, Disziplin und ein leistungsfähiger Körper aufrechterhalten werden konnten, lässt sich womöglich nur unter Einbezug der Bedeutung des Vaters von Christiano Ronaldo vollständig klären. Es scheint ein berühmtes Beispiel für einen „Teachable Moment" zu sein.

Menschen, die diese „Teachable Moments" durchlaufen, sind nicht zwingend mental stark. Manchmal verdrängen sie durch die neu gewonnene Disziplin und Handlungsbereitschaft die Trauer, was für die Psyche nicht gesund ist. Aber dies ist ein anderes Thema. Fürs Erste sei festgestellt, dass aus Schicksalsschlägen gestärkte Persönlichkeiten hervortreten können, die mentale Stärke aufweisen.

Eine andere Situation ergibt sich bei beruflichen oder privaten Herausforderungen, die man sich mehr oder weniger selbst auferlegt. Beispiele sind Umzüge und daraus resultierende neue Lebenssituationen, anstehende Projekte bei der Arbeit oder Diäten zur Gewichtsabnahme: Im Gegensatz zu extern gelenkten, nicht beeinflussbaren Schicksalsschlägen sind berufliche und private Herausforderungen teilweise selbst verursacht. Man sieht in der Herausforderung etwas oder sogar viel Positives, weswegen der Entschluss fällt, sich der Herausforderung zu stellen. Diese privaten Herausforderungen sehen im Vergleich zu den zuvor erwähnten Schicksalsschlägen harmloser aus, sollten aber nicht unterschätzt werden. Beispielsweise können die Auswirkungen eines Umzugs auf die Psyche von Kindern erheblich sein.

Beispiel

In einer Studie analysierten Forscher um Roger Webb von der University of Manchester die Daten von Kindern in Dänemark, die zwischen 1971 und 1997 geboren worden waren. Im Fokus standen die Auswirkungen der Umzüge auf die Kinder, sobald sie im Erwachsenenalter waren. Je häufiger in der Kindheitszeit Umzüge stattfanden, umso höher fielen die Risiken für Suizidversuche, psychische Erkrankungen, Drogenabhängigkeit und Gewalttaten als Erwachsene aus. Die finanziellen und sozialen Verhältnisse der Eltern spielten bei alledem scheinbar keine Rolle. Alle Kinder waren gleichermaßen vom Risiko betroffen. Ähnliche Erkenntnisse machte der Psychologe Shigehiro Oishi, dessen Ausführungen im *Journal of Personality and Social Psychology* (2010, Band 98) veröffentlicht wurden. Als Ursachen für die Probleme durch Umzüge bei Kindern gelten u. a. die radikalen Einschnitte im Vergleich zum bisherigen Lebensverlauf. Die sozialen Kontakte fallen weg und es müssen neue geknüpft werden. Die Gegend ist neu.

> Eventuell sind die eigenen Hobbies nicht mehr wie früher praktizierbar. Passend dazu zeigte sich in den Studien, dass junge Kinder mit Umzügen am besten klarkamen. Kritisch wurde es bei den Kindern erst ab Beginn der Pubertät.

Schon ein Umzug kann für Personen also eine große Herausforderung mit potenziell starken Auswirkungen auf das künftige Leben sein. Neben diesen beiden Erhebungen zu negativen Auswirkungen von Umzügen lässt sich feststellen, dass es bei Kindern auch anders geht: Einige gehen aus dem Umzug gestärkt hervor. Sie lernen, sich in neuen Umfeldern schnell zurechtzufinden. Diese und weitere Lehren aus dem Umzug werden auf das spätere Leben übertragen.

Herausforderungen, Hindernisse, Schicksalsschläge und andere Ereignisse im Leben stellen uns Menschen also auf verschiedenste Weisen auf die Probe. Unsere Aufgabe im Rahmen dieser Probe ist es, uns möglichst schnell den Anforderungen zu stellen und eine Umgangsweise zu finden. Wenn dies gelingt, haben wir die Chance, an den Herausforderungen zu wachsen. Dadurch, dass wir nicht zusammenbrechen und aufgeben, sondern die Herausforderung bewältigen, stellen wir uns mentale Stärke unter Beweis. Je häufiger dies in verschiedenen Lebenssituationen passiert, umso mehr stärken wir uns generell, sodass wir immer schneller und immer mehr Herausforderungen trotzen können.

Was wäre das Leben ohne diese Herausforderungen und Schicksalsschläge? Ein solches Leben wäre zum einen unmöglich, zum anderen würde ein gewisser Reiz fehlen. Jeder Mensch auf diesem Planeten verliert irgendwann geliebte Menschen. Und wenn er sie nicht verliert, weil er keine geliebten Menschen hat, umgibt ihn kein soziales Umfeld, was das Leben weniger lebenswert macht. Ein Leben ohne

Freunde und Familie? Trostlos, ohne Unterstützung, ohne Beistand, einsam. Auch die kleineren Herausforderungen im Leben sind unvermeidbar: Früher oder später muss jede Person für sich selbst sorgen, was bereits mit Arbeit, Kochen, Ordnung halten und allem Drum und Dran eine Herausforderung ist. Wer aufgrund einer Krankheit nicht für sich selbst sorgen kann, hat die Krankheit als Herausforderung.

Gehen wir trotz all diesen Erkenntnissen einmal davon aus, es gäbe ein Leben ohne Herausforderungen und Schicksalsschläge: Wie könnten wir dann noch unsere mentale Stärke unter Beweis stellen? Wir müssten es zwar nicht, aber wäre das Leben dann noch lebenswert? Dies ist einfach ein Denkanstoß für dich, der unbeantwortet bleibt. Du kannst dir gern deine eigenen Gedanken dazu machen.

Tatsache ist, dass es immer Herausforderungen und Schicksalsschläge im Leben gibt. Sie fungieren als Gradmesser für mentale Stärke. Wer mentale Stärke unter Beweis stellt, entwickelt sich weiter und härtet sich für die weiteren Abschnitte des Lebens ab. Die gewonnenen Erfahrungen können mit anderen Menschen geteilt werden, was die Vorteile mentaler Stärke steigert. Es lässt sich zwischen zwei Arten von mentaler Stärke unterscheiden: offensiv und defensiv. Offensiv ist sie, wenn wir uns Ziele setzen und diese erreichen möchten. Es sind Herausforderungen, die wir freiwillig annehmen. Die defensive mentale Stärke ist die Resilienz; die Fähigkeit, sich nach Verlusten und Niederlagen wieder fangen zu können und auf unerwartete Herausforderungen zu reagieren.

Resilienz: Du verspürst Sicherheit in schwierigen Phasen

Unter Resilienz versteht man die psychische Widerstandsfähigkeit in kritischen Situationen und Krisen. Resiliente Menschen legen einen besseren Umgang mit den Herausforderungen an den Tag als nicht resiliente Menschen. Falls sie die Krise lösen oder das Leben infolge der Krise auf eine neue Weise fortsetzen und dabei nach vorne schauen, gelten Menschen als resilient. Voraussetzung ist dabei, dass sie sich nicht unterkriegen lassen und vergleichsweise schnell die Lösung der Krise angehen, ohne sich von negativen Emotionen allzu lange aufhalten zu lassen.

Die Grundsteine für Resilienz werden im Kindesalter gelegt. Max Janson verweist in seinem Werk *Resilienz trainieren* (2020) auf folgende Faktoren in der Kindheit, die eine ausgeprägte Resilienz im Erwachsenenalter begünstigen würden:

- ➢ Kinder haben den Mut und die Offenheit, über ihre Emotionen zu sprechen
- ➢ Schulleistungen sind besser als erwartet
- ➢ intaktes Familienleben
- ➢ Eltern der Kinder sind berufstätig

Armut oder Reichtum würden Janson zufolge eine untergeordnete Rolle spielen. Wenn, dann sei von Kindern aus wohlhabenden Haushalten eine geringere Resilienz im Erwachsenenalter zu erwarten, weil sie von ihren Eltern „überbehütet" werden könnten; ein Faktor, der der Resilienz im Wege steht. Passend hierzu gibt es eine Studie von der US-amerikanischen Entwicklungspsychologin Emmy Werner, die den Beginn der Resilienzforschung einleitete. Im Rahmen ihrer Studie beobachtete sie die Entwicklung von 700 Kindern auf Hawaii, die in ärmlichen Verhältnissen aufwuchsen. Auffällig war, dass trotz der schwierigen Bedingungen (Gewalt, Drogenmissbrauch und niedriger Bildungsstand der Eltern ein Drittel der Kinder zu sozial integrierten und berufstätigen Erwachsenen heranwuchs. Was fast alle diese Kinder gemeinsam hatten, war das Vorhandensein mindestens einer vertrauten Bezugsperson in ihrem Umfeld, die auf ihre Bedürfnisse einging.

Ob zur Kindheitszeit oder im Erwachsenenalter: Resilienz lässt sich trainieren. Dabei kommt dem Umfeld eine wichtige Rolle zu, denn es vermag zu lehren, zu stärken und zu stützen. Andersrum kann es natürlich negativen Einfluss ausüben. Du erfährst in diesem Ratgeber zum richtigen Zeitpunkt, wie du dir ein resilientes Umfeld aufbaust. Fakt ist bis hierhin, dass Resilienz in schwierigen Lebensphasen wichtig ist: Werde widerstandsfähig und du wirst trotz Schicksalsschlägen die Motivation zum Leben finden!

Beispiel

Der künftige US-amerikanische Präsident Joe Biden (Stand: November 2020) hat einen beeindruckenden Lebenslauf. Seinem politischen Erfolg zum Trotz, blieb er stets bodenständig. Angeblich sucht er seit seinem Jugendalter immer noch dasselbe Diner in seiner Heimatstadt auf, in dem er sich mit „normalen" – sprich nicht prominenten und nicht in der Politik tätigen oder berühmten – Menschen unterhält und ihnen die Hand schüttelt. Seit rund 50 Jahren ist er als Senator tätig. Er hat sich einen Namen als Mann für Hintertür-Deals gemacht. Die eine oder andere Besserung für Geringverdiener und Minderheiten konnte er auf diesem Wege erwirken. Was seine bodenständige, erfolgreiche und menschennahe Vita in ein noch beeindruckenderes Licht stellt, ist vor allem die Tatsache, dass er in seinem Leben bereits mehrere Schicksalsschläge zu verkraften hatte. Seine erste Frau und seine Tochter starben bei einem Verkehrs unfall. Er selbst blieb allein zurück. Mit seiner zweiten Frau gründete er eine neue Familie. Einer seiner beiden Söhne aus zweiter Ehe starb im Krieg. Wie konnte dieser Mann immer wieder aufstehen und so vorbildlich mit Trumps Attacke im TV-Duell umgehen, als dieser Bidens im Krieg verstorbenen Sohn als „Versager" bezeichnete? Er antwor tete sachlich, ohne in Tränen auszubrechen oder Trump zu beschimpfen.

> Der Mann ist resilient! Deswegen hat er immer einen Sinn im Leben gefunden und wurde selbst im hohen Alter zunehmend erfolgreich.

Du wächst; vielleicht sogar über dich hinaus

Resilienz ist eine defensive Form der mentalen Stärke, weil auf Lebenskrisen reagiert wird, die nicht selbst gemacht sind, sondern von außen kommen. Neben der Resilienz gibt es eine offensive Form mentaler Stärke, die vielschichtig ist: Ehrgeiz, Disziplin, Konsequenz, Entschlossenheit und andere Faktoren, die dazu beitragen, dass man sich selbst Ziele und Herausforderungen setzt. Wer sich selbst etwas vornimmt und es trotz aller Widrigkeiten umsetzen möchte, bereitet sich seine eigenen Herausforderungen. Dies tut die jeweilige Person, weil sie sich davon mehr Vorteile als Nachteile erhofft.

Ein Beispiel hierfür wäre die Anmeldung bei einem Verein, Klavierunterricht oder eine Diät – eine Person erfährt keinen Schicksalsschlag, sondern trifft für sich die Entscheidung, sich einer Herausforderung zu stellen. Ein Motiv dafür kann sein, mit dem Klavierunterricht den Ehrgeiz zu entwickeln, Neues zu erlernen und die eigenen Fähigkeiten zu erweitern. Das mögliche Motiv für eine Diät ist folgende Selbsterkenntnis, die ebenfalls von mentaler Stärke zeugt: Die Person hat erkannt, dass sie ein Problem mit ihrem Körpergewicht hat, das das Wohlbefinden erheblich mindert und für die Gesundheit gefährlich werden kann. Aufgrund dieser Einsicht fasst sie den Entschluss, eine Diät zu machen.

Diese offensiven Formen der mentalen Stärke zeugen von Lebenslust: Das Leben hält Möglichkeiten und Perspektiven bereit, die eine Person trotz der Herausforderungen umzusetzen bereit ist. Je ausgeprägter die mentale Stärke, umso länger hält die Person an der selbst gesetzten Herausforderung fest. Sie zieht Lehren aus den Missgeschicken oder Niederlagen, verbessert sich und setzt mit besseren Voraussetzungen neu an. Personen, die diese Art der mentalen Stärke haben, stehen neuen Entwicklungen und Ambitionen offen gegenüber. Sie wachsen durch den Eigenantrieb oftmals über sich hinaus, weil der Wille stärker ist als die potenziellen Hürden.

Mentale Stärke im zwischenmenschlichen Umgang

Mentale Stärke macht sich im zwischenmenschlichen Umgang daran bemerkbar, wie man auf Angriffe reagiert oder anderen Personen bei deren Herausforderungen und Schicksalsschlägen beisteht. Die Beispiel-Box über Joe Biden hat anhand des verbalen Angriffs von Trump auf Bidens im Krieg gefallenen Sohn gezeigt, wie sich mental starke Personen beispielsweise äußern: Sie lassen sich nicht von ihren Emotionen kontrollieren und messen verbalen Angriffen oft kaum oder gar keine Bedeutung bei. Mental stark zu sein, basiert dabei auch auf Erfahrungen. Diese sind in Gesprächen vorteilhaft, wenn es darum geht, sich zu wehren oder anderen zu helfen.

In der Position des Helfers hast du bei mentaler Stärke die Gelegenheit, anderen Personen beizustehen, indem du dich in sie hineinversetzt. Entweder warst du bereits einmal in der gleichen fordernden Situation wie die Person, der du zu helfen gedenkst, oder du kannst aufgrund ähnlicher sonstiger Erfahrungen auf das Befinden der Person Rückschlüsse ziehen. In letzterem Fall liegt eine sogenannte Transferleistung vor: Du transferierst deine Erfahrungen auf andere Anwendungsbereiche. Dadurch, dass du mental stark bist, bist du imstande, Personen authentische Ratschläge zu geben und hast eine hohe Glaubwürdigkeit. Einer Person, die selbst Krisen gemeistert hat, wird tendenziell mehr geglaubt als Menschen ohne diese Erfahrungen. Dadurch, dass du anderen Personen hilfst, sicherst du dir mit hoher Wahrscheinlichkeit sogar selbst Hilfe für die Zukunft. Denn wer weiß: Vielleicht wirst du irgendwann auf die Hilfe genau dieser Person angewiesen sein?

Gehen wir von der Form zwischenmenschlichen Umgangs aus, bei der du von anderen Personen verbal angegriffen wirst: Diese Personen können dich beleidigen, dir Steine in den Weg legen oder andere böse Absichten hegen. Entweder sind die Personen speziell dir gegenüber böse gesinnt oder aber sie legen generell gegenüber anderen Menschen ein solches Verhalten an den Tag. Mit mentaler Stärke bist du zuallererst imstande, dich nicht von deinen Überzeugungen abbringen zu lassen. Erinnerst du dich noch an die Einleitung, in der davon die Rede war, dass dein Vorgesetzter dich zu Unrecht kritisiert und du die Motivation verlierst? Solche Fälle gibt es. Einige Personen gehen damit mental stark um, indem sie erkennen, dass sich keine objektive Meinung hinter der Kritik verbirgt. Sie halten an ihren Überzeugungen fest und messen der Kritik keine Bedeutung bei, solange sie nicht objektiv ist: Die Freude an der Arbeit und dem sonstigen Alltag bleibt bestehen, der Feierabend wird nie von dem anstrengenden Vorgesetzten getrübt. Mentale Stärke bei der Verteidigung gegen verbale Attacken ist also ein Stück weit Glaubensfrage: Glaube ich an meine Fähigkeiten? Bin ich überzeugt davon, dass ich es schaffe, dieser Aufgabe gerecht zu werden? Glaube ich so sehr an den eingeschlagenen Weg, dass ich mit maximaler Entschlossenheit „mein Ding durchziehen" werde? Mit mentaler Stärke kehrt dieser Glauben ein.

Was bedeutet es, mental stark zu sein? Was brauchst du dafür?

Mentale Stärke im Allgemeinen ist eine Art „Cocktail aus Charaktereigenschaften und situationsbedingtem Handeln". Es gibt nicht DIE EINE mentale Stärke, sondern verschiedene Arten in Bezug auf verschiedene Herausforderungen des Lebens. Beispielsweise gibt es Menschen, die nur in Bezug auf einzelne Aktivitäten mental stark sind. Eine Person, die regelmäßig ins Fitnessstudio geht, immer die Gewichtsscheiben wegräumt und alles sauber hinterlässt, kann daheim den größten Saustall haben.

Die feinen Unterschiede und vielen Details mentaler Stärke geben dir bereits eine erste Richtung vor, wie du mentale Stärke trainieren kannst. Gelingt es dir z. B. bei der Arbeit oder im Sport Ordnung zu halten, aber daheim nicht, dann hast du eine situationsbedingte mentale Stärke. Ein Ansatz zum Training bzw. zur Besserung ist, die mentale Stärke auf weitere Situationen deines Lebens zu übertragen. Schritt für Schritt adaptierst du deine Stärken aus der Arbeit oder dem Sport auf dein Zuhause. Wie so etwas gelingen kann, wird noch Thema dieses Ratgebers sein.

Möchtest du in möglichst vielen Situationen mental stark sein, dann bietet es sich an, das Verhalten in den entsprechenden Situationen zu reflektieren und persönliche Defizite auszumachen. Anschließend arbeitest du an Lösungen. Der erste Schritt, also das nächste Kapitel, hilft dir bei der Bestandsaufnahme. Zusätzlich hierzu zahlt es sich aus, wenn du an einzelnen Charaktereigenschaften arbeitest. Denn es gibt Konstellationen aus Charaktereigenschaften, die mentale Stärke begünstigen. Um diesen „Cocktail aus Charaktereigenschaften" zu trainieren, werden …

    I. die Charaktereigenschaften in Abstimmung auf das eigene Leben ausgewählt.
    II. wichtige universelle Charaktereigenschaften trainiert.

Ein paar Beispiele für Punkt 1: Eine Person, die Vorträge vor Publikum hält oder im Profisport spielt, wird auf Nervenstärke angewiesen sein. Nervosität und Lampenfieber sind fehl am Platz. Daher werden Nerven wie Drahtseile trainiert. Personen in Kreativbereichen sollten eher Geduld an den

Tag legen; zudem erfordert es mentale Stärke, dem Kunden recht zu geben und dessen Wünsche umzusetzen, auch wenn sie nicht den eigenen Vorstellungen von Kreativität entsprechen. Lehrer sind auf eine Resistenz gegen Schülermobbing angewiesen. Außerdem brauchen sie ebenfalls Geduld.

Anmerkungen zum zweiten Punkt: Es existieren universelle Charaktereigenschaften bzw. Stärken, die bei allen Personen zu einer höheren mentalen Stärke führen. „Universell" bedeutet, dass sie in jeder Lebenssituation und bei jeder Person in schwierigen Lebensphasen und bei der Bewältigung von Herausforderungen hilfreich sind. Fünf wichtige Charaktereigenschaften sind Motivation, Disziplin, Selbstvertrauen, Lösungsorientierung und Netzwerkorientierung.

Motivation

> *„Motivation bezeichnet Prozesse, bei denen bestimmte Motive aktiviert und in Handlungen umgesetzt werden. Dadurch erhält Verhalten eine Richtung auf ein Ziel, eine Intensitätsstärke und eine Ablaufform."*
> (Stangl, 2020).

Die Intensitätsstärke ist ein wichtiges Stichwort: Je intensiver das Verhalten ist, umso größer fällt die Motivation aus. Je größer die Motivation, umso eher werden die eigenen Ziele verwirklicht. Wenn du etwas willst, performst du überzeugender. Je mehr du es aus dir selbst heraus willst, umso stärker ist die Motivation. Es wird zwischen extrinsischer und intrinsischer Motivation unterschieden: Extrinsische Motivation liegt vor, wenn du von einer anderen Person motiviert wirst oder die Motivation von einem anderen äußeren Faktor abhängt. Da die Motivation nicht von dir ausgeht, ist ein Abbruch wahrscheinlicher und die mentale Stärke gegen Widerstände geringer. Intrinsische Motivation liegt vor, wenn du dich selbst motivierst, weil du die jeweilige Sache willst.

Damit die Motivation hoch ausfällt, solltest du ...

> ➤ wissen, was du – wirklich und in deinem tiefsten Inneren – willst.
> ➤ selbst einen Nutzen aus der jeweiligen Sache ziehen.
> ➤ priorisieren, damit du in erster Linie und mit größtem Fokus dem nachgehst, was dir persönlich wichtig ist.

Die Schritte 1 und 3 in diesem Buch liefern dir diesbezüglich Hilfestellung.

Disziplin

„Disziplin kommt aus dem Lateinischen und steht für Unterweisung, Zucht und Ordnung. Als Disziplin bezeichnet man das Befolgen von Vorschriften oder Regeln. Selbstbeherrschung wird als Selbstdisziplin bezeichnet."
(vgl. Brockhaus 1988, S. 553); (Stangl, 2020)

Wenn Disziplin das Befolgen von Vorschriften und Regeln bedeutet, wer stellt dann die Vorschriften und Regeln auf? Im Idealfall du selbst, womit die Verknüpfung zum vorigen Abschnitt hergestellt ist: Eigens auferlegte Ziele und Wünsche bergen die größte Motivation, was sich wiederum auf die Disziplin positiv auswirkt. Denn die Motivation beeinflusst die Disziplin und andersherum genauso, wenngleich beides zwei verschiedene Dinge sind. Das eine sind Motive, die begründen (Motivation). Das andere sind Regeln, die auch ohne Grund zu befolgen sind, weil sie z. B. auf gesellschaftlichen Normen gründen oder für das eigene Leben Grundvoraussetzung sind (Disziplin).

Da Disziplin nichts mit Motiven zu tun haben muss, wird sie häufig mit Aktivitäten in Verbindung gebracht, die einem nicht zusagen. Dann handelt es sich bei Disziplin um die Fähigkeit, etwas, das dir nicht zusagt, dennoch zu tun. Diese Fähigkeit wird, der Erfahrung nach, oftmals überschätzt, aber ist in den ersten Schritten und immer mal wieder zwischendurch bei deinen Zielen hilfreich. Nehmen wir eine Sache, die dir wirklich stark am Herzen liegt: Du gehst der Sache gern nach, aber irgendwann kommt eine Zwischenetappe, die du nicht gut beherrschst und zu der du keine Lust hast. Ein geeignetes Beispiel wäre der Studiengang Psychologie: Du liebst die Theorie und den Umgang mit Menschen, aber das Modul „Statistik" mit dem mathematischen Anteil sagt dir überhaupt nicht zu. Nun sinkt deine Motivation, die bezogen auf den Studiengang groß ist, aber in Bezug auf das eine Modul gering. Der Haken: Du musst das Modul erfolgreich abschließen, falls du das Studium fortsetzen möchtest. Die Motivation ist im gesamten Studiengang wichtiger als die Disziplin, aber in diesem einen Modul kommt es auf deine Disziplin an. Machst du etwas, was dir nicht zusagt, um dein großes Ziel zu erreichen? Wenn ja, hast du mentale Stärke bewiesen. Falls nein, scheiterst du und hast trotz der hohen Gesamtmotivation aufgrund des einen Moduls den Studiengang versiebt. Schade drum.

Disziplin ist wichtig, damit du immer dann, wenn Hindernisse auftreten, deine Motivation hochhältst und dich den Hindernissen widersetzt. Für eine hohe Disziplin ist es vorteilhaft, wenn du ...

- ➤ dir deine Motive immer wieder vor Augen führst.
- ➤ in schwierigen Zeiten Entspannung findest und deine Sorgen reduzierst.
- ➤ deine Impulse kontrollierst, um dich weniger durch Herausforderungen abschrecken zu lassen.

Vor allem die Schritte 1, 4 und 5 in diesem Buch werden dir dabei helfen.

Selbstvertrauen/Selbstbewusstsein

„In der Psychologie wird der Begriff Selbstbewusstsein vor allem als Selbstwertgefühl verstanden, d. h., als Bewusstsein von Bedeutung und Wert der eigenen Persönlichkeit, wobei vordringlich eine emotionale Einschätzung des eigenen Wertes impliziert wird." (Stangl, 2020)

Selbstwertgefühl gleich Selbstbewusstsein – so lautet die Gleichung, wenn es nach dem Fachlexikon Stangl geht. Diese Gleichung ist insofern plausibel, als dass Personen, die sich selbst einen höheren Wert zusprechen, gefestigter sind. Man nehme eine Person, die bereits mehrere Auszeichnungen als Mitarbeiterin des Monats erhalten hat: Die Auszeichnungen wurden vom gesamten Team vergeben und spiegeln die Meinung aller Mitarbeiter sowie Vorgesetzten wider. Für das Unternehmen ist die Person von hohem Wert. Mit den Auszeichnungen ist es sogar schriftlich belegt. Zudem hat die Person Spaß an ihrem Job und arbeitet sogar in der Freizeit an der Optimierung ihrer Fähigkeiten. Durch die permanente Steigerung in der Qualität ihrer Arbeit steigt das Selbstbewusstsein der Person. Die sich regelmäßig wiederholenden Auszeichnungen sind der Beleg dafür. Freunde und Bekannte loben die Person für das, was sie tut. Plötzlich kommt eine kritische Stimme auf, die nicht mal ausreichend mit sachlicher Kritik belegt ist. Erschüttert es die Person in ihrem Selbstbewusstsein? Nicht mal ansatzweise. Anders bei einer Person, die rund um die Uhr kritisiert wird, sich im Job unwohl fühlt und regelmäßig Fehler macht: Hier kann selbst der kleinste Ansatz von Kritik – so wenig plausibel er auch sein mag – dazu führen, dass das ohnehin angeschlagene Selbstbewusstsein einen neuen Tiefpunkt erfährt.

Selbstbewusstsein bedeutet, sich einen hohen Wert zuzusprechen. Was an dieser Stelle „hoch" bedeutet, muss jede Person für sich entscheiden. Allgemein geht es darum, sich wichtig und fähig in dem zu fühlen, wer man ist und was man tut. Selbstvertrauen lässt an die eigenen Fähigkeiten oder an sich selbst im Allgemeinen glauben. Je stärker das Selbstvertrauen ausgeprägt ist, umso weniger können die eigenen Glaubenssätze erschüttert werden. Es lässt sich erlernen, denn es wächst mit den gemeisterten Herausforderungen.

Für ein ausgeprägtes Selbstvertrauen und Selbstwertgefühl ist es bedeutend, dass du …

> dich mit Menschen umgibst, die dich bei deinen Zielen und Wünschen fördern.
> schrittweise und konsequent an deinen Fähigkeiten arbeitest und sie verbesserst.
> mit zunehmendem Erfolg trotzdem am Boden bleibst, weil ansonsten das Selbstbewusstsein zur Arroganz ausarten kann.

Insbesondere die Schritte 2, 5 und 6 in diesem Buch werden dir bei diesen Aspekten eine Hilfe sein.

Lösungsorientierung

„Lösungsorientierung ist eine Haltung, die uns in jeder Situation unseres Lebens hilft. Statt mit unseren Gefühlen und Gedanken immer wieder um ein Problem zu kreisen und nach dessen Ursachen zu forschen, können wir auch ganz einfach prüfen, was gut funktioniert." (Heller, 2013)

Nicht an Problemen verzweifeln, sondern sich auf Lösungen fokussieren – dies ist die Devise der Lösungsorientierung. Sie steht somit für Optimismus. Wobei die Lösungsorientierung im Vergleich zum Optimismus einen Vorteil hat: Sie ist durchdacht. Während es bei Optimismus auch den negativen blinden Optimismus gibt, ist eine Lösungsorientierung daran geknüpft, sich Gedanken über Lösungen zu machen. Die Denkarbeit wirkt blinder Naivität entgegen. So wäre eine typische Aussage beim Optimismus beispielsweise: „Das wird *schon irgendwie*." Die Lösungsorientierung hingegen würde, um es mit den Worten der lösungsorientierten Kurzzeittherapie nach Steve de Shazer zu sagen, eine der folgenden Fragen stellen: „Angenommen, es würde über Nacht, während Sie schlafen, ein Wunder geschehen und Ihr Problem wäre gelöst. Woran würden Sie das merken? Was wäre dann anders? Wie werden das andere erfahren, ohne dass Sie ein Wort darüber zu ihnen sagen?" Die Antworten wären konkret und würden dabei helfen, das Problem zu lösen.

Für eine lösungsorientierte Vorgehensweise hilft es dir, wenn du …

> ➢ in der Gegenwart lebst und ausgehend von deinem jetzigen Standpunkt deine Handlungsmöglichkeiten eruierst.
> ➢ an deiner Entschlossenheit festhältst und Hindernisse mittels überlegter Methoden bewältigst.
> ➢ die aktuelle Situation akzeptierst und nicht überhastet handelst.

Unter anderem die Schritte 1, 3, 4 und 5 werden dir beim Erreichen dieser Verhaltens- und Denkweisen helfen.

Netzwerkorientierung

"Gute soziale Beziehungen sind für Menschen lebenswichtig und stellen eine der wertvollsten Ressourcen für innere Widerstandskraft dar. Ein stabiles soziales Umfeld zu haben, Kontakte zu pflegen und sich bei Herausforderungen Unterstützung zu holen, sind gesunde Verhaltensweisen, auf die man in kritischen Situationen zurückgreifen kann." (Heller, 2013)

Das soziale Umfeld kann motivieren und demotivieren. Es kann beim Erwerb neuer Fähigkeiten oder der Verbesserung dieser Fähigkeiten helfen oder im Wege stehen. Ferner hat es das Potenzial, dir schwierige Aufgaben in einzelnen Fällen sogar komplett abzunehmen oder dir weitere Aufgaben aufzutragen. Dein Umfeld ist eine spannende Sache, weil es ein Faktor ist, an dem du nur zum Teil arbeiten kannst. Zu einer beträchtlichen Menge musst du damit arbeiten, was gegeben ist; schließlich kannst du die Menschen nicht auf Anhieb und nur begrenzt verändern.

Optimierungsansätze im sozialen Umfeld bieten sich zum einen durch deine Offenheit, zum anderen durch deine Kontaktbereitschaft. Offenheit bedeutet, dass du über deine Gefühle sprichst und nichts verheimlichst. Denn Personen können sich dann am besten dir gegenüber verhalten, wenn sie deine Lebensumstände und deine aktuelle Verfassung kennen. Mal angenommen, du imitierst eine starke Person: Obwohl du dich eher schwach fühlst, würden Personen dich wie eine starke Person behandeln, weil du ihnen Stärke suggerierst – mehr Kritik und weniger Lob sind meistens das Resultat. Dies wird deine eigentlich sensible Haltung wahrscheinlich noch weiter schwächen. Ehrlichkeit ist ein wesentlicher Input von dir, der den Output von anderen an dich optimiert. Kontaktbereitschaft als zweiter Faktor trägt dazu bei, dass du dein Umfeld regelmäßig erweiterst und dir neue Kontakte erschließt. Dies ist dein Schlüssel dazu, dein Umfeld dynamisch an die Änderungen in deinem Leben anzupassen.

Es geht viel um Ehrlichkeit bei gleichzeitiger Offenheit, wenn die Netzwerkorientierung glücken soll: Sinnloser Stolz sollte dem Eingeständnis der eigenen Überforderung weichen. Hilfe sollte in Anspruch genommen und andersherum angeboten werden, um eine gegenseitige Kultur der Hilfsbereitschaft zwischen sich und andere Personen einzubürgern. Mit zunehmender Interaktion spielt man sich aufeinander ein und lernt, wie man dem anderen in Gesprächen am besten begegnet, um konstruktiv zu kritisieren und zu unterstützen, damit Motivation und Selbstvertrauen gestärkt werden.

Für eine geglückte Netzwerkorientierung ist es für dich vorteilhaft, wenn du ...

- ➢ andere Menschen wertschätzt und dich an die Personen hältst, die dir Wertschätzung entgegenbringen.
- ➢ dich mit anderen Personen offen über deine Emotionen und deine Bedürfnisse austauschst.
- ➢ bei zunehmendem Erfolg nie vergisst, wer dir zu dem Erfolg verholfen hat, und diesen Menschen immer dankbar bleibst.

Allem voran die Schritte 2, 3, 4 und 6 in diesem Buch werden dir helfen, ein solches Netzwerk zu pflegen.

Personengruppen, an denen man sich ein Beispiel nehmen kann

> *Meine Erfahrungen*
>
> Bei mir war es vor allem das Lernen am Modell, das mir ziemlich viel gebracht hat. Hier konnte ich Einblicke in die Vitae zahlreicher Personen erhalten, die in einer ähnlichen Situation wie ich gewesen waren. Ich lernte aus ihren Erfahrungen, was es mir ersparte, selbst bestimmte Fehler zu machen oder Ungenauigkeiten zu begehen. Bestimmte Personengruppen zeichnen sich durch mentale Stärke aus. Durch Beruf, Lebensumstände, eigene Entscheidungen oder sonstige Faktoren bedingt, sind diese Personengruppen für eine erfolgreiche Interpretation ihrer Rolle auf mentale Stärke angewiesen. Sie werden geschult oder schulen sich selbst, um den täglichen Anforderungen gerecht zu werden.

Als eine kleine Inspiration für dich habe ich vor dem Einstieg in die Praxis fünf Personengruppen zusammengetragen, an denen ich mir ein Beispiel genommen habe, und hervorgehoben, was ich bei diesen Personengruppen als motivierend und inspirierend empfand. Beim Aufbau der Schritt-für-Schritt-Anleitung in diesem Ratgeber bin ich so vorgegangen, wie ich es selbst zu mentaler Stärke gebracht habe und es jeder Person empfehlen würde. Die Berücksichtigung der fünf Personengruppen und ihrer regulären Eigenschaften trägt zu einem ganzheitlichen Ratgeber bei.

Alleinerziehende Personen

Mütter oder Väter, die alleinerziehend sind, müssen einen überwältigenden Spagat leisten. Je weniger selbstständig das

Kind aufgrund von Alter, Krankheit oder Entwicklungsstand ist, umso schwieriger ist dieser Spagat zu schaffen. Entweder wird neben der Erziehung gearbeitet, was ein zeitliches Problem birgt. Oder es wird nicht gearbeitet und finanzielle Unterstützung vom Staat bezogen, was wiederum die finanziellen Möglichkeiten mindert.

Wer erfolgreich alleinerziehend ist, hat nach Erkenntnissen aus Interviews häufig folgende mentale Stärken: Es wird offen über die Gefühle gesprochen und bereitwilliger Unterstützung geholt. Grund hierfür ist, dass Freunde und Familie sich häufiger um das Kind kümmern müssen, weil kein (Ehe-) Partner zur Unterstützung da ist. Die Hemmschwelle, mit anderen Menschen bei verschiedenen Anliegen zu interagieren, sinkt demnach. Ferner kommt als mentale Stärke ein gehöriges Maß an Selbstverantwortung hinzu: Alle Entscheidungen bezüglich des Kindes werden von dem alleinerziehenden Elternteil getroffen. Außerdem werden die Entscheidungen, die das eigene Leben und das des Kindes betreffen, eigenverantwortlich getroffen. Dies steigert Entschlossenheit und Verantwortungsbewusstsein. Alleinerziehende Personen, die diese Qualitäten entwickeln, weisen ein ausgeprägtes Selbstbewusstsein und eine Netzwerkorientierung auf.

Sportler

Berufssportler und Extremsportler müssen psychischem Druck standhalten. Berufssportler treten vor Zigtausenden von Zuschauern auf. Zählt man das Fernsehen hinzu, dann sind ihre Auftritte häufig sogar vor Millionen von Menschen. Extremsportler haben meist bei weitem nicht derart viele Live-Zuschauer, gehen bei ihrem Sport jedoch häufig sogar bis an den Kampf ums Überleben. Mit der Zeit härten sie derart ab, dass die Angst ausgeblendet wird oder nicht mal mehr auftritt. Sie leben voll im Moment und rufen ihre Top-Leistung ab.

Unter welchem Druck Promi-Sportler stehen, dürfte der tragische Selbstmord des ehemaligen Fußball-Nationaltorwarts Robert Enke beweisen: Er warf sich vor einen Zug und hinterließ eine Frau und ein Kind. Die Belastung war derart groß, dass ihm nicht mal die Familie eine Stütze sein konnte. Trotz diesen Hindernissen bleiben Selbstmorde im Profisport eine Randerscheinung. Grund hierfür ist, dass – erstmal im Profi- oder Extremsport angekommen – Mentaltrainings und Gespräche mit Psychologen fester Bestandteil des Sports sind. Angst wird überwunden. Zweifel und Schmerz werden in positive Gefühle umgewandelt. Die Erfolge dienen als Booster für das Selbstvertrauen. An den eigenen Fähigkeiten wird konsequent weitergearbeitet, um sich zu steigern. Disziplin ist durch die professionellen Trainings eine Selbstverständlichkeit. Wer nicht diszipliniert ist, wird mit Geldstrafen oder Suspendierungen belegt.

Führungspersonen

Führungspersonen – ob in Unternehmen, Politik oder einem anderen Segment – müssen mentale Stärke beweisen, wenn es darum geht, Entscheidungen mit weitreichenden Auswirkungen zu treffen. Dutzende, Hunderte, Tausende und noch mehr Personen können von Entscheidungen einer Person betroffen sein. Es muss an dieser Stelle eingestanden werden, dass die Entscheidungen nie komplett allein getroffen werden, weil bei größeren Unternehmen und in der Politik immer Teams beraten und mitentscheiden. Aber die finale Unterschrift und die finale Entscheidung entfallen meist auf eine Person. Führungskräfte haben unterschiedlich viel Skrupel. Die einen kümmern sich kein bisschen um ihre Arbeitnehmer oder die Bevölkerung und tun das, was ihnen selbst guttut. Die anderen messen den Arbeitnehmern und der Bevölkerung Bedeutung bei und wollen deren Arbeits- sowie Lebensumstände verbessern. Vor allem letztere Art von Führungskräften, die sich um andere sorgt, kann von Druck, Sorgen, Ängsten und Zweifeln geplagt sein.

Fehler können Gewissensbisse bereiten. Aber jeder Mensch macht Fehler. Im Laufe der Zeit merken dies vor allem Top-Führungskräfte, weswegen sie eine hohe Akzeptanz gegenüber der gesgenwärtigen Situation entwickeln – Akzeptanz ist eine besondere mentale Stärke. Eine Lösungsorientierung zur Besserung der Fehler oder zur Weiterentwicklung von Unternehmen bzw. Staat ist grundlegend, die Netzwerkorientierung stellt eine gelungene Zusammenarbeit mit den Beratern und Angestellten sicher.

Krieger / Soldaten

Stelle dir vor, du würdest dich vor dem Gang zur Arbeit von deiner Familie (Eltern, Kinder, Ehefrau bzw. -mann, Brüdern und Schwestern, Großeltern etc.) verabschieden und wüsstest nicht, ob du das nächste Mal lebend heimkommst. Eine mentale Stärke zu entwickeln, die diese enorme Ungewissheit, Angst und Art der Trennung zu bewältigen hilft, ist wohl für einen Großteil der Menschen unvorstellbar. Dass es unvorstellbar ist, liegt nicht nur an der Natur der Umstände (Krieg und Ungewissheit), sondern auch an der heutigen Lebenssituation bei uns in Mitteleuropa. Die überwältigende Mehrheit der Bevölkerung ist nach dem zweiten Weltkrieg geboren und hat viele Kriege nur aus der Ferne mitbekommen. Anders ist es da beispielsweise bei den USA, die sich seit dem zweiten Weltkrieg an mehr Kriegen mit größerem Aufgebot beteiligt haben als z. B. Deutschland. Hier soll keine Diskussion darüber geführt werden, ob das militärische Engagement von Staaten oder Personen gerechtfertigt ist oder nicht. Stattdessen soll festgehalten werden, dass aufgrund des jahrzehntelangen Friedens in Mitteleuropa oftmals nicht bedacht wird, dass es in anderen Teilen der Welt alltägliche Szenarien sind, dass Menschen sich von ihren Familien verabschieden müssen und einer der gefürchtetsten Herausforderungen seit Menschengedenken gegenüberstehen: dem Kampf um Leben und Tod. Mentaltrainings sind heutzutage ein folgerichtiger Bestandteil der Aus- und

Weiterbildung von Soldaten. Meist sind hohe Motivationen gegeben, weil sich die Soldaten mit ihrem Heimatland identifizieren und ihm sowie den Menschen darin einen Dienst erweisen wollen. Die Motivation und die Treue ist so groß, dass sie bereit sind, ihr Leben dafür zu opfern – so zumindest das Idealszenario. Diese mentale Stärke sowie die Kunst, in der Gegenwart zu leben und vor dem Einsatz das Leben mit der Familie maximal auszukosten, sind häufig anzutreffende Stärken bei Soldaten.

Teenager

Teenager sind zu nicht zu beneiden. Zwar haben sie – bei voller Gesundheit – vom Alter und der Lebenserwartung her weitaus mehr Perspektiven als Erwachsene, aber sie befinden sich in einer komplizierten Zwischenwelt: Kind oder Erwachsener – wer sind sie? Als ich eines entspannten Abends durch das Angebot bei Amazon Prime streifte, entdeckte ich einen Film (*Chemical Hearts*, 2020), in dem es im Kern um eine Liebe zwischen zwei Jugendlichen geht, die von vornherein unter keinem guten Stern steht. In einer Szene wird das Problem hinter dem Teenager-Dasein in faszinierende und treffende Worte gefasst:

> *„Denk' darüber nach, was es bedeutet, Teenager zu sein. [...] Beide Eltern drängen dich dazu, Erfolg zu haben. Deine Freunde drängen dich dazu, einen Scheiß zu machen, den du nicht machen willst. Die sozialen Medien drängen dich dazu, deinen Körper zu hassen. Das ist schwer; selbst, wenn man ein ausgeglichenes Kind aus einer guten Familie ist. [...] Als Teenager irrt man durch eine Art Niemandsland. Man ist irgendwo gefangen zwischen Kindheit und Erwachsensein und die ganze Welt verlangt, man solle möglichst reif sein und sich doch bitte entfalten. Aber sobald man das macht, heißt es: ‚Halt die Klappe!'"*

Wenn aus medizinischem Blickwinkel der wilde Tanz der Hormone einbezogen wird, erhalten die einfachen Worte ein wissenschaftliches Fundament. Erwachsene können viel von Teenagern lernen. Dazu gehört vor allem die Fähigkeit, einem Sturm an Emotionen und Wechselbädern von Gefühlen standzuhalten.

Das Wichtigste auf den Punkt gebracht

- Durch mentale Stärke erlangt man bessere Aussichten auf Fortschritt, weil Herausforderungen angenommen und bewältigt werden.
- Wenn schwierige Lebensphasen oder Krisen eintreten, hilft mentale Stärke dabei, wieder ins Leben zu finden.
- Mentale Stärke ist außerdem der Schlüssel zu einem positiven Umfeld, in dem man sich wohlfühlt und anderen Personen ebenfalls Wohlbefinden verschafft.
- Universelle Charaktereigenschaften, die mentale Stärke fördern, sind: Motivation, Disziplin, Selbstvertrauen/Selbstbewusstsein, Lösungsorientierung, Netzwerkorientierung.
- Es gibt Personengruppen, die von Natur aus mentale Stärke an den Tag legen. Einige Beispiele für inspirierende und meist mental starke Personen sind Führungspersonen, Alleinerziehende, Sportler, Soldaten und Teenager.
- → Beobachte diese Personengruppen in deinem persönlichen Umfeld gut, um von ihnen zu lernen, und führe dir die universellen Charaktereigenschaften sowie deren Ausprägung bei dir vor Augen! So leitest du deine Transformation zur mental starken Person ein.

MPS Schritt 1: Gegenwart leben, achten und genießen

Die Gegenwart ist maßgebend. Mit ausschweifenden Gedanken an die Vergangenheit lässt du dich durch Dinge ablenken, die du sowieso nicht mehr verändern kannst. Sicherlich ist es wichtig, Geschehenes zu reflektieren und daraus zu lernen. Dies wird ein Teil dieses Kapitels sein. Aber es sollte ausschließlich in dafür vorgesehenen Zeitfenstern passieren, damit es nicht jeden Moment deines Lebens dominiert. Den Großteil deiner Momente solltest du stattdessen in der Gegenwart verbringen. Denn mit der Gegenwart arbeitest du zugleich an der Zukunft: Dein Handeln in diesem Moment verändert den darauffolgenden Moment. Man könnte also festhalten, dass die Gegenwart deine Chance ist, eine bessere Vergangenheit zu schaffen und die Zukunft nach deinen Wünschen zu gestalten. Dabei ist der unbedingte Fokus auf die Gegenwart zielführend. Dies ist gar nicht so einfach, denn oft lassen sich Personen von Gedanken ablenken. Wie wird der Fokus auf einen bestimmten Moment konzentriert? Dies lernst du in diesem Kapitel anhand von Übungen und Erklärungen. Vorab sei ein detaillierterer Blick auf die Vorteile eines Lebens in der Gegenwart geworfen:

1) Beste Leistungen und größte Achtsamkeit durch hohe Konzentration

Wenn du dich durch die Vergangenheit ablenken lässt, wird es dir schwerer fallen, Top-Leistungen abzurufen. Während du dir Sorgen um ausstehende Rechnungen, Streitigkeiten von gestern und peinliche Momente machst, bist du mit dem

Kopf schließlich woanders. Wenn du dich auf das Hier und Jetzt konzentrierst, wirst du dein Potenzial in der aktuellen Situation am besten abrufen.

Das ist mentale Stärke: Nicht ablenken lassen, sondern Kopf freimachen und überzeugende Leistungen liefern!

2) Die Schönheit des Moments erfassen

Immer ist etwas um dich herum los, das es wert ist, beachtet zu werden. Das Paar, das sich küsst, zeigt, dass trotz der vielen Konflikte auf dieser Welt nach wie vor die Liebe einen Platz hat. Das Mädchen, das mit ihrem Hund spielt, zeigt, dass Spaß bereits mit den einfachsten Mitteln erreicht werden kann. Der durchtrainierte Mann beim Joggen zeugt davon, dass Leistung belohnt wird und sich harte Arbeit auszahlen kann.

Das ist mentale Stärke: Sich den negativen Einflüssen des Alltags entsagen und für sich das viele Schöne und Positive entdecken, um ein angenehmes Weltbild zu erhalten!

3) Erkenntnisse für sich und über sich gewinnen

Nur wenn du in der Gegenwart lebst und über dich sowie die Dinge um dich herum nachdenkst, kannst du Erkenntnisse gewinnen, die dich voranbringen. Sehr wohl ist es wichtig, auch über Vergangenes nachzudenken. Aber das, was sich genau jetzt zu diesem Zeitpunkt in deinem Kopf abspielt, im Zusammenhang mit der Umgebung und den aktuellen Umständen, verschafft dir den aktuellsten Einblick in dein Inneres. Im Rückblick fühlst du nie so intensiv wie im jeweiligen Moment.

Das ist mentale Stärke: In sich hineinzuhorchen und das zu erkennen, was einem wirklich wichtig ist, um all seine Ressourcen zum Erreichen realistischer Träume einzusetzen!

Das Leben in der Gegenwart hilft zudem, Stress zu entkommen. Denn Stress ist der Vorbote der Zukunft. Je mehr du an Sachen, die du erledigen musst, denkst, umso eher setzt du dich unter Druck und in Eile. Es sollte aber anders sein … Denn während du z. B. auf der Parkbank sitzt und zehn Minuten lang eine Auszeit nimmst, hast du für dich beschlossen, dass du in diesen zehn Minuten entspannst. Entspannung kann nur im Moment erfolgen. Werde all den Ballast aus deinem Kopf los!

Mit dem Gedanken an die Zukunft kommt nicht nur der Stress. Auch Träume, die du hast, beziehen sich auf die Zukunft. Sie sind eine wichtige Motivation und ein Ansporn, deine Pläne in die Tat umzusetzen. Problematisch wird es jedoch, wenn die Träume zu Märchenschlössern ausarten. Den Spagat zwischen realistischen Träumen und konkreten Zielen im Leben zu meistern, ist nicht einfach. Einige Personen bekommen ihn gar nicht hin. Sie errichten sich Märchenschlösser, während das Leben an ihnen vorbeizieht – Tag für Tag, Monat für Monat, Jahr für Jahr. In der Gegenwart zu leben, bedeutet, seine Träume zu leben. Wichtiges Instrument dafür sind realistische Träume, die in Etappenziele umgewandelt und mit den Handlungen der Gegenwart verfolgt werden.

Erwartungen sind, ebenso wie Stress, die Vorboten der Zukunft. Sie sind an die Voraussetzung geknüpft, dass du ein bestimmtes Ziel in einer bestimmten Zeit erreichst. Auf der einen Seite ist das Problem bei Erwartungen, dass diese enttäuscht werden können. Auf der anderen Seite sind Erwartungen eine wichtige Orientierung und eine Benchmark, ob du auf dem richtigen Weg bist, deine Träume zu verwirklichen. Was sollst du also tun – erwarten oder nicht erwarten?

All die angesprochenen Themen und erhofften Resultate warten in diesem Kapitel auf dich. Es ist der erste Schritt, weil die Gegenwart dein Ausgangspunkt ist. Werde zum Meister deiner gegenwärtigen Lage!

Ab heute zählt für dich die Gegenwart

Der Einstieg in dieses Kapitel ist praxisorientiert. Damit du ein Gefühl dafür bekommst, was das Leben in der Gegenwart bedeutet, sind Übungen das Beste. Indem du Schritt für Schritt erlernst, dich auf den jetzigen Moment zu fokussieren, gelingt es dir besser, die weiteren Ausführungen dieses Kapitels auf deinem Weg zu mentaler Stärke zu verstehen. Die Übungen haben – mal ganz abgesehen davon, dass sie dir helfen, deinen Fokus auf den jetzigen Moment und die Gegenwart zu richten – mehrere weitere Vorteile, die dich auf dem Weg zur mentalen Stärke fördern.

Sport ist ein Element der folgenden Übungen. Er hilft dir je nach Sportart, mentale Stärke auf unterschiedlichen Wegen zu entwickeln. Trittst du vor Zuschauern auf, so entwickelst du bestenfalls Nerven wie Drahtseile, was auch zur Linderung oder Beseitigung deines Lampenfiebers im Beruf beitragen kann. Bei Teamsportarten gewinnst du eventuell Freunde, die dir wohlgesonnen sind. Sie motivieren dich und lassen dich stärker an deine Fähigkeiten glauben, wodurch du deine Widerstandskraft in schwierigen Lebensphasen steigerst.

Neben Sport sind spezielle Entspannungsübungen von Nutzen. Ein Beispiel ist die PME. Die PME (Progressive Muskelentspannung) wurde vom US-amerikanischen Arzt Edmund Jacobson (1885-1976) entwickelt, der auf der

Suche nach Lösungen war, um nervösen Menschen zur Entspannung zu verhelfen. Die Senkung von Nervosität ist ein gutes Zeichen für die Entwicklung mentaler Stärke. Aber kann die PME auch die Hoffnungen bestätigen? Heute ist die Methode gut erforscht. Schon 1994 zeigte sich durch 66 kontrollierte Studien von Grawe et al., dass die PME als Bestandteil von Therapien hilfreich ist. Die größte Wirkung stellte sich bei der Therapie von Angststörungen und psychosomatischen Erkrankungen (wie Hypertonie und chronischen Schmerzen) ein.

Die Empfehlung an dich ist nun, einerseits von Entspannungsübungen und andererseits von Sport Gebrauch zu machen, um besser abschalten und in die Gegenwart finden zu können. Du erhältst daher im Folgenden eine Auswahl an drei Übungen, von denen du nur eine auswählen und eine Woche lang regelmäßig praktizieren solltest. Zusätzlich zu diesen Übungen ist es optimal, wenn du versuchst, alle zwei oder drei Tage jeweils 30 Minuten Sport auszuüben. Der Sport kann gern in deinen eigenen vier Wänden stattfinden. Du hast reichlich Sportarten zur Auswahl, um die Intensität und technischen Anforderungen an dein Leistungslevel anzupassen. Versuche, einen Monat lang alle zwei bis drei Tage diese sportliche Aktivität über eine Dauer von 30 Minuten durchzuführen. Am Morgen oder am Abend sind zwei gute Zeitpunkte. Wenn es dir gefällt, wirst du die Häufigkeit und Dauer der Aktivität von selbst steigern.

Die folgenden drei Übungen sind speziell und dienen gezielt der Fokussierung auf die Gegenwart. Meist ist das Ziel die Herstellung von Entspannung. Für dich ist Entspannung ein wichtiges Element, um die Sorgen und Gedanken des Tages entgleiten zu lassen und dich einfacher in der Gegenwart wiederzufinden.

Übung 1

Die PME nach Jacobson verläuft wahlweise in Kurz- oder Langformen. Die Kurzform sieht folgenden Ablauf vor:

I. 30 Minuten Zeit in einem ruhigen und ungestörten Raum nehmen. Bequeme Liegeposition einnehmen. Lockere Kleidung tragen. Am besten einen Wecker stellen, um vom Blick auf die Uhr nicht abgelenkt zu werden.
II. Zu Beginn der Übung die Augen schließen. Beginnen, gleichmäßig und in einem festen Tempo ein- und auszuatmen.
III. Muskulatur des Körpers 5 bis 10 Sekunden lang fest anspannen. Danach für rund 30 Sekunden entspannen. Diesen Ablauf mehrmals wiederholen.

In der Langform ist der Ablauf ab dem dritten Schritt ein anderer. Du spannst nämlich nicht die gesamte Muskulatur des Körpers an, sondern die Muskeln einzeln. Dabei beginnst du beispielsweise mit den Händen und arbeitest dich langsam vor: von den Händen zu den Unterarmen, dann spannst du die Arme komplett an. Nach den Armen spannst du die Arme und die Brustmuskulatur an. So geht es weiter, wobei du Schritt für Schritt zu den vorherigen Muskeln eine weitere Muskelgruppe addierst und am Ende der ganze Körper angespannt wird. Zwischendurch gibt es Pausen. Du kannst bei der Übung in Gedanken gern mit dir selbst reden. Dadurch leitest du dich durch die Übung. Du sagst dir, welche Muskeln du anspannen sollst, und zählst die Sekunden. Während der Anspannung kannst du mehrmals „Halten" wiederholen. Abschließend sagst du „Loslassen" und entspannst dich, ehe der Ablauf wieder von vorn beginnt.

Übung 2

Die Meditation ist eine fernöstliche Methode, bei der in einer bequemen Haltung Platz genommen wird. Der Fokus gilt allein dem Moment. Jegliche Ablenkung ist zu vermeiden. Anfängern wird empfohlen, sich bei den ersten Meditationen voll auf die Atmung zu konzentrieren. Dies soll dabei helfen, sich von den Gedanken des Alltags abzulenken.

I. Nimm in einer Sitzposition am Boden bequem Platz. Achte darauf, dass du nicht auf deinen Unterschenkeln sitzt und alle Gefäße gut durchblutet werden. Ansonsten riskierst du, dass dein Bein einschläft.
II. Sitze aufrecht, um deine Brust zu öffnen und besser atmen zu können. Halte den Kopf geradeaus gerichtet und schließe die Augen. Die Arme lässt du locker in deinem Schoß liegen.
III. Es bietet sich an, auch hier zuerst den Wecker zu stellen. Weil die Meditation ohne abwechslungsreiches Anspannen und Entspannen der Muskeln verläuft und eher monoton ist, sollten Anfänger im Gegensatz zur PME mit einer kürzeren Dauer, aber dafür zweimal täglich, praktizieren. 10 Minuten sind angemessen.
IV. Atme zu Beginn tief ein und halte die Luft ein bis zwei Sekunden. Atme dann wieder aus. Versuche, dir mit jedem Atemzug vorzustellen, wie du tief in deine innere Gedankenwelt vordringst. Stelle dir bei jedem Ausatmen vor, wie du die Sorgen des Alltags loswirst.

> **Übung 3**
>
> Die ESA-Technik dient dem emotionalen Stressabbau. Sie ist speziell auf schwierige Lebensphasen oder belastende Momente des Alltags ausgerichtet, um den Verstand von negativen Gedanken zu bereinigen.
>
> I. Lege oder setze dich bequem hin.
> II. Lasse eine Hand deine Stirn ganz leicht berühren und halte die andere Hand leicht auf deinem Bauchnabel.
> III. Schließe die Augen, atme eine Weile lang in Ruhe und gleichmäßig ein und aus.
> IV. Stelle dir jetzt vor, wie unangenehme Gedanken und Bilder durch deinen Kopf streifen. Halte jeden Gedanken und jedes Bild kurz fest, nimm diesen Moment ernst, aber stelle dir nach wenigen Sekunden des Festhaltens vor, wie du die Gedanken und Bilder hinfort schickst, um dich von ihnen zu distanzieren.

Falls bei dir die Frage verbleibt, welchen Einfluss all diese Übungen auf die Gegenwart haben, ist es nachvollziehbar. Zur Klärung der Frage sei zunächst eine Gemeinsamkeit der Übungen aufgeführt: Sie alle – auch der Sport generell, ob es nun Boxen, Fußball, Gymnastik, Badminton, Handball oder ein anderer ist – verhelfen dir dazu, dich von dem Trubel des Alltags und den Herausforderungen, die dir noch bevorstehen, zu distanzieren. An die Stelle dieser Einflüsse rückt die jeweilige Aktivität, die dich meist voll in den Moment versetzt. Anfangs wird es noch Übung brauchen, bis die Meditation, PME oder sonst eine Methode so wirkt, wie sie soll. Es wird erlernt und mit der Zeit wirst du immer besser die Gegenwart wahrnehmen. Und nun wird es wirklich interessant: Denn unmittelbar nach der Übung bist du in den Gedanken meist klarer und fokussierter. Du siehst die Welt, nachdem du die Augen nach der Meditation wieder öffnest, gewissermaßen mit anderen Augen.

> ### *Meine Erfahrungen*
>
> Ich versuchte früher bei der Arbeit, meinen Fokus durch den Konsum von Energy-Drinks zu steigern. Nach einigen Monaten bekam ich Probleme mit meinem Blutdruck. Folgerichtig entschied ich mich: Back to the roots! Ich entsagte den koffein- und taurinhaltigen Substanzen. Stattdessen meditierte ich, wie es Jahrtausende alte Traditionen empfehlen. Anfangs fand ich es schwierig, mich zu konzentrieren. Durch den Fokus auf die Atmung hatte ich aber einen Anker, der mir half, alle anderen Gedanken abzuschalten. Nach 15 Minuten Meditation war meine Konzentration besser als nach mehreren Energy-Drinks. Ich legte ein Wahnsinns-Tempo an den Tag. Bis heute ist die Meditation mein bevorzugtes Verfahren, um mich voll auf den Moment zu konzentrieren.

Der Fokus, den du aus diesen Übungen mitnimmst, überträgt sich auf andere Aktivitäten: Bei der Arbeit bist du konzentrierter. In Gesprächen schnappst du die wichtigen kleinen Details auf. Beim Lernen bist du effizienter. Wenn du Abläufe reibungslos durchführen musst, gelingen sie dir sauberer. Je häufiger du die Übungen machst, umso mehr trainierst du dich darin, generell aufmerksam zu sein. So gelingt es dir ab heute – vorausgesetzt, du beginnst heute mit einer der Übungen – mit jedem Tag mehr und mehr in der Gegenwart zu leben.

> **Zwischenfazit**
>
> *Spezielle Übungen sind der beste erste Schritt, den du gehen kannst, um deine Wahrnehmung auf die Gegenwart zu richten. Durch regelmäßige Übung lernst du es, auch über die Übungen hinaus in der Gegenwart zu sein. Du lässt dich bei deinen Aktivitäten weniger aus dem Konzept bringen und kaum noch ablenken.*

Wie du mittels Achtsamkeit Erkenntnisse gewinnst

Gegenwart erfordert Achtsamkeit. Beim Erlangen dieser Achtsamkeit helfen dir die erwähnten Übungen. Setze sie fort, denn du wirst sie regelmäßig brauchen; so auch direkt in diesem Unterkapitel. Je aufmerksamer du in den einzelnen Momenten deines Lebens bist, umso mehr Erkenntnisse gewinnst du über dich selbst.

> **Beispiel**
>
> Du sitzt im Park. Es ist ein Großstadtpark in der Nähe zum Zentrum. Das Wetter ist sonnig und lädt Familien, Pärchen sowie Einzelpersonen dazu ein, sich im Park die Zeit zu vertreiben. Stelle dir vor, dein persönlicher Mentale-Stärke-Trainer kommt zu dir in den Park, weil ihr euch so verabredet habt, setzt sich neben dich auf die Bank und stellt dir folgende Frage: „Was passiert hier gerade? Was ist im Park los?" Deine Antwort lautet: „Nichts." Dein Coach schüttelt nur den Kopf und sagt: „Das ist falsch. Es ist sogar sehr viel los."

Falls du in einer solchen Situation anders geantwortet hättest, mag es sein, dass dieses Beispiel schwer nachzuvollziehen ist. Ohnehin muss einiges erklärt werden. Zunächst ist es interessant, zu ermitteln, wie eine Person auf die Antwort „Nichts ist los." kommt. Der Grund hierfür ist einfach: Es ist nichts „Besonderes" los. Kinder spielen, Pärchen küssen sich, Rentner füttern die Tauben – alles erstmal gewöhnliche Sachen, die man oft gesehen hat. So kommt die Antwort „nichts" zustande. Es gibt viele Personen, die so antworten würden. Dies hat aber nichts mit Achtsamkeit zu tun. Achtsamkeit würde bedeuten, jedes Detail im Park zu beobachten, wenn nicht gerade meditiert oder einer anderen Aufgabe nachgegangen wird, die Fokus für andere Dinge verlangt. Im Rahmen dieser Beobachtungen können manchmal Situationen beobachtet werden, die überraschende Details oder Entwicklungen bereithalten:

- Die Kinder spielen, aber sie tun es auf eine komplett andere Art und Weise als für ihr Alter gewöhnlich. Ein Kind fällt und sofort eilen alle selbstlos herbei, um ihm beim Aufstehen zu helfen. Sie stellen den Spielspaß hinten an.
- Ein Pärchen küsst sich. Aber beide sind locker über 80 Jahre alt. Seit wann ist denn die Innigkeit, die dieser Kuss zeigt, in diesem Alter selbstverständlich? „Vielleicht sind sie sogar seit ihrer Jugendzeit zusammen ...", denkst du und beginnst, Interesse für die Lebensgeschichte des Pärchens zu entwickeln.
- Die Rentner füttern die Tauben, aber die Horde Jugendlicher, die gerade heranrückt, schickt sich an, die Tauben fortzujagen. Sie rennen auf die Tauben zu und bringen die Rentner in Rage. Was für ein Schauspiel!

Es ist immer etwas im Gange, das sich zu beobachten lohnt. Und manchmal halten einfache Schilderungen, wie in den drei Stichpunkten oben, faszinierende Details oder überraschende Wendungen bereit: Im Rahmen deiner Beobachtungen kannst du einerseits Erkenntnisse über dich selbst sammeln, andererseits Entspannung gewinnen und deine Stimmungslage verbessern. Entspannung gewinnst du beispielsweise, wenn du diese genaue Beobachtungsgabe auf die kürzesten Pausen anzuwenden vermagst: Du denkst nicht daran, dass die Pause im Büro nur fünf Minuten dauert und du danach keine Lust auf die Arbeit hast. Stattdessen bist du voll im Moment, baust Stress ab und bist während der Arbeit besänftigt. Durch weniger Stress erlangst du u. a. mehr Geduld, Ausgeglichenheit und präsentierst dich mental generell stärker.

Wie kannst du aus Beobachtungen Erkenntnisse über dich selbst gewinnen? Indem du achtsam den Moment mit allem Drum und Dran beobachtest, beginnst du, über die verschiedensten Dinge und deine Einstellung dazu nachzudenken. Es ist ein Automatismus, der sich entwickelt. Zudem wirst du auf Ideen gebracht, neue Hobbies auszuprobieren oder Beobachtungen in den beruflichen Kontext zu transferieren, um Aufgaben besser in die Tat umzusetzen. Achtsamkeit gegenüber dem Moment fördert Erkenntnisse über dich selbst und das, was um dich geschieht. Durch die Beobachtungen bekommst du reichlich Material, um dich und deine aktuelle Lage zu hinterfragen. „Hinterfragen" meint an dieser Stelle nicht, dass deine aktuellen Pläne und Handlungen schlecht sind. Das „Hinterfragen" ist vielmehr als generell nützliche Handlung zu verstehen. Denn wenn du nicht hinterfragst, ob alles noch nach deinen innersten Wünschen verläuft, kann es passieren, dass du die dynamischen Entwicklungen des Lebens ignorierst und deinen bisherigen Kurs beibehältst, obwohl dir ein paar Veränderungen gut täten.

Mit all dem, was du jetzt über Achtsamkeit erfahren hast, kannst du bereits Übungen machen:

- ➢ Nutze die kurzen Pausen des Alltags, um die Dinge um dich herum zu beobachten und über sie nachzudenken. Dies ist eine herausragende Alternative dazu, das Smartphone zu zücken und darin über negative Nachrichten oder andere schlechte Einflüsse zu stolpern.
- ➢ Überlege, wenn du dich demnächst langweilst, ob es nicht doch etwas zu beobachten gibt. Denn wie du jetzt weißt: Es ist immer etwas los. Dies fördert deine Kreativität in vielfacher Hinsicht.
- ➢ Sei Personen gegenüber aufmerksam: Wenn du achtsam bist, wirst du erkennen, dass dein Kollege etwas an seinem Äußeren verändert hat. Lobe die Person, um mit deinen Mitmenschen ins Gespräch zu kommen.

Achtsamkeit hat also einen mannigfaltigen Nutzen. Es gibt eine Übung, die für dich persönlich die wichtigste Funktion hat. Diese Übung ist der Inbegriff von Achtsamkeit gegenüber dir selbst. Sie führt dich in die tiefsten Weiten deines Bewusstseins. Sie holt Gedanken zum Vorschein, die du dir selbst ungewollt vorenthältst. Sie weist dir den Weg, der wirklich dein angestrebter Lebensweg ist. Die Übung ist: der Innere Dialog.

In einer Welt voller Ablenkungen und permanenter Erreichbarkeit in sich hineinzuhorchen, ist Gold wert. Der Innere Dialog verhilft dir dazu. Er wirkt Wunder und kann dich vom falschen Weg auf den richtigen bringen oder – falls du bereits den richtigen Weg vor Augen hast – dich beständig an diesem Weg festhalten lassen. Der Innere Dialog festigt unter Umständen deine Entschlossenheit, gewisse Vorhaben durchzuziehen, weil er zeigt, dass du das, was du tust oder hast, wirklich willst und dankbar dafür bist.

> **Hinweis!**
>
> Dankbarkeit ist ohnehin ein wesentlicher Punkt in deinem Leben. Je dankbarer du bist, umso stärker rufst du dir vor Augen, dass du mit dem, was du hast, glücklich oder zumindest zufrieden bist. Diese Haltung ist Balsam für die Seele. Sie vermag, Depressionen zu lindern und in schwierigen Phasen Halt zu bieten. Auch suggeriert dir Dankbarkeit eine gewisse Art von Reichtum. Es muss nicht der Reichtum in Form von Geld sein. Wie wäre es mit einem Reichtum an Gesundheit, toller Familie oder sonstigen Vorzügen, die du in deinem Leben genießen darfst? Du wirst dich selbst und dein Leben in einer dankbaren Haltung mehr wertschätzen und selbstbewusster auftreten.

Der Innere Dialog ist deine Art, mit dir selbst zu reden. Günstige Bedingungen und regelmäßige Durchführung sind bei dieser Übung wichtig. Um die günstigen Bedingungen herzustellen: Die Basis bildet ein gemütlicher Ort. Setze dich am besten hin. Ein bequemer Stuhl reicht schon, ein Sofa oder Sessel ist noch besser. Sorge dafür, dass es um dich herum ruhig ist. Zumindest für die Dauer des Inneren Dialogs sollte es still sein. Beseitige Faktoren, die dich ablenken könnten. Wie lange der Innere Dialog dauert, hängt ganz von dir ab. In der Praxis ist es wichtig, dass du dir deinen Alltag und gern auch bestimmte Abschnitte deines Lebens, die dich zurzeit beeinflussen, vor Augen führst. Wie lange du dafür brauchst, ist nebensächlich. Das Ziel des Inneren Dialogs ist, dass du über die Ereignisse und deine dazugehörigen Gedanken sowie Gefühle nachdenkst. Habe dabei den Mut, zu hinterfragen, ob das, was aktuell geschieht, in deinem Sinne ist. Kannst du vielleicht etwas zu deinen Gunsten verändern? Am Ende des Inneren Dialogs steht idealerweise die Erkenntnis, dass du mit allem, was du machst, glücklich bist. Der Sinn des Inneren Dialogs ist, dass du dich intensiv mit dir auseinandersetzt. Wenn das alles soweit abgedeckt ist, rufst du dir am Ende des Inneren Dialogs am besten immer fünf Tatsachen ins Gedächtnis, für die du dankbar bist, und wiederholst sie mehrmals. So kultivierst du Dankbarkeit.

> ### *Übung*
>
> Führe den Inneren Dialog als Ritual regelmäßig zu festen Zeiten durch. Er lässt sich gut mit der Führung eines Tagebuchs kombinieren. Ein schriftliches Festhalten ist generell von Vorteil, weil du so deine Emotionen mehrere Tage, Wochen, Monate oder sogar Jahre zurückverfolgen kannst. So erhältst du einen Überblick über deine Entwicklung.

> ### *Zwischenfazit*
>
> *Lebe in der Gegenwart, um achtsam gegenüber den vielen Anreizen und Wundern um dich herum zu sein. Sie inspirieren dich und verändern deine Gegenwart zum Besseren, wenn du es zulässt. Sei durch den Inneren Dialog auch achtsam gegenüber dir selbst, um herauszufinden, ob dir die Gegenwart in ihrem jetzigen Zustand zusagt.*

Realismus und Märchen werden klar getrennt

Das Prinzip des Inneren Dialogs hilft dir dabei, zwischen Realismus und Märchen zu unterscheiden. Auf Basis deiner Erkenntnisse aus dem Inneren Dialog fällt es dir leichter, realistische Ziele zu setzen bzw. realistische Träume zu haben. Es wird dir klarer, wo du stehst und was du zum jetzigen Zeitpunkt erwarten darfst. Folgerichtig erbaust du keine Märchenschlösser, die dich schlimmstenfalls in einer Traumwelt leben und den wahren Moment verpassen lassen.

> *Beispiel*
>
> Du bist aktuell verschuldet. Dein Traum ist hingegen, Millionär zu sein. Diesen Traum hast du Tag für Tag vor Augen. Wer in solchen Größenordnungen denkt, wird es schwer haben, die kleinen Schritte zum Abbau der Schulden zu gehen. Diese sind aber zuallererst notwendig. Denn solange du Schulden hast, diese nicht begleichst und die hohen Dispo-Zinsen oder Mahngebühren zahlen musst, kannst du aus deiner prekären Lage nicht herausfinden. Dein Traumschloss wird gleichzeitig dein Gefängnis sein. Durch den Inneren Dialog führst du dir vor Augen, dass du zu viel willst: Du begreifst, dass du besser in kleinen Schritten denken solltest. So arbeitest du dich schließlich zur Schuldenfreiheit, woraufhin du mehr Möglichkeiten hast, dein Geld gewinnbringend zu investieren. Auf diesem Wege wirst du am ehesten Millionär. Aber zum gegenwärtigen Zeitpunkt vom Millionärsdasein zu träumen, wäre kontraproduktiv. Erstmal musst du Schritt für Schritt raus aus den Schulden kommen.

Eine Herausforderung gibt es bei der ganzen Angelegenheit: Der Innere Dialog fördert Erkenntnisse, aber er garantiert nicht, dass du schnell aus dem Märchenschloss entkommst. Hierfür braucht es weitere Methoden und Mittel. Um deiner gegenwärtigen Situation gewahr zu werden und daraus die richtigen Ziele für deine aktuelle Lage abzuleiten, erhältst du eine weitere Aufgabe.

Übung

I. Schreibe alles auf, was du dir erträumst – sogar die abwegigsten Dinge. Nimm dir dafür Zeit. Nutze dabei den Inneren Dialog in einer ruhigen Umgebung.

II. Notiere nun, wie viel Zeit du täglich zur Verfügung hast und wie viel davon für Pflichten verloren geht, die du wahrnehmen *musst*. Wie viel Zeit bleibt für die Realisierung deiner Träume übrig?

III. Prüfe, ob es realistisch ist, mit der dir verfügbaren Zeit sowie deinen weiteren Ressourcen (z. B. Geld, eigene Fähigkeiten, gesundheitliche Verfassung) deine Träume zeitnah zu verwirklichen. Nimm von Träumen Abstand, die fernab deiner zeitlichen und sonstigen Möglichkeiten liegen. Streiche sie von der Liste. Im Inneren Dialog wirst du voraussichtlich mehrere Kleinigkeiten entdecken, die ein attraktiver Ersatz für mögliche unrealistische und von der Liste gestrichene Träume sind.

IV. Es müssten auf der Liste Träume bzw. eher kleinere Ziele stehen bleiben, die du in relativ kurzer Zeit mit deinen Ressourcen realisieren kannst. Gern dürfen diese kleineren Ziele im Zusammenhang mit einem großen Traum stehen und dich diesem näher bringen. Beachte nur, dass sie zeitnah zu erreichen sind und nicht so fern liegen, dass dir der Weg weit und beschwerlich erscheint. Mache es dir einfach!

V. Erstelle eine Schritt-für-Schritt-Abfolge mit deinen Etappenzielen, um die realistischen Träume in Angriff nehmen zu können. Je mehr du erreichst, umso näher wirst du deinen größeren Träumen kommen. Aktualisiere regelmäßig deine Ziele; insbesondere dann, wenn du sie erreichst und neue Ziele notwendig sind.

Nützlich ist in diesem Zusammenhang, sich an bereits existierenden Menschen und deren Geschichten zu orientieren. Was haben andere Personen in deiner Situation erreicht? Wessen Weg ist auch für dich realistisch und welche Person eignet sich als Vorbild? Was kannst du von anderen Menschen in Bezug auf deine einzelnen Etappenziele lernen? Promis, Personen aus der Weltgeschichte, Personen aus deinem Bekanntenkreis und andere, die dir einfallen, lassen sich einbeziehen. Der Vorteil von Personen, die unmittelbar in deiner Nähe sind, ist die Verfügbarkeit: Im Gegensatz zu Promis sind sie für Gespräche verfügbar, sodass ein individuelles Eingehen auf deine Bedürfnisse möglich ist. Man bezeichnet dieses Suchen von und Orientieren an Vorbildern als „Lernen am Modell". Es ist eine psychologische anerkannte Methode, bei der lediglich wichtig ist, dass du Modelle wählst, die sich in einer dir ähnlichen Situation befinden. Eine Person, die sich beispielsweise nicht so wie du durchs Leben kämpfen musste, sondern alles zu Füßen gelegt bekam, ist kein geeignetes Modell für dich.

Gretchenfrage: Was hat das alles hier mit dem Leben in der Gegenwart zu tun?

Zum einen fördern realistische Ziele und die Abkehr von Träumen einen Bezug zu deiner gegenwärtigen Situation. Denn falls du dich an deiner aktuellen Situation orientierst und so die Planungen für deine künftigen Handlungen erstellst, wirst du mit der höchsten Wahrscheinlichkeit erfolgreich sein. Gute Pläne festzulegen, bedeutet bereits bis zu einem gewissen Grad, in der Gegenwart zu leben.

Zum anderen hilft dir das Aufschieben oder Streichen unrealistischer Träume, im Moment zu leben. Schließlich hast du keine Ablenkung durch Träume, deren Erfüllung zum jetzigen Zeitpunkt unwahrscheinlich ist. Stattdessen widmest du dich realistischen Ziele, denen du sukzessive näherkommst – eben, weil sie realistisch und deiner gegenwärtigen Situation angemessen sind.

Man nehme als Beispiel ein Buch oder eine Festplatte: Du musst einer Person so viele Infos wie möglich hinterlassen, damit sie die anstehenden Herausforderungen meistert. Die Hürde besteht darin, dass sowohl Buch als auch Festplatte nur begrenzten Platz für Informationen haben. Entscheidest du dich nun dafür, Infos über Arbeitsschritte zu vermitteln, die acht Jahre in der Ferne liegen und aktuell noch keine Rolle spielen? Oder hinterlässt du der Person Infomaterial, das bei ihrer aktuellen Situation ansetzt und ihr Schritt für Schritt – soweit es Kapazität von Buch sowie Festplatte zulassen – den Weg von jetzt bis in die Zukunft weist? Eher Letzteres. Dein Kopf ist eine Festplatte. Je weniger fern in der Zukunft liegende Träume oder Dinge darin gespeichert sind, umso schneller und reibungsloser läuft die Festplatte.

> ### Zwischenfazit
>
> *Dein Leben im Moment wird dadurch positiv beeinflusst, dass du alles aus deinem Kopf verbannst, was aktuell keine Relevanz hat. Träume sind nicht verboten, aber sie sollten sich in einem realistischen Rahmen bewegen. Dann bist du motivierter, fokussierter und lieferst am ehesten gute Leistungen in der Gegenwart.*

Erwartungen sind wichtig, gehören aber nur bedingt in die Gegenwart

Eine wichtige Rolle im Zusammenhang mit dem Leben in der Gegenwart spielen die Erwartungen. Erwartungen haben in der Gegenwart grundsätzlich nichts zu suchen, weil sie die Zukunft betreffen. Du erwartest nichts von einem Ereignis, das schon geschehen ist. Ebenso wenig erhoffst du dir von einem Ereignis, das gerade geschieht, ein Ergebnis. Möglicherweise hast du bei dem stattfindenden Ereignis eine Erwartung an den Ausgang, aber der liegt in der Zukunft und hat nichts mit dem, was sich gerade abspielt, zu tun.

> *Beispiel*
>
> Du hast einen wichtigen Auftritt vor einem Publikum. Während du vor dem Publikum stehst und den Auftritt ablieferst, denkst du die ganze Zeit daran, wie es wohl ausgehen wird, und erwartest, dass es einen guten Ausgang für dich hat. Das Problem hierbei: Du lenkst dich durch deine Erwartungen ab. Als Folge dessen bringst du nicht die Performance, zu der du imstande wärst. Immer wieder verhaspelst du dich oder hast gedankliche Aussetzer.

Bis hierhin ist der Eindruck entstanden, dass Erwartungen in gegenwärtigen Augenblicken kontraproduktiv sind. Sie lenken vom Moment und allem, was zu ihm gehört, ab. Womöglich hast du bemerkt, dass am Anfang dieses Unterkapitels geschrieben stand: „Erwartungen haben in der Gegenwart **grundsätzlich** nichts zu suchen, weil sie die Zukunft betreffen." Grundsätzlich – worin bestehen denn die Ausnahmen?

Erwartungen als Orientierungshilfe

Es darf bei all dem Fokus auf den Moment nicht missachtet werden, dass Erwartungen der Orientierung dienen. Sie sind identisch mit Zielen oder kleineren Etappenzielen, die du dir setzt. Wenn du z. B. das Etappenziel hast, bis Ende dieses Monats disziplinierter deine Arbeits- oder Studienaufgaben zu erledigen, um mehr Freizeit zu haben, ist deine

Erwartung, dass du dieses Ziel erreichst. Erwartungen haben also in Bezug auf die Gegenwart die Rolle, dass sie dir eine Richtung vorgeben, in die du gehst, um etwas zu erreichen.

Hättest du keine Erwartungen, würdest du auch keine Ziele haben.

Hättest du keine Ziele, würdest du dich schlechter motivieren können.

Wäre deine Motivation gering, würde die Wahrscheinlichkeit auf Erfolg sinken.

Du merkst an dieser Stelle – im krassen Gegensatz zu den vorigen Abschnitten –, dass Erwartungen dir als Benchmark zur Bestimmung deines Erfolgs dienen. Du setzt dir Etappenziele, um ein größeres Ziel zu erreichen. Diese Etappenziele sind mit der Erwartung verbunden, sie zu meistern.

Was ist, wenn sich diese Erwartung nicht erfüllt? Dann hast du auch dein Etappenziel nicht erreicht. Als Konsequenz nimmst du eventuell Kurskorrekturen vor, um nicht weiter zu scheitern, sondern die Etappenziele in dem gesetzten Zeitrahmen zu bewerkstelligen. Durch Erwartungen merkst du, wie erfolgreich du auf deinen Wegen und bei deinen Zielen bist. Du kannst kontrollieren, optimieren und regulieren. Ohne Erwartungen würde es an diesen Möglichkeiten mangeln.

Erwartungen können demnach nicht komplett verworfen werden. Es ist notwendig, von den nächsten drei Monaten etwas zu erwarten, um die eigenen Leistungen zu beurteilen. Der Knackpunkt ist dementsprechend nicht, ob du Erwartungen hast, sondern *wann du Erwartungen hast*.

Erwartungen haben – so geht es richtig!

Stelle dir vor, du säßest mit deinem besten Freund im Lieblingscafé. Ihr beide habt euch mehrere Monate nicht gesehen, weil es die privaten Umstände so ergaben. Nun sitzt ihr endlich zusammen und unterhaltet euch über alles Mögliche. Ein Thema sind eure Pläne für die Zukunft. Du erzählst von der anstehenden Bachelor-Arbeit. Dein Ziel ist mindestens ein Einser-Schnitt, denn du hast alle notwendigen Qualitäten, bist ausgezeichnet im Studium und kommst auch in deinen sonstigen Studienleistungen auf einen Einser-Schnitt. Überlege jetzt eine Weile und triff dann die Entscheidung, ob es bei dieser einen Unterhaltung in dem Café falsch oder richtig ist, diese Erwartung zu haben. Bedenke: Der Einser-Schnitt ist absolut realistisch und entspricht deinem Leistungsniveau.

Die Antwort lautet: „In diesem speziellen Moment ist es absolut richtig, diese Erwartung zu haben." Denn es handelt sich um ein Ziel, das du dir setzt. Problematisch wird es mit Erwartungen, sobald du dich in der Gegenwart, während du der jeweiligen Aufgabe nachgehst, von deinen Erwartungen ablenken lässt. In der Gegenwart, während du etwas machst, solltest du ausschließlich im jeweiligen Moment sein! Dies setzt voraus, dass du dich mit voller Achtsamkeit auf den Moment konzentrierst und nicht darüber nachdenkst, was du erreichen willst. Bringe einfach dein volles Potenzial zur Entfaltung. Dann tust du das dir Bestmögliche. Auf das Beispiel mit der Bachelorarbeit übertragen, bedeutet es, dass du, während du an der Bachelor-Arbeit arbeitest, bestenfalls keinen Gedanken an deine Erwartung verschwendest. Ansonsten lenkst du dich ab, machst Flüchtigkeitsfehler oder sogar größere Fehler, kannst keinen klaren Gedanken fassen und riskierst deinen Einser-Schnitt.

Meine Erfahrungen

Ich war früher ein talentierter Fußballspieler. Hätte ich damals begriffen, wie mentale Stärke entwickelt wird, wäre mir womöglich eine große Karriere gelungen. Aber das ist passé. Worum es mir geht: Mir standen meine Erwartungen auf dem Spielfeld im Weg. In Trainings und mehrere Stunden vor dem Spiel formulierte ich Erwartungen und setzte mir Ziele. Das war gut. Aber das Problem war, dass ich auf dem Spielfeld weiterhin an die Erwartungen dachte und mich so aus dem Moment bringen ließ: Ich hatte vor jeder Ballannahme Sorgen, die Erwartungen nicht zu erfüllen. Erwartungen sollten also im aktuellen Moment aus dem Kopf verbannt werden.

Situation	Orientierungshilfe	Ablenkung
Sport: Du hast ein Spiel.	Wenn du dir Trainingsziele setzt und erwartest, diese zu erreichen, ist es produktiv.	Beim Spiel denkst du die ganze Zeit daran, ob dich die Leute so bewerten, wie du es erwartest. Du bist dadurch abgelenkt.
Soziales / Liebe: Du verabredest dich erstmals mit einer Person.	Du formulierst vor dem Treffen einen Plan fürs Gespräch, um es interessant zu machen und auf Fragen vorbereitet zu sein.	Du sitzt der Person gegenüber und überlegst die ganze Zeit, ob du so charmant wie geplant herüberkommst. Durch diese Gedanken bist du nicht im Moment und außerstande, der Person zuzuhören.
Beruf / Schule / Studium: Du führst ein Projekt durch.	Du legst einen Plan für die einzelnen Etappen des Projekts fest und arbeitest diese gemäß deinen Erwartungen ab.	Während des Projekts bringst du dich durch deine um das Ergebnis kreisenden Gedanken aus dem Konzept.

Erwartungen sind Orientierung und Ablenkung zugleich. Eine wichtige Orientierung sind sie, wenn sie dir in der Gegenwart den Weg weisen, den du bei einem bestimmten Ziel zu gehen hast. Als Ablenkung fungieren Erwartungen, sofern sie dich im Moment deiner Pflicht ablenken. Es gilt daher: Formuliere Erwartungen, aber lasse sie nicht deinen Verstand beherrschen. Gehe in die jeweiligen Momente und Pflichten herein, um dein volles Potenzial ohne den Gedanken an irgendwelche anderen Dinge zu entfalten.

> *Zwischenfazit*
>
> *Wenn du Erwartungen hast und diese auf der Mitte der Strecke enttäuscht werden, verurteilst du den Moment. Dies bringt dich davon ab, das Minimum einer Chance auf Erfolg zu nutzen. Bleibe daher bei der Durchführung einer Aufgabe immer ohne Erwartungen im Moment. Setze dich mit Erwartungen sowie deren Beurteilung dann auseinander, wenn du die Zeit und Ruhe dazu hast.*

MPS Schritt 1 in Kürze

- Der Gegenwart ist eine große Aufmerksamkeit entgegenzubringen. Denn die Vergangenheit ist vorbei und man sollte sie hinter sich lassen. Die Zukunft wiederum ist nicht beeinflussbar und man sollte sie ohne Ängste oder mulmige Gefühle auf sich zukommen lassen.
- Durch den Fokus auf die Gegenwart wird die Vergangenheit losgelassen und die Zukunft geformt. Denn der beste Weg, um künftig das erträumte Leben zu leben, ist, in der Gegenwart zielführend zu handeln.
- Nützliche Übungen, um eine Sensibilität für die Gegenwart zu entwickeln und in jeder Phase des Alltags

eine größere Konzentration auf den Moment zu entwickeln, sind die PME, Meditation und ESA-Technik. Auch Sport, Gymnastik und Atemübungen jedweder Form sind hilfreich.
- Wer im Moment lebt und der Gegenwart alle Aufmerksamkeit entgegenbringt, gewinnt viele Erkenntnisse über sich selbst und die eigene Umgebung. Dadurch wird einem klarer, was die eigenen Wünsche sind und wie man leben möchte.
- Durch bedingungslosen Fokus auf die Gegenwart werden Ablenkungen reduziert: Erwartungen, Sorgen, Ängste und weitere hindernde Gedanken treten weniger oder gar nicht auf. Daher hilft dir das Gegenwartsprinzip dabei, Bestleistungen abzuliefern.
- Dank einer hundertprozentigen Konzentration auf den Moment kann das Stresslevel reduziert werden. Mehr geistige Ausgeglichenheit und Entspannung sind die Folge, was zudem die gesundheitliche Verfassung verbessern kann.

→ Leben im Augenblick führt zu Konzentration. Konzentration lässt die eigenen Schwächen vergessen. So sorgt das Gegenwartsprinzip für mentale Stärke!

MPS Schritt 2: Erkenne deinen Wert

Die Kunst im Leben ist nicht, sich selbst schlechtzumachen oder sich mit anderen Menschen gegenseitig schlechtzumachen. Dies ist spielend leicht, wo doch jede Person online Informationen recherchieren und den Besserwisser markieren kann. Es ist einfach bewundernswert und nötigt größten Respekt ab, wenn man trotz der Makel eines Menschen dessen Wert entdecken kann. Oder noch besser: Man entdeckt *in den Makeln* den Wert eines Menschen!

> ➤ Übergewicht: Schon mal vom Künstler Peter Paul Rubens gehört, der weibliche Rundungen kunstvoll inszenierte und in Mode brachte? Grundsätzlich galt früher, beispielsweise zu Zeiten der Renaissance in Mitteleuropa, ein fülliger Körper als Symbol für Wohlstand und Leistungsfähigkeit.
> ➤ Wissenslücken: Jede Lücke ist eine Chance, neues Wissen zu gewinnen und sich zu bereichern. Viele kluge Personen haben weniger solcher Chancen, weil sie bereits alles zu wissen glauben oder weniger Anreize zum Lernen verspüren.
> ➤ Kein Geld auf dem Konto: Das macht nichts. Denn du hast ganz sicher andere Stärken. Vielleicht bist du redegewandt. Möglicherweise hast du ein unglaublich großes Wissen. Eventuell ist dein Erfahrungsschatz nicht zu toppen. Und mal ganz nebenbei: Wer kein Geld auf dem Konto hat, kann auch keines verlieren ...

Alles, was negativ ist, hat auch positive Seiten. Alles, was positiv ist, hat auch negative Seiten. Du entscheidest dich dafür, welche Seite du sehen willst. Selbstverständlich soll nicht außer Acht gelassen werden, dass besondere Situationen eine Ausnahme von dieser Regel bilden. Wenn immer nur auf die positive Seite geblickt wird, besteht die Gefahr, sich vor Dingen, die man im eigenen Leben verbessern muss, zu verstecken. Dieses Kapitel bringt dir daher nicht bei, immer nur durch die rosarote Brille zu schauen. Es vermittelt dir die Fähigkeit, ein gesundes Maß aus Wertschätzung und Kritik dir selbst sowie anderen Personen gegenüber walten zu lassen.

Wertschätzung entwickeln bedarf klarer Anhaltspunkte

Wertschätzung kommt nicht von irgendwoher: Sie muss auf der Erkenntnis basieren, dass eine Person einen Wert hat. Je überzeugter du vom Wert einer Person bist, umso mehr Wertschätzung bringst du ihr entgegen. Es braucht also – ganz einfach formuliert – Gründe, um eine Person wertzuschätzen:

- ➢ Hat die Person bestimmte körperliche oder geistige Fähigkeiten, die Anerkennung und Respekt verlangen?
- ➢ Zeichnet sich die Person durch charakterliche Züge aus, die für sie sprechen?
- ➢ Ist es der Person in ihrer Vita gelungen, bestimmte Ziele zu erreichen?

Diese Punkte sind bis hierhin einfach nachvollziehbar. Sollte eine Person ihr Gedächtnis zu einem fotografischen Gedächtnis trainiert haben, dann verdient sie Wertschätzung. Ist es der

Person gelungen, eine Ausbildung abzuschließen, so verdient sie dafür ebenfalls Wertschätzung. Es ist dabei unerheblich, welche Art von Ausbildung es ist. Hier ist der Knackpunkt: Ein Akademiker, der ein Studium abgeschlossen und eventuell sogar einen Doktortitel hat, hat in den Augen vieler Personen ein höheres Ansehen als eine Person, die an Bahnanlagen Gleisbauarbeiten verrichtet. Dem Akademiker wird ein höherer Wert zugesprochen. Es wird ein Anhaltspunkt genommen, anhand dessen der Mensch beurteilt wird.

Weißt du, welche Menschen höchstwahrscheinlich die faszinierendsten Bekanntschaften machen und anderen das bestmögliche Gefühl geben werden?

Personen, die in dem scheinbar am wenigsten renommierten Beruf die Besonderheiten sehen und erkennen, dass auch dieser Beruf erlernt werden muss.

Personen, die bereit sind, über erste uninteressante Aspekte hinaus den Gesprächspartner weiter zu erforschen und beeindruckende Details im Zuge dieses Gesprächs zu entdecken.

Personen, die sich für jedwede Art besonderer Umstände, die eine andere Person auszeichnen, zu begeistern vermögen.

Diese Erkenntnisse gelten einerseits für dich beim Nachdenken über dich selbst, andererseits für Gespräche mit anderen Menschen. Wenn du versuchst, dich bei jedem einzelnen Anhaltspunkt den Details zu öffnen, wirst du sogar in den einfachsten Berufen, simpelsten Tätigkeiten und feinsten Charakterzügen erkennen, wieso jeder Mensch besonders ist – und in Bezug auf seine Stärken wertgeschätzt werden sollte!

> ### *Meine Erfahrungen*
>
> In einer Lebensphase, in der mir nichts gelang, leugnete ich meine Fehler und kritisierte andere Menschen. Ich war so penibel bei der Kritik, dass es unerträglich war. Kein Wunder war es also, dass sich fast mein komplettes Umfeld von mir abwandte und mir wenig Wertschätzung entgegenbrachte. Es entstand ein Teufelskreis aus mangelnder Wertschätzung, mit denen ich und mein Umfeld uns gegenseitig fertigmachten. Meine Unzufriedenheit artete fast schon in Depressionen aus. Als ich Abstand nahm und mich darin übte, positive Dinge bei mir und anderen Menschen schriftlich niederzuschreiben und mehrmals zu wiederholen, kam es zu einer Änderung meiner Denkweise. Die Menschen waren überrascht, wie respektvoll und wohlwollend ich ihnen gegenübertrat. So kam es dazu, dass sie mir fast automatisch ebenfalls mehr Wertschätzung entgegenbrachten.

Zusammenhang von Optimismus und Wertschätzung

Wertschätzung lässt sich am besten entwickeln, wenn du Dingen mit Optimismus begegnest. Optimismus meint positives Denken. Wenn du davon ausgehst, dass etwas einen guten Verlauf nehmen wird, bist du optimistisch gestimmt. Wer optimistisch denkt, wird es leichter haben, den Wert eines Menschen oder einer Sache selbst dort zu erkennen, wo er schwer zu erkennen ist. Grund dafür ist, dass die optimistische Person die Welt durch einen Filter der Zuversicht, Begeisterung und Lebenslust betrachtet. Dieser Filter führt dazu, dass sich bereitwilliger mit anderen Menschen und deren feinsten Eigenschaften auseinandergesetzt wird. Eine optimistische Person wird imstande sein, selbst in den Schwächen des Gesprächspartners oder in den eigenen Makeln etwas Gutes zu sehen.

> **Beispiel**
>
> Dir fällt der Mathematikunterricht schwer. Zum Glück hast du einen Lehrer, den seine Schüler interessieren. Er begibt sich auf eine Ebene mit seinen Schülern, indem er nachzuvollziehen versucht, wie das Leben einer jugendlichen Person heutzutage ist. Das Durcheinander der Hormone in der Pubertät, die Erwartungen des Elternhauses und der Lehrer, erwachsen zu sein und sich Herausforderungen zu stellen – diese und weitere Dinge erschweren es, immer Top-Leistungen zu liefern. Wenn einem dann auch noch ein Fach nicht liegt – wie in deinem Fall Mathe –, sind die Barrieren zu guten Leistungen umso größer. Aber der Lehrer ist Optimist. Er glaubt daran, dass er aus dir ein paar Prozent mehr herauskitzeln kann. Zu diesem Schluss gelangt er durch deine guten Leistungen im Fach Physik, das dem Fach Mathe teilweise ähnelt. Er widmet sich dir intensiver und versucht, Parallelen zwischen Mathematik und Physik zu schaffen. Dabei spendet er dir über das ein oder andere Lächeln Wertschätzung und macht absichtlich selbst einen Fehler, um Druck von dir zu nehmen.

Welche Grundsätze über Wertschätzung lernst du aus diesem Beispiel?

I. Optimismus ist der Antrieb und macht es dir einfacher, Wertschätzung zu entwickeln.
II. Sich auf eine Ebene mit Personen zu begeben und nicht abgehoben zu erscheinen, ist elementar, um zur Person durchzudringen. Dafür ist es oft notwendig, dass du versuchst, dich in die Lage der Person hineinzuversetzen.

III. Ein Lächeln hilft, denn es spendet Vertrautheit und Wärme. Es ist eine positive Art, Emotionen zu äußern. Du gehst damit sympathisch auf Menschen zu.

Wertschätzung ist keine Kunst. Sie braucht nur Zeichen bzw. Merkmale, an denen du einer Person einen Wert zuordnen kannst. Jede Person hat diese Merkmale. Wenn du optimistisch denkst, findest du sie am einfachsten. Ebenso, wie diese Regeln dein Verhalten gegenüber anderen Menschen betreffen, gelten sie auch für dein Denken über dich selbst.

> **Übung**
>
> Jetzt wird es Zeit, dass du dir selbst Wertschätzung entgegenbringst. Wenn es dir bisher nicht gut gelungen ist, ist diese Übung von größter Bedeutung. Falls du dir selbst bisher Wertschätzung gespendet hast, verhilft dir diese Übung zu noch mehr Wertschätzung.
>
> Nimm dir eine Liste und schreibe all deine persönlichen Merkmale – sowohl positive als auch negative – auf: äußere Eigenschaften, körperliche Fähigkeiten (auch solche, die bei der Arbeit oder beim Sport zur Anwendung kommen), geistige Fähigkeiten, Charaktermerkmale, deine Vita (von der Geburt bis zum jetzigen Zeitpunkt) und andere Dinge, die dir einfallen. Gehe bis ins Detail. Schreibe in jede Zeile ein persönliches Merkmal auf. Lasse in der Liste neben diesen Merkmalen auf der rechten Seite Platz für weiteren Text.
>
> Im nächsten Schritt schreibst du in der rechten Seite alles Positive auf, was mit dem jeweiligen Merkmal in Verbindung steht. Wenn es mal nichts Positives gibt, lässt du es sein. Gib aber auf keinen Fall zu früh auf, falls dir nichts einfällt. Beispiel: Du bringst nichts wirklich zu Ende, sondern fängst immer gern neue Sachen an. Diese vordergründig negative Eigenschaft hat den

> positiven Begleitfaktor, dass du gern Neues ausprobierst. Sich offen gegenüber neuen Dingen zu zeigen, ist bei weitem keine Selbstverständlichkeit. Sie eröffnet dir mehr Spielräume, weil du mit mehr Dingen, Eindrücken und Erfahrungen in Berührung kommst. Also Bravo!
>
> Im letzten Schritt versuchst du, Lösungen zu finden, wie du die positiven Seiten der negativen Dinge (negativ: schlechtes Durchhaltevermögen; positiv: Offenheit gegenüber Neuem) zu deinem Profit nutzen kannst. Diese Übung hilft dir erstens, deine Stärken herauszufinden, indem sie den Fokus auf deine positiven Merkmale legt. Zweitens schafft die Übung eventuell sogar direkt Lösungen für Probleme, die dich über eine längere Zeit beschäftigen.

Die Folgen von Wertschätzung

Wie führt Wertschätzung zur mentalen Stärke?

Zunächst sei festgehalten, dass Wertschätzung dazu beiträgt, dass du dich bzw. andere für wichtiger befindest. Wichtig zu sein, stärkt jeden Menschen. Denn es liefert einen Grund zum Leben. Wäre man nicht wichtig, würde ein Großteil der Motivation schwinden. Dies kann aufs ganze Leben, aber ebenso auf Teilbereiche des Lebens bezogen sein. Wer in der Familie aufgrund eines Streits oder eines Missverständnisses gebrandmarkt und nicht erwünscht ist, dem wird eventuell das Gefühl vermittelt, unwichtig zu sein. Dieser Person bricht ein bedeutender Rückhalt im Leben weg. In der Arbeit ist dasselbe Szenario denkbar. Man stelle sich vor: Eine Person baut ein Unternehmen 30 Jahre lang mit auf und ist Feuer und Flamme dafür. Plötzlich wird die Person gegen Abfindung entlassen mit der Begründung, sie könne den digitalen Wandel nicht mehr leiten und das Unternehmen modern ausrichten. So ein Szenario ist nicht unwahrscheinlich. Aufs Abstellgleis gestellt und für unwichtig befunden zu werden, kränkt die eigene Wertschätzung. Dies stiehlt ein Stück weit die Motivation; vielleicht sogar die generelle Lebensmotivation. Bei Wertschätzung ergibt sich das genaue Gegenteil:

Du bist wichtig!

Du wirst gebraucht!

Deine Qualitäten sind bekannt und anerkannt!

Diese Worte sind Balsam für deine Seele. Du gewinnst mehr Selbstbewusstsein. Mit mehr Selbstbewusstsein erhältst du Zuversicht und Mut. Einerseits vertraust du nämlich mehr in deine Stärken. Denn wenn andere dich brauchen und auf dich zählen, müssen deine Fähigkeiten besonders sein. Andererseits traust du dich wahrscheinlich eher, bei einigen Sachen ein Risiko einzugehen. Wie viel Risiko das ist, ist eine reine Typenfrage. Es kann zu viel Risiko oder eine moderate und vernünftige Menge sein. Damit solltest du dich jetzt nicht aufhalten. Denn Quintessenz ist: Du steigerst deine Risikobereitschaft und damit auch meist deine Chance auf Erfolg. Häufig ist der maximale Erfolg an ein Quäntchen Risikobereitschaft geknüpft.

Stellst du mit den gewonnenen Erkenntnissen den Zusammenhang zum letzten Kapitel her, dem Gegenwartsprinzip, dann merkst du, dass Wertschätzung dir eine bessere Gegenwart beschert. Dies erfolgt auf mehreren Wegen:

> ➢ Du erkennst deinen Wert und deine Fähigkeiten an, was die Menge an ablenkenden negativen Gedanken reduziert. Es fällt dir dadurch leichter, deinen Fokus auf den Moment auszurichten.

> Durch das Selbstbewusstsein und die Zuversicht vertraust du mehr auf deine Kompetenzen, was dir bei gegenwärtigen Leistungen hilft.
> Du bist allgemein freier im Kopf. Denn dort, wo es keine Sorgen und negativen Emotionen gibt, ist mehr Platz für absolute Gedankenfreiheit gegeben.

Je mehr Wertschätzung du Menschen entgegenbringst, umso besser fühlen sich diese Menschen. Sie beginnen, deine Gesellschaft zu mögen. Eventuell adaptieren sie deine Sichtweise, sodass ihr euch gegenseitig aufbaut und bei Laune haltet. Wertschätzung, die auf Gegenseitigkeit beruht, ist ein wunderbarer Nährboden für den Aufbau angenehmer zwischenmenschlicher Beziehungen. Du gewinnst in Form von Kontakten, die dich wertschätzen, Gesprächspartner, die für dich ein Rückhalt in schweren Phasen sind. So kommt die mentale Stärke auch von außen zu dir.

Zwischenfazit

Wenn du dich und andere Personen wertschätzt, gewinnst du Zuversicht, Mut, Selbstvertrauen und aufbauende soziale Kontakte. All diese Ressourcen stärken dich selbst mental und helfen dir dabei, ein mental stärkendes Umfeld aufzubauen. Dieses Umfeld hilft nicht nur dir, sondern du hilfst ebenso den darin befindlichen Personen.

Rede es dir ein, und es wird sein!

Bis hierhin hast du die positiven Dinge an dir und den Mitmenschen erkannt. Für die Wertschätzung gegenüber Mitmenschen reicht das schon. Aber für die Wertschätzung gegenüber dir selbst reicht es noch nicht aus. In einfacheren Worten: Wenn du in Gesprächen oder Chats deinen Mitmenschen auf irgendeine Weise deine Wertschätzung ausdrückst, hast du bereits dein Bestes getan, um gut mit ihnen klarzukommen. Deine Aufgabe ist es nicht, Therapeut zu spielen und ihnen immer wieder zu sagen, wie wichtig sie sind. Auf Dauer kann das zu aufdringlich wirken. Wenn eine Person dich um Hilfe bittet oder Selbstzweifel äußert, darfst du gern häufiger mit der Person reden und ihr Mut machen. Aber ansonsten reicht die Wertschätzung, die du nebenbei in Gesprächen suggerierst, vollkommen aus. Diese Wertschätzung suggerierst du durch Lächeln, Interesse für die Themen, die die Person anspricht, und generell eine offene Haltung mit dem ein oder anderen Lob zwischendurch. Anders ist es aber gegenüber dir selbst: Da du dieses Buch liest, hast du wahrscheinlich mentalen Besserungsbedarf bei dir selbst festgestellt. Falls du merkst, dass deine Probleme in einer geringen Selbstwertschätzung liegen, sind dir die bisherigen Lehren in diesem Kapitel eine Hilfe, aber nur eine kleine. Wichtig ist, dass du die Lehren immer wieder aufarbeitest. Wenn du gemerkt hast – um am vorigen Beispiel anzusetzen –, dass deine offene Haltung gegenüber Neuem deine Stärke ist, solltest du dir dies regelmäßig ins Gedächtnis rufen. Tust du es nicht, dann bleibst du höchstwahrscheinlich auf dem Stand von früher und siehst anstelle der positiven Offenheit dein mangelndes Durchhaltevermögen als negativen Aspekt. Schließlich bist du in deiner Denkweise eine negative Selbstwahrnehmung gewöhnt. Negativ muss zu positiv werden! Hierfür eignet sich am besten eine Umgewöhnung deiner Gedanken.

Hinweis!

Die Umgewöhnung deiner Gedanken vom Negativen zum Positiven, vom Misserfolg zum Erfolg, vom Pessimismus zum Optimismus ist ein wesentlicher Part meines Buches *„Gewohnheiten der Gewinner"*. Im diesem Titel erhältst du rund ein Dutzend Übungen, um die

> Gedanken aufs Positive und auf Erfolg zu programmieren. Mit der Umgewöhnung deiner Gedanken arbeitest du an deinem Unterbewusstsein. Das Unterbewusstsein ist eine Ansammlung automatisierter Handlungs- und Denkprozesse. Sie laufen automatisiert ab, weil du sie dir angewöhnt hast. Gelingt es dir, die Automatismen so zu gestalten, dass du positiv denkst und dementsprechend handelst, dann gehst du einen entscheidenden Schritt in Richtung Erfolg. Die Umprogrammierung der Gedanken funktioniert auch im Zusammenhang mit der Wertschätzung.

Eine nützliche Übung, damit du deine Gedanken auf Selbstwertschätzung programmierst, funktioniert über Affirmationen. Affirmationen sind positive Glaubenssätze. Deren Trick besteht darin, dass du dir anhand bestimmter Sätze immer wieder deine Stärken vor Augen führst. Wieder am Beispiel vorhin anknüpfend, wäre eine passende Affirmation: „Ich bin offen gegenüber Neuem." Dieser Glaubenssatz kann fortgesponnen werden, indem du dir die Vorteile deiner Offenheit vor Augen führst: „Ich berichte Menschen immer wieder von meinen neuen Erlebnissen und Erfahrungen. In Gesprächen bin ich eine interessante Wundertüte. Die Menschen mögen mich deswegen." Du redest dir ein – das „Einreden" ist in diesem Fall nicht negativ gemeint, weil es sich an deinen tatsächlichen Stärken orientiert –, dass du eine gewisse Stärke hast. Je öfter du diesen Vorgang wiederholst, umso mehr ersetzt ein positiver Glaubenssatz die negativen bisherigen Gedanken. Du denkst nicht mehr daran, dass du Aufgaben abbrichst. Stattdessen siehst du deine Stärke. Die mentale Stärke ist also in dir drin. Du musst sie nur an die Oberfläche holen!

> **Übung**
>
> Du dürftest aufgrund der bisherigen Erläuterungen und des vorgestellten Beispiels nun selbst eine Reihe an Stärken auf deiner Liste stehen haben, die du aus deinen Schwächen abgeleitet hast. So wie aus mangelndem Durchhaltevermögen eine lobenswerte Offenheit gegenüber Neuem wurde, kannst du allen deinen Schwächen etwas Positives abgewinnen. Diese positiven Erkenntnisse schreibst du als Glaubenssätze auf ein anderes Blatt Papier. Wichtig: Pro Glaubenssatz verwendest du ein Blatt Papier. Um die Verschwendung von Papier gering zu halten, darfst du gern ein DINA4-Blatt in zwei oder vier kleinere Blätter teilen. Jedes Blatt klebst du in deiner Wohnung mit Tesafilm irgendwo an. Ein Blatt kann gegenüber der Toilette aufgehängt werden. Das andere Blatt ist eventuell an deinem Kühlschrank gut platziert. Wieder ein anderes Blatt macht sich vielleicht auf der Innenseite deiner Haustür gut. Optimal ist es dann, wenn du tagsüber mehrmals mit den Blättern konfrontiert wirst. Nimm dir Zeit, den jeweiligen Glaubenssatz mehrmals vorzulesen. Lege zusätzlich zur zufälligen Konfrontation mit den Blättern bzw. Glaubenssätzen täglich ein bestimmtes Zeitfenster fest, in dem du zehn Minuten lang die Glaubenssätze mehrmals hintereinander laut vorliest. Du wirst dich mit der Zeit daran gewöhnen, die Stärke zu denken, die du im Glaubenssatz niedergeschrieben hast.

Wertschätzung gegenüber sich selbst erfordert Übung. Du kannst darauf hoffen, dass du ohne das Aufschreiben und Wiederholen der Glaubenssätze das Problem gelöst hast. Die allererste Aufgabe in diesem Kapitel allein wird aber nicht ausreichen, um diese Hoffnung zu erfüllen. Die Stärke-Schwächen-Liste aus der ersten Aufgabe dieses Kapitels zu machen, ist nur ein erster Schritt, der vergleichbar mit einem Lageplan oder einer Navi-Route ist. Du siehst, dass es einen Weg gibt, selbstbewusst zu sein und die eigenen Stärken zu fokussieren. Aber der Weg dahin muss gegangen werden. Dafür ist die Übung mit den Affirmationen erforderlich.

> **Zwischenfazit**
>
> *Formuliere Glaubenssätze. Schreibe sie auf mehrere Zettel. Hänge die Zettel in deiner Wohnung in häufig besuchten Ecken auf und konfrontiere dich mit den Glaubenssätzen. Wiederhole sie immer wieder, auch als Ritual an festen Tageszeiten. Mit der Zeit gewöhnst du dich daran, deine Gedanken positiv zu gestalten.*

Vorsicht! Wann ist es zu viel der Wertschätzung?

Kann es zu viel Wertschätzung geben? Es hängt ganz davon ab, wie Wertschätzung praktiziert wird. Grundsätzlich bedeutet Wertschätzung nicht, sich selbst oder andere über den grünen Klee zu loben. Wertschätzung allgemein ist eine positive, respektvolle und wohlwollende Grundhaltung gegenüber einer Person oder sich selbst. Lob und Anerkennung sind Instrumente, die unter einer Vielzahl anderer Instrumente dazu dienen, Wertschätzung zu äußern. Aber notwendig für die Äußerung von Wertschätzung sind sie nicht. Wenn sie zu häufig und übertrieben zum Einsatz kommen, sind Lob und Anerkennung sogar gefährlich. Sie bergen das Risiko, dass an Schwächen nicht gearbeitet wird und Probleme nicht wahrgenommen werden. Das ist die Antwort auf die Frage, wann es zu viel Wertschätzung ist: Wenn sie in einer Überdosis zum Einsatz kommt.

Was die Überdosis ist, entscheidet sich je nach individuellem Kontext. Eine gute Leitformel für dich ist: Wenn du merkst, dass die Wertschätzung zur Weiterentwicklung und einer

Verbesserung der Situation beiträgt, machst du alles richtig. Wenn die Wertschätzung verhindert, dass du dich weiterentwickelst, weil du auf jedes Problem durch die rosarote Brille schaust und es ignorierst, ist die Wertschätzung zu hoch dosiert. Weil das Beispiel in den letzten Absätzen häufig zum Einsatz kam und Schritt für Schritt nachvollzogen wurde, lohnt es sich, nochmals darauf zurückzugreifen:

Ist es gefährlich, wenn du bei dir ein mangelndes Durchhaltevermögen feststellst, aber diese Schwäche ignorierst, indem du dir ersatzweise eine Offenheit gegenüber Neuem als Stärke zusprichst?

Ja und Nein. Komplettes „Ignorieren" von Schwächen ist nie gut. Du solltest deine Schwächen immer auf dem Schirm haben und aufmerksam beobachten. Die Übungen in diesem Kapitel dienten nicht dazu, die Schwächen aus deinem Bewusstsein zu verbannen. Sie dienten dazu, dir dabei zu helfen, *in erster Linie* die Stärken zu fokussieren, dich zu motivieren und dich optimistisch zu stimmen. Aber die Entwicklung deiner Schwächen solltest du trotzdem beobachten. In diesem Sinne lautet die Antwort auf die obige Frage: Falls du die Schwäche ignorierst, ist eine solche Form der Wertschätzung gefährlich. Aber falls du die Schwäche auf dem Schirm hast und regelmäßig kritisch untersuchst, ob sich durch die positive Denkweise etwas verbessert hat, ist die Wertschätzung nicht gefährlich.

Wird die Bedeutung des Wortes „Wertschätzung" genau analysiert, dann ist Wertschätzung nie gefährlich. Aber für eine maximal adäquate Erklärung dessen, was Wertschätzung bedeutet, reicht die Kapazität dieses Buches nicht. Du wirst es üben und dir durch Erfahrungswerte selbst erschließen. In der vereinfachten Form, in der du die Wertschätzung in diesem Kapitel gelernt und dir selbst sowie anderen gegenüber zu entwickeln lernst, gelten die ausführlichen und mit Beispielen belegten Erklärungen.

> **Zwischenfazit**
>
> *Wertschätzung bedeutet – trotz all des Fokus auf positive Gedanken und Stärken – nicht, seine Schwächen außer Acht zu lassen. Ziel ist es, die Schwächen nicht mehr die eigene Gedankenwelt dominieren zu lassen, sodass sie die mentale Verfassung prägen. Eine regelmäßige kritische Auseinandersetzung mit den persönlichen Defiziten bleibt für die Weiterentwicklung unerlässlich.*

Körperliches Wohlbefinden für mehr Wertschätzung

Die Rechnung „Körperliches Wohlbefinden + mentales Wohlbefinden = Wertschätzung" rundet dieses Kapitel ab. Weil das mentale Wohlbefinden den größten Einfluss auf die Wertschätzung ausübt, hatte es den größten Anteil an diesem Kapitel. Du bist angehalten, die Listen-Übungen und Affirmationen fortzusetzen. Sie sind die wichtigste Komponente, um dir selbst gegenüber Wertschätzung auszudrücken und auch anderen Menschen ein Gefühl der Wertschätzung zu schenken.

Bei der Selbstwertschätzung üben Maßnahmen zum körperlichen Wohlbefinden mutmaßlich einen kleinen Einfluss aus. Zuallererst sorgt körperliches Wohlbefinden dafür, dass aus körperlichen Gründen resultierende Schmerzen, Unwohlsein oder mangelnde Konzentration weniger wahrscheinlich sind. So steigern sich deine Leistungsfähigkeit und Stimmung. Eine besonders gute körperliche Verfassung, wie man sie nach einem Wellness-Wochenende haben könnte, hat das Potenzial, außerordentlich stark zum körperlichen Wohlbefinden beizutragen, sodass auch die Selbstwertschätzung merklich beeinflusst wird. Ferner ist es mit dem körperlichen

Wohlbefinden so, dass der Mensch es durch spezielle Maßnahmen herstellt. Entweder ist eine grundsätzlich gesunde Lebensweise vorhanden oder aber es wird zu speziellen Mechanismen gegriffen: Massagen, Saunagänge, Urlaube u. Ä. Diese speziellen Maßnahmen haben manchmal den Charakter einer Belohnung. Wann sind Belohnungen denn angebracht? Meistens dann, wenn man irgendetwas geschafft hat, was eine Belohnung verdient. Diese Sache muss man erstmal hinbekommen. Ist dies gegeben, dann besteht auch der Grund, sich wertzuschätzen und dafür zu belohnen. Belohnungen wie diese sind im Unterbewusstsein häufig mit Wertschätzung assoziiert. Wenn du also zu einer Belohnung greifst, kann es sein, dass dies automatisch das Gefühl von Wertschätzung in dir aktiviert. Demnach ist es für die Selbstwertschätzung in mehrfacher Hinsicht vorteilhaft, sich mit Maßnahmen zum körperlichen Wohlbefinden zu belohnen. Achte darauf, dass es nicht zu viele Maßnahmen werden. Sie sollten weder deinen Finanzen merklich schaden (Massagen beispielsweise sind kostspielig) noch dich von der Arbeit an dir selbst abhalten. Die Maßnahmen sollten immer einen Besonderheitswert haben, ansonsten gewöhnst du dich mit der Zeit daran und die aus der Maßnahme gewonnene Selbstwertschätzung sinkt. Gehe also sparsam mit diesen Maßnahmen um, aber verzichte unter keinen Umständen darauf, deinem Körper einmal die Woche oder einmal alle zwei Wochen einige Stunden lang etwas Gutes zu tun. Gesunde Ernährung, Sport und moderate Bewegung als Maßnahmen zu körperlichem Wohlbefinden dürfen natürlich häufiger praktiziert werden als Massagen, weil sie ein dauerhaft wichtiger Beitrag zur menschlichen Gesundheit sind.

> **Zwischenfazit**
>
> Körperliches Wohlbefinden beeinflusst die Selbstwertschätzung weniger als die mentalen Maßnahmen, ist jedoch ebenfalls ein Einfluss. Regelmäßige Maßnahmen zur Steigerung des körperlichen Wohlbefindens und eine dauerhaft gesunde Lebensweise fördern deine Selbstwertschätzung.

MPS Schritt 2 in Kürze

- Stärken und Schwächen sind Ansichtssache. Jede Stärke bringt Schwächen mit sich. Ebenso bringt jede Schwäche Stärken mit sich. Ziel ist es, sich auf die positiven persönlichen Merkmale zu konzentrieren.
- Positive Gedanken über sich selbst und andere führen zu Wertschätzung. Wertschätzung bedeutet nicht, blind zu loben und die Augen vor den Schwächen zu verschließen. Stattdessen geht es darum, eine respektvolle, wohlwollende und positive Haltung einzunehmen.
- Wer eine solche Haltung einnimmt, aber nach wie vor an seinen persönlichen Schwächen arbeitet, fährt einen optimalen Kurs im Leben.
- Wertschätzung trägt zu mehr Selbstvertrauen bei. Die eigenen Fähigkeiten werden zuversichtlich und offensiv umgesetzt, was ein wichtiger Faktor ist, um beste Leistungen abzurufen und erfolgreich zu sein.
- Bei Wertschätzung gegenüber anderen Menschen ist die Wahrscheinlichkeit hoch, dass man als sym-

pathisch aufgefasst wird, gemocht wird und ebenfalls Wertschätzung erfährt. Durch die Gegenseitigkeit kommt es zu positiven menschlichen Beziehungen und Gesprächen, was einen mental festigt.

→ Schenke deinen Stärken die meiste Aufmerksamkeit, während du deiner Schwächen gewahr bist und an ihnen arbeitest. Begegne Menschen respektvoll und wohlwollend auf einer Ebene. So hilft dir das Wertschätzungsprinzip beim Erlangen mentaler Stärke!

MPS Schritt 3: Was du wirklich willst, wirst du auch tun!

Entschlossenheit bedeutet nicht, dass du etwas willst. Wollen ist zwar ein möglicher Initiator von Entschlossenheit, aber noch längst keine Garantie dafür. Du kannst zum Beispiel abnehmen wollen, um dein Traumgewicht zu erreichen. Aber wollen das nicht viele Personen? Trotzdem scheitern sie an den Hindernissen. Weil sie nicht entschlossen sind. Denn Entschlossenheit bedeutet, sich gegen Widerstände durchzusetzen. Du kennst die Widerstände vorher und bereitest dich auf sie vor, um deine Sache trotzdem durchzuziehen. Oder es kommen spontan unerwartete Widerstände auf: Auch in diesem Fall kennst du kein Wenn und Aber, denn du bist entschlossen.

Entschlossenheit kann mit Formulierungen wie „gern haben", „würde gern" oder „sollte eigentlich" nur wenig anfangen. Entschlossenheit kennt kaum bis keine Kompromisse. Wer einen Entschluss fasst, setzt das Vorhaben in die Tat um. Wenn du in der Gegenwart lebst, zuversichtlich ein Vorhaben fasst, selbstbewusst bist und durch die Entschlossenheit alle Hindernisse ausblendest, handelst du mental stark. In diesem Kapitel lernst du, was dazugehört, um entschlossen zu sein. Mittels der Erkenntnisse und Übungen trainierst du deine Entschlossenheit direkt. Weil das „Wollen" oder „Müssen" zwar nicht gleichbedeutend mit Entschlossenheit ist, aber der wichtige Initiator, um überhaupt entschlossen sein zu können, beginnst du in diesem Kapitel genau an diesem Punkt: Wollen, müssen oder lassen!

Wenn du es nicht willst oder musst, dann lass es!

Ein Mangel an Entschlossenheit kann sogar gefährliche Auswirkungen haben. Das beste Beispiel hierfür liefert Bernhard Moestl in seinem Werk *Shaolin – Du musst nicht kämpfen, um zu siegen* (2008). Darin beschreibt er die Vorbereitungen von Reisenden für Ausflüge in gefährliche Teile der Welt: Sie würden planen, eine Schusswaffe mit sich zu führen, um sich im Falle eines Angriffs verteidigen zu können. Wer aber zuvor noch nie mit einer Waffe auf einen Menschen gezielt habe, würde nicht bedenken, dass zur Betätigung des Abzugs eine Entschlossenheit dazugehört; schließlich nehme man einem Menschen das Leben … Die meisten Personen würden die Waffe eventuell noch ziehen, aber abdrücken würden die wenigsten. Der Angreifer hingegen könnte beim Anblick der Waffe aggressiv werden. Schlimmstenfalls würde er die Waffe an sich reißen und gegen die Person verwenden.

Dieses Beispiel, das anhand einer lebensgefährlichen Situation demonstriert, wie wichtig Entschlossenheit ist, lässt sich auch auf kleinere Sachverhalte übertragen:

> ➤ Der Absolvent eines Studiengangs hat ein brillantes Jobangebot erhalten. Zudem hat er vor kurzem seinen Führerschein gemacht. Da er kein „normaler" Fahranfänger ist, sondern ein Fahranfänger mit einem sehr guten Verdienst in seinem neuen Beruf, entschließt er sich dazu, sich über Leasing einen Sportwagen zu finanzieren. Der einzige Grund, diesen Wagen und nicht einen guten Mittelklassewagen zu holen, sind für ihn die rund 400 PS. Er möchte am Wochenende einfach mal „die Sau rauslassen" und über die

Straßen heizen. Aber als Fahranfänger? Tatsächlich bekommt er im Fahrzeug Muffensausen. Er nutzt als Fahranfänger die Leistung und Geschwindigkeit des Fahrzeugs nicht mal ansatzweise aus. Ihm fehlt – und das ist als Fahranfänger bei solch einem Gefährt nur vernünftig – der Mut, voll aufs Gaspedal zu drücken. Nun hat er einen zu teuren Wagen geleast, an den er zwei Jahre gebunden ist.

Mangel an Entschlossenheit hat das Potenzial, Käufe von Luxus- und ebenso normalen Artikeln überflüssig zu machen. Es sollte vorher überlegt werden, ob man entschlossen sein wird, das auffällige Kleidungsstück zu tragen, das Potenzial des Sportwagens voll auszureizen und andere Spielräume wahrzunehmen.

> Du hast einen sehr guten Freund. Ihr beide versteht euch prima. Es liegt ein Hauch Liebe in der Luft. Der Haken ist, dass die Person vor wenigen Monaten eine Beziehung beendet hat und der ehemaligen Partnerin nachtrauert. Die Person fühlt sich zu dir hingezogen, aber ist nicht wirklich bereit, eine neue Beziehung zu beginnen. Du überzeugst die Person aber durch deine Liebenswürdigkeit und deine sonstigen Eigenschaften, die sie an dir wertschätzt, eine Beziehung zu versuchen. Schlussendlich ist die entstandene Beziehung zum Teil erzwungen. Ihr beide wusstet in eurem tiefsten Inneren, dass die Offenheit für eine neue Beziehung bei deinem Freund (noch) nicht komplett gegeben war. Von nun an ist alles, was ihr macht, ebenso wie die Beziehung selbst, von Unentschlossenheit begleitet: die sexuelle Interaktion, die Gespräche, die Aktivitäten, jede einzelne Umarmung. Die Beziehung zerbricht und durch die negativen Erlebnisse sind der Freundschaft Steine in den Weg gelegt worden. Es ist nichts mehr so wie früher.

Menschen sollten in ihren Beziehungen ehrlich und vertrauenswürdig vorgehen. Die Beziehung – in welcher Form auch immer – sollte komplett freiwillig sein. Nur so fühlt sich jede Person in ihrer Rolle wohl. Demnach sollte die Rollenverteilung genau kommuniziert und überdacht werden, um entschlossen und mit voller Hingabe gemeinsam zu interagieren.

Meine Erfahrungen

Ich hatte eine sehr gute Freundin, mit der ich vor vielen Jahren zusammen war. Nach der Trennung entstand die besagte Freundschaft. Diese Freundschaft hielt fünf Jahre. Die Frau war in der Zwischenzeit mit einem anderen Mann zusammen. Sie war jung und es war nach mir erst ihre zweite Beziehung. Der Mann war das, was man in der Umgangssprache wohl einen „Bad Boy" nennt: Vorstrafen, Aggressionen, Beleidigungen gegenüber anderen Menschen. Sie gab sich ihm aber voll hin. Nach Ende der Beziehung war sie nicht mehr dieselbe. Ich merkte in unseren Gesprächen, dass sie ihm immer noch hinterhertrauerte. Denn zu ihr war er immer gut gewesen. Sie war über ihn nicht hinweg. Ich merkte es. Trotzdem schlug ich wenige Monate nach ihrer Trennung vor, dass wir es nochmal mit einer festen Beziehung versuchen könnten. Ich musste sie kaum überzeugen, denn aufgrund unserer früheren Beziehung und der guten Freundschaft hatte sie Vertrauen. Die Beziehung platztenach wenigen Monaten, weil sie in Gedanken immer noch bei ihrem Ex war. Sie ließ sich nicht berühren, wir konnten nicht mehr so offen wie in unserer Freundschaft miteinander reden. Sie war eine Beziehung eingegangen, zu der sie nicht bereit war – und ich selbst hatte es in meinem tiefsten Inneren gewusst. Es war schlussendlich kein Wun der, dass wir uns schnell trennten. Denn die Entschlossenheit hatte gefehlt; vor allem bei ihr, weil sie sich nach ihrem Ex

> sehnte. Mein Mitleid, das mich zur Beziehung antrieb, war auch kein Antreiber für Entschlossenheit. Es war äußerst fragwürdig von mir, die Freundschaft auf diese Weise zu belasten. Bis heute haben wir nach der Trennung kaum ein Wort gewechselt.

Kauf von Dingen, zwischenmenschliche Beziehungen, Entscheidungen im eigenen Leben, Gestaltung der Freizeit. Alles wird idealerweise mit Entschlossenheit begangen. Die Beispiele zeigen, wieso: Entschlossenheit führt zu konsequenten Handlungen. Konsequente Handlungen wiederum begünstigen, dass die eigenen Fähigkeiten und Qualitäten am besten umgesetzt werden. Hier tut sich der aufbauende **Zusammenhang zu den letzten beiden Kapiteln** auf: Du bist in diesem Augenblick dabei, einer Aufgabe nachzugehen. Dein Fokus ist optimal, du bist voll im Moment. Aufgrund deiner Selbstwertschätzung fühlst du dich gut und vertraust in deine Fähigkeiten. Weil du realistische Ziele verfolgst und dir voll und ganz sicher bist, dass sie deinen Wünschen und deinem Willen entsprechen, bist du entschlossen. Diese Entschlossenheit führt zu mehr Enthusiasmus bei deinen Handlungen. Je stärker die Entschlossenheit ist, umso weniger schenkst du sogar hartnäckigen Hürden (z. B. Angst, negatives Zureden anderer Personen, bisheriges Scheitern) Beachtung.

Es gibt zwei Faktoren, die Entschlossenheit begünstigen: Wollen und Müssen. Das, was im Leben gemacht werden muss, machst du idealerweise auch. Kinder zur Schule bringen, zur Arbeit gehen, fürs Studium lernen, für kranke Eltern oder Freunde sorgen und ähnliche Aufgaben sind meist Sachen, die du machen musst. Wenn dir bei diesen Beispielen etwas auffällt, dann, dass sie meist mit „Wollen" verknüpft sind. Willst du deine Kinder nicht auch zur Schule bringen, weil dir wichtig ist, dass sie im Leben dazulernen und gebildet erwachsen werden? Willst du nicht studieren, um später einmal ein finanziell gesichertes Leben zu haben? Willst du nicht für deine Eltern sorgen, weil du sie liebst und sie immer für dich gesorgt haben?

Tatsache ist, dass wir diese Dinge machen müssen. Aber „Müssen" allein ist nicht nachhaltig. Stelle dir vor, du würdest dir in deinem Leben nur Pflichten auferlegen und demzufolge nur das machen, was du machen musst. Der Mensch ist keine Maschine. Bei einem reinen Pflichtprogramm drohen Burn-outs, Depressionen sowie andere psychische und – je nach Art der Aktivität – körperliche Erkrankungen. Einige Sachen müssen gemacht werden, aber wichtig sind im Leben die Sachen, die eine Kombi aus „Müssen und Wollen" oder das reine „Wollen" sind. Beim „Müssen und Wollen" bestehen durch deinen Willen mehr und attraktivere Anreize, um einer Sache nachzugehen. Je stärker der Wille und je größer die Anreize sind, umso stärker fällt die Entschlossenheit aus.

Eine Herausforderung hat das „Wollen": Du musst dich entscheiden. Während du bei „Müssen und Wollen" oder reinem „Müssen" meist durch externe Faktoren die Entscheidung abgenommen bekommst, ist es beim reinen „Wollen" anders.

> **Beispiel**
>
> Sicher ist, dass du arbeiten *musst*. Nur wenige Personen sind aufgrund ihres Wohlstands oder ihres Alters im Vorteil und müssen nicht arbeiten. Der Großteil der erwachsenen Menschen muss arbeiten. Welchen Beruf du ausübst, entscheidest du jedoch vor deiner Ausbildung, dem Studium oder generell bei der Auswahl des Jobs. Möglicherweise sind die Wahlmöglichkeiten eingeschränkt, aber bei der Auswahl entscheidest du dich idealerweise dennoch dafür, was du *willst*. Die Herausforderung ist die Entscheidungsfreiheit.

Bei allen Entscheidungen, bei denen du komplett oder zum Teil einen freien Willen und mehrere Entscheidungsoptionen hast, hast du also die sprichwörtliche Qual der Wahl. Dieses Problem ist in heutigen Zeiten größer als noch vor mehreren Jahrzehnten oder gar Jahrhunderten. Früher war der eigene Berufs- oder Lebensweg zu Teilen vorab definiert. Beispielsweise war es nicht unüblich, dass die jungen Männer den Beruf ihres Vaters fortführten. Die jungen Frauen wurden nicht selten – im englischen Adel des 19. Jahrhunderts beispielsweise – zwangsverheiratet. Ehen sollten einen Nutzen haben und idealerweise neue Wohlstandsverhältnisse schaffen. Früher waren weniger Optionen für Entscheidungen gegeben. Dies war selten gut, denn das Leben war zu einem hohen Anteil fremdbestimmt.

Heutzutage ist zumindest in Mitteleuropa das Gegenteil der Regelfall: Du stehst einem Überfluss an Entscheidungsmöglichkeiten gegenüber. In der digitalisierten und durch Vernetzung perspektivreichen Welt kommt es dazu, dass es den Menschen tendenziell schwerer fällt, sich für eine Sache zu entscheiden. Zwar ist in Deutschland eine finanzielle und bildungstechnische Ungleichheit gegeben, aber es lässt sich nicht leugnen, dass zahlreiche Förderprogramme vor allem jungen Leuten aus verschiedensten Gesellschaftsschichten nach der Schule, für die Ausbildung und für das Studium, eine Fülle an Perspektiven auf dem Silbertablett offerieren: Auslandsstudium mit Bafög als finanzieller Hilfe? Freiwilliges soziales Jahr? Nach der Schule ein Sabbatjahr nehmen, ordentlich Geld verdienen und dann die Welt bereisen? So dreht sich das Rad der schier endlosen Möglichkeiten bei vielen Menschen. Irgendwie wollen einige Menschen dann am liebsten alles zusammen; nämlich …

> ➢ Influencer über die sozialen Medien werden und mit ein paar Posts den Lebensunterhalt verdienen,
> ➢ nebenbei das Leben innerhalb einer vierköpfigen Familie meistern,

> dem Hauptberuf nachkommen, weil als Influencer noch nicht ausreichend verdient wird,
> aber auch ein Studium wäre spannend, das immerhin als Fernstudium flexibel planbar ist und nicht mal ein Abitur erfordert.
> Zudem ist da noch die Diät, für die man am liebsten jeden Tag drei Stunden frisch kochen würde.

Alles auf einmal? Unmöglich. Aber auch solche Personen, die weniger Möglichkeiten haben und in ihrem Leben kaum Privilegien genießen, haben immerhin mehr Optionen als Menschen in derselben Situation vor mehreren Jahrzehnten.

Jetzt wird es wichtig, sich an den ersten Schritt – nämlich das Gegenwartsprinzip – zurückzuerinnern. Denn wie du weißt, zeigt dir die Gegenwart, was in deiner jetzigen Lebenssituation realistisch und möglich ist. Die Auflistung von eben mit den Sachen, die am liebsten allesamt gleichzeitig gemacht werden würden, ist ein Beispiel dafür, was alles möglich sein kann. Die Dinge einzeln für sich sind nicht unrealistisch. Aber alles auf einmal zu machen, ist unrealistisch. Durch eine Überforderung brechen nach und nach die einzelnen Ziele weg, weil sie mit deinen zeitlichen Kapazitäten nicht allesamt konsequent verfolgt werden können. Überforderung und fehlende Priorisierung sind häufig ein Grund für mangelnde Entschlossenheit. In diesem Sinne schaffen wir den Zusammenhang zum ersten Schritt; also dem zweiten Kapitel: Du erinnerst dich an die Übung aus dem ersten Schritt, in der es um Realismus und Märchenschlösser ging? Hole die Liste wieder hervor. Du hast in der Übung auf Basis deiner zeitlichen Kapazitäten sowie Ressourcen realistische Ziele festgelegt. Diese sind, weil sie realistisch sind, für dich erreichbar. Aber bist du wirklich entschlossen, sie auch zu erreichen? **Prüfe es!**

Das „Wollen" einer Sache oder eines Ziels fördert zwar die Entschlossenheit, ist aber nicht gleichbedeutend mit mehr Entschlossenheit. Falls du einfach nur willst, aber nicht entschlossen bist, den notwendigen Input (z. B. körperliche Arbeit, Denkarbeit, Geld, Geduld) einzubringen, ist das „Wollen" für dich eher eine Belastung als eine Hilfe. Wollen ohne Entschlossenheit – das ist wie Arbeiten ohne volle Hingabe. Du schöpfst nicht dein Potenzial aus. Auch lässt du dich eher ablenken. Es ist jetzt die Zeit für dich, mit der Liste aus der Realismus-Märchen-Übung, in der du deine Ziele formuliert hast, weiterzuarbeiten. Es müssen die Ziele ermittelt werden, zu denen du auch wirklich entschlossen bist.

> ### *Übung*
>
> Überlege, welches der aufgeschriebenen Ziele du schon längst hättest erreicht haben können. Bei welchem Ziel hast du schon mehrere Anläufe gestartet, aber keinen konsequent durchgezogen? Überlege, ob es an mangelnder Entschlossenheit lag oder die Herangehensweise falsch war. Wenn dir keine alternative Herangehensweise einfällt und du Zweifel hegst, dein Ziel zu erreichen, bist du höchstwahrscheinlich nicht entschlossen. Dir fehlt wohl noch das letzte Quäntchen Motivation, um dem Ziel zu folgen. Schiebe es daher beiseite, sofern dies möglich ist, und prüfe alle anderen Ziele. Im Idealfall ist das Endergebnis, dass auf der Liste deine realistischen Ziele stehen, die sich an deinen Wünschen und Träumen bemessen. Du bist entschlossen, diese Ziele zu erreichen. Die Entschlossenheit zeichnet sich dadurch aus, dass du die Sache nicht aufschiebst und konsequent durchführst. Falls es an der Durchführung hapert, bist du zumindest kreativ und findest verschiedene Lösungsansätze, um es immer wieder aufs Neue zu versuchen. So macht sich Entschlossenheit erkenntlich – nicht durch eine perfekte, aber beständige und kreative Arbeit an den eigenen Vorhaben.

> **Zwischenfazit**
>
> *Wollen und Müssen sowie die Mischung aus beidem sind vorteilhaft für deine Entschlossenheit. Aber sie sind keine Garanten für entschlossenes Handeln. Kürze daher deine Pläne um die Dinge, zu deren Erreichung du nicht bereit bist, alle Hindernisse zu überwinden.*

Mit der Entschlossenheit kommt die mentale Stärke

Entschlossenheit steht in direkter Verbindung zu mentaler Stärke. Sie gibt dir zum einen Sicherheit. Wenn du zu etwas entschlossen bist, bist du dir sicher, es durchzuziehen. Diese Sicherheit verhindert, dass du dich unnötigerweise in Frage stellst. Das In-Frage-stellen ist vorbei – das hast du mit den vorigen Übungen bereits hinter dich gebracht und nun stehen die realistischen Ziele auf deinem Zettel, die du auch wirklich durchführen wirst! Verinnerliche diesen Gedanken: *„Alles, was auf deinem Zettel mit Zielen steht, werde ich wirklich durchführen!"*

Dieser unerschütterliche Gedanke bedeutet: Entschlossenheit. Neben der Sicherheit verleiht dir die Entschlossenheit Konsequenz im Handeln. Du lässt dich während der Durchführung einer Handlung nicht mehr von ihr abbringen. Das aus dem ersten Schritt erlernte Gegenwartsprinzip wird besser in die Tat umgesetzt.

> **Beispiel**
>
> Vielleicht kennst du dich ein bisschen mit der Zweikampfführung im Fußball aus. Stelle dir zwei Spieler vor, die auf einen Ball zulaufen und diesen erobern wollen. Der eine Spieler stammt vom mehrmaligen Meister und Titelverteidiger, der andere von einer Abstiegsmannschaft. Der Spieler vom Titelverteidiger hat die pure Siegermentalität. Er weiß, was er will, und aufgrund der Titel in der letzten Saison weiß er auch, dass er es schaffen kann. Der Spieler von der Abstiegsmannschaft ist eingeschüchtert, denn schon am Blick des Gegners sieht er die pure Entschlossenheit, sogar eine Verletzung in Kauf zu nehmen – nur, um diesen einen Ball zu erobern. Die beiden Spieler kommen dem Ball immer näher, beschleunigen und holen mit dem Fuß aus. Der Spieler vom Titelverteidiger ist voll entschlossen und zieht durch. Beim anderen Spieler kommt nur ein Hauch von Zweifel auf, der ihm aber Tempo und Kraft nimmt und verhindert, dass er zuerst an den Ball kommt.

Entschlossenheit merkt man dir an. Es ist der Gesichtsausdruck, den du bei der Arbeit hast, während du ein Projekt vor mehreren Personen vorstellst und für dessen Umsetzung plädierst. Du stehst vor den Zuhörern und trägst mit leuchtenden Augen und Elan vor, dass ausgerechnet deine Lösung / dein Konzept das Beste ist. Die Menschen sehen deine Entschlossenheit und vertrauen dir. Entschlossenheit bedeutet also auch Anziehungskraft. Sie macht dich attraktiv und erschließt dir die Möglichkeiten, eine Anhängerschaft oder zumindest ein soziales Umfeld aufzubauen.

Eng im Zusammenhang mit deiner Entschlossenheit stehen Disziplin und Motivation. Vor allem die Disziplin ist ein

Faktor, der mit mentaler Stärke so sehr in Verbindung gebracht wird wie wohl kaum ein anderer. Disziplin fördert deine Entschlossenheit. Sie sorgt dafür – woran du dich aus den Definitionen aus dem ersten Kapitel erinnern dürftest –, dass du imstande bist, selbst auferlegte und von außen diktierte Regeln zu befolgen. Bei der Befolgung selbst auferlegter Regeln ist von Selbstdisziplin die Rede. Wenn du zu etwas keine Lust hast, aber dich an die Regel erinnerst – nämlich, der jeweiligen Aktivität nachzugehen – und als Folge dessen die Aktivität durchführst, bist du diszipliniert. Je ausgeprägter die Disziplin, umso unerschütterlicher ist deine Entschlossenheit. Disziplin ist die schützende Mauer um deine Entschlossenheit. Sie führt dazu, dass bei Angriffen von außen oder aus deinem Inneren (z. B. aufkommende Selbstzweifel) dennoch an den Zielen festgehalten wird. Die Motivation wiederum setzt sich aus deinen Motiven zusammen – also, wieso du etwas machst. Durch die regelmäßige Wiederholung deiner Motive rufst du dir deine Träume vor Augen. Realistische Träume zu visualisieren oder anzupeilen, stärkt deine Motivation. Je motivierter du bist, umso entschlossener bist du. Es scheint sinnvoll, diese beiden Komponenten zu stärken; die Disziplin und die Motivation. Jeweils drei Übungen weisen dir den Weg dazu.

Disziplin steigern mit drei Übungen

Übung 1

Bisher hast du mit Hilfe dieses Buches an Plänen gearbeitet, aber noch nicht an Belohnungen. Falls du dir bei deinen Etappenzielen kleine oder größere Belohnungen – das Ausmaß der Belohnung muss zum Schwierigkeitsgrad des Etappenziels passen – erlaubst, dann steigerst du deine Willensstärke. Du weißt nämlich, während du das eine Etappenziel gerade anstrebst, dass auf dich eine Belohnung wartet.

Es lohnt sich demnach, diszipliniert zu sein und es zu bleiben. Ordne also deinen Etappenzielen jetzt passende Belohnungen zu. Auch hier gilt: Nimm die Gegenwart als Maßstab und mache es auf realistische Weise.

Übung 2

Gehe Handlungen nach, die du nicht gern magst. Überlege dir fünf Handlungen, die regelmäßig praktiziert werden können, dir aber nicht zusagen. Natürlich sollten die Handlungen Sinn machen und dich in irgendeiner Form voranbringen. Ein optimales Beispiel wäre z. B. das Staubwischen. Beginne zunächst mit einer der fünf Handlungen und übe sie über eine Dauer aus, die dir zumutbar erscheint. Steigere mit der Zeit die Dauer und füge schrittweise die weiteren Handlungen hinzu. Durch diese Übung konditionierst du dich darauf, eine höhere „Schmerztoleranz" gegenüber ungewollten Aufgaben zu haben.

Übung 3

Gewöhne dir an, Ordnung in deinem Zuhause, an deinem Arbeitsplatz und an jedem anderen aufgesuchten Ort zu halten. Ordnung in der Außenwelt färbt positiv auf dein Inneres ab. Durch eine ordentliche Umgebung legst du den Grundstein für Disziplin. Denn wenn du immer wieder vor deinen Augen Schwarz auf Weiß siehst, dass du ordentlich lebst, wird es dir leichter fallen, daran zu glauben, dass du auch andere Sachen konsequent umsetzen kannst. *Wie außen – so innen!*

Motivation steigern mit drei Übungen

Übung 1

Denke so, als hättest du dein Ziel bereits erreicht. Wenn du über ein Etappenziel oder ein großes Ziel nachdenkst, dann sage dir immer in Gedanken: „Ich habe . geschafft." Passe dabei darauf auf, dass du nicht nachlässig wirst und denkst, du müsstest gar nichts mehr machen. Nutze diese Übung also sparsam, z. B. als Zusatz zu den Glaubenssätzen. Sage dir die Sätze dabei ein paar Mal täglich in Gedanken oder spreche sie laut aus.

Übung 2

Führe ein Tagebuch über deine Erfolge. Die Tagebuchführung hat unter dem Anglizismus „Journaling" ohnehin ein Wiederauferstehen gefeiert. Immer mehr Personen zeigen sich der Tagebuchführung gegenüber offen und stempeln sie nicht mehr als eine Tätigkeit für Romantiker ab. Gehöre auch du diesen Personen an und führe Tagebuch über deine Fortschritte! Wenn du möchtest, kannst du es in Stichpunkten und somit knapp halten. Entscheidend ist, dass du bei einem Rückgang an Entschlossenheit ein Büchlein hast, in das du reinschauen kannst, um dir klarzumachen: *„Ich habe es bis hierhin geschafft und werde es weiterhin schaffen!"* Dies klingt zwar simpel, wirkt aber definitiv. Deswegen: Einfach machen und staunen!

Übung 3

Die 45/15-Regel sieht vor, dass du 45 Minuten lang einer Aufgabe nachgehst und dann 15 Minuten lang Pause machst. In dieser Pause kannst du deine Achtsamkeitsübungen oder sonst etwas machen, das dir lieb ist. Es zählt nur, dass du dir die Pause nimmst. Durch die Tatsache, dass du nur über einen beschränkten Zeitraum einer Aufgabe nachgehen musst, steigt deine Motivation. Bei Aufgaben, die du nicht magst, die aber kürzer dauern, kannst du die 45/15-Regel selbstverständlich kürzen. Bei einer Aufgabe mit 15 Minuten Dauer, die dir absolut zuwider ist, könntest du durch 5 Minuten Arbeit und 3 Minuten Pause eventuell einen guten Effekt erzielen. Probiere es einfach aus, die Aufgabe zu stückeln und entspannt auf dein Ziel hinzuarbeiten. Bei einer beruflichen Tätigkeit mit vorgeschriebenen Arbeitszeiten wird diese Regel leider nicht umsetzbar sein. Habe Verständnis dafür, dass sie nicht universell anwendbar ist.

Zwischenfazit

Entschlossenheit macht dich mental stark. Diese Stärke merken dir Außenstehende an. Du entfaltest dein maximales Potenzial. Arbeite regelmäßig an deiner Motivation und Disziplin, damit es dabei bleibt.

Hindernisse akzeptieren und behutsam aus dem Weg räumen

Auf deinem Weg zu mehr Entschlossenheit können dir Hindernisse begegnen. Je nachdem, in welchem Bereich du entschlossen sein möchtest, wirst du eventuell mit verschiedenen Widerständen konfrontiert werden. Wie schon Dr. Thomas Späth und Shi Yan Bao in ihrem Ratgeber *Shaolin – Das Geheimnis der inneren Stärke* (2011) erkennen, ist das Annehmen der Hindernisse wichtig. Durch das Annehmen wirst du dir der Hindernisse überhaupt erst bewusst und kannst daran arbeiten, sie aus dem Weg zu räumen. Ignorierst du sie hingegen, läufst du Gefahr, aufgrund einer

Kopf-durch-die-Wand-Taktik zu scheitern. Die Autoren empfehlen, sich bei Hindernissen zuerst auf den Grund für deren Auftreten zu konzentrieren. Jedes Hindernis habe eine positive Absicht: Angst diene beispielsweise dazu, Menschen zu schützen. Bequemlichkeit bewahre vor einem zu hohen Energieverbrauch.

Du hast die Wahl, die Hindernisse rigoros zu bekämpfen: Eventuell schaffst du dir noch zusätzlich einen Ratgeber zur Angstbewältigung an, um dich von allen Seiten gegen das Hindernis zu stemmen. Aber ist das der richtige Weg? Es ist zumindest nicht der Weg, der dich mit höchster Wahrscheinlichkeit zum Erfolg führt. Denn Kompromisslosigkeit und rigoroses Vorgehen bergen das Risiko, dass du dich übernimmst. Wie wäre es denn mit Kompromissen?

- Falls du Angst hast, komme dieser auf halbem Wege entgegen, indem du zuerst deren Schutzfunktion akzeptierst und dann nach Wegen suchst, dich Schrittweise von der Angst zu befreien.
- Solltest du dich als faul bezeichnen, dann gestehe dir das Faulenzen ein, aber reduziere den Umfang schrittweise. Probiere zudem Alternativen zur Faulheit aus, wie z. B. Massagen. Auch hier entspannst du dich und liegst nur rum; jedoch mit dem Unterschied, dass du deinem Körper etwas Gutes tust und – da hast du's wieder nach dem letzten Kapitel – dir selbst Wertschätzung erweist.
- Siehst du dein Umfeld als eine Hürde, so reduziere den Kontakt zu Personen, die für die Entwicklung mentaler Stärke deiner Meinung nach kontraproduktiv sind. Oder du sagst ihnen direkt, dass du dir von ihnen mehr Verständnis oder Respekt erhoffst; je nachdem, wo du die Defizite im Umgang mit dir siehst.

Es geht bei dem Umgang mit Hindernissen um Akzeptanz und Kreativität in der Lösungsfindung. Sicher verstehst du es, dass sich zwei Personen bei einer gemeinsamen Reise, einem Problem oder einer Aufgabe absprechen müssen, um einheitlich und bestmöglich zu agieren. Ein Zusammenschluss aus zwei Personen, bei dem jede der beiden Personen nach Belieben handelt, wäre unentschlossen. So ist es auch bei dir: In dir leben durch deine Gedanken, den inneren Schweinehund oder andere Einflüsse mehrere „Personen". Sie äußern sich in deinen Eigenschaften, Stärken und Schwächen. Manchmal dominiert die eine Person, manchmal die andere. Mentale Stärke und Entschlossenheit zu entwickeln bedeutet, einen Konsens zwischen den Personen in dir drin zu finden; also zwischen deinen verschiedenen inneren Stimmen. Wenn dir dies gelingt, bündelst du alle Kraft in der Handlung, die du durchführst, und gehst entschlossen zu Werke.

Kompromisse zwischen deinen Wünschen und den Hindernissen zu finden, ist der beste Weg. Wie findest du die Kompromisse zwischen Angst und Auftritt vor dem Publikum, Faulheit und bevorstehender Aufgabe, Nervosität und Ambitionen auf eine erfolgreiche Prüfung, Gewohnheit zur Näscherei und angepeilter Diät? Wie gelingt es dir in diesen und vielen anderen Situationen – unabhängig vom Ziel und dem Hindernis, das diesem Ziel im Wege steht – die richtigen Kompromisse zu finden?

Übung

Hinter einem Hindernis versteckt sich nicht nur die blanke negative Absicht. Es ist auch eine positive Absicht dahinter verborgen. Die Ausnahme bildet dein persönliches Umfeld, denn bei anderen Menschen weißt du nicht, wieso sie dir Steine in den Weg legen. Es kann sich auch dahinter eine positive Absicht verbergen, aber dies ist nicht gewiss. Beim Umfeld hilft es dir nur, auf

> Abstand zu gehen oder Probleme offen anzusprechen. Aber bei den Hindernissen, die aus dir selbst heraus entstehen, – deinen individuellen mentalen Schwächen – sind auch positive Absichten versteckt. Schreibe deine Hindernisse auf und notiere zusätzlich, welche positive Absicht sich hinter jedem Hindernis verstecken könnte.
>
> Überlege dir im nächsten Schritt Kompromisse: Überlege, wie du z. B. die Angst schrittweise bekämpfen kannst, ohne dich vor Mammutaufgaben zu stellen. Bei einer Spinnenphobie wäre eine Möglichkeit, dass du dich in die Nähe von Spinnen begibst – und immer einen Meter oder in kleineren Schritten näher herangehst. Bei Klaustrophobie hättest du die Möglichkeit, zuerst in einem größeren Raum zu beginnen und dann in einen immer kleineren Raum zu wechseln. Andere Sache: Faulheit ist deine Schwäche. In diesem Fall könntest du dir ein Programm zusammenstellen, bei dem du dich am ersten Tag nur eine Minute lang zu einer Sache aufraffen musst. Mit der Zeit steigerst du die Dauer.
>
> Kleinschrittig, behutsam, auf die Hindernisse eingehend und sie in deine Planungen mit einbeziehend – so ist dein Weg zur Entschlossenheit. Jeder Schritt vom Hindernis weg stärkt deine generelle mentale Stärke und macht dich entschlossener. Es ist hilfreich, die Hilfe von vertrauten Personen in Anspruch zu nehmen.

Abschließend ist zu beachten, dass die Kompromisse Dynamik von dir verlangen: Solltest du z. B. merken, dass dir die Überwindung eines Hindernisses deutlich leichter fällt als geplant, dann steigere das Tempo. Falls du dich übernommen hast: Alles kein Drama – du gehst einfach einen Schritt zurück und die Sache insgesamt behutsamer an. Wichtig ist in all diesen Punkten ein grundsätzliches Maß an Geduld. Kein Hindernis verschwindet durch unbedachten Aktionismus. Wie in den ersten Übungen und grundsätzlich in deinem Leben, solltest du dich in der Gegenwart betrachten und immer hinterfragen, wie du mit deinen jetzigen Mitteln und deiner jetzigen Einstellung zum Hindernis das Hindernis am besten schrittweise eliminieren kannst.

> *Zwischenfazit*
>
> *Hindernisse werden akzeptiert. Sie sind kein bedingungsloser Feind, sondern haben zumindest einen kleinen positiven Hintergrund. Schließe so lange schrittweise mit diesem positiven Hintergrund und deinen Zielen Kompromisse und passe diese an, bis du das Hindernis abgeschafft hast. Sollten andere Menschen das Hindernis darstellen, dann führe ein klärendes Gespräch oder distanziere dich von diesen Personen.*

MPS Schritt 3 in Kürze

- Entschlossen zu sein, bedeutet, eine Sache zu wollen oder zu müssen und dabei die Bereitschaft, Mittel und Methoden zu haben, um alle Hindernisse aus dem Weg zu räumen.
- Wichtiger Initiator für Entschlossenheit ist das „Wollen" oder „Müssen" oder eine Mischform von beiden. Das „Wollen" sollte in deinem Leben und bei deinen Aktivitäten dominieren, damit du Freude und Spaß empfindest.
- Lege dich in deiner Liste realistischer Ziele auf die Dinge fest, zu denen du wirklich entschlossen bist. Setze deine Prioritäten so, dass du in erster Linie diesen Dingen nachgehst.
- Durch Entschlossenheit reißt du andere Menschen mit und gewinnst sie für dich – ob als Freunde oder in anderer Rolle. Zudem setzt du deine Handlungen

mit der maximalen Ausschöpfung deines Potenzials um.
- Motivation und Disziplin stärken deine Entschlossenheit. Mache regelmäßig spezielle Übungen, wie die Tagebuchführung, und bringe Ordnung in dein Leben, um deine Entschlossenheit zu stärken.
- Akzeptiere Hindernisse und gehe bei deren Beseitigung Kompromisse ein. So entledigst du dich schrittweise und behutsam der Hindernisse, ohne dich zu überfordern.

→ Eigne dir Entschlossenheit an, um die Gegenwart optimal auszunutzen! Durch Entschlossenheit lebst du konsequenter im Moment und kannst so negative Emotionen loslassen und dich auf das Positive in der Gegenwart konzentrieren.

MPS Schritt 4: Reduziere deine Bedenken!

Die Bedenken zu reduzieren ist wie die Entschlossenheit ein Ergebnis des Lebens in der Gegenwart und zugleich eine wichtige Stütze, um in der Gegenwart zu verbleiben. Wenn du gelassener bist, sorgst du dafür, dass dich die persönlichen Probleme des Lebens nicht beherrschen. Achtung: Obwohl im Folgenden von Gelassenheit die Rede sein wird, ist damit nicht gemeint, nichts zu tun. Es geht darum, die Probleme weniger an sich heranzulassen. Dabei werden die Probleme nicht ignoriert, sondern stattdessen zu den vorgesehenen Zeitpunkten angegangen. Du arbeitest also genau zu den Zeitpunkten an Lösungen, an denen du es kannst, willst und/oder musst. Ansonsten konzentrierst du dich auf andere Dinge.

Die Verbindung zum restlichen Inhalt dieses Buches besteht darin, dass die Gelassenheit als ruhiger Gegenpol zur Entschlossenheit fungiert und vor Aktionismus bewahrt. Sie stellt eine Balance in den eigenen Plänen sowie Handlungen sicher.

Umgang mit kleineren Sorgen: Sind es die Lacher von Morgen?

Im Leben gibt es kleinere ebenso wie größere Sorgen. Wir beginnen in diesem Kapitel – weil die Belastung des Gemüts die geringste ist und die Sorgen manchmal sogar komplett unbegründet sind – mit den kleinen Sorgen: In der Wissenschaft erfolgt die Abgrenzung kleiner zu großen Sorgen anhand der These, dass große Sorgen die Eigenschaft haben, krankhafte Ausmaße anzunehmen. Sie schränken die Aufmerksamkeit dauerhaft ein, führen zu höherer Wachsamkeit in Phasen der Entspannung und quälen in den Gedanken förmlich: Sie werden auf andere Situationen übertragen, was in vielen Fällen zu einer generalisierten Angststörung führen kann.

Kleinere Sorgen dagegen sind Gedankengänge, die einen nicht permanent verfolgen, aber in bestimmten Situationen belasten. Mögliche Beispiele für solche kleinen Sorgen sind:

- Misslungenes Date mit einer Person von der Arbeit: Beim nächsten Mal, wenn du dieser Person begegnest, wirst du wahrscheinlich in Scham versinken – so ist deine Sorge.
- Stress mit dem Chef: Dein Chef hat sich über deine Leistung an einem Tag ausgelassen. Er hat dich gefühlt jede halbe Stunde wegen irgendeiner Sache angebrüllt. Du machst dir Sorgen, wie du ihm das nächste Mal begegnen sollst und welche Konsequenzen er eventuell ergreift.
- Du hast eine schlechte Note bekommen und musst es deinen Eltern beichten, die in solchen Fällen immer sehr streng sind.
- Du musst vor großem Publikum einen Vortrag halten, aber hast eine leicht durchsichtige Kleidung angezogen. Dies ist dir vor dem Vortrag nicht bewusst, sondern wird dir erst kurz vor Ende klar. Du schaukelst den Rest des Vortrags souverän über die Bühne und verschwindest danach. Meine Güte, war das peinlich! Es beschäftigt dich noch Tage später.

All diese kleinen Sorgen sind, wenn man es so liest, meist nur temporär; „meist", weil es Ausnahmen gibt. Aber damit halten wir uns jetzt nicht auf. In der Regel sind diese Sorgen unbegründet. Die Beichte deiner schlechten Note, der Stress mit dem Chef, der Vortrag und das Date sind vorbei – welchen Grund gibt es, dir noch Sorgen zu machen? Es könnte womöglich zu Konsequenzen kommen, aber wenn wir darüber nachdenken, sind diese Dinge so banal, dass sie jeder Person schon mal unterlaufen sind: Wenn sich beispielsweise die Person von der Arbeit über das Date beschwert, werden die Zuhörer ihr vielleicht recht geben, aber genauso gut wissen, dass eben nicht jedes Date gut verläuft.

Wenn du mal genau drüber nachdenkst, könnten all diese Sorgen doch auch in einem positiven Ende münden: Was wäre, wenn eine andere Person von der Arbeit bei den Erzählungen über das misslungene Date mehr über dich erfahren und denken würde, dass du eine interessante Person bist. Demnächst kommt die Person auf dich zu, ihr verabredet euch und habt ein Super-Date. Was wäre, wenn dein Vorgesetzter sich über dich beim Geschäftsführer des Unternehmens ausließe, dieser aber die Kritik nicht nachvollziehen könnte und dich in eine bessere Abteilung versetzen würde?

Wahrscheinlich sind diese positiven Folgen nicht, aber sie sind durchaus möglich. Was aber definitiv nicht möglich ist, ist, dass sich aus diesen kleinen Sorgen eine für dein Leben gravierende negative Konsequenz ergibt. Es sind meist irrationale Sorgen. Dementsprechend verwundert es kaum, dass sie mit zeitlichem Abstand sogar zu Lachern werden, die man im Familien- und Freundeskreis erzählt.

Übung

Finde solche kleinen Sorgen bei dir. Suche bevorzugt nach solchen Sorgen, die zurzeit in dir hochkommen; vielleicht ist dir vor ein paar Tagen etwas Peinliches unterlaufen, das dir Sorgen bereitet. Gern darfst du auch in der Vergangenheit rumwühlen und dich an peinliche Situationen oder kleinere Streitigkeiten zurückerinnern, um mithilfe dieser Übung für deine Zukunft zu lernen. Schreibe alle kleineren Sorgen auf, die dir einfallen. Notiere nun mindestens drei Gründe, wieso diese Sorgen unbegründet oder sogar lächerlich sind. Häufige Gründe sind, dass man die jeweilige Person ohnehin nie wiedersehen wird oder es normale Missgeschicke sind, die jedem mal unterlaufen. Male dir dann aus, wie du später mit anderen Personen über genau diese Sorgen lachen wirst.

Meine Erfahrungen

Ich habe mich in meinem Leben häufig mehr von kleinen als von großen Sorgen ausbremsen lassen, was äußerst paradox ist. Mit großen Sorgen wie hohen Schulden, die ich zwischenzeitlich nicht abbezahlen konnte, konnte ich recht gut umgehen. Ich habe mich nur solange damit befasst, wie es notwendig war, und gearbeitet, um Lösungen zu finden. Aber kleinere Sorgen, bei denen meine Existenz und Gesundheit nicht bedroht waren, kamen in meinen Erinnerungen regelmäßig hoch. Ich denke, es lag daran, dass in meiner Kindheit früh die Weichen für solche Reaktionen gestellt wurden: Immer wieder war die Peinlichkeit von kleineren Missgeschicken von meiner Mutter betont worden, sodass ich mir diese Denkweise und Sorgen aneignet hatte. Im Laufe des Lebens bescherte mir die Erfahrung die Erkenntnis, dass kleine Peinlichkeiten vollkommen

> normal sind. Sie sind normal und zeigen oft auf witzige Weise, wie unvollkommen wir Menschen sind. Diese Unvollkommenheit in kleineren Situationen macht den menschlichen Charme aus.

Umgang mit größeren Sorgen, die Leben, Existenz und Zukunft gefährden

Alle – wirklich alle Arten von größeren Sorgen – benötigen Impulskontrolle und Akzeptanz. Dies zeigt sich sogar in den äußersten Notfällen. Wenn beispielsweise eine Person einen Herzinfarkt hat, spürt sie dies in der Regel deutlich. Das Ausmaß dieser stechenden Schmerzen ist für gewöhnlich derart stark, dass man um sein Leben fürchtet. In der Ersten Hilfe wird empfohlen, die Person zu beruhigen. Dasselbe tun auch die Sanitäter vor Ort. Beruhigung schafft Kontrolle. Die Atmung ist dann langsamer, sodass sogar ein direkter medizinischer Effekt eintritt.

Man braucht sich jedoch in Notfällen und bei besonders großen Sorgen (z. B. finanzielle Existenzsorgen, Sorgen um den Gesundheitszustand eines lieben Menschen) nichts vorzumachen: So auf die Schnelle, ohne vorige Übungen zur Kontrolle und regelmäßige Praxis, ist der Effekt meist überschaubar. Emotionen und Impulse, die Emotionen verursachen, lassen sich dann am besten kontrollieren, wenn du gezielt darauf hintrainierst. Hierfür ist es unabdingbar, sich mit Übungen vorzubereiten.

Die Auswirkungen menschlicher Emotionen solltest du übrigens auf keinen Fall unterschätzen. Denn das menschliche Gehirn reagiert meist emotional. Schon allein durch die Funktionsweise des Gehirns kommt es dazu, dass sich als Erstes das limbische System einschaltet, das im Gehirn u. a. den emotionalen Part übernimmt. Wenn du keine Kontrolle über die Emotionen entwickelst, riskierst du, dass die Emotionen dich kontrollieren. Wo dies hinführt, ist vollkommen von der Situation abhängig. Es gab bereits Menschen, die aufgrund einer starken emotionalen Reaktion andere Menschen verletzt oder sogar getötet haben. Mal abgesehen von diesem Extremfall gibt es zahlreiche andere Situationen, in denen ein Mangel an Kontrolle über deine Emotionen dir schadet: Dies ist z. B. dann der Fall, wenn du dir Sorgen machst.

Sorgen sind tiefgründige Emotionen. Wenn du vor einer Spinne Angst hast, dann hast du *Angst*. Wenn du um einen dir lieben Menschen Angst hast, dann machst du dir um ihn *Sorgen*. **Sorgen** zeichnen sich durch ihren **langfristigen Charakter** aus. Sie treten regelmäßig in dein Bewusstsein ein und durchstreifen deine Gedanken. Sorgen können aus einzelnen peinlichen Ereignissen resultieren, wobei es sich hierbei um kleine und irrationale Sorgen handelt. Dies hast du im letzten Unterkapitel gelernt. Diese Sorgen sind für gewöhnlich die Lacher von Morgen. Anders ist es mit Sorgen, die aus tiefergründigen Anliegen oder Ereignissen resultieren, wie z. B.:

- ➢ schlechter Gesundheitszustand mit unvorhersehbaren Folgen für das eigene Leben
- ➢ finanzielle Probleme und Unklarheit bezüglich der eigenen Existenzsicherung
- ➢ Probleme in der Schule, im Studium oder bei der Arbeit und die Ungewissheit, ob sie gelöst werden können

All diese drei Beispiele eint die Ungewissheit: Du weißt nicht, wie sie ausgehen. Dies birgt für dich ein Problem; nämlich die Tatsache, dass du nicht entschlossen reagieren kannst. Du bist gefangen zwischen Hoffnung und Realismus. Die Ungewissheit beeinträchtigt dich bei vielem, was du in den vergangenen Schritten dieses Ratgebers gelernt hast.

Nehmen wir mal als Gegenbeispiel eine Situation, in der der Ausgang klar ist: In diesem Beispiel ist dir bewusst, dass ein dir lieber Mensch nur noch drei Monate zu leben hat. Die Ungewissheit ist fort. Langsam schwindet auch die Sorge, was mit der Person passiert. An deren Stelle treten andere Sorgen, wie z. B. wie die Person mit der Situation klarkommt und wie du ein Leben ohne die Person hinbekommst. Du hast aber die Zeit, diese Dinge langsam und im Beisein der Person kognitiv zu verarbeiten und Lösungen zu finden. Fakt ist, dass zur Existenz von Sorgen die Ungewissheit gehört. Diese Ungewissheit kannst du in den seltensten Fällen beseitigen. Häufig verschwindet sie von selbst, wobei von der „alle Wunden heilenden Zeit" gesprochen wird.

Oder aber du akzeptierst die Ungewissheit. Genau das ist der Punkt, der immer bei größeren Sorgen hilft: die existierende Ungewissheit zu akzeptieren, weil sie sich nicht beeinflussen lässt. Auf Basis dieser Akzeptanz überdenkst du deine gegenwärtige Situation (Schritt 1) neu und legst fest, wie du entschlossen darauf reagierst (Schritt 3). Um dich trotz der Ungewissheit nicht von deinen Emotionen übermannen zu lassen, ist es erforderlich, dass du diese und die Impulse, die zu Emotionen führen, kontrollierst. Max Janson stellt in ihrem Werk *Resilienz trainieren (2020)* fest, dass es für eine Impulskontrolle eines hohen Maßes an Selbstdisziplin bedarf. Ansonsten lässt du dich aus der Ruhe bringen.

Treten Sorgen zum ersten Mal auf, dann ist eine neue Einschätzung der gegenwärtigen Situation erforderlich. Hierzu verhilft dir der erste Schritt in diesem Buch. Anschließend ist der Entschluss wichtig, trotz der Sorge einen bestimmten Weg einzuschlagen und diesen zu gehen. Selbstdisziplin hilft dir dabei. Du motivierst dich, indem du dir vor Augen führst, wieso du trotz der großen Sorge weiterleben und dein Bestmögliches geben solltest. Ein mögliches Motiv wäre, weiterzumachen, um die liebe Person auf dem Krankenbett stolz zu machen. Um in Phasen großer Sorgen mit Entschlossenheit die neue Lebenssituation anzunehmen, sind die im Folgenden geschilderten Übungen zur Impulskontrolle und Akzeptanz nützlich.

Drei Übungen, um Akzeptanz zu entwickeln

> ### *Übung 1*
>
> Weil der Tod eines geliebten Menschen etwas ist, das große Sorgen bereitet und auf jede Person früher oder später zukommt, ist Übung 1 speziell diesem Fall gewidmet. Die Sorge, einen geliebten Menschen verlieren zu können, kann dadurch gemindert werden, die Zeit mit diesem Menschen optimal zu nutzen. Sollte die Person die Bereitschaft haben, dann verbringe möglichst viel erfüllende Zeit mit ihr. Dies gilt übrigens auch für dich selbst: Solltest du in Bezug auf deine eigene Gesundheit eine Hiobsbotschaft erhalten, so hilft es dir, die Zeit, die du hast, bestmöglich auszunutzen. Im Buch *Resilienz trainieren* (2020) weist Max Janson dazu passend auf ein Interview mit dem an Parkinson erkrankten Ottfried Fischer hin: Fischer wolle an seiner Krankheit nicht verzweifeln. Stattdessen setze er sich zum Ziel, nur noch das zu machen, woran er Spaß habe. Verbliebene Zeit und verbliebene Ressourcen maximal auskosten – so lautet die Devise dieser Übung. Sinnvoll genutzte Zeit lenkt zudem von den Sorgen ab, die dich und/oder den geliebten Menschen plagen.
>
> Was ist, wenn es bereits zu spät ist und du keine Zeit mehr mit dem geliebten Menschen verbringen kannst, weil dieser z. B. schon tot ist? In diesem Fall helfen Erinnerungen: Erinnere dich an jeden Augenblick, den du mit der Person verbracht hast. Erinnere dich gern mit anderen Personen zusammen. Du wirst erkennen, dass dich die schönen Erinnerungen beruhigen.

Obwohl hauptsächlich zur Trauerbewältigung gedacht, eignet sich diese Übung auch bei anderen Arten von Verlusten. Wenn du z. B. mit einem großen beruflichen Projekt scheiterst, kannst du dich im Nachhinein an die ausgezeichneten Erfahrungen klammern. Daraus gewinnst du Mut und Zuversicht für die Gegenwart. Deine Übung ist demzufolge, entweder mehr Zeit mit dir lieben Menschen zu verbringen oder aber Erinnerungen zu nutzen, um dir zu zeigen, dass du die Zeit ohne Sorgen voll ausgenutzt hast.

Übung 2

Den Sinn darin zu erkennen, wenn einen große Sorgen plagen, ist schwer. Aber es gab schon zahlreiche Personen, die in schwierigen Lebensphasen zu Stärke gefunden haben. Sie entwickelten eine Sichtweise auf die Dinge, die ihnen den Grund für die Probleme erklärte. Erklärungen sind der Grundbaustein von Akzeptanz. Wenn du Erklärungen erhältst und Verständnis entwickelst, wirst du die Dinge mit der Zeit einfacher akzeptieren können. Also fange an, nach Erklärungen zu suchen: Ist es möglich, dass das Leben auf diese Weise deine Stärke testen will? Möchte dich vielleicht jemand darauf aufmerksam machen, dass du große Fehler begangen hast und etwas in deinem Leben ändern musst? Sollst du von nun an mehr Zeit mit der jeweiligen Person verbringen? Was auch immer du an Erklärungen findest: Versuche, dich selbst zu überzeugen und ein Handeln daraus abzuleiten, damit du die Probleme akzeptierst und dich von deinen Sorgen schrittweise befreist.

> **Übung 3**
>
> Es gibt gute und schlechte Zeiten. Aktuell mögen womöglich schlechte Zeiten vorherrschen – aber das wird nicht immer so sein. Denke einerseits an dein eigenes Leben: Welche Krisen hast du bisher erfolgreich überstanden? Wie hast du dich danach gefühlt? Schaue andererseits auf andere Menschen, ob im Fernsehen oder in der Realität. Die Menschen werden dir ein Beispiel dafür sein, wie du in deiner Lage handeln sollst. Durch Lernen aus bisherigen Erfahrungen und das Lernen am Modell – also das Lernen von anderen Personen – findest du eventuell deinen Weg, zu akzeptieren.

Drei Übungen, um Impulse zu kontrollieren

> **Übung 1**
>
> Große Sorgen können dich zu voreiligen Handlungen verleiten. Du hast keine Geduld, ein Ergebnis abzuwarten. Du musst irgendetwas tun. Geduld ist daher ein erstes hilfreiches Mittel, um Impulskontrolle zu erlangen. Nicht selten greifen Personen, wenn sie sich Sorgen machen, auf völlig irrationale Mittel zurück. Der Student, der mit dem Lehrstoff nicht hinterherkommt, schluckt Ritalin. Der trauernde Familienvater fliegt seinen kranken Sohn zu einem Wunderheiler auf Honduras und gibt für die gesamte Mission einen fünfstelligen Betrag aus. Es treten in beiden Fällen wohl keine Besserungen ein. Die Risiken sind dagegen ziemlich groß. Lerne daher, in Situationen, in denen dich Sorgen überkommen, eine kleine Auszeit zu nehmen. Erlaube dir zehn Sekunden lang, die Sorgen in deinen Gedanken zuzulassen.

Sorge dich und zähle die zehn Sekunden abwärts. Im Anschluss setzt du dich hin und schreibst eine Pro- und Kontra-Liste, um herauszufinden, welche Handlungen in dieser Situation wirklich zielführend sind. So triffst du schließlich rationale Entscheidungen für deine Handlungen.

Übung 2

Finde ein Ablassventil. Suche dir in schwierigen Lebensphasen, die dir Sorgen bereiten, eine Aktivität, in der du all deine Emotionen rauslassen kannst. Klassische Beispiele sind der Boxsack daheim, das Fitnessstudio und Joggen. Bei allen drei Sportarten kannst du dich auspowern und dabei die Intensität gut variieren: schneller laufen, stärker schlagen, mehr Gewichte stemmen. Professionelle Tänzer und Musiker sind imstande, das Tanzen bzw. Musizieren als Ablassventile zu nutzen. Einige Personen schwören wiederum darauf, dass sie sich bei Haushaltsarbeit emotional gut abreagieren können. Dein Ablassventil ist individuell – also finde das passende Ablassventil für dich und nutze es. Dadurch, dass du deine Emotionen in eine Aktivität verlagerst, powerst du dich aus und senkst die Gefahr, dass du durch die Sorgen übermannt wirst. Du setzt dich eher auf rationale Art mit deinen Sorgen auseinander.

Übung 3

Reden! Dein Umfeld ist wichtig. Rede mit Menschen – insbesondere denen, die deine Sorgen teilen – über das, was dich/euch belastet. So erfahrt ihr alle Rückhalt und Verständnis. Mehrere Personen zusammen finden außerdem mehr Wege als eine einzige Person, um eine Umgangsweise für die Sorge zu ermitteln. Schwere Situationen bringen meist auch körperliche Nähe mit sich: eine Umarmung hier und da, eventuell ein bisschen Kuscheln hier und da.

Dies regt die Ausschüttung von Glückshormonen an, was die eigene gekränkte Seele besänftigt. Offenheit fördert auch zwischenmenschliche Beziehungen. Wer sich einem anderen vertrauten Menschen gegenüber öffnet, animiert diesen Menschen dazu, sich selbst ebenfalls zu öffnen.

Zwischenfazit

Große Sorgen bringen das wesentliche Problem der Ungewissheit mit sich. Die Ungewissheit führt dazu, dass du zwischen zwei Seiten gefangen bist: der Möglichkeit eines positiven sowie negativen Ausgangs. Lerne, dies zu akzeptieren und Impulse zu kontrollieren, um überlegt und rational zu handeln.

Langsamkeit schlägt Eile

„Langsamkeit schlägt Eile" – das gilt nicht für alle Lebensbereiche. Bei einem Sprint beispielsweise gewinnt nur die Person, die die schnellste ist. Eile ist in diesem Fall unentbehrlich. Aber schon bei einem Marathon über mehr als 50 Kilometer Laufstrecke sieht die Sache anders aus: Wenn du dich zu Beginn beeilst, möglichst lange Erstplatzierter zu sein, dosierst du deine Kräfte nicht richtig. Dosierung der Kräfte ist bei langen Distanzen jedoch das A und O! Die anderen Läufer durch beeindruckende 10 Kilometer einzuschüchtern, bringt dir wenig, wenn du auf den restlichen Kilometern keine Luft mehr hast. Das Prinzip der Langsamkeit lässt sich somit sogar auf den Sport übertragen. Es ist demzufolge wichtig, um die ein oder andere Ecke zu denken: Im Wesentlichen geht es bei dem Prinzip darum, sich für gewisse Sachen Zeit zu lassen. So ist es vor allem bei Sorgen.

Wie du aus einer der Übungen zuvor gelernt hast, ist Aktionismus durch den Mangel an Geduld und Überlegung ein Risiko dafür, dass du die falschen Entscheidungen triffst. Vor allem bei tiefgreifenden Problemen ist ein langsames Vorgehen zur Findung einer Lösung vorteilhaft. Wie langsam es sein soll? So langsam, wie es deine individuelle Situation hergibt. Die Herausforderung bei schwierigen Lebensphasen oder tiefgreifenden Problemen ist, dass sie häufig ein umfassendes Konstrukt sind. Es müssen mehrere Faktoren Berücksichtigung erfahren:

> - Wenn die Person stirbt, wer sorgt dann für die Kinder?
> - Was geschieht mit dem Nachlass der Person?
> - Wer kommt für die Kosten der Beerdigung auf?

So unpassend diese Gedankengänge erscheinen mögen, wo es doch um das Ableben eines lieben Menschen geht, spielen sie im Unterbewusstsein der Leute, die der kranken Person nahestehen, oftmals eine wesentliche Rolle. Wer die einzelnen Begleitprobleme aufschreibt und sich rechtzeitig vorbereitet, wird am ehesten mental stark sein. Stelle dir vor, dass du dich nicht nur um die kranke Person vor deren Ableben kümmerst, sondern dir einen Zeitplan erstellst, der dir vorgibt, wann du dich um welche bürokratischen und organisatorischen Aspekte kümmerst: In diesem Fall wirst du nicht von den Pflichten nach dem Tod der Person übermannt, sondern hast alles vorab schrittweise organisiert und kannst nach dem Tod die Trauer in Ruhe verarbeiten. Du kannst langsam alles abarbeiten und langsam die Trauer verarbeiten, ohne durch bürokratische Aspekte o. Ä. gehetzt zu werden.

Das Ziel sollte bei großen Problemen und Sorgen in deinem Leben sein, diese zu beseitigen. Hierfür stellst du andere Ziele in deinem Leben erstmal zurück und entwickelst einen Plan zur Lösung der Probleme und Herausforderungen. Durch den Plan verhinderst du Aktionismus und löst die Probleme überlegt, weil du dir Zeit für deren Lösung nimmst. Trotz der Sorgen einfach dein bisheriges Leben fortzusetzen, gleicht einem Himmelfahrtskommando. Du wirst dann überfordert sein.

Einen weiteren Vorteil hat Langsamkeit außerdem noch: Es tritt womöglich ein Phänomen ein, das auf den Namen Serendipität hört. Serendipität bedeutet, Lösungen zu finden, ohne nach ihnen zu suchen. Das Leben ist dynamisch, wie du gelernt hast. Ständig ereignet sich etwas, was dein Leben entgegen aller Erwartungen zu beeinflussen vermag. Wenn du voreilig handelst und in deiner Verzweiflung unüberlegte Entscheidungen triffst, ist es möglich, dass dir Lösungen in den Schoß fallen, aber aufgrund deines zuvor voreiligen Handelns haben sich die Probleme angehäuft und es bringt dir weniger.

Auch Bernhard Moestl äußert in seinem Bestseller *Shaolin – Du musst nicht kämpfen, um zu siegen* (2008) die Vorteile von Langsamkeit und Gelassenheit. Beide Faktoren würden dazu beitragen, Fehler zu reduzieren und die Emotionen zu kontrollieren. Dadurch würden Probleme oder Sorgen nicht anwachsen, sondern sich am ehesten Lösungen ergeben.

Zwischenfazit

Gewöhne dir an, vor allem bei großen Sorgen langsam nach Lösungen zu suchen. Voreilige ungeduldige Handlungen vermehren meist die Probleme oder überfordern dich. Durch Überlegungen vor dem Handeln legst du ein nachhaltiges und erfolgsversprechendes Vorgehen fest.

MPS Schritt 4 in Kürze

- Es existieren kleine und große Sorgen. Die kleinen Sorgen sind oft die kleinen Missgeschicke und Peinlichkeiten, die uns im Leben ereilen und manchmal erstaunlich lange beschäftigen.
- Gewöhne dir an, Ereignisse, die zu kleinen Sorgen führen, als normalen Teil der menschlichen Unvollkommenheit zu sehen und sie ad acta zu legen. Oft kann man über diese Sorgen mit ein wenig zeitlichem Abstand lachen.
- Ernster wird es bei großen Sorgen, die Existenz, Gesundheit, Glück und andere elementare Bestandteile des Lebens bedrohen. Diese Sorgen müssen ernst genommen werden.
- Dem Problem der Ungewissheit bei den großen Sorgen begegnest du am besten, indem du mit den geschilderten Übungen deine Akzeptanz trainierst und deine Impulskontrolle optimierst.
- Wenn du bei großen Sorgen langsam nach Lösungen suchst, ist das Finden nachhaltiger und optimaler Lösungen wahrscheinlicher.

MPS Schritt 5: Arbeite an deinen Skills!

Der fünfte und letzte Schritt der Arbeit an mentaler Stärke baut darauf auf, dass du deine individuellen Fähigkeiten förderst. Im sechsten Schritt erwartet dich ein leicht abweichendes Programm. Dort geht es nicht mehr darum, mentale Stärke aufzubauen, sondern optimal mit ihr umzugehen. Dieses Kapitel ist also gewissermaßen der letzte Schritt auf dem Weg **zu** mentaler Stärke. Mobilisiere also noch einmal deine volle Aufmerksamkeit, um die konsequente Arbeit an dir selbst fortzuführen. Bis hierhin hast du mit mentalen Faktoren gearbeitet, nun wechselst du in die Praxis: Indem du deine individuellen praktischen Fähigkeiten förderst, profitiert nämlich auch deine mentale Stärke. *Wie das funktioniert?*

Sagen wir mal, du spielst ein Instrument: Du hast mehrere Stücke eingeübt und spielst sie meistens fehlerfrei. Hier ist bereits ein Problem vorhanden, an dem du arbeiten kannst: *meistens*. Das Stück *meistens* fehlerfrei zu spielen, reicht für eine hundertprozentige Sicherheit nicht aus. Denn wenn du deinen Auftritt hast, kannst du dir nicht sicher sein, dass ausgerechnet zur Zeit des Auftritts die Fehler ausbleiben. Dies begünstigt Lampenfieber und Angst. Es erschwert deinen Fokus auf den gegenwärtigen Moment, ruft dir die strengen und erwartungsvollen Blicke der Menge vor Augen und nimmt dir die hundertprozentige Entschlossenheit bei einzelnen Bewegungen der Finger auf dem Klavier oder Atemzügen bei der Trompete.

Dein bisheriges Programm – um nochmal die Schrittfolge dieses Buches und den Zusammenhang der Schritte in Erinnerung zu rufen – hat dir geholfen, vor allem diese Aspekte zu optimieren:

> ➤ Leben in der Gegenwart trägt dazu bei, dass du das Publikum und dessen Erwartungen ausblendest, um dich besser auf einen korrekten Auftritt zu fokussieren.
> ➤ Wertschätzung dir selbst gegenüber fördert das Vertrauen in deine Fähigkeiten und den Umgang mit Fehlern. Sollte es dazu kommen, dass du während des Spiels unsicher wirst oder Fehler machst, dann kannst du damit wahrscheinlich besser umgehen.
> ➤ Durch Entschlossenheit vollziehst du dein Musikspiel mit mehr Zuversicht und Vertrauen in deine Fähigkeiten, sodass die Wahrscheinlichkeit für Fehler sinkt.
> ➤ Gelassenheit hilft dir, der zuschauenden Menge weniger Beachtung zu schenken und das Publikum nicht auf eine Art Podest zu stellen. Sie sind Menschen, die auch Fehler machen. Mit dieser Denkweise fühlst du dich weniger unter Druck gesetzt.

Das alles hilft. Aber wie wäre es, das Instrument und die Stücke so gut spielen zu können, dass du dich gar nicht mehr darauf konzentrieren musst? Stelle dir vor, du würdest solch ausgeprägte Fähigkeiten besitzen, dass du nebenbei beim Spiel dem Publikum zuzwinkern und aus dem Nähkästchen plaudern könntest – alles gleichzeitig, alles ohne Denkarbeit, Sorgen, Ängste, Zweifel, Mangel an Zuversicht oder sonst eine Regung von Hindernissen. Grund dafür sind deine Fähigkeiten, die so trainiert sind, dass sie sich nicht erschüttern lassen. Du kennst kein Scheitern, weil du die Dinge aus dem Effeff beherrschst.

Über den Nutzen von Fähigkeiten

Möglichst umfassende Fähigkeiten sind in verschiedenen Kontexten ein Vorteil. Selbst dann, wenn du von Menschen nicht geachtet und gemobbt wirst, kann es dir helfen, sukzessive an der Verbesserung deiner Fähigkeiten zu arbeiten. Man nehme an, du würdest von anderen Menschen gemobbt und hättest den Wunsch, mehr mentale Stärke dagegen zu entwickeln: Mobbing ist in heutigen Zeiten kein klassisches Schüler- oder Angestelltenproblem mehr; falls es überhaupt mal auf diese Personengruppen beschränkt war. Heutzutage jedenfalls sind sogar Lehrer und Vorgesetzte nicht mehr vor Mobbing gefeit. Alles, was du bisher in diesem Buch gelernt hast, hilft dir, mit Mobbing besser klarzukommen. Deine Skills, die du in diesem Schritt trainierst, hinterlassen ihre eigene Marke: Sie fördern nämlich dein Ansehen in den Augen anderer, indem du deine Fähigkeiten verbesserst und den Leuten weniger Anhaltspunkte gibst, dich zu mobben. Bitte denke an dieser Stelle nicht, dass du am Mobbing schuldig wärst – keinesfalls! Es sollte zudem nicht dein Ziel sein, dich zu verändern, um anderen Menschen zu gefallen. Aber wenn die Chance besteht, sich zu verbessern und damit den wenigen niederträchtigen Argumenten fürs Mobbing komplett den Zahn zu ziehen, und – das ist jetzt das Wichtigste – sich das zugleich mit deinen Interessen und Zielen deckt, dann ergreife die Chance!

Grundsätzlich ist das Training deiner Fähigkeiten ein potenzielles Mittel gegen alles:

- ➤ Du kannst Kritiker und mobbende Personen verstummen lassen, indem du mit neuen oder erweiterten Qualitäten überzeugst.
- ➤ Zweifel, Ängste, Lampenfieber und andere Arten von Sorgen weichen der Gewissheit, dass du die Dinge durch deine Skills voll im Griff hast.

> Je mehr Fähigkeiten du perfektionierst, umso mehr Transferleistungen und Verknüpfungen kannst du erbringen, sodass du andere Dinge schneller lernst.
> Du gewinnst mehr Zuversicht in deine Stärken und erreichst deine Ziele mit höherer Wahrscheinlichkeit.
> Der Stresspegel sinkt, weil du Herausforderungen leichter bewältigst und dadurch Zeit für andere Dinge sparst.

Es gibt verschiedene Modelle vom Menschen. Von diesen Modellen wird in der Psychologie und Wirtschaft regelmäßig Gebrauch gemacht. Ein Modell, das in meinen Augen die heutigen Zeiten gut repräsentiert, ist das Human-Resource-Model, das den Menschen als einen Pool verschiedener Fähigkeiten und Fertigkeiten sieht. Allem voran in der Wirtschaft spielt dieses Modell eine große Rolle. Es hat dazu geführt, dass eine Menge an Motivationsmodellen entstanden ist, wie z. B. die Bedürfnispyramide nach Maslow, die bereits am Anfang dieses Buchs vorgestellt wurde. Das Ziel im Human-Resource-Model ist es, die individuellen Fähigkeiten und Fertigkeiten eines Menschen zu fördern und weiterzuentwickeln. Mit der Bedürfnispyramide nach Maslow ist erklärt, wieso:

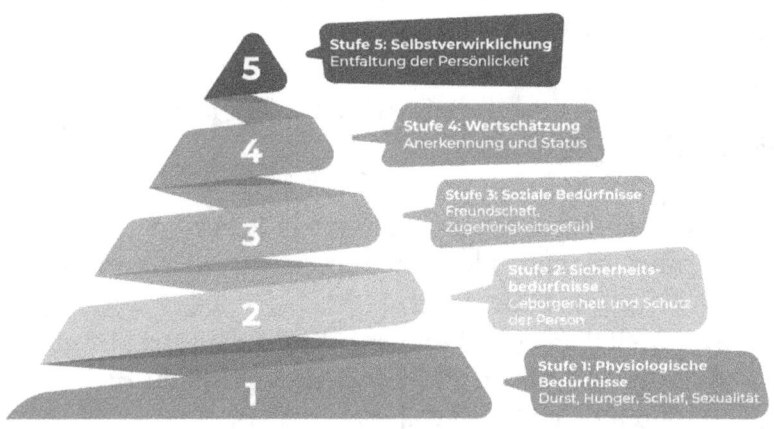

Die Befriedigung der Bedürfnisse erfolgt der Reihe nach von unten bis oben. Zunächst werden die physiologischen Bedürfnisse befriedigt, dann die Sicherheitsbedürfnisse, anschließend die sozialen Bedürfnisse und die Wertschätzung. Zu guter Letzt kommt das Bedürfnis, mit dem du dich in diesem Kapitel beschäftigst: der Ausbau deiner Fähigkeiten, die Entfaltung deiner Persönlichkeit und somit die Selbstverwirklichung. Die Bedeutung dessen, an den eigenen Fähigkeiten zu arbeiten, wird auch anhand der näheren Klassifizierung der Bedürfnisse deutlich: Die ersten vier Stufen gelten als Mangelbedürfnisse. Dies bedeutet, dass das Verlangen mit dem Maß der Befriedigung abnimmt. Erst, wenn die Bedürfnisse eine gewisse Zeit über nicht erfüllt wurden, kehren sie wieder. Anders aber bei der fünften Stufe und der Entwicklung der eigenen Fähigkeiten: Diese sind die Wachstumsbedürfnisse. Der Annahme nach werden diese nicht mit dem Ausmaß der Befriedigung gestillt, sondern nehmen zu. Darin spiegelt sich in dem Modell der Drang des Menschen nach ständiger Weiterentwicklung wider.

Du arbeitest in diesem Kapitel demnach nicht nur an mentaler Stärke. Dieses Kapitel ist eine Art Bindeglied zu deinem gesamten Leben. Es verknüpft mentale Stärke mit Selbstverwirklichung und verknüpft auch die Selbstverwirklichung mit dem menschlichen Streben nach mehr. Das Streben nach mehr führt wiederum zu mehr Sinn im Leben: egal in welcher Lage, egal in welchem Alter und egal in welchem Zusammenhang – langweilig wird dein Leben auf diesem Wege nie!

> **Zwischenfazit**
>
> *Die eigenen Fähigkeiten fortlaufend zu trainieren und sich neue Fähigkeiten anzueignen, trägt durch die Stärkung der Kompetenzen zu einer besseren mentalen Verfassung und mehr Widerstandskraft gegen Mobbing sowie andere negative Einflussfaktoren bei. Außerdem begünstigt die Arbeit an deinen Skills langfristig die Selbstverwirklichung.*

Welche Fähigkeiten und Ressourcen brauchst du?

Als sehr ausführliche und in den vier vorigen Kapiteln präzise durchgearbeitete Vorlage für dieses Unterkapitel dient dir die Liste mit deinen Zielen. Du hast deine persönlichen Ziele präzise formuliert, untergliedert, priorisiert und sie gemäß deiner Möglichkeiten auf Umsetzbarkeit überprüft. Mit dieser Liste an Zielen prüfst du nun, welche Fähigkeiten und Ressourcen du brauchst. Die Fähigkeiten trainierst du oder eignest sie dir überhaupt erst an. Ressourcen hingegen beschaffst du dir. Es sind Mittel, die du kaufst, herstellst oder auf andere Weise in deinen Besitz bringst. Manchmal können bereits banale Ressourcen ziemlich viel bewegen.

> **Meine Erfahrungen**
>
> Als Kind in der Schule wurde ich gemobbt. Tatsächlich lag die Schuld nicht bei mir. Denn fürs Mobbing tragen diejenigen die Schuld, die es praktizieren. Aber ich gab diesen Personen mehrere Gründe, gemobbt zu werden: Meine Haare waren lang und da sie kein Volumen hatten und ich sonst keinen Wert auf mein Styling legte, hingen sie über meinen Augen.

Hinzu kam der Schnurrbart, der im Gesamtbild eher deplatziert wirkte. Meine Kleidung war weit und hing mir teilweise vom Körper. Es war zusammengewürfelte Mode. Jeder Mensch hat das Recht, diesen Style zu pflegen! Ich selbst würde keine Person deswegen mobben. Aber was einen mental starken Mensch auszeichnet, ist, sogar wenn ihm Unrecht widerfährt, in mehrere Richtungen zu überlegen. Ich persönlich überlegte mir damals, dass mir ein Wandel meines Styles guttun könnte. Insgeheim bewunderte ich die „cool gestylten" Mitschüler. Das Unrecht, das mir durch Mobbing widerfuhr, animierte mich zu einem Umdenken: Die Fähigkeit, mich optisch zu wandeln, hatte ich. Aber die Bereitschaft fehlte. An der Bereitschaft änderte sich etwas, als mir sogar meine wenigen Freunde sagten, ich solle mein Aussehen ändern. Im Kern scheint der „mobbende Mob" wohl irgendwo Recht gehabt zu haben . Genau das ist der wichtige Punkt, den du für dich mitnehmen kannst: Manchmal geben uns Personen, die uns Unrecht tun, das Richtige zu verstehen, nur eben auf eine unrichtige Weise. Wenn wir nach Rücksprache mit Menschen und unseren eigenen Überlegungen merken, dass sich im Unrecht Recht verbirgt, sollten wir durchaus die Fähigkeit haben, uns zu ändern.

Durch das gute Zureden meiner Freunde erlangte ich die Bereitschaft zur Änderung. Bei der Umsetzung halfen sie mir. Vor allem eine gute Freundin kannte sich in Sachen Mode aus. Meine Eltern gaben mir Geld für zwei Outfits; es war das vorgezogene Taschengeld. Nun hatte ich auch die Ressourcen zur Wandlung. Als ich am nächsten Tag zur Schule kam, wich das Mobbing sprachlosem Erstaunen und ersten „menschlichen" Tönen mir gegenüber. Die Leute entwickelten alle Interesse an meiner Wandlung. Was ich brauchte, war im Endeffekt banal: Ein Umfeld, das mir zunächst – wenn auch auf unangemessene Weise – Aufklärung brachte,

> die Rücksprache mit meinen Freunden, dazu eine Freundin mit Modekompetenzen und schließlich Styling sowie Kleidung als Ressourcen, um dem Mobbing ein Ende zu setzen.
>
> Das alles sagt nicht aus, dass mein Handeln richtig war. Woran ich merkte, dass es korrekt war, mich der mobbenden Menge „zu beugen", war mein Gefühl im Nachhinein. Ich fühlte mich mit dem neuen Style wohler; so, wie ich wirklich war. Ich hatte mein Inneres nach außen gekehrt. Überlege daher genau, ob auch in deinem Fall die ungerechte Härte von anderen Personen nicht hin und wieder einen gerechtfertigten Kern hat.

Wenn das Geld vorhanden ist, sollte es manchmal zum Erwerb von Ressourcen eingesetzt werden, sofern diese eine realistische Chance bieten, die persönlichen Ziele zu erreichen. Dein Vorteil bei der Nutzung von Ressourcen zur Zielerreichung ist, dass diese schnell da sind: Sobald du die Gegenleistung oder Bezahlung erbracht hast, verfügst du über die gewünschten Ressourcen.

> ***Übung 1***
>
> Schreibe dir in deiner Liste auf, welche Ressourcen, die spätestens innerhalb einiger Tage verfügbar sind, dir beim Erreichen deiner Ziele helfen können. Notiere für jedes Ziel jeweils fünf Ressourcen, wie z. B. Kleidung für verbessertes Ansehen, Auto und/oder Fahrrad zur verbesserten Fortbewegung, Fachmagazine und Bücher für mehr Allgemeinwissen oder Fachkompetenz usw. Nachdem du die für dich plausiblen Ressourcen notiert hast, prüfst du, welche zeitnah realistisch sind und deinen Überzeugungen entsprechen.

> Etwas, was für dich nicht finanzierbar ist oder was in deinen Augen nur mit geringer Wahrscheinlichkeit zum Erreichen deines Ziels beitragen würde, kannst du getrost von der Liste streichen.

Komplexer wird es bei den Fähigkeiten. Denn diese sind im Gegensatz zu den Ressourcen nicht sofort verfügbar. Hier bist du aufgerufen, längere Zeit zu üben und beständig zu arbeiten. Einige Fähigkeiten erfordern mehr Zeit und Training zur Optimierung, andere weniger. Bist du mit den jeweiligen Fähigkeiten vertraut, weil du sie schon länger ausübst, dann wirst du gut einschätzen können, wie viel Zeit und Übung es dich bis zur nächsten Steigerung kostet. Wenn du planst, dir neue Fähigkeiten anzueignen, dann schätze die erforderliche Zeit und Übung großzügig ein. Da du dich noch nicht allzu gut mit der jeweiligen Fähigkeit auskennst, solltest du dir Zeitpolster übriglassen. Damit du die Botschaft aus diesem Absatz verstehst, folgen zwei Beispiele:

I. Du übst einen Beruf oder ein Hobby bereits seit mehreren Jahren aus. Damit verbunden sind gewisse Fähigkeiten, die du jeden Tag einsetzt – ob es nun Skills beim Programmieren von Software, die über das Klavier schwebenden Finger oder deine geschickte Hand beim Zeichnen sind. Du kennst dich mit diesen Fähigkeiten gut aus und weißt, was der nächste Schritt zur Steigerung ist. Folglich kannst du die erforderliche Zeit und die notwendigen Übungen bis zur erfolgreichen Steigerung einschätzen. Es handelt sich um vertraute Fähigkeiten, bei denen du folgerichtig ganz genau planst.

II. Du möchtest eine neue Fähigkeit erwerben, die du bisher nicht praktiziert hast. Eventuell ist der Grund hierfür, dass du gemerkt hast, dass das, was du bisher gemacht hast, dir nicht liegt. Nun möchtest du alles neu machen und bist fest entschlossen. Oder du möchtest die Fähigkeit zur Erweiterung deiner bestehenden Kompetenzen erwerben. Diese und weitere Szenarien konfrontieren dich mit der Notwendigkeit, etwas komplett Neues zu erlernen. Im Gegensatz zur vertrauten Fähigkeit ist eine neue Fähigkeit mit mehr Tücken verbunden, weil du weniger Kenntnisse über sie hast und die erforderlichen Abläufe zum Verbessern dieser Fähigkeit schlecht einschätzen kannst. Wenn du beispielsweise noch nie Schlittschuh gelaufen bist, könnten Stolpersteine sein, dass du das falsche Equipment kaufst, kein Talent hast und daher mehr üben musst und/oder die Technik von Beginn an nicht optimal erlernst, sodass der gesamte spätere Fortschritt darunter leidet. Kalkuliere deswegen mit der dir verfügbaren Zeit großzügig, wenn du neue Fähigkeiten erlernst – lieber etwas mehr als zu wenig.

Übung 2

Jetzt ist die Zeit dafür reif, dass du als Fortsetzung zu Übung 1 aus diesem Kapitel und Fortsetzung deiner Ziele-Liste aus den vorigen Kapiteln die Fähigkeiten ermittelst, die du dir zur Förderung deiner Ziele aneignen könntest. Die Fähigkeiten sollten stets deine Ziele fördern. Weil du deine Ziele in Bezug auf dein gesamtes Leben – Beruf, Hobby, Familie etc. – formuliert hast, ist sichergestellt, dass du durch die passenden Fähigkeiten nicht nur dein Berufsleben förderst, sondern dein Leben insgesamt. Setze die Prioritäten und Zeitfenster so, dass es zu deiner jetzigen Situation passt. Wenn du beispielsweise beruflich hohe Ambitionen hast, macht es Sinn, zuerst diesbezüglich neue Fähigkeiten zu erarbeiten und dich erst später Fähigkeiten zu widmen, die deine Hobbys fördern.

> **Zwischenfazit**
>
> Erwerbe Ressourcen und arbeite an deinen Fähigkeiten, um deinen Wünschen und Zielen näher zu kommen. Bedenke bei alledem, dass Personen, die dich ungerecht behandeln, dir wichtige Hinweise zur Änderung geben können. Manchmal ist es vorteilhaft, auf vermeintlich unfaire Menschen zu hören, sofern deren Anreize sich mit den eigenen Wünschen und Zielen decken.

3 Tipps zur Verbesserung deiner Fähigkeiten

Fähigkeiten zu trainieren, verlangt Organisation und Regelmäßigkeit. Durch die Organisation kannst du das Training stimmig in deinen Alltag eingliedern und die Prioritäten richtig setzen. Dank der Regelmäßigkeit kannst du immer auf dem Stand des letzten Trainings anfangen und darauf aufbauen. So gehst du Schritt für Schritt den geplanten Weg. Die folgenden 3 Tipps helfen dir bei den beiden Aspekten Organisation und Regelmäßigkeit, verdeutlichen aber auch die Wichtigkeit genauer und geduldiger Übung.

Von Beginn an geduldig und genau üben

Dies ist ein Tipp, der an erster Stelle steht und dem vieles untergeordnet werden sollte. Lerne eine Sache von Beginn an absolut richtig! Was damit gemeint ist? Sei in den ersten Schritten nicht großzügig bei technischen oder anderen Arten von Fehlern. Messe den Fehlern die Aufmerksamkeit bei, die sie verdienen. Jeder Fehler verdient absolute Aufmerksamkeit, weil er die anderen Elemente negativ beeinflussen kann.

> **Meine Erfahrungen**
>
> Ich hatte dieses Problem häufig, weil ich früher ungeduldig war. Schnelle Fortschritte waren mir wichtiger als eine solide Basis. So kam es in allem dazu, dass sich später Fehler einschlichen:
> - Beim Klavierspielen wollte ich immer schnell spielen und die Leute mit meiner Geschwindigkeit beeindrucken. Da ich aber nie geduldig in langsamem Tempo lernte, wurden vor allem die schwierigen Passagen eines Stücks ungenau und unrhythmisch.
> - Im Kraftsport wollte ich schnell Kraftsteigerungen erzielen, weswegen ich der Technik nur bedingt Bedeutung beimaß. So kam es, wie es kommen musste: Beim Bankdrücken waren meine Handgelenke leicht übergeknickt, bei Kniebeugen war der Rücken nie absolut gerade. Die Folge waren regelmäßige Verletzungen, nach denen ich wieder mit geringerem Gewicht neu einsteigen musste.
> - Als ich mein erstes Buch schrieb, tat ich es überhastet und mit dem Ziel, es möglichst schnell zu veröffentlichen. Das Resultat war, dass es viele Rechtschreibfehler und umgangssprachliche Ausdrücke enthielt. Zudem waren inhaltsleere Absätze die Norm. Ich musste es komplett umschreiben.

Das hier ist das echte Leben. Während du auf Instagram die Möglichkeit hast, die Fehler aus dem Klavierstück zu löschen oder einen guten Ausschnitt aus einem schwachen Buch zu präsentieren und die Leute zu verzaubern, ist all das im realen Leben nicht machbar. Merke dir das, denn einige Personen lassen sich auch vom Zuspruch über die sozialen Medien blenden.

Im Idealfall machst du die Dinge langsam und akkurat von Beginn an. Genau deswegen ist es auch wichtig, dass du deine Ziele und dein Fähigkeitstraining zeitlich planst – damit du die Möglichkeit hast, langsam und geduldig zu trainieren! Alle Personen, die langsamer und geduldiger als ich trainiert haben, sind heute in den entsprechenden Fähigkeiten wesentlich weiter.

1-2-3-Methode nutzen

Die 1-2-3-Methode ist dir nicht nur eine Hilfe beim Training deiner Fähigkeiten, sondern generell bei der Planung von Zielen. In ihrem Buch *Richtig priorisieren* (2014) erklären die Autoren Proske et al., wie Aufgaben mittels dieser Methode in drei Prioritätsklassen eingeteilt werden können.

- Prio-1-Aufgaben
    - Hauptaufgaben mit dem höchsten Stellenwert, die auf deine wichtigsten Ziele ausgerichtet sind
    - sollten regelmäßig terminiert, rechtzeitig (d. h. ohne Zeitdruck) angepackt und mit hohem Qualitätsanspruch angegangen werden
- Prio-2-Aufgaben
    - zählen nicht zu deinen wichtigsten Zielen und haben eine untergeordnete Wichtigkeit, aber deren Nichterledigung hätte trotzdem negative Folgen für dich
    - sollten gezielt in den Tageslauf eingeplant, evtl. mit Hilfe anderer Personen, und im Vergleich zu den Prio-1-Aufgaben mit weitaus geringerem Zeitaufwand (20:80 %) durchgeführt werden
- Prio-3-Aufgaben
    - unwichtigere Aufgaben, die evtl. auch aufgeschoben werden können und deren Nicht-Erledigung keine bis lediglich geringe negative Konsequenzen für dich hätte

- o sollten u. a. nicht in der konzentrationsstärksten Zeit abgearbeitet und möglichst schnell erledigt werden

Quelle: Richtig priorisieren (2014)

Eigenen Lehrplan erstellen

Der Lehrplan dient der Visualisierung und dem schriftlichen Festhalten deiner Pläne. Du erinnerst dich sicher an die Stundenpläne aus der Schule: Sechs Spalten und mehrere Zeilen. In jeder Zeile war ein Zeitfenster, in dem du in einem Fach unterrichtet wurdest. In den Spalten der obersten Reihe wurden die Wochentage Montag bis Freitag eingetragen, in den Reihen darunter in jeder Spalte passend zum Tag und zum jeweiligen Zeitfenster die Fächer. Dasselbe kannst du nun für dein Fähigkeitstraining machen, indem du die sieben Wochentage aufschreibst. Darunter kommen die Fähigkeiten, die du trainieren möchtest, und die Zeitfenster, die du dafür einplanst.

Zeit	Mo	Di	Mi	Do	Fr	Sa	So
10-12 Uhr							
12-14 Uhr							
14-16 Uhr							
...							

Diese Tabelle ist nur ein ungefährer Vorschlag. Sicher macht eine zeitliche Gliederung mit Zeitfenstern von weniger als zwei Stunden mehr Sinn. Der Vorteil eines solchen Plans ist, dass du dein gesamtes Leben darin planen und eintragen kannst. Wenn du jede Woche einen individuellen Plan machst, kannst du sogar variable Aktivitäten eintragen, wie z. B. den Hochzeitstag oder das Begleiten der Kinder zu einer Veranstaltung. So vernachlässigst du keinen Abschnitt deines Lebens.

MPS Schritt 5 in Kürze

> ➤ Die eigenen Fähigkeiten zu stärken, bietet deiner mentalen Stärke eine solide Basis. Denn je besser du eine Tätigkeit kannst, umso weniger Anlass gibt es für negative Emotionen.
> ➤ Auch externe Faktoren, wie z. B. das Mobbing, kannst du durch die Verbesserung deiner Fähigkeiten – und manchmal sogar nur durch den Zukauf neuer Ressourcen, wie z. B. Kleidung – unterbinden oder mildern. Wichtig hierbei: Richte dich nur nach externen Faktoren als Impuls zur Änderung, wenn du darin einen Sinn erkennst, der dir zusagt und sich mit deinen Zielen sowie Wünschen deckt.
> ➤ Das Training und die Verbesserung der eigenen Fähigkeiten sind zudem im Hinblick auf die menschlichen Bedürfnisse wichtig. Du unterstützt nicht nur deine mentale Stärke, sondern arbeitest auch bis zu einem gewissen Grad an deiner Selbstverwirklichung.
> ➤ Beim Training sind Geduld und Genauigkeit das A und O. Je genauer du etwas lernst, umso weniger musst du im Nachhinein nachbessern.
> ➤ Bei der Organisation und Regelmäßigkeit des Trainings helfen dir die 1-2-3-Methode und visualisierte Lehr- bzw. Tagespläne.

MPS Schritt 6: Weitermachen!

Dieses Buch soll dir mit seinen fünf Schritten Veränderung bringen. Veränderung kann in mehrere Richtungen erfolgen. Wünschenswert ist dabei stets eine positive Richtung. Womöglich magst du dir nun denken, dass die bisherigen Schritte zu mentaler Stärke dich nur in eine positive Richtung lenken können. Aber das ist falsch: Denn je mehr du schaffst und je stärker du wirst, umso realistischer wird eine Nebenwirkung. Es geht um Überheblichkeit; Arroganz, Ignoranz, Schadenfreude und weitere Einstellungen können sich bei dir etablieren, je stärker und überlegener du wirst. Werte diesen Hinweis bitte nicht als persönliche Attacke. Es handelt sich bei dem Risiko zur Überheblichkeit um einen Faktor, von dem alle Menschen betroffen sein können.

Meine Erfahrungen

Auch ich durfte bereits meine Erfahrungen damit machen, wie es ist, überheblich zu werden. Wie in der Einleitung angekündigt, spielte sich mein Werdegang zur mentalen Stärke genauso wie in diesem Buch ab: Erst erlangte ich die mentale Stärke ungefähr anhand der ersten fünf Schritte. Dann war ich glücklich und stark. Ich wurde leider überheblich. Menschen, die einzelne Ziele nicht erreichten, verspottete ich. Zudem markierte ich immer die starke Person, die sich über ihre Emotionen und den inneren Schweinehund hinwegsetzen konnte. Weil ich parallel hart arbeitete, konnte

> allerdings nichts meine Überheblichkeit ausbremsen. Die Leute hielten trotz meines Charakters zu mir; womöglich deswegen, weil sie noch das frühere Gute in mir sahen. Erst als ich einer Macht gegenüberstand, die mir neu und unerreichbar war, änderte sich mein Denken. Diese Macht war die Gesundheit. Ich erlitt eine Krankheit, die ehrlich gesagt gar nicht so schlimm war. Aber sie war lästig und die Ärzte wussten nicht, was es war. Teilweise machte es mich rasend. Als ich abends im Bett lag oder auf meinem Sofa saß, dachte ich nach. Ich beschloss, einzelne Dinge zu ändern. Irgendwann war meine Krankheit – oder besser gesagt: die ominösen Beschwerden – wieder fort. Ich hatte aus der Phase gelernt. Es gibt immer wieder einen Weg nach unten …

Damit bei dir dieser Weg nach unten so unwahrscheinlich wie nur möglich wird, ist es wichtig, dass du bodenständig bleibst. Mit anderen Menschen die Erfolge zu teilen, zusammenzuarbeiten und friedlich zusammenzuleben, ist wichtiger Balsam für die Seele. Dieses Kapitel vermittelt dir ohne Übungen einige Theorien und Lektionen, die du dir vor allem bei zunehmendem Erfolg vor Augen führen solltest, um immer zu verstehen, dass Stärke und Erfolg kein dauerhaftes Geschenk, sondern vergänglich sind. Zugleich ist genau das ein letztes wichtiges Glied mentaler Stärke: mit der neu gewonnenen Stärke und dem Erfolg umgehen zu können.

Lektion 1: Sei deinen Feinden gegenüber wohlgesonnen und respektvoll.

Was ist überhaupt ein Feind? Da hat wohl jede Person ihre eigene Meinung, denn es ist maßgeblich eine Frage der eigenen Einstellung. Während die einen eine Person als Feind sehen, die ständig hinter ihrem Rücken Negatives über sie erzählt, sehen die anderen dies als eine Sache an, die im

Leben normal ist. Denn es wird immer Personen geben, die einem nicht wohlgesonnen sind.

Genau um solche Feindschaften soll es in dieser ersten Lektion gehen: Solange eine Person nicht tatkräftige Schritte gegen dich unternimmt, die dein berufliches, familiäres oder gesundheitliches Wohlergehen gefährden, gibt es keinen Grund, sie als einen ernsten Feind zu betrachten. Meistens handelt es sich um Personen, die in ihrem eigenen Leben Probleme haben oder schwach sind und dies zu kaschieren versuchen. Also gehen sie zur Attacke über. Vor allem mit zunehmender mentaler Stärke und steigendem Erfolg in deinen Lebensbereichen werden dir Personen begegnen, die dir nicht wohlgesonnen sind. Solange sie dir nicht akut-gefährdend schaden, sondern sich die Handlungen auf negatives Gerede und kleine Streiche beschränken, positionierst du dich am besten wohlgesonnen diesen Personen gegenüber. So hast du die Chance, deine Feinde zu verändern. Denn diese Personen, die eventuell in ihrem Leben wenig Güte erfahren haben, könnten durch dein wohlgesonnenes Verhalten zum Umdenken bewegt werden.

Wichtig ist die respektvolle und wohlgesonnene Positionierung deinem Feind gegenüber vor allem deswegen, um nicht durch Pech selbst in die Schusslinie zu geraten. Was wäre, wenn die Anfeindungen deines Kontrahenten bei der Arbeit unbemerkt blieben, aber deine Konter nicht? Dann würdest du Abmahnungen und ein verschlechtertes Ansehen riskieren. Zudem wirkt sich eine feindselige Gesinnung womöglich negativ auf dein Unterbewusstsein aus: Du fühlst dich tief in dir schlecht, weil du dich auf das Niveau deines Feindes herablässt. Dies beeinflusst deine Handlungen negativ und sorgt für eine psychische Belastung.

Sei nicht zurückhaltend und mache dich nicht zum Opfer, aber verzichte auf unnötige Aktionen und Worte gegen deine

Feinde. Die mentale Stärke hierfür hast du dank der erlernten Impulskontrolle und dem Gegenwartsprinzip.

Lektion 2: Vergiss nie, wo du herkommst.

Wo du herkommst – damit ist deine frühere (schwierigere) Situation ohne mentale Stärke gemeint. Vor diesem Buch und den damit verbundenen Aktivitäten, Lehren sowie Erfahrungen warst du in einer anderen Lage als jetzt. Es besteht die Hoffnung, dass du stärker geworden bist. Stärke führt zu neuen Möglichkeiten und Perspektiven. Nimmst du diese wahr, dann nimmt dein Erfolg mit höchster Wahrscheinlichkeit zu. Damit einher geht eine Gefahr: Du könntest abheben.

Erfolg hat die Fähigkeit, zu blenden. Diese Fähigkeit kommt nicht vom Erfolg selbst, sondern aus deinem tiefsten Inneren. Wenn du dich nicht regelmäßig in die Lage zurückversetzt, in der du zuvor warst, ist es durchaus möglich, dass du mit der Zeit überheblich wirst. Übe dich daher in Demut und akzeptiere, dass du einige Sachen kannst und andere Sachen gleichzeitig nicht. Rufe dir vor Augen, dass es immer noch einige Punkte an dir gibt, an denen du arbeiten kannst. Und vor allem: *Merke dir, dass es immer Sachen geben wird, an denen du nichts ändern kannst.* Sieh deine Fähigkeiten immer als verbesserungswürdig an und erkenne deine Grenzen. Dann rückst du der Demut und der Bescheidenheit näher, was wesentlich ist, damit du am Boden bleibst und nicht abhebst. Vermeide zudem Urteile über andere Personen, denn diese haben mit ganz eigenen Problemen und Herausforderungen zu kämpfen. Denke zurück an dich und begreife, dass grundsätzlich jede Person erfolgreich werden kann. Baue die Leute in deinem Umfeld eher auf als sie niederzumachen – so wirst du mit deiner eigenen Vergangenheit und dem harten Weg zum Erfolg konfrontiert.

Lektion 3: Geben und Nehmen sind beide notwendig.

Was ist Reichtum wert, wenn er nur verwahrt wird? Egal, ob du erfol*greich* bist, reich an Geld oder reich an Liebe: Nicht eigesetzter Reichtum hat einen geringen bis gar keinen Wert. Stellen wir uns mal vor, dass du eine Person mit ausgeprägten sozialen Fähigkeiten bist und außerdem für eine feste Beziehung oder Ehe alle Qualitäten mitbringst, die man haben kann. Du bist treu, hast reichlich Zeit, denkst an Hochzeitstage und Geburtstage, liebst Kinder. Du bist reich an Liebe. Aber du schließt dich daheim ein, weil du einen Verlust erlitten hast oder dir Angst machst, von anderen Menschen nicht dieselbe Liebe zu erfahren. Dramatisch ist ein solches Szenario, bei dem du reich an Liebe bist, aber diese Liebe nicht teilst. Gleiches gilt für Geld, Erfolg und andere Komponenten des Lebens: Wenn du nicht teilst, kannst du es nur schwer genießen. Dies führt zur Erkenntnis, dass du Geld hin und wieder – natürlich nur vernünftig – ausgeben solltest, wenn du deinen Reichtum fühlen willst. Liebe solltest du anderen entgegenbringen, um sie zu erfahren. Erfolg ist für dich selbst zwar beflügelnd, aber erst unter dem Zuspruch und der Wertschätzung anderer merkst du, wie erfolgreich du tatsächlich bist.

Das Leben ist ein Geben und Nehmen. Du gibst etwas – sei es auch etwas Immaterielles, wie z. B. deine Zuneigung oder dein Verständnis – und erhältst dafür etwas anderes. Geben muss also nicht zwingend auf materieller Ebene stattfinden, sondern kann auch immateriell erfolgen. Du hast mehrere Chancen, Menschen das zu geben, was sie brauchen. Höre auf die Wünsche und Bedürfnisse von Menschen und gib das, was dir möglich ist und angemessen erscheint. Gehe auf Menschen mit deinen „Reichtümern" zu und lasse sie teilhaben. So erarbeitest du dir am ehesten eine Position, von der aus Menschen dir dankbar und wohlgesonnen sind.

Lektion 4: Nutze Macht, um mit anderen zusammen Ziele zu erreichen.

Wenn du mentale Stärke erreichst, erlangst du zugleich die Kompetenz, andere Menschen zu führen. Dabei ist das „Führen" weitgefasst: Einerseits kannst du beruflich aufsteigen und Abteilungsleiter oder Geschäftsführer werden. Andererseits ist es denkbar, dass du beruflich keine besonderen Ziele erreichst, dafür aber ein Umfeld mit Menschen aufbaust, die dich als eine Führungsperson empfinden. Ein Anführer zeichnet sich nämlich nicht zwingend durch eine berufliche Position oder einen besonderen Werdegang aus. Auch muss er privat nicht besonders viel erreicht haben. Was einen Anführer auszeichnet, ist dessen Ausstrahlung. Diese Ausstrahlung basiert darauf, dass du den Glauben an dich selbst und an deine Pläne hast. Sie verleiht dir Unangreifbarkeit, die bei anderen Personen Eindruck hinterlässt.

Charisma ist hierbei ein wichtiges Stichwort. Wenn du bei Personen die Ausstrahlung mentaler Stärke hinterlässt, hast du die Chance, mit ihnen gemeinsam Ziele zu erreichen. Sie folgen dir gern, sofern sich deine Ziele mit ihren Zielen decken. Du hast dadurch die Möglichkeit, die Beziehungen zu deinem Umfeld zu vertiefen und schneller voranzukommen. Gemeinsam erreicht man die Ziele schneller.

> *Beispiel*
>
> Du hast eine faszinierende Idee für ein Business und gründest ein Unternehmen. Mit der Zeit soll es wachsen. Im ersten Fall fällt es dir schwer, dich von Aufgabenbereichen zu trennen und sie an andere Personen zu delegieren. Weil du alles allein machst, fehlt dir die Zeit, dich ums Wachstum deines Unternehmens zu kümmern. Im zweiten Fall holst du dir die Hilfe anderer

Menschen und steuerst sie als Führungsperson klug, indem du ihnen die Möglichkeit gibst, eigene Ideen einzubringen und diese mit deinen Ideen zusammenführst. Nachdem du die finale Entscheidung getroffen hast, setzen die Personen deine Wünsche gern in die Tat um, da sie selbstständig agieren dürfen und du ihnen nicht ins Handwerk pfuscht. In diesem Fall steht dem Wachstum deines Unternehmens nichts im Wege.

Schlusswort

Das Entwickeln und Erweitern mentaler Stärke ist für jede Person in jeder Lebenslage vorteilhaft. Vor allem MPS Schritt 6 hat gezeigt, dass zu mentaler Stärke nicht nur dazugehört, sie zu haben. Es ist ebenso notwendig, mit ihr umgehen zu können. Ansonsten drohen Überheblichkeit, Arroganz und mit der Zeit als logische Konsequenz der Verlust dessen, was du dir erarbeitet hast. Von daher ist dieses Buch eine perfekte Dauerlektüre im Leben. Lies es regelmäßig – vielleicht jedes Jahr, alle zwei Jahre oder alle fünf Jahre. Es wird mit zeitlichem Abstand immer Dinge geben, an denen du mithilfe der Schritte und Lehren in diesem Buch noch arbeiten können wirst.

Ich habe viele Bücher gelesen und viele Erlebnisse gehabt auf meinem Weg zu einer mental stärkeren Persönlichkeit. Dabei habe ich von einer Sache Gebrauch gemacht, die leider kein Autor direkt empfohlen hat: Ich habe jedes Buch mehrmals gelesen und tue dies auch heute noch. Wieso? Ganz einfach: Weil ich es mir ersparen will, schlechte Dinge zu *erleben*, und weil ich sie lernen oder mich wieder an sie erinnern will. Handhabe es daher am besten genauso. Mein Vater war einst in Thailand und hat von seiner Reise erzählt. Dabei habe ich mir eine Sache besonders gemerkt. Ich weiß nicht, wieso, aber die Erzählung von seinem Besuch in einem Tempel hat bei mir bleibenden Eindruck hinterlassen. Vielleicht wusste ein Teil von mir schon damals, dass es für mein Leben wichtige Worte sein würden. Er erzählte, dass es dort Brauch war, sich hinzuknien und mehrmals in seinen Gedanken auszusprechen, was man werden möchte oder machen möchte. Man sollte sich sagen, was besser werden sollte. Mehrere hunderte Male sollte man es regelmäßig tun, um sich später daran zu erinnern.

Das, was mein Vater erzählte und ich mit dem wiederholten Lesen mehrerer Bücher tat, ist das, was ein weiterer Unterschied zwischen mental starken und mental schwachen Menschen ist: die Fähigkeit, durch Erzählungen, Affirmationen und aus dem Leben anderer zu lernen. Du hast die Wahl, aus den Fehlern anderer zu lernen oder aus deinen eigenen. Es bietet sich an, aus den Fehlern anderer zu lernen. Lies dieses und weitere hilfreiche Bücher also mehrmals, um die Inhalte zu verinnerlichen und sich an sie zu erinnern. Höre anderen Menschen zu, wenn sie dir etwas erzählen und dich warnen. Überdenke, ob es nicht besser wäre, sich zu zügeln. All dies wird die Wahrscheinlichkeit für gröbere Fehler deinerseits langfristig reduzieren und deine mit der Hilfe dieses Buches errungene mentale Stärke aufrechterhalten.

Arbeite beständig daran, das, was du mithilfe dieses Ratgebers gewonnen hast, zu vertiefen und zu behalten. Denn mit der mentalen Stärke ist es wie mit vielem anderen im Leben: Sie aufzubauen, ist schwierige und langwierige Arbeit. Sie zu verlieren, kann oftmals bereits in kürzester Zeit geschehen. Es reicht eine falsche Entscheidung, bei der du gegen die erlernten Prinzipien verstößt. Oder du hast dir ein Ziel zu viel gesetzt, was deine Zielsetzungen und Prioritäten in ein Chaos stürzt.

Schätze daher deine mentale Stärke und tue alles, um sie zu bewahren!

Verweise

Heller, J.: *Resilienz – 7 Schlüssel für mehr innere Stärke.* München: Gräfe und Unzer Verlag GmbH, 2013.

Janson, M.: *Resilienz trainieren – Wie Sie innere Blockaden lösen, Ihre psychische Widerstandskraft stärken und stressfrei alle Krisen überstehen!.* 2020.

Lorenz, S.: *Resilienz entwickeln: „Ich schaffe das!" – Wie du deine innere Stärke entfaltest, um an Stress, Krisen und Schicksalsschlägen nicht zu zerbrechen.* 2020.

Moestl, B.: *Shaolin – Du musst nicht kämpfen, um zu siegen.* München: Droemer Knaur. 2008.

Proske, H.: Reichert, J. F.; Reiff, E.: *Richtig priorisieren.* Freiburg: Haufe-Lexware GmbH & Co. KG, 2014.

Späth, Dr. T.; Bao, S. Y.: *Shaolin – Das Geheimnis der inneren Stärke.* München: Gräfe und UNZER Verlag GmbH, 2011.

Stangl, W.: Online Lexikon für Psychologie und Pädagogik, 2020.

Webb, R.; Pedersen, C.; Mok, P.: *Adverse Outcomes to Early Middle Age Linked With Childhood Residential Mobility.* American Journal of Preventive Medicine, 2016.

Aufschieben sofort stoppen

4 mächtige Konzepte, um unbeliebte Aufgaben ohne Überwindung schnell und stressfrei abzuschließen. Mit diesen Methoden wirst du Prokrastination endgültig beenden

PATRICK DRECHSLER

Inhaltsverzeichnis

Einleitung 427

Dem Aufschieben auf der Spur 433
    Auf Ursachensuche – neuste Erkenntnisse und alte Theorien 435
    Nutzen einer Aufgabe bestimmen – ist Prokrastination angemessen? 444
    „Procrastinare!" – Das Aufschieben im Wandel der Zeit 458
    Das Wichtigste auf den Punkt gebracht 464

Konzept 1 | Reine Einstellungssache: Den richtigen Anfang finden 465
    Erkenntnis #1: Du wirst nie etwas bereuen, sobald du es hinter dich gebracht hast. 466
    Erkenntnis #2: Das Ziel ist Fortschritt, keine Perfektion. 469
    Erkenntnis #3: Nicht auf Biegen und Brechen, sondern mit Pausen und Etappen. 472
    Erkenntnis #4: Mit der unangenehmsten Aufgabe beginnen 474
    Erkenntnis #5: Es gibt keinen Anfang und kein Ende, nur das Tun. 476
    Das Wichtigste auf den Punkt gebracht 479

Konzept 2 | Selbstwirksamkeit: Überzeugung vom Erfolg 481
    Methode #1: Lerne am Modell............................ 482
    Methode #2: Trickse deinen Körper aus. 490
    Methode #3: Lasse dich von anderen Menschen überzeugen... 494
    Das Wichtigste auf den Punkt gebracht................ 504

Konzept 3 | Selbstkontrolle: Impulsen trotzen und fokussieren.. 507
    Schritt #1: Ideale Voraussetzungen als Basis............ 509
    Schritt #2: Auslöser fürs Aufschieben identifizieren und Gegenmaßnahmen festlegen 512
    Schritt #3: Langfristige Selbstkontrolle erarbeiten ... 517
    Das Wichtigste auf den Punkt gebracht................ 530

Konzept 4 | Priorisieren, entspannen und entschleunigen.. 533
    Wissenschaft mit klarer Meinung 534
    1. Schritt: Vor dem Entschleunigen kommen die Prioritäten... 539
    2. Schritt: Einfacher Einstieg ins Entschleunigen 547
    3. Schritt: Dauerhaft Achtsamkeit und Entschleunigung etablieren 556
    Das Wichtigste auf den Punkt gebracht................ 558

Schlusswort 561

Quellenverzeichnis 563

Einleitung

Du stehst vor einer Aufgabe, die dir absolutes Unbehagen bereitet. Du willst sie einfach nicht machen. Alles in dir streikt beim Gedanken an die Aufgabe. Der Haken: Eine Erledigung der Aufgabe ist unausweichlich. Früher oder später holt dich deine Verpflichtung ein. Je länger du sie aufschiebst, umso schlimmer ist es.

Geht es bei dir um die Hausarbeit an der Uni oder das Projekt im Unternehmen? Du weißt doch schon jetzt, wie das Aufschieben endet: Mit zahlreichen Kaffeetassen und einer Erledigung auf den letzten Drücker. Oder du erfüllst deine Pflicht gar nicht, was dir unangenehme Konsequenzen beschert. Und trotzdem tust du es: Du schiebst auf!

Oder zögerst du lieber die familiären Verpflichtungen hinaus? Stress mit dem Ehepartner, den Kindern, den Eltern oder den Geschwistern ist vorprogrammiert. Das Traurige ist, dass du schon jetzt den Verlauf kennst: Du wirst dich auf Anhieb oder mit zunehmender Zeit schuldig fühlen, bis du irgendwann eine umfassende Entschuldigung für deine verpatzten Verpflichtungen abgibst.

Ursachen für all das? Mittlerweile kursieren einige Begriffe für das Aufschieben von Aufgaben und Pflichten. Ob nun der wissenschaftlich anmutende Begriff Prokrastination oder die fast schon humorvolle Variante Aufschieberitis – was sich wirklich hinter dem Phänomen verbirgt, das Menschen vom Erfüllen bestimmter Aufgaben abhält, bleibt häufig ungeklärt. Zu unvollständig und einseitig erscheinen die gängigen

Ratschläge im Web und aus Bekanntenkreisen. „Einfach machen!", heißt es da manchmal. Aber wie, wenn alles in einem gegen die Aufgabe streikt und nicht mal die Gewissheit darüber hilft, dass man über das Aufschieben unglücklich sein wird? Das Problem bei vielen Ratschlägen besteht in der einseitigen Darstellung des Aufschiebens: Es wird meist davon gesprochen, das Aufschieben müsse verhindert werden. Es sei etwas Negatives, Schwaches, Undiszipliniertes. Aber ist das wirklich so?

Um dir eine ideale Hilfe gegen das Aufschieben zu sein, geht dieser Ratgeber zunächst der wahren Natur der Prokrastination auf den Grund. Wusstest du beispielsweise, dass der Begriff „Prokrastination" seine Wurzeln im Latein hat und ursprünglich eine positive Eigenschaft beschrieb? Oder hast du schon den Gedanken daran erwogen, dass das Aufschieben nicht zwingend ein Fehler deinerseits ist, sondern ebenso ein Hinweis auf den fehlenden Nutzen hinter einer Aufgabe sein kann? Das Aufschieben sollte nicht ohne tiefergehende Überlegungen als negativ gebrandmarkt werden. Deswegen hält dieser Ratgeber im ersten Kapitel wichtige Einsichten für dich bereit, mit deren Hilfe du zwischen „Gut" und „Böse" speziell beim Aufschieben zu differenzieren lernst. Dies wird dir einerseits bei deinen jetzigen Aufgaben, die du aufschiebst, eine Hilfe sein. Andererseits werden dir die Inhalte des ersten Kapitels auch in Zukunft nützlich sein, weil du dadurch über deine Entscheidungen und Aktivitäten optimal zu reflektieren lernst.

Natürlich kommt dieser Ratgeber mit seinen Inhalten der hauptsächlichen Aufgabe, dir Methoden und Mittel gegen das Aufschieben zu geben, ebenfalls nach. Obwohl Prokrastination positiver Natur sein kann, ist meist eine negative Ursache der Grund. Deswegen wirst du dich in diesem Ratgeber zum Großteil damit befassen, wie du das Aufschieben verhinderst oder die Neigung dazu komplett beseitigst.

Aber wie ist es möglich, Prokrastination zu verhindern? Wenn bestimmte Pflichten oder Aufgaben derart lästig sind, dass sich alles im eigenen Körper und Verstand gegen deren Erfüllung windet, erscheinen die Aussichten beim Vorgehen gegen das Aufschieben aussichtslos. Glücklicherweise gibt es für fast alles Wege und Methoden. In manchen Fällen treten sogar Wandlungen von einem Tag auf den anderen ein. Meist steht dies mit einschneidenden Erlebnissen in Verbindung. Der Tod geliebter Menschen, das Ende einer Beziehung, der tiefe Fall nach zuvor großem Erfolg – all dies sind Momente, die plötzlich einschlagen und bei Menschen die vielzitierte „Jetzt-erst-recht-Einstellung" verursachen können: Dann wird für den geliebten Menschen das Leben umgekrempelt, um die verloren gegangene Beziehung zu retten, der Charakter grundlegend gewandelt oder für einen Weg zurück zum Erfolg jede Kraft mobilisiert. Der Hirnforscher Gerhard Roth, dessen Aussagen du in den Zeilen dieses Buches mehrmals begegnen wirst, nennt diese Ereignisse *Teachable Moments*; also „lehrreiche Momente".

Teachable Moments setzen, wenn sich eine Person zum Handeln entschließt, meist ungeahnte Kräfte frei. Das Problem allerdings ist meistens der destruktive Umgang mit sich selbst. Die betroffenen Personen haben durch den starken emotionalen Auslöser einen Tunnelblick und vernachlässigen ihr eigenes Wohlergehen, um ein bestimmtes Ziel zu erreichen. Dieses Problem zeigt sich grundsätzlich bei allen Formen der rapiden Veränderungen: Sie sind nicht nachhaltig oder auf Dauer ungesund.

Was du dennoch für dich mitnehmen kannst: Wenn bestimmte Ereignisse von Jetzt auf Gleich einen Menschen wandeln können, dann ist es möglich, jede Prokrastination erfolgreich zu bekämpfen. Der Weg, den du mit Hilfe dieses Buches gehen wirst, ist allerdings kein Teachable Moment und erhebt auch nicht den Anspruch auf schnelle „Heilung".

Das Ziel ist es, dich mit Methoden zu versorgen, die dir einen nachhaltigen Weg aus der Prokrastination heraus weisen, bei dem du ohne Tunnelblick und mit Rücksicht auf deine Gesundheit agierst.

Das Buch ist nach dem Einführungskapitel in 4 Konzepten aufgebaut:

> - Im vorbereitenden Kapitel 1 gehst du den verschiedenen Bewertungsmöglichkeiten für das Aufschieben nach. Dabei werden die gängigsten und einige seltenere Ursachen für Prokrastination vorgestellt.
> - Anhand dieser Ursachen und mehrerer Selbsttests wirst du in den Folgekapiteln eine Vielfalt an Methoden finden, die dir in deiner individuellen Situation helfen.
> - Jedes Konzept steht für eine Hauptursache für Prokrastination, die sich aus mehreren kleinen Ursachen zusammensetzt.

Dieser Aufbau ist die Stärke des vorliegenden Ratgebers: Es werden keine Lösungen präsentiert, die nur auf einige Fälle anwendbar sind. Betrachte diesen Ratgeber wie einen Kundendienst, bei dem du dich durch mehrere Optionen durchklicken kannst und anschließend die passende Lösung für dein Anliegen findest. So soll sichergestellt werden, dass du exakt das findest, was du brauchst.

Motivation gefällig? Wenn es dir schwerfällt, dich zu motivieren, dann wird dir das zweite Kapitel, Konzept 1, mehrere nützliche Erkenntnisse liefern. Ab dem ersten Konzept beginnen auch die regelmäßigen Aufgaben, die dir im Vorgehen gegen Prokrastination zur Verfügung stehen. Kapitel 3, 4 und 5 bzw. die Konzepte 2, 3 und 4 fahren mit weiteren Ursachen der Prokrastination und Aufgaben gegen diese fort: mehr Selbstüberzeugung entwickeln, größere

Selbstkontrolle an den Tag legen, Prioritäten setzen und in der digitalen schnelllebigen Welt mal entschleunigen – dies sind einige Punkte des Rahmenprogramms, das dir geboten wird. Führe dir bei alledem die Tatsache vor Augen, dass die Methoden nur so lange wirksam sind, wie du ehrlich zu dir selbst bist und wirklich an dir arbeitest.

Den ersten Schritt hast du gemacht, indem du dieses vielschichtige und für jede betroffene Person hilfreiche Buch ausgesucht hast. Der nächste Schritt ist, es gründlich zu lesen. Damit einher geht die Praxis. Du musst dabei von heute auf morgen nichts Großes verändern. Du musst nicht deine Weltanschauungen über den Haufen werfen. Alles, was du an Input erhältst, ist immer nur ein kleiner Schritt. Als Resultat erwartet dich ein nachhaltiges Konstrukt, das beim Vorgehen gegen das Aufschieben dein lang ersehnter Schlüssel zum Erfolg ist. Gehe nun den nächsten kleinen Schritt auf die nächste Seite des Buches. Und dann wieder auf die Nächste. So schreitest du in Richtung deines persönlichen Erfolgs voran.

Dem Aufschieben auf der Spur

Ist Prokrastination ein Fehler deinerseits? Bist du wirklich allein dafür verantwortlich, dass du eine Aufgabe aufschiebst? Ist Prokrastination immer etwas Schlechtes? Interessante Fragen, die zu klären sind, damit du die richtigen Maßnahmen ergreifen kannst. Unter anderem der Beantwortung dieser Fragen widmet sich dieses erste Kapitel. Schließlich steckt hinter dem Wort Prokrastination mehr als nur ein Laster, dem man sich entledigen sollte. Sie kann durchaus hilfreich sein. In einigen Situationen dient sie als Warnung und hilft dir, dein Leben neu zu ordnen. Prokrastination kann dir verständlich machen, wann Dinge, Beziehungen und Aufgaben losgelassen werden sollten, weil sie keinen Mehrwert mehr bieten.

Je nachdem, wie dein individueller Fall ist, wird sich immer eine andere Interpretation des Aufschiebens ergeben und ebenso eine andere Ursache dafür. Beispielsweise kann es sein, dass du eine im Kern sehr disziplinierte und konsequente Person bist, aber dir derart viele Aufgaben auferlegt hast, dass es unmöglich ist, all diesen zeitnah nachzukommen. In diesem Fall wäre entweder Priorisieren oder sogar das Aufgeben einzelner Aufgaben die richtige Wahl.

In diesem Kapitel lernst du zur Auswahl des passenden Konzepts die verschiedenen Ursachen für Prokrastination kennen. Du wirst mithilfe von Fragen dahin geleitet, zu *erkennen, wieso du aufschiebst*. Dadurch wirst du die passenden

Konzepte auswählen können, um für deinen Fall die richtige Vorgehensweise festzulegen, sodass du seltener aufschiebst und erfolgreicher wirst. Eines sei zu den einzelnen Konzepten bereits vorweggenommen: Oft mag **eine Hauptursache** für das Aufschieben vorliegen. Aber der Mensch ist ein derart komplexes System, dass diese Hauptursache mit **vielen weiteren Faktoren** zusammenhängt. Deswegen ist es am besten, wenn du alle Konzepte der Reihe nachliest und daraus das Wissen mitnimmst, das dir sinnvoll erscheint.

> **Beispiel**
>
> Du lässt dich ziemlich schnell von Impulsen ablenken und schiebst deswegen auf. Konzept 3 bietet dir zur Lösung des Problems konkrete Ansätze und Aufgaben. Weil Impulse durch die Schnelllebigkeit als weiteren Einflussfaktor begünstigt werden (etwa durch eine permanente Erreichbarkeit über die digitalen Medien), vermittelt dir das Konzept 4 – eigentlich nicht das primäre Konzept für dich – zahlreiche wertvolle vertiefende Kenntnisse.

Im Folgenden werden die verschiedenen wissenschaftlich definierten Arten der Prokrastination als Grundlage für die vier Konzepte und die darin enthaltenen Aufgaben beleuchtet. Dabei wirst du feststellen, dass Prokrastination in jedem Fall eine wichtige Entscheidungshilfe ist. Zudem ist sie ein Phänomen, das sich in den vergangenen Jahrzehnten zunehmend etabliert. Die Digitalisierung und die an Perspektiven reiche Welt, in der wir leben, spielen dabei eine entscheidende Rolle.

Patrick Drechsler

Auf Ursachensuche – neuste Erkenntnisse und alte Theorien

Neuste Erkenntnisse zeigen die allgemeine Tendenz, dass früher in der Wissenschaft angeführte Ursachen der Prokrastination wie Perfektion, rebellisches Verhalten oder starkes Interesse für Neues kaum von Bedeutung sind. Der Grundgedanke hinter der Perfektion als Ursache war, dass der Wunsch, einer Aufgabe mit höchster Qualität nachzukommen bei gleichzeitig mangelnden Kenntnissen dazu führt, die Aufgabe aufzuschieben. Perfektion und ebenso rebellisches Verhalten sowie starkes Interesse für Neues treffen als Ursachen für Prokrastination jedoch nur auf eine wenige Menschen zu. Im Fokus dieses Buches stehen daher die im Nachfolgenden geschilderten vier Ursachen für Prokrastination, die indirekt diverse weitere kleinere Ursachen stellvertretend repräsentieren.

Ursache 1: Abneigung gegenüber der Aufgabe

Die Abneigung gegenüber einer Aufgabe ist in zahlreichen Studien und Fachwerken ein Klassiker unter den Ursachen für Prokrastination. Eine Abneigung kann aus mangelnden Fähigkeiten resultieren. Ist eine Person außerstande, einer Aufgabe qualitativ hochwertig nachzugehen, so kann es zur Prokrastination kommen. Neben dem Mangel an Fähigkeiten ist die Übereinstimmung mit den persönlichen Interessen relevant: Eventuell hat eine Person beste Fähigkeiten zur Ausübung einer Aufgabe, aber kommt dieser Aufgabe trotzdem nicht nach, weil sie kein Interesse an dieser Sache hat. Daraus kann Unterforderung resultieren, die zum Aufschieben führt.

Worin die Abneigung gegenüber einer Sache begründet ist, entscheidet zudem der individuelle Charakter. Das zentrale Stichwort hierbei ist die Motivation: Wie gelingt es dir, dich zu motivieren? Einige Personen vermögen sich sogar zu den Aufgaben auf Anhieb zu motivieren, denen gegenüber sie große Abneigung empfinden. Andere Personen wiederum brauchen zur Motivation Zeit oder es gelingt ihnen nicht. Wie man sich motiviert und wie stark man sich motivieren kann, variiert mit jeder Person. Motivation zu entwickeln, lässt sich trainieren. Denn letzten Endes bedeutet Motivation nichts anderes, als Motive zu finden.

Nach Steel (2012) haben Forscher ermittelt, dass den Belohnungen und Bestrafungen im Zusammenhang mit der Durchführung der ungewollten Aufgabe eine hohe Stellung zukommt. Je näher der Zeitpunkt der Belohnung bzw. Bestrafung für eine nicht durchgeführte Aufgabe komme, umso mehr wachse die Bereitschaft an, der Aufgabe nachzugehen. Daraus lässt sich schlussfolgern, dass Belohnungen und Bestrafungen wirksame Motive sind, um einer ungewollten Aufgabe nachzugehen. Belohnungen und Bestrafungen sind zwei von mehreren Argumenten, um sich zu motivieren. Du wirst in diesem Buch lernen, möglichst viele solcher Argumente zu finden, um Motivation für die Durchführung jeder noch so ungewollten Aufgabe zu entwickeln.

Selbsttest-Fragen, damit du das richtige Konzept findest:

- ➢ Fällt es dir in erster Linie schwer, mit der Aufgabe zu beginnen? Konzept 1 bietet die passenden Mittel und Wege zur Beseitigung dieses Problems.
- ➢ Weißt du nicht, wo du anfangen sollst, weil es viele Aufgaben gibt? Es lohnt sich sowohl ein Blick in Konzept 1 als auch in Konzept 4.

> Fühlst du dich durch die Aufgabe überfordert und lehnst sie deswegen ab? Potenzielle Lösungen bieten dir alle Konzepte; die Konzepte 1, 2 und 4 mit der höchsten Wahrscheinlichkeit.

Ursache 2: Mangelnde Überzeugung vom Erfolg

Erfolg – in der einen oder anderen Form – ist eine Komponente im Leben, nach der jede Person strebt. Für Erfolg müssen Herausforderungen erfolgreich bestanden werden. Diese Herausforderungen fallen unterschiedlich aus. In einigen Fällen werden den betroffenen Personen große Anstrengungen abverlangt, in anderen Fällen weniger. Je geringer die Anstrengung und je größer der Erfolg ist, umso geringer ist die Tendenz zum Aufschieben. Je größer die Anstrengung und je geringer der Erfolg ist, umso größer ist die Tendenz zum Aufschieben. Große Anstrengung erfordert oftmals eine größere Motivation. Meist stellt sich subjektiv das Empfinden der bereits angesprochenen Aversion gegenüber der Aufgabe ein. Neben dem Ausmaß der Anstrengung und Herausforderung kommt allerdings noch eine weitere Komponente ins Spiel, nämlich die Ungewissheit.

Die Tatsache, dass mit zunehmender Anstrengung und Herausforderung der Erfolg in der Regel unwahrscheinlicher ist, verkompliziert den Sachverhalt. Es fällt schwerer, Motivation zu entwickeln. Wer von sich überzeugt ist, wird dieses Problem gut meistern. Sollte allerdings eine Person nicht von ihrem Erfolg überzeugt sein, so wird sie die Aufgabe tendenziell aufschieben. Man spricht bei der mangelnden Überzeugung auch von einer geringen Selbstwirksamkeit. Der Begriff Selbstwirksamkeit bezeichnet die Fähigkeit eines Menschen, Krisen, schwierige Situation und Hürden jedweder Art erfolgreich zu meistern.

Wer hat eine hohe Selbstwirksamkeit? Pauschal lässt sich Personen, die bereits mehrere Krisen gemeistert haben, eine hohe Selbstwirksamkeit attestieren. Vor allem Menschen, die sich gegenüber Neuem stets offen präsentiert und dabei erfolgreich abgeschnitten haben, tendieren dazu, eine ausgeprägte Selbstwirksamkeit an den Tag zu legen. Neben dieser generellen Selbstwirksamkeit existiert auch eine spezifische Selbstwirksamkeit. (So wird nicht in der Wissenschaft unterschieden, aber es macht im Rahmen dieses Ratgeber Sinn.) Eine spezifische Selbstwirksamkeit liegt dann vor, wenn Personen in einzelnen Bereichen von ihrem Erfolg überzeugt sind.

> **Beispiel**
>
> Du wirst dich sicher bestens an die Lieblingsfächer zu deiner Schulzeit erinnern: Jene Fächer, in denen du gute Noten bekamst oder an denen du Spaß hattest, hast du mit einer größeren Erfolgswahrscheinlichkeit praktiziert. Damit einher ging wohl auch, dass du von deinem Erfolg überzeugt warst, oder?

Du verstehst das Grundprinzip: Überzeugung ist ein großer Motivator. Wenig erstaunlich ist es, dass wieder das Stichwort „Motivation" fällt: Überzeugung ist im übertragenen Sinne mit einer Versicherung oder einem verbindlichen Vertrag zu vergleichen. Du bist in deiner Vorstellung absolut davon überzeugt, dass dir eine Aufgabe gut gelingen wird? Dann ist es für dich vom Empfinden her ein bisschen so, als hättest du einen Vertrag unterzeichnet, der dir den Erfolg zusichert. Würdest du deiner Pflicht nicht nachkommen, wenn der Erfolg feststünde? Vielleicht nicht, wenn der Erfolg die Anstrengung nicht rechtfertigt. Aber ansonsten steigert die

Gewissheit die Motivation – auch wenn es natürlich keine hundertprozentige Gewissheit gibt. Trotzdem lassen sich die Mehrwerte einer großen Überzeugung nicht leugnen, weil sie deinem Unterbewusstsein Gewissheit suggerieren.

Selbsttest-Fragen, damit du das richtige Konzept findest:

> - Du zweifelst daran, dass es in dieser Situation generell möglich oder speziell dir möglich ist, die Aufgabe gut zu bewerkstelligen? Konzept 2 und zum Teil Konzept 3 sind für dich jetzt wichtig!
> - Deine Entschlossenheit ist nicht groß, weil dir die Aufgabe nicht wirklich am Herzen liegt? In diesem Fall solltest du dich in erster Linie mit Konzept 4 befassen.
> - Du widmest dich lieber anderen Sachen, weil diese erfolgsversprechender oder erfüllender sind? Schaue vor allem in Konzept 3 rein!

Ursache 3: Geringe Selbstkontrolle, hohe Impulsivität

Impulsivität und fehlende Selbstkontrolle werden oftmals mit Wutausbrüchen, Gewalttaten oder anderen nach außen hin stark auffälligen Taten in Verbindung gebracht. Doch nicht immer muss es zu drastischen Reaktionen kommen. Geringe Selbstkontrolle und hohe Impulsivität können auch bei Entscheidungen zu wenig auffälligen Handlungen oder Gedankengängen einfließen.

Im Fall der Prokrastination bedeutet dies, dass Personen, die sich nicht gut selbst kontrollieren können, zum Aufschieben neigen. Mangelnde Selbstkontrolle hat mehrere mögliche Ursachen:

➢ Gewohnheit

Gewohnheiten sind automatisierte Handlungen, die sich im menschlichen Gehirn einprogrammiert haben. Die Neigung ist im Unterbewusstsein eingespeichert, wodurch es schwerfällt, der Handlung zu widerstehen. Als Resultat dessen kommt es regelmäßig dazu, dass Personen der Gewohnheit nachgeben. Je stärker die Gewohnheit ausgeprägt ist, umso schwieriger ist es, sich zu kontrollieren und der Versuchung zu widerstehen.

➢ Charakter

Menschen haben bestimmte Charaktereigenschaften, zu denen auch Impulsivität gehören kann. Impulsivität kann sich sowohl im Kindes- und Jugendalter als auch erst im Erwachsenenalter entwickeln. Es ist dabei eine Ursache erforderlich. Diese kann im Elternhaus gegeben sein, wenn der laute Ton gang und gäbe ist. Ebenso können berufliche Laufbahnen, zwischenzeitliche Lebenspartner und einschneidende Erfahrungen potenzielle Auslöser einer Impulsivität sein, die sich im Charakter verankert. Betroffenen Personen fällt es schwer, sich emotional von einem Sachverhalt zu distanzieren. Als Folge dessen lassen sie den Emotionen freien Lauf.

➢ Krankheit

Personen mit bestimmten psychischen Erkrankungen, die einerseits angeboren sein, andererseits im Laufe des Lebens entstehen können, neigen oft zur Impulsivität. Ein Beispiel für Impulsivität durch mangelnde Emotionskontrolle ist die psychische Erkrankung Borderline. Ein anderes Beispiel für eine psychische Erkrankung, bei der Impulsivität nicht aus Emotionen, sondern aus der bloßen Natur der Erkrankung resultieren kann, ist ADHS.

Diese drei sowie weitere Auslöser sind Ursachen dafür, dass sich die üblichen Verhaltensmuster auf die Bewältigung von Aufgaben übertragen. Eine mangelnde Selbstkontrolle allein reicht in der Regel nicht zum Aufschieben aus. Meist ist eine Ablehnung gegenüber der Aufgabe oder eine geringe Selbstwirksamkeit zusätzlich notwendig. Denn nur dann entstehen kontraproduktive Emotionen, die zum Nachgeben animieren und die Ausübung einer Aufgabe verhindern.

Eine interessante Erkenntnis für dich dürfte an dieser Stelle sein: Motivation schlägt Emotion! Solltest du dich bei der geringen Selbstkontrolle angesprochen fühlen, dann darfst du dich mit der Tatsache vertrösten, dass du dieser Ursache für Prokrastination meist durch eine Behandlung der beiden erstgenannten Ursachen ein Schnippchen schlagen kannst. Was damit gemeint ist? Wenn du deine Motivation derart stark positiv beeinflusst, dass du an den Erfolg bei der Ausübung glaubst und/oder dich der Aufgabe zugeneigt fühlst, wirst du Impulsen, die dich zum Aufschieben animieren, besser trotzen können.

Selbsttest-Fragen, damit du das richtige Konzept findest:

> ➤ Du gibst verschiedenen Impulsen nach, die dir bei der Durchführung der Aufgabe begegnen und dich ablenken? Konzept 3 ist maßgeschneidert für dich. Aber auch Konzept 2 bietet indirekt gute Ratschläge und Methoden.
> ➤ Es gibt in deinen Augen so viele faszinierende Dinge und Perspektiven, dass es deine Konsequenz beim Verfolgen einer Aufgabe beeinträchtigt? Konzept 4 hilft dir, zwischen mehreren Perspektiven abzuwägen.

> Du bist generell immer energiegeladen und wechselst zwischen verschiedenen Sachen hin und her? Hier empfiehlt sich das Studium der Konzepte 3 und 4.

Ursache 4: Langer Zeithorizont

Stelle dir eine Aufgabe vor, die dir bevorsteht und die du aufschiebst. Vielleicht hast du aktuell eine solche Aufgabe, an der du arbeitest oder eben nicht arbeitest ... Falls nicht, dann denke dir eine Aufgabe aus. Stelle dir nun vor, du müsstest diese Aufgabe fünf Minuten lang machen und sie wäre vorbei. Im Anschluss wäre die Aufgabe komplett abgeschlossen und du müsstest dich dieser Aufgabe überhaupt nicht mehr widmen. Du hättest den Erfolg dann sicher in der Tasche. Würdest du zu diesem Deal „Nein" sagen? Wohl kaum.

Nun ein Gegenbeispiel: Stelle dir vor, du müsstest diese Aufgabe drei Wochen lang jeden Tag fünf Minuten lang machen. Hier wird es schon schwerer. Jetzt ein Blick auf einen zeitlich noch extensiveren Fall: Führe dir vor Augen, dass du die ungewollte Aufgabe mehrere Jahre lang über mehrere Stunden in der Woche durchführen musst. Spätestens jetzt dürfte dir beim Gedanken an diese Aufgabe ein unangenehmer Schauer über den Rücken laufen.

Je länger du deine Motivation aufrechterhalten und Impulsen widerstehen musst, umso schwerer fällt es dir. Dementsprechend sind Aufgaben, die über einen längeren Zeitraum ablaufen, tendenziell häufiger vom Aufschieben betroffen. Voraussetzung hierfür ist, dass der lange Zeithorizont mit einer der anderen bereits vorgestellten Ursachen für Prokrastination verbunden ist.

> **Hinweis!**
>
> Ein langer Zeithorizont ist auch unter anderen Gesichtspunkten kritisch. Nämlich bringt Zeit die Komponente der Unberechenbarkeit mit sich. Bei langfristigen Aufgaben kann keine Person genau sagen, was in der Zwischenzeit an Hindernissen hinzukommt. Auch, wenn du die Aufgabe gern machst und nicht aufzuschieben gedenkst, kann es dennoch zum Aufschieben kommen. Gründe hierfür sind andere Zusatzaufgaben, die eigene Gesundheit oder sonstige Einflüsse, die nicht vorhersagbar sind.

Je länger der mit einer Aufgabe in Verbindung stehende Zeithorizont ist, umso höher sind die Risiken, dass die Aufgabe aus bestimmten Gründen aufgeschoben wird. Dies ist gleich doppelt tückisch. Denn neben den Problemen durch das Aufschieben an sich kommen unvorhersehbare Ereignisse in der Zukunft als potenzielle Ursache fürs Aufschieben hinzu.

Selbsttest-Fragen, damit du das richtige Konzept findest:

- ➤ Du widmest dich grundsätzlich immer entspannt und gemächlich deinen Aufgaben? Schaue mal in Konzept 1 nach, ob es nicht hin und wieder mit etwas mehr Konsequenz und Zielstrebigkeit besser wäre.
- ➤ Andere Personen lenken dich von der bevorstehenden Aufgabe ab und verweisen immer auf den langen Zeithorizont, den du noch hast? Erfahre hierzu Wichtiges in den Konzepten 2 und 3.
- ➤ Aufgrund des langen Zeithorizonts führst du lieber die vielen anderen dir bevorstehenden und dringlicheren

Aufgaben durch? Lerne in Konzept 4, ob es nicht bessere wäre, über feste Priorisierungen und eine Reduzierung der Aufgaben nachzudenken.

Nutzen einer Aufgabe bestimmen – ist Prokrastination angemessen?

Abgesehen von den Ursachen wirken beim Aufschieben weitere Kräfte. Sie sorgen mitunter dafür, dass die Prokrastination mal mehr, mal weniger große Ausmaße annimmt. Wenn es nach Dr. Steel (2007) geht, sind folgende drei Einflussfaktoren präsent: Erwartungen an die Aufgabe, Wert (schätzung gegenüber) der Aufgabe und Hinauszögerung. Gemäß den englischen Begriffen Expectancy, Value und Delay für diese Einflussfaktoren erschuf Dr. Steel die Temporal Motivation Theory (Theorie der temporären Motivation), um die Utility (den Nutzen) einer Aufgabe zu ermitteln.

$$Nutzen = \frac{E \times V}{D}$$

So interessant es sein mag, eine konkrete Formel zu haben, um die Wahrscheinlichkeit für Prokrastination zu errechnen, genauso klar müsste im gleichen Zuge sein, dass sich für all die Einflussfaktoren keine konkreten Zahlen einsetzen lassen, weswegen auch das Ergebnis nicht konkret sein kann. Gewiss ließen sich Modelle anstellen, nach denen durch ein Frage-Antwort-Spiel mit festen Werten für jede Antwort die Zahlen für Erwartungen, Wertschätzung, Hinauszögerung und schließlich Nutzen abgeleitet würden. Aber das Modell wäre kaum allgemein tauglich.

Was du dieser Formel im Idealfall entnimmst, sind lediglich die Zusammenhänge dieser Einflussfaktoren. Jetzt ist es dir möglich, für dich persönlich das mögliche Ausmaß deines

Aufschiebens zu erahnen, um rechtzeitig und besser die in den Konzepten dieses Buchs beschriebenen Maßnahmen einzusetzen.

Was aber sind das im Genaueren für Zusammenhänge, die dieses Modell beschreibt?

> Erwartungen

Die Erwartungen repräsentieren die Wahrscheinlichkeit, mit der du rechnest, dass du ein bestimmtes Ergebnis erhalten wirst. Negative Erwartungen sind im Grunde genommen nichts anderes als eine geringe Selbstwirksamkeit (siehe Ursachen). Bei niedrigen Erwartungen würde eine geringe Zahl in die Formel eingesetzt.

> Wert

Der Wert einer Aufgabe bzw. die persönliche Wertschätzung gegenüber der Aufgabe bemisst sich an deiner Auffassung, wie lohnend die Durchführung der Aufgabe ist. Ein hoher Lernfaktor, der wertgeschätzt würde, hätte eine hohe Neigung zur Durchführung der Aufgabe zur Folge. Die Zahl in der Formel wäre hoch. Bei einer geringen Wertschätzung (siehe Aversion gegenüber der Aufgabe unter den Ursachen) wäre die in die Formel eingesetzte Zahl niedrig.

> Verzögerung

Wie sehr du eine Aufgabe hinauszögerst, hat ebenfalls einen Einfluss auf den Nutzen der Aufgabe. Dieser Wert steht sinnvollerweise im Bruch der Formel im Nenner, weil die Formel ansonsten keinen Sinn ergäbe; Beispiele dazu folgen gleich.

> Nutzen
>
> Der Nutzen der Aufgabe steht stellvertretend für die Wahrscheinlichkeit des Aufschiebens. Dem zugrunde liegt der Gedanke, dass nützliche Aufgaben nicht aufgeschoben werden. Falls es doch zum Aufschieben kommt, dann nur aus triftigen Gründen. Generell ist bei Aufgaben mit einem hohen Nutzen keine Neigung zur Prokrastination gegeben. Ein geringer Nutzen hingegen führt zur erhöhten Wahrscheinlichkeit fürs Aufschieben.

Drei Beispiele dienen der Errechnung des Nutzens. Dabei sei für die Formel davon ausgegangen, dass mit Skalen von 1 bis 10 gerechnet wird. Dies ist insofern praktisch, als dass die Ergebnisse dann prozentuale Werte sind und eine schnelle Gesamteinschätzung der Aufgabe ermöglichen. Die Zahlen sind in den Beispielen subjektive Schätzungen. Mit solchen Schätzungen wirst auch du rechnen, falls du die Formel nutzen möchtest.

Beispiel 1

Hannes F. hat sehr geringe Erwartungen gegenüber dem Output einer Aufgabe, aber eine hohe Wertschätzung gegenüber der Durchführung, weil er dadurch vorhandenes Wissen wiederholt und festigt. Er geht der Aufgabe ohne Verzögerungen nach. Die Formel könnte wie folgt aussehen:

$$Nutzen = \frac{2 \times 8}{1}$$

$$Nutzen = \frac{16}{1}$$

$$Nutzen = 16 \ (16\%)$$

Beispiel 2

Ina L. erwartet den größten Profit aus der Aufgabe und geht der Aufgabe gern nach, weil es ihr Spaß macht. Sie verzögert die Aufgabe nicht, sondern führt sie immer zum geplanten Zeitpunkt durch. So entsteht die mögliche Formel:

$$Nutzen = \frac{10 \times 9}{1}$$

$$Nutzen = \frac{90}{1}$$

$$Nutzen = 90 \ (90\%)$$

> **Beispiel 3**
>
> Thomas G. hat vernichtend geringe Erwartungen und keinerlei Wertschätzung gegenüber der Aufgabe. Disziplin ist bei Thomas ebenso wenig existent, weswegen er die Aufgabe so lange wie möglich hinauszögert. Die Formel sähe in diesem Extremfall wie folgt aus:
>
> $$\text{Nutzen} = \frac{E \times V}{D}$$
>
> $$\text{Nutzen} = \frac{1 \times 1}{10}$$
>
> $$\text{Nutzen} = \frac{1}{10} \ (0,1\ \%!)$$

Wie wir sehen, ist die Formel sehr gut durchdacht. Durch die Verzögerung im Nenner des Bruchs ist gewährleistet, dass hohe bzw. geringe Verzögerungen die gewünschten Auswirkungen auf das Ergebnis hinterlassen. Eine hohe Verzögerung minimiert das Gesamtergebnis und entkräftet gute Zwischenergebnisse aus dem Zähler oben im Bruch (E x V), eine geringe Verzögerung tut genau das Gegenteil. Der Nutzen, wenn man mit der sich anbietenden Skala von 1 bis 10 für die drei Einflussfaktoren rechnet, nimmt als höchsten Wert 100 an, als niedrigsten Wert 1/10. Somit kann das Ergebnis einfach prozentual dargestellt werden.

Geringer Nutzen animiert zum Hinterfragen

Auch ohne das Errechnen in dieser Form mittels konkreter Zahlen aus einer Skala ist es hilfreich, sich die Formel vor Augen zu führen. Denn die Formel führt auf, wie verschiedene Einflussfaktoren zusammenhängen. Wenn du mehrere

Komponenten berücksichtigst, die den Wert eines Einflussfaktors definieren, erhältst du durch diese Formel eine gute Entscheidungshilfe dafür, ob du der Aufgabe oder einer Tätigkeit überhaupt nachgehen solltest.

Mal angenommen, der Nutzen würde derart geringe Werte annehmen, dass er unter 10 Prozent läge. Dies wäre ein nahezu vernichtendes Urteil für die jeweilige Aufgabe. Bestes Beispiel ist eine Verpflichtung in einem Verein, der du nachgehst: Nach einiger Zeit merkst du, dass dieser Verein ziemlich desorganisiert in seinem Wirken ist. Die Arbeit erreicht bei weitem nicht den geplanten Effekt. Noch dazu ist es nicht unwahrscheinlich, dass die Ziele Jahr für Jahr verfehlt werden. Du hast verständlicherweise immer geringere Erwartungen an die Aufgabe, empfindest während der Durchführung keine Wertschätzung, weil der Verein seinem Zweck kaum gerecht wird, und zögerst länger und länger deine Aufgaben hinaus. In diesem Fall ist die Lage eindeutig: Trete aus dem Verein aus. Finde an anderer Stelle einen besseren Verein, in dem du Motivation besser entfalten kannst. In diesem Beispiel ist Prokrastination nichts Negatives, sondern eine wichtige Entscheidungshilfe. Selbst die diszipliniertesten Menschen würden in einem Fall wie diesem mit dem Verein brechen; es sei denn, sie hätten die Chance, den Verein selbst umzukrempeln und nach eigenen Vorstellungen voranzutreiben. Aber hierbei handelt es sich um seltene Ausnahmen.

Die Formel zum Errechnen des Nutzens lässt sich auch auf zwischenmenschliche Beziehungen und den Beruf übertragen. Im Grunde genommen lässt sich die Formel auf sämtliche Bereiche anwenden, in denen du eine Entscheidung treffen und daraufhin Verpflichtungen nachkommen musst.

Erklärung anhand von zwischenmenschlichen Beziehungen

Nun hat es bei zwischenmenschlichen Beziehungen einen faden Beigeschmack, von „Nutzen" zu sprechen. Schließlich sind Freunde, Lebenspartner oder Bekannte nicht dazu da, einem von Nutzen zu sein. In der Tat handelt es sich um einen Begriff, der angesichts der emotionalen Bindung zu diesen Personen fehl am Platz erscheint. Ersetze den Begriff gern durch „Bindung", wenn du möchtest. Sicher hast du schon einmal erlebt, wie sich zwei Menschen auseinanderleben. Eventuell entwickeln sie gegensätzliche Interessen oder schlagen andere Karrieren ein. Der Nutzen der Beziehung zueinander oder die Bindung zwischen den Personen nimmt in diesem Fall ab.

> ➢ Erwartungen: Auch zwischen zwei Menschen können sich die Erwartungen reduzieren. Anfangs hat Partner A noch die Hoffnung, dass sich Partnerin B irgendwann den Geburts- oder Hochzeitstag merkt. Anfangs hat Freundin C die Hoffnung, dass sie Freund D aus dem Drogensumpf heraushelfen kann. Nach Enttäuschungen dieser Hoffnungen sinken die Erwartungen. Mit sinkenden Erwartungen sinkt der Mehrwert einer Beziehung.
> ➢ Wertschätzung: Am Anfang ist in einer Beziehung vieles neu. Da fasziniert nahezu alles, was die Bezugsperson zu bieten hat – vom wundervollen Pianospielen über einen attraktiven Körper bis hin zu dem Geld auf dem Konto (Menschen haben eben verschiedene Anreize dazu, Wertschätzung zu empfinden …). Der Besonderheitswert dieser Dinge reduziert sich nicht selten im Verlauf der Beziehung. Damit geht eventuell Wertschätzung verloren.
> ➢ Verzögerung: Wenn in Beziehungen die Verzögerung, mit der gegenüber der anderen Person Gefälligkeiten oder Pflichten erbracht werden, zunimmt, lässt diese

Art der Prokrastination auf einen verringerten Nutzen der Beziehung schließen. Es beginnt schon bei den einfachsten Sachen, wie wenn z. B. ein Partner der Bitte seiner Partnerin, das Geschirr zu waschen oder den Müll wegzubringen, immer seltener und nur nach längerer Zeit nachkommt.

Prokrastination macht sich in zwischenmenschlichen Beziehungen ebenfalls bemerkbar. Sie ist einer der Faktoren, der über Mehrwerte und Sinn einer Beziehung Auskunft gibt. Nichtsdestotrotz ist bei zwischenmenschlichen Beziehungen einzukalkulieren, dass neben den drei Einflussfaktoren aus der Formel Emotionen wirken. Diese Emotionen lassen an Vergangenes zurückdenken oder Optimismus für die Zukunft mobilisieren. Die Empfehlung ist daher, dass du diese Formel in Beziehungen als Entscheidungshilfe nutzt, indem du die Stärke der Emotionen berücksichtigst. Fühlst du dich emotional stark gebunden, dann breche keineswegs mit der Person, sondern suche nach Wegen und Möglichkeiten, die die Erwartungen, die Wertschätzung sowie den Nutzen anheben und die Verzögerungen zurückgehen lassen.

Bei negativen Emotionen und zugleich einem geringen errechneten Nutzen aus der Formel ist es tatsächlich eine Überlegung wert, ob die Beziehung nicht pausiert oder beendet werden sollte. Welchen Grund, glaubst du, hat es, dass Freunde getrennte Wege gehen, Ehepaare sich trennen und neu hinzugezogene Personen schon nach zwei Wochen keine Lust mehr auf Gespräche mit den Nachbarn haben? Die Formel nennt einige sehr wichtige Gründe.

Beispiel anhand vom Beruf

Über einen geringen Nutzen des eigenen Berufs zu sprechen, ist ein sensibles Thema. Denn schlimmstenfalls erkennst du, dass es an der Zeit ist, den Beruf zu wechseln. Aber wer kann es sich einfach mal eben erlauben, den Beruf zu wechseln?

Die Erwartungen an einen Beruf und die Wertschätzung gegenüber einem Beruf leiten sich maßgeblich aus den bisherigen Erfahrungen, den Perspektiven in der Branche sowie dem Werdegang anderer Kollegen ab. Je besser all diese Faktoren sind, umso höher fallen die Erwartungen aus. Wertschätzung ist ein interessanter Punkt, weil sie der Faktor ist, der mutmaßlich die meisten Arbeitnehmer und Selbstständigen in ihrem Job hält. Ein Großteil der Personen hat keine Perspektive, den Job einfach so zu wechseln. Es wäre häufig mit einem zu großen Aufwand verbunden, weil neben dem aktuellen Job eine Umschulung oder eine Ausbildung gemacht werden müsste. Dieser Aufwand kann derart weit reichen, dass ein Jobwechsel als quasi unmöglich erachtet wird. Somit haben die meisten Personen eine ausgeprägte Wertschätzung gegenüber ihrem Job. Denn er bringt ihnen Geld, das sie zum Leben brauchen. So verwundert es kaum, dass selbst Personen, die ihren Job seit Jahrzehnten nicht komplett mögen, diesen nicht wechseln. Verzögerungen sind ein sehr wichtiges Signal. Denn es gilt folgende Annahme: Selbst eine Person, die ihren Job seit Jahrzehnten verachtet, wird, sofern sie keine Alternative zum Geld verdienen hat, den Aufgaben in der Regel ohne Verzögerung nachkommen. Denn es greifen Automatismen und Routinen, die über die an sich geringe Motivation hinwegreichen. Personen wiederum, die hinauszögern, tun dies meistens, weil sie vom Job nicht komplett abhängig sind. Denn wer würde das Risiko eingehen, seiner Pflicht nicht adäquat nachzukommen, gefeuert zu werden und ohne Job und Einkommen dazustehen? In der Regel nur eine Person, die eine geringe Wertschätzung gegenüber der Arbeit hat, weil Alternativen zu dem jeweiligen Job gegeben sind. Es gibt natürlich auch hierbei Ausnahmen.

Das Beispiel anhand des Berufs veranschaulicht, wie eng mangelnde Wertschätzung und Prokrastination im Beruf miteinander verknüpft sind. Es lässt sich nicht leugnen, dass die Prokrastination in diesem Fall immer der Auslöser für ernste Überlegungen sein sollte: Bin ich in diesem Job überhaupt noch richtig? Was für Perspektiven habe ich, um den Beruf zu ändern? Vor allem: Worin bestehen die Probleme und kann man sie innerhalb des Berufs bzw. beim jeweiligen Arbeitgeber lösen? Im äußersten Fall ist es tatsächlich ratsam, über eine Kündigung nachzudenken. Denn geringe Wertschätzung und Aufschieben der Pflichten führen zu verschlechterten Arbeitsleistungen, die langfristig ohnehin mit höchster Wahrscheinlichkeit zu Konsequenzen durch den Arbeitgeber führen.

Ehrlichkeit dir selbst gegenüber

Nun geht es um einige allgemeine Hinweise zu der thematisierten *Temporal Motivation Theory*. Die gesamte Formel kann nur dann eine Hilfestellung sein, wenn du dir selbst gegenüber ehrlich bist. Ein häufiger Fehler ist u. a., die Eigenverantwortung von sich zu weisen. Wer mit dem Partner abgemacht hat, sich in einem bestimmten Punkt zu bessern und dies nicht tut, wird nicht sagen können, dass die Beziehung am Partner scheitert.

> **Beispiel**
>
> Wird der Müll überall liegen gelassen und die Bereitschaft zum Aufräumen sinkt mit der Dauer der Beziehung (siehe Prokrastination), dann wird die Beziehung aller Voraussicht nach an einem selbst scheitern. Die Wahrscheinlichkeit, einen neuen Partner mit der Vorliebe für Unordnung und Dreck vorzufinden, ist derweilen gering. Hier gilt es, sich an die eigene Nase zu fassen. In diesem Fall lohnen sich die folgenden Konzepte, die mehrere Methoden an die Hand geben, um nicht mehr aufzuschieben, sondern sich selbst zu helfen.

Bei der Erörterung dessen, ob Prokrastination ein längst überfälliges Zeichen für eine notwendige Veränderung oder doch eine persönliche Schwäche ist, an der du arbeiten musst, ist die Ehrlichkeit dir selbst gegenüber, eine unfassbar wichtige Komponente. Insbesondere impulsive Personen tun sich nicht leicht dabei, die Schuld bei sich selbst zu suchen. Sie lassen sich von Emotionen und Impulsen steuern und missachten oftmals die rationalen Urteile. Mit etwas zeitlichem Abstand zum Ereignis wird es aber auch impulsiven Menschen gelingen, die eigenen Emotionen hintanzustellen und sich selbst gegenüber Ehrlichkeit walten zu lassen.

Wie aber werde ich mir selbst gegenüber ehrlich? Wie schaffe ich es, mir ein objektives Urteil darüber zu bilden, ob die Prokrastination nun ein Zeichen für notwendigen Wandel oder für einen Fehler von mir selbst ist?

Selbstreflexion ist ein Schlüssel. Dieser setzt voraus, dass du dir an mehreren Abenden Zeit nimmst, die Tage Revue passieren lässt und dich damit auseinandersetzt, wie du dich gefühlt hast und ob du alles richtig gemacht hast. Am Abend hat sich vieles beruhigt und der Tag ist vorbei, sodass Selbstreflexionen nützlich sind. Idealerweise schreibst du deine Empfindungen auf, sodass du sie mehrere Tage später noch nachvollziehen kannst und nicht wieder vergisst. Selbstreflexion sollte möglichst ohne emotionale Bindung verlaufen. Betrachte die Sachverhalte differenziert aus mehreren Blickwinkeln, um zu entscheiden, ob du richtig oder falsch vorgegangen bist.

> **Aufgabe 1**
>
> Nimm dir eine Woche lang jeden Abend etwas Zeit, um über deine Prokrastination/en gründlich nachzudenken. Überlege dabei, ob du bei der jeweiligen Aufgabe mehrere positive Aspekte übersehen haben könntest. Schreibe alles Positive und Negative auf. Sammle über mehrere Abende und prüfe anschließend, ob sich bei dir etwas hinsichtlich Erwartungen, Wertschätzung, Nutzen und Drang zum Aufschieben geändert hat. Möglicherweise bist du anschließend motivierter, der Aktivität nachzugehen, weil du einen größeren Nutzen in dieser siehst.

Die Selbstreflexion funktioniert mal mehr, mal weniger gut. Übung macht den Meister. Nützliche weitere Methoden, um den Grund für deine Prokrastination herauszufinden, sind die folgenden:

> Personenbeispiele nutzen
>
> Personenbeispiele sind allem voran im beruflichen Kontext vorteilhaft. Wenn du geringe Karriereperspektiven vermutest, macht es Sinn, wenn du dich über Personen in deinem Unternehmen oder allgemein in der Branche informierst. Wenn sich zeigt, dass mit viel Mühe und Hingabe doch ein beachtlicher Aufstieg auf der Karriereleiter möglich ist, wirst du größere Erwartungen an den Beruf und eine höhere Wertschätzung gewinnen. Du wirst erkennen, dass das Problem nicht in den mangelnden Perspektiven lag, sondern in deiner Unkenntnis. Personenbeispiele

lassen sich bei allen Arten von Aufgaben nutzen, um Motivation zu entwickeln. Sogar beim Sport ist der Einsatz denkbar, indem Bilder oder YouTube-Videos von Vorbildern angeschaut werden. Sicher findet sich die ein oder andere Person, die unter nahezu denselben (widrigen) Umständen wie du eine Aktivität begonnen hat und trotzdem erfolgreich wurde.

> Unterhaltungen führen

Sobald du über deine Situation Unterhaltungen führst, wirst du zusätzliche Blickwinkel gewinnen. Sicher kennst du die Empfehlung, man solle gewisse Umstellungen oder Herausforderungen zu zweit begehen, weil man sich dann gegenseitig motivieren könne. Hinter Unterhaltungen verbirgt sich dieselbe Intention. Wenn du dein Problem darstellst, wirst du von anderen Menschen hilfreiche Informationen bekommen, die dir neue Sichtweisen auf deine Perspektiven verschaffen und die Wertschätzung steigern. Auch Tipps gegen das Aufschieben erhältst du hier und da von anderen Menschen. Unterhaltungen lohnen sich. Kleiner Tipp, falls es dir unangenehm sein sollte, zuzugeben, dass das Problem dich betrifft: Spreche von dem Problem, als hätte es eine andere Person. Wenn du erzählst, dass ein Freund sich in der entsprechenden Lage befindet, wird es dir leichter fallen, offen über das Thema zu sprechen.

> Spieß umdrehen

Drehe den Spieß um, indem du dir vorstellst, was notwendig wäre, damit du der Aufgabe immer zeitnah nachgingest. Was müsste sich tun, damit deine Erwartungen und die Wertschätzung gegenüber der Aufgabe so hoch wären, dass du diese nicht mehr aufschiebst? Stelle dir dabei sogar gern abwegige Szenarien vor, aber verbleibe in einem realistischen

Rahmen. Eventuell stellst du am Ende fest, dass einiges von dem, was sein müsste, bereits vorhanden ist, aber du es bisher missachtet hast. Und vielleicht ist zusätzlich vieles von dem, was du wünschst, möglich, sofern du dich in die Aufgabe ein bisschen reinkniest. Im Extremfall kann es dazu kommen, dass du merkst, dass keine Voraussetzungen der Welt deine Zuneigung gegenüber der Aufgabe steigern könnten. Sollte es so weit kommen, dann ist es ein Zeichen dafür, dass die Prokrastination nur eine logische Folge der tiefgreifenden Abneigung gegenüber einer Aufgabe ist und du die Aufgabe so schnell wie möglich abbrechen und etwas Neues finden solltest.

Aufgabe 2

Widme dich nun den geschilderten Methoden. Führe tagsüber, bevor du die Selbstreflexion machst, eine der drei Methoden durch. Nimm dir je einen Tag für jede der drei Methoden Zeit. Es muss natürlich nicht der komplette Tag sein. Methoden wie der umgedrehte Spieß erfordern eventuell nur 30 Minuten Zeitaufwand, während für Unterhaltungen erstmal mehrere Personen gefunden und anschließend die Unterhaltungen geführt werden müssen. Fakt ist, dass die drei vorgestellten Methoden deine Selbstreflexion bereichern werden. Außerdem wirst du durch die Methoden an sich neue Erkenntnisse gewinnen.

Manchmal liegen die Ursachen bei einem selbst. Insbesondere, wenn du deine bisherigen Erfahrungen im Leben betrachtest, wirst du Indizien dafür entdecken, ob die Aufgabe generell schlecht ist oder du an dir selbst zu arbeiten hast. Ehrlichkeit ist die Basis für eine vernünftige Analyse. **Merke dir**: Es wird keine Beziehung beendet, kein Job gekündigt und keine Aufgabe einfach so verworfen, ohne dass du nicht komplett ehrlich analysiert hättest, was der Grund für Prokrastination ist, ob er berechtigt ist und wie du diesen ggfs. durch eine Veränderung der Blickwinkel entschärfen kannst!

„Procrastinare!" – Das Aufschieben im Wandel der Zeit

Die negative Auffassung, mit der das Wort „Prokrastination" heute genutzt wird, war früher nicht gegeben. „Früher" meint in diesem Fall zwar mehrere Jahrtausende, aber trotzdem erweist sich die alternative Sichtweise als hilfreich. Sie ist dir eine Stütze, um zu bestimmen, in welchen Situationen das Aufschieben für dich von Nutzen ist.

> **Wusstest du schon?**
>
> Seinen Ursprung hat das Wort „Prokrastination" im Lateinischen, nämlich in dem Verb „procrastinare". Erstaunlicherweise ist die ursprüngliche Bedeutung dieses Wortes nicht negativ gemeint. Früher wurde es als ein Zeichen von Weisheit erachtet, etwas aufzuschieben und damit bis zum nächsten Tag warten zu können, sondern zeugte von guter Überlegung. Es ist nicht bekannt, wie es zu der heutigen negativen Bedeutung des Wortes kam.

Früher galt Prokrastination als ein positives Signal. Heute hingegen wird sie negativ aufgefasst. Wie konnte es dazu kommen? Mögliche Antworten liefert der Dokumentarfilm *Zeit ist Geld* (2016), der im deutschen Fernsehsender *arte* lief. Wie der Titel schon vermuten lässt, steht im Vordergrund der Handlung die Zeit. Obwohl Prokrastination nicht das Hauptthema des Dokumentarfilms ist, kommt sie zur Sprache. Tatsächlich besteht nämlich ein enger Zusammenhang zwischen

Prokrastination, Zeit und – in fernerem Sinne, was gleich erläutert wird – Geld. Die Zeit definiert nämlich die Prokrastination. Gäbe es keine Zeit, könnte auch nichts aufgeschoben werden. Als einen vertiefenden Aspekt hast du kennengelernt, dass ein langer Zeithorizont bei ungewollten Aufgaben die Wahrscheinlichkeit fürs Aufschieben steigert.

Wie fügt sich Geld in diesen Kontext ein? Wofür steht Geld überhaupt?

Beschleunigung in heutigen Zeiten sorgt für Probleme

Die Interpretationsspielräume sind weit, werden in dem Dokumentarfilm aber hauptsächlich auf den Kapitalismus und die Globalisierung zurückgeführt. Zudem darf die Digitalisierung als Einflussfaktor nicht außer Acht gelassen werden. Wer die Geschichte der Zeit speziell seit dem Kapitalismus verfolgt, erfährt, dass im Zuge der Industrialisierung und des Kapitalismus die ersten Stempeluhren kamen. Arbeit war seit spätestens diesem Zeitpunkt messbar. Worte wie „Produktivität" und „Optimierung" durchstreiften mehr denn je die Jargons in Fabriken, Unternehmen und sogar der Privatpersonen. Anfang des 20. Jahrhunderts wurde die Universalzeit in Paris festgelegt. Die Zeit war überall messbar. Blickt man weiter in die Zukunft, merkt man mit der Digitalisierung einen Einfluss, der eigentlich mehr Einfachheit und Freiräume schaffen sollte. Aber das ist in der Praxis von Unternehmen bis heute eher nicht der Fall: Anstelle durch die digitalen Möglichkeiten die Leinen für die Angestellten zu lockern, werden die Erwartungen erhöht. Die Digitalisierung geht an privaten Haushalten ebenfalls nicht vorbei. Generell verleiten die neuen Möglichkeiten zu einer höheren Produktivität. Es gerät zunehmend außer Mode, zu entschleunigen. Im Dokumentarfilm wird die Frage gestellt:

„Woher die Zeit für Entspannung und Müßigkeit nehmen, wenn jede Zeit außerhalb der Arbeit als verlorene Minute angesehen wird?"

Karriere. Perspektiven. Optimierung durch Digitalisierung. Gesellschaftliche Tendenzen. All diese Dinge verleiten den Menschen dazu, viele Verpflichtungen auf sich zu nehmen. Vielleicht sind es sogar so viele Verpflichtungen, dass es von vornherein nur über einen begrenzten Zeitraum gut gehen kann? Dies ist eine Frage, die du dir selbst stellen kannst: Gönnst du dir ausreichend Freiräume oder überforderst du dich durch die Menge an Aufgaben? Wäre letzteres der Fall, dann wäre Prokrastination nicht mal ansatzweise verwunderlich. Es wäre eine logische Folge der Überforderung.

Die meisten Menschen haben ein schlechtes Gewissen, wenn sie etwas auf den nächsten Tag verschieben. Ob dieses schlechte Gewissen berechtigt ist, muss in Abhängigkeit der gesamten Belastung beurteilt werden. Mehr denn je scheint es in heutigen Zeiten wichtig zu sein, Prioritäten zu setzen. Nicht „Nein" zu einzelnen Aufgaben oder Tätigkeiten sagen zu können, kann sich mit der Zeit zu einem enormen Problem entwickeln. Konzept 4 wird dir bei diesen Dingen mit einer Fülle an Übungen und der ultimativen Anleitung zu Priorisierungen helfen.

Entschleunigung wirkt Prokrastination entgegen

Erstaunlicherweise steigt mit den letzten Jahrzehnten, in denen der technologische und generelle Fortschritt am höchsten waren, die Menge an psychischen Erkrankungen. Ein interessanter Wandel innerhalb der deutschen Bevölkerung ist im Vergleich zum Anfang der 2000er Jahre zu beobachten: Damals waren es noch die Beschäftigungslosen, die eine überproportionale Häufigkeit von psychischen Erkrankungen aufwiesen. Heute sind es die Angestellten. Die Krankschreibungen aufgrund psychischer Erkrankungen sind hierzulande seit 2006 kontinuierlich angestiegen. Die Arbeitsunfähigkeitsfälle haben von 2006 bis 2016 um 50 % zugenommen, die Menge der Arbeitsunfähigkeitstage in demselben Zeitraum um 80 %. Bei einem tieferen Blick in die Statistiken stellt man fest, dass folgende psychische Erkrankungen im Jahre 2013 bei Angestellten zur Arbeitsunfähigkeit führten:

> Affektive Störungen (u. a. Burnout, Bedrücktheit, Niedergeschlagenheit, gehobene oder reizbare Stimmung, dauerhaft leicht depressive Stimmung, Antriebsverminderung): 46,2 %
> Neurotische, Belastungs- und somatoforme Störungen (u. a. Angststörung, Panikstörung, Zwangsstörung, Panikattacken): 44,9 %
> Störungen durch die Einnahme von Substanzen, die die Psyche beeinflussen: 3,9 %
> Schizophrenie und wahnhafte Vorstellungen: 2,2 %
> Persönlichkeits- und Verhaltensstörungen: 1 %
> Sonstige: 1,9 %

Quelle: Statista

Nach Auskünften des *Ärzteblatts* lag der Anteil der Frühverrentungen im Jahre 2010 bei 36 %. Mehr als ein Drittel der deutschen Rentner ging also früher in Rente als eigentlich vorgesehen! Auch der BKK-Gesundheitsreport von 2018 macht drastische Steigerungen der psychischen Erkrankungen innerhalb der vergangenen 40 Jahre aus.

> **Wusstest du schon?**
>
> In Japan war in den 80er Jahren 40 % der Bevölkerung von einem Burnout betroffen. Das Land rutschte als damalige globale Großmacht in eine Wirtschaftskrise, weil – kaum zu glauben – die Bevölkerung fast nur arbeitete und keinen Urlaub nahm. So kam es kaum zum Konsum in der Bevölkerung, weswegen eine Rezession eintrat.

Was haben die psychischen Erkrankungen mit Prokrastination zu tun?

Vieles. Zuallererst sei festgestellt, dass psychische Erkrankungen Prokrastination fördern. Wer antriebslos, depressiv oder in einer anderweitig psychisch schlechten Verfassung ist, wird stärker dazu neigen, Aufgaben aufzuschieben. In diesen Fällen ist die Ursache für Prokrastination meist dieselbe wie für die Entstehung der psychischen Erkrankung. Du würdest dich wundern, wenn du wüsstest, wie viele der psychischen Erkrankungen lange Zeit unentdeckt bleiben oder sich langsam anbahnen. Unter Umständen führen die Überforderung und zunehmende Prokrastination überhaupt erst zur Entdeckung der psychischen Erkrankung. In jedem Fall musst du dich fragen, ob die Prokrastination nicht durch ein Übermaß an Aufgaben verursacht wird. Falls du derart viele Aufgaben vor dir hast, dass du diese kaum und nur unter allergrößten Anstrengungen bewältigen kannst, musst du Änderungen an deinem Alltag vornehmen. Ansonsten kann es – dies ist absolut ernst gemeint – über kurz oder lang zur Entstehung einer psychischen Erkrankung kommen.

Psychische Erkrankungen fördern aber nicht nur die Prokrastination. Andersrum verhält es sich genauso. Stelle dir vor, du würdest jeden Tag eine sehr wichtige oder mehrere wichtige Sachen aufschieben. Du würdest dann irgendwann zeitlich in eine Bredouille gelangen, alles aufholen zu müssen. Dies ruft aber nicht zwingend psychische Erkrankungen hervor, die sich über einen längeren Zeitraum abzeichnen. Problematisch wird es oftmals, wenn du regelmäßig Dinge aufschiebst. Es kann dazu führen, dass du irgendwann an dir selbst zu zweifeln beginnst. Du fühlst dich schlimmstenfalls minderwertig, obwohl du es gar nicht bist. Noch dazu könnte es sein, dass andere Personen Druck auf dich ausüben und dich permanent daran erinnern, dass du noch etwas zu erledigen hast. Unter Umständen machen sich die Personen sogar über dich lustig. Ein Dominostein setzt den anderen in Gang und so ergibt sich aus anfangs nur Prokrastination ein tiefergreifendes psychisches Problem.

Die Ausführungen sollen dir keineswegs Angst machen. Sie sollen nur verdeutlichen, dass Prokrastination in heutigen Zeiten immer häufiger auftritt. Fast schon analog zu dem Anstieg der psychischen Erkrankungen macht sich eine Zunahme an Dingen bemerkbar, die von verschiedenen Personen in verschiedenen Kontexten aufgeschoben werden. Ein Zusammenhang zu psychischen Erkrankungen kann, muss aber nicht gegeben sein. Die meisten Personen, die sich wegen Aufschiebens Hilfe suchen, sind nicht von einer psychischen Erkrankung betroffen. Aber das Leben ist lang. Damit in den vielen Jahren, die da noch kommen mögen, alles psychisch und von den Lebensplanungen her glatt läuft, ist es vernünftig, sich damit zu befassen, ob Prokrastination nicht die natürliche Folge einer unnötigen Überforderung sein könnte. Erneut sei auf Konzept 4 verwiesen, das dir auch bei diesem Anliegen helfen wird.

Das Wichtigste auf den Punkt gebracht

- Prokrastination entspringt meist einer Unzufriedenheit oder Überforderung.
- Die Unzufriedenheit kann durch eine generelle Abneigung gegenüber einer Tätigkeit, bestimmten Impulsen in Zusammenhang mit der Tätigkeit, einer mangelnden Wertschätzung oder einer geringen Selbstwirksamkeit entspringen.
- Die Überforderung ist eine klassische Folge davon, dass man zu viele Aufgaben übernimmt. Nach Möglichkeit sollten Prioritäten gesetzt und Ruhepausen in den Alltag integriert werden. Andernfalls ist es im schlimmsten Fall sogar möglich, dass sich psychische Erkrankungen manifestieren.
- Wenn eine Aufgabe, Beziehung oder Tätigkeit von geringem Nutzen ist, dann sollte deren Aufrechterhaltung hinterfragt werden. In diesem Sinne ist Prokrastination eine Entscheidungshilfe, um über Änderungen im Alltag zu befinden.
- Immer dann, wenn eine Aufgabe ein Muss ist oder in Zusammenhang mit einer persönlich wichtigen Sache steht, muss gegen die Prokrastination vorgegangen werden.
- Ebenfalls sind Maßnahmen gegen Prokrastination in die Wege zu leiten, wenn kleinste und selbstverständlichste Dinge des Alltags, wie hygienische oder gesellschaftliche Normen, aufgrund der Prokrastination aufgeschoben werden.

Konzept 1 | Reine Einstellungssache: Den richtigen Anfang finden

Die Einstellung beschreibt, welche Meinung du von einer Sache hast. Es sind die Erwartungen gegenüber einer Aufgabe, die du als wichtigen Einfluss für oder gegen das Aufschieben in Kapitel 1 kennengelernt hast. Dieses Kapitel vermittelt dir Erkenntnisse, die deine Erwartungen und somit deine Motivation steigern. Damit du diese Erkenntnisse nachvollziehen kannst, bietet sich die Durchführung der zugehörigen Aufgaben an.

Vorab eine kleine Warnung: Die Erkenntnisse sind Ansichtssache. Du musst nicht darauf pochen, dich in jeder Erkenntnis wiederzuentdecken. Es reicht schon, wenn du der Erkenntnis zustimmst, die Aufgabe dir hilft und du motiviert wirst, der ansonsten aufgeschobenen Pflicht nachzukommen. Es ist durchaus möglich, dass die Erkenntnisse für dich zu simpel sind. Einige der Inhalte in der einen Erkenntnis widersprechen sogar den Inhalten in einer anderen Erkenntnis dieses Kapitels. Dies ist aber nicht schlimm. Denn Ziel der Erkenntnisse ist es, dir Denkanstöße zu geben. Wie du sie nutzt, bleibt ganz dir überlassen.

Erkenntnis #1: Du wirst nie etwas bereuen, sobald du es hinter dich gebracht hast.

Die erste Erkenntnis animiert dich zunächst dazu, dich zu erinnern: Denke zurück an den Punkt, an dem du zuletzt eine wichtige Sache gemacht hast, auf die du keine Lust hattest. Versuche, deine Emotionen und Gedanken zurückzuverfolgen, die du vor der Durchführung der Aufgabe hattest. Unter Umständen wird es akute Unlust gewesen sein. Du hattest möglicherweise eine geringe Motivation. Hinzu kamen tausend andere Gedanken, die dich ablenkten und in Versuchung bringen wollten, etwas anderes zu tun.

Aber was hast du gemacht? Du hast diesen Widerständen getrotzt und die Aufgabe durchgeführt. Du hast dir selbst und eventuell sogar anderen gegenüber einer enormen Willensstärke und ein ausgeprägtes Pflichtbewusstsein bewiesen.

Wie war es während und nach der Durchführung dieser Aufgabe? Anfangs fiel es womöglich gar nicht leicht, dieser Aufgabe nachzukommen, aber ab der Mitte der Durchführung warst du im Flow.

Kann es sogar einfach gewesen sein? Es war plötzlich tatsächlich nicht mehr so schwer, sich der Aufgabe anzunehmen und die Aufgabe mit angemessener Qualität durchzuführen.

Wie hast du dich nach der Durchführung gefühlt? Da waren alle Barrieren auf einmal weg: Du warst erleichtert, stolz, glücklich; ja, sogar frei!

Denke als nächstes an eine weitere Situation, in der du eine Aufgabe gemacht hast, zu der du aus etwaigen Gründen keine Lust verspürtest: Wie waren deine Emotionen vor, während und nach der Durchführung? Sammle in deinen Erinnerungen so viele dieser Situationen wie möglich zusammen, in denen du dich gegen deine inneren Widerstände mit Erfolg gesträubt hast.

> **Meine Erfahrungen**
>
> Mir hat diese Erkenntnis massiv geholfen. Es war bei mir die wohl wirksamste Maßnahme gegen Prokrastination. Früher beneidete ich die Leute, die ihre privaten Ziele hochdiszipliniert verfolgten und Hobby zu Beruf machten oder ihre Diät konsequent durchzogen. Als ich in seltenen Situationen den ansonsten aufgeschobenen Aufgaben nachging, merkte ich, wie gut es mir dadurch ging. Da begriff ich, dass ich vor der Durchführung einer ungewollten Aufgabe vielleicht sogar mein Leben lang Unlust empfinden würde. Aber eines stand auch fest: Nach Durchführung würde der Stolz umso größer sein, die Aufgabe überhaupt gemacht zu haben! Nachdem ich mich eine Woche lang unter größten Anstrengungen durchgehend zur Durchführung aufgeschobener Aufgaben zwang, gelang es mir ab der zweiten Woche, immer wieder diesen Moment zu fühlen, wie ich nach der Aufgabe stolz sein würde. Ich fühlte es und hatte schon vor der Aufgabe ein Lächeln im Gesicht: Heute werde ich es mir beweisen! So fiel es mir mit jedem Mal leichter, mich zu einer Aufgabe zu motivieren.

Mit der ersten Erkenntnis wird dir vor Augen geführt, dass Überwindung nur temporärer Natur ist. Stolz und Zufriedenheit über die Durchführung der Aufgabe hingegen sind langfristig. Gleiches gilt leider auch für das Negative: Wenn du dich gegen die Ausführung deiner ungewollten Pflicht entscheidest, werden Belastung über die noch bevorstehende Erledigung und andere negative Emotionen ebenfalls langfristig sein. Damit du die Einfachheit der Lage begreifst, seien dir die simplen Wahlmöglichkeiten für diese Situation vorgestellt:

1. Du hast die Wahl, mit dir selbst zu hadern und dich gegen die Ausführung der Aufgabe zu entscheiden. Die Folge ist, dass du dich eine kurze Zeit erleichtert fühlst und einer bevorzugten Aktivität nachgehst. Allerdings wirst du bei dieser bevorzugten Aktivität keine maximale Freude entwickeln, weil dich in deinem Unterbewusstsein noch die eine zu bewerkstelligende Aufgabe beschäftigen wird. Wenn du die Aufgabe gar nicht machst, wirst du langfristig unzufrieden sein.
2. Ebenso steht es dir frei, mit dir selbst zu hadern, die Durchführung der Aufgabe zu versuchen und am Anfang abzubrechen, weil dir die Aufgabe nicht liegt. Dies ist immerhin ein Schritt in die richtige Richtung. Probiere, aus dem Versuch Lehren mitzunehmen und mit jedem weiteren Mal ein paar Minuten länger an der Aufgabe dranzubleiben.
3. Die dritte Option ist, dass du dir der Herausforderung bewusst bist, aber an die vielen Male zurückdenkst, in denen du dich bereits überwunden hast und mit Erfolg einer ungeliebten Aufgabe nachgegangen bist. Du erkennst, dass du nach der Durchführung der Aufgabe glücklich und erleichtert sein wirst. Also kalkulierst du großzügig viel Zeit zur Durchführung der Aufgabe ein, schaffst dir eine möglichst einladende Atmosphäre zur Durchführung und bleibst hartnäckig an der Aufgabe dran. Zwischendurch gibt es immer mal wieder Pausen. Lasse dich von nichts und niemandem hetzen. Du kämpfst einen kurzen Augenblick lang mit dir selbst, um dich zu überwinden. Danach erledigst du die Aufgabe und bist nach Erledigung langfristig stolz.

> **Aufgabe 1**
>
> Stelle dir das dritte Szenario in Bezug auf die Aufgaben vor, die du bisher aufgeschoben hast. Visualisiere, indem du dich in einer ruhigen Umgebung hinsetzt, die Augen schließt und mehrere Minuten fühlst, wie du dich mit Erfolg überwindest und nach getaner Aufgabe all die positiven Emotionen dankbar in Empfang nimmst. Wichtig ist: Fühle diese Emotionen richtig! Gib dir größte Mühe, um die Freiheit und Glückseligkeit nach der durchgeführten Aufgabe zu fühlen. Mache diese Übung mehrmals in der Woche oder mehrmals am Tag. Und? Willst du nicht endlich diese Aufgabe anpacken, um die Lorbeeren einzuheimsen und dir zu beweisen, was für eine willensstarke und konsequente Person du bist? Es liegt alles an dir...

Das Vorteilhafte an dieser Erkenntnis Nr. 1 ist, dass sie universeller Natur ist. Sie ist anwendbar auf jede Art von Aufgabe und jede Art von zwischenmenschlicher Beziehung. Visualisierungen, wie in der Aufgabe 1 beschrieben, sind ein mächtiges Mittel, um sich mittels Vorstellungskraft zu motivieren. Du siehst dich am Ziel und fühlst den Erfolg, bevor er erreicht ist. Dadurch machst du dir die Erledigung der Aufgabe attraktiver und steigerst den Nutzen, den du aus der Aufgabe generierst.

Erkenntnis #2: Das Ziel ist Fortschritt, keine Perfektion.

Oftmals verbirgt sich hinter Perfektionismus die Angst, einem Eindruck von sich selbst oder seinen Arbeiten nicht gerecht zu werden. Studenten sind häufig mit diesem Problem konfrontiert, wie die *University of North Carolina at Chapel Hill* feststellt. Einer Prokrastination, die aus dem Streben nach Perfektion resultiert, liegen leider falsche

Gedankengänge zugrunde. Zum einen ist Perfektion nicht durch Wartezeit und Hinauszögerung der Pflicht erreichbar. Zum anderen ist Perfektion an sich ein Begriff, der viel Deutungsspielraum zulässt und meist ein unmögliches Ziel beschreibt.

Auf dem erstgenannten Aspekt, nämlich der kontraproduktiven Wartezeit, liegt nur der Fokus: Offensichtlich hat eine Person aufgrund ihrer bisherigen Leistungen oder sonstigen Gründe das Ziel, eine perfekte Leistung abzuliefern. Die Erbringung dieser Leistung wird aus Zweifeln an der eigenen Kompetenz aufgeschoben. Man beleuchte die Sache logisch: Du möchtest perfekt liefern, aber zweifelst deine Kompetenzen an. Die einzige Lösung in dieser Situation ist, sich die Kompetenzen anzueignen. Dies funktioniert nur, indem du dich so schnell wie möglich dieser Aufgabe annimmst. Die anderen Dinge, in denen du „immer perfekt" bist, bekommst du doch ohnehin sehr gut hin, oder? Wieso ziehst du diese „Kinderspiele" dann großen Herausforderungen vor? Perfektion – und hiermit ergibt sich ein Übergang zu den Deutungsspielräumen – ist wohl kaum bewundernswert, wenn die ganze Zeit nur Herausforderungen gemeistert werden, die dir liegen, oder? Beweise dir wahre Perfektion, indem du dir neue Kompetenzen aneignest und eine unerwartet starke Leistung lieferst!

Nun zum zweiten erwähnten Aspekt, also dem Deutungsspielraum des Begriffs „Perfektion": Perfektionisten übersehen meist, dass es nicht die eine Perfektion gibt. Was für dich perfekt ist, ist es vielleicht für andere Personen nicht. Wenn du arbeitest, studierst oder anderweitig Leistungen erbringst, die von anderen Personen beurteilt werden, bist du zudem den Stimmungsschwankungen dieser Personen bei der Bewertung ausgesetzt. Allgemeine Perfektion existiert nicht. Was umso auffälliger ist, ist die Tatsache, dass auch Personen

Ansehen genießen, die nicht perfekt sind: Sie haben Flecken auf ihrer weißen Weste, aber genießen meist mehr Bewunderung als andere Menschen, die perfekt erscheinen. Denn offensichtlich gab es Hindernisse, die nicht spurlos an diesen Personen vorbeigegangen sind. Aber trotzdem haben die Personen ihren Weg gemeistert. Ist das nicht Bewunderung wert? Ist es nicht gewissermaßen perfekt, wenn eine Person nicht nur die Sachen erfolgreich schafft, die für sie einem Kinderspiel gleichen, sondern auch die deutlichen Herausforderungen, die man ihr im Nachhinein anmerkt?

> **Aufgabe 2**
>
> Überlege dir, was für dich der Begriff „Perfektion" bedeutet. Denke dabei darüber nach, inwiefern Schwächen eine entscheidende Rolle bei der Anerkennung von Leistungen spielen könnten. Ist es möglich, dass du mehr Anerkennung erhältst, wenn du eine Aufgabe bewältigst, bei der jede Person wusste, dass sie dir kaum liegt? Und wäre es nicht absolut beeindruckend, wenn du diese Aufgabe mit einem sehr positiven Ergebnis meistern würdest?

Der Wechsel der eigenen Einstellung ist nicht einfach. Vor allem fällt er dann schwer, wenn du bisher in deinem Leben nur die eine Sichtweise auf den Begriff „Perfektion" kanntest. Aber es lohnt sich, die eigenen Denkweisen umzukrempeln. Du wirst entdecken, dass Perfektion – sofern es sie denn gibt – nicht automatisch Fehlerlosigkeit bedeutet. Letzten Endes machen kleine Fehler sogar sympathisch, weil sie von Menschlichkeit zeugen. Einem selbst verhelfen Fehler und Schwächen, auf dem Boden zu bleiben und nicht abzuheben. Denn wenn jemand abhebt, kann er seine Perfektion verlieren, indem er Herausforderungen unterschätzt und leichtsinnige Fehler begeht.

Erkenntnis #3: Nicht auf Biegen und Brechen, sondern mit Pausen und Etappen.

Die Verhaltens- und Hirnforschungen zeigen, dass zum Erreichen von Zielen das Festlegen von Etappen hilfreich ist. Eine Etappe ist ein Zwischenziel, das abgehakt werden kann: Geschafft. Der weltweit renommierte Verhaltensforscher Gerhard Roth hat in Bezug auf Gewohnheiten einige Thesen aufgestellt, die sich nahtlos auf andere Sachverhalte übertragen lassen. Gerhard Roth führt die Unterteilung des großen übergeordneten Ziels in Etappen als wichtigen Schritt an. Dabei sei es wichtig, die einzelnen Etappen mit Belohnungen attraktiver zu machen. Die Belohnungen sollten abwechslungsreich und förderlich sein. „Abwechslungsreich" meint, dass die Belohnungen nicht irgendwann an Attraktivität und somit auch Nutzen verlieren dürfen, weil häufig von ihnen Gebrauch gemacht wird. „Förderlich" sieht vor, dass die Belohnungen nicht im Gegensatz zu anderen Zielen stehen oder den Fortschritt bei der Ausübung der Aufgabe zunichtemachen.

Aufgabe 3

Es ist nicht bei jeder Aufgabe möglich, aber falls es in deinem Fall machbar ist, dann unterteile nun deine bisher aufgeschobene Aufgabe in mehrere Etappen. Diese Etappen sollten so ausfallen, dass du dich motivierter fühlst, der Aufgabe nachzugehen. Zugleich sollten die Etappen groß genug sein, um Fortschritte zu erzielen. Beispielsweise wirft es keinen Nutzen ab, dass du festlegst, eine Aufgabe täglich 30 Minuten lang auszuüben, wenn du 15 Minuten Zeit brauchst, um dich hereinzuarbeiten. Bestimme also sinnvolle Etappen. Lege für

> den Fall, dass du die Etappe erreichst, Belohnungen fest. Sorge dafür, dass die Dauer der Etappen mit jedem Mal etwas länger wird. So gewöhnst du dich daran, der Aufgabe über einen längeren Zeitraum nachzugehen.

Wenn du an der Aufgabe über einen längeren Zeitraum arbeitest, lohnt es sich, wenn du Pausen in die Durchführung der Aufgabe einbaust. Zwei Stunden am Stück zu arbeiten, ist allgemeinhin nicht zuträglich. Zwischendurch sind Pausen für die Produktivität und zur Prävention von Ablenkung hilfreich. Falls du einen impulsiven Charakter mit wenig Selbstkontrolle hast, wie du ihn als mögliche Ursache für Prokrastination im ersten Kapitel kennengelernt hast, wirst du bestens nachvollziehen können, dass Ablenkung ein hohes Risiko beinhaltet, die Durchführung der Aufgabe abzubrechen. Wie wäre es, wenn du dir diese Ablenkung gestattest, aber nur in bestimmten Zeiträumen? Wäre dies nicht ein herausragender Kompromiss, dank dem du Impulsen nachgeben, aber ebenso hochkonzentriert deiner Pflicht nachkommen könntest?

Eine Top-Technik, um Arbeit an der ungewollten Aufgabe und Pausen unter einen Hut zu bringen, ist die Pomodoro-Technik. Sie funktioniert wie folgt:

1. Aufgabe formulieren (z. B. deine tägliche Etappe).
2. Erste Arbeitsetappe festlegen und Wecker stellen (z. B. 25 Minuten).
3. In dem Zeitfenster gewissenhaft nur dieser Aufgabe nachgehen.
4. Arbeitsstand und Fortschritt bei der Durchführung der Aufgabe vor Augen führen. Eventuell ein paar motivierende Worte an sich selbst richten: „Den ersten Teil habe ich super gemeistert!"

5. Fünf Minuten Pause machen und Wecker stellen. In dieser Pause ist es erlaubt, den Ablenkungen nachzugeben oder sonstige bevorzugte Aktivitäten zu praktizieren.
6. Nach der Pause wieder von vorn beginnen.
7. Vier dieser Zeit-Pausen-Blöcke durchführen und anschließend längere Pause einlegen.

Das wichtige Element hierbei ist der Wecker. Ohne Wecker würdest du zu Abweichungen in der Zeit tendieren. Durch den Wecker hast du ein klares Signal, das dich sofort zum nächsten Schritt der Pomodoro-Technik ruft.

Erkenntnis #4: Mit der unangenehmsten Aufgabe beginnen

Falls du die Wahl hast, empfiehlt sich der Beginn des Tages mit der schwersten Aufgabe. Zu Beginn des Tages hast du noch zahlreiche Stunden vor dir. Dementsprechend fällt das Zutrauen, eine unangenehme Aufgabe erfolgreich zu meistern, größer aus. Zudem ist morgens die Produktivität am größten. Ausgeschlafen und mehr vor dir als hinter dir, fällt der Tatendrang tendenziell groß aus. Die Aussicht, bereits früh am Tag die unangenehme Pflicht erledigt zu haben und dann den kompletten Tag fürs Vergnügen entbehren zu können, wirkt in der Regel beflügelnd.

> ### Aufgabe 4
> Versuche, zumindest einen Teil deiner unangenehmen und bisher aufgeschobenen Aufgaben als erstes zu erledigen. Dies muss nicht unbedingt am Anfang des Tages sein, obwohl es sich im Hinblick auf die Produktivität natürlich anbietet. Solltest du Aufgaben bei der Arbeit aufschieben und die Arbeit beginnt erst um

> 14 Uhr, so kannst du die Aufgabe im Regelfall natürlich nicht morgens erledigen. Es geht schlicht und einfach darum, dass du zu Beginn des jeweiligen Aufgabenabschnitts die unangenehmen Pflichten zuerst erledigst. Wie fühlst du dich damit? Beflügelt, weil du das Unangenehmste zu Beginn erledigt und nun alle Freiräume für die angenehmen Sachen hast?

Du weichst durch die Tatsache, dass du die Aufgabe direkt zu Beginn machst, automatisch einem Druckgefühl und einer Schwermütigkeit im Verlauf des Tages aus. Morgens ist die Konzentration zudem höher, weil der Körper nach dem Schlaf erholt ist. Wenn der Schlaf unter optimalen Bedingungen abläuft (Raumtemperatur um die 18 °C, frische Luft, gemütliche Matratze, Dunkelheit aufgrund der verbesserten Ausschüttung des Schlafhormons Melatonin, sechs bis acht Stunden Dauer), sind sogar beste Voraussetzungen geschaffen. Ein stärkendes Frühstück und der Morgenkaffee wirken ebenfalls förderlich. Beim Frühstück sollte darauf geachtet werden, süße Aufstriche und andere zuckerhaltige Speisen zu vermeiden. Denn ja: Auch Zucker schadet der konsequenten Durchführung von Aufgaben. Zuerst wirkt Zucker aufputschend, indem er ins Blut schießt und sofort Energie liefert. Dann fällt der Blutzuckerspiegel rapide hinab und es stellt sich Heißhunger ein. So möchte nun wahrlich niemand in den Tag starten, geschweige denn unangenehme Aufgaben durchführen! Also: Der ideale Grundstein ist es, so schnell wie möglich mit all der frischen Energie die unangenehmen Dinge erfolgreich durchzuführen, um dann Raum für die angenehmen Aufgaben zu schaffen.

Erkenntnis #5: Es gibt keinen Anfang und kein Ende, nur das Tun.

Einige Personen gehen zuerst mit Elan an eine unangenehme Aufgabe heran. Sie nehmen sich fest vor, nicht aufzuschieben. Doch dann kommt die Frage: „Wo soll ich eigentlich anfangen?" Diese Frage macht häufig alle guten Absichten zunichte. Ein motivierender Film, der durch eine wahre Geschichte inspiriert ist, heißt *The Peaceful Warrior – Pfad des friedvollen Kriegers*. Anders als der Titel vermuten lässt, handelt es sich um keinen Kriegsfilm, sondern die Geschichte eines Turners. Der Turner in dem Film hat alles, was man sich in seinem Alter wünschen kann. Bis er tief fällt ... Alle Ärzte sagen ihm, dass er mit seiner Knieverletzung, die er bei einem lebensgefährlichen Motorradunfall erlitten hat, nie wieder Sport ausüben können wird. Aber er schafft es dank der Hilfe eines alten Mannes, der ihn langsam zur alten Stärke zurückführt. Der Turner ist, als er vom alten Mann gebeten wird, das Turnen wiederaufzunehmen, komplett von der Rolle: „Ich weiß aber gar nicht, wo ich anfangen soll!?!" Ihn plagen Ängste, Zweifel, der riesige Weg vor sich, die vielen Behauptungen der außenstehenden Personen und weitere Faktoren, sodass er nicht nur zum Aufschieben neigt, sondern komplett ratlos ob der Durchführung ist. Die Worte des alten Mannes sind „Es gibt keinen Anfang und kein Ende, nur das Tun."

Der Künstler Fynn Kliemann animiert in seinem Song *Alles was ich hab'* dazu, „einfach mal" nachzudenken: „Probleme werden später bequemer und danach egal." In seinem Kontext geht es sogar um die generelle Lebenseinstellung.

Die Menschen hätten seiner Ansicht nach nicht viel Zeit zu leben und würden zu wenig daraus machen. Eventuell fühlt die ein oder andere Person, dass das Leben an ihr vorbeizieht. Denn ja: Auch solche Züge kann das Aufschieben annehmen – das kostbare Leben zieht an einem vorbei und die vielen Chancen werden nicht genutzt, weil zu viele Bedenken herrschen. Es wird immer aufgeschoben.

Nutze die Zeit dafür, um an die Situationen zurückzudenken, in denen eine vermeintlich schwierige Aufgabe mit zunehmender Arbeitsdauer leichter wurde. Es gab bereits solche Situationen in deinem Leben, oder? Entweder war das große Tamtam schon nach zwei Minuten vorbei, als du merktest: Es geht doch! Oder aber du hast dich nach wenigen Wochen oder Monaten bereits an eine Sache gewöhnt, sodass dir alle Anfangsschwierigkeiten durch die Routine abgenommen wurden. Häufig hängt die Frage nach dem richtigen Anfang mit einem anderen Problem zusammen: Unsicherheit, Streben nach Perfektion, Ideenlosigkeit aufgrund fehlender Motivation u. Ä. Dabei bestätigt sich eigentlich immer: Je länger du einer Sache nachgehst, umso simpler wird diese. In diesem Sinne kannst du sogar das größte Chaos vor dir haben – du wirst einen guten Anfang machen, sofern du einfach nur beginnst. Packe dir einen Teil der Aufgabe und lege los! Alles andere kommt mit der Zeit. Sicher wirst du aufgrund des fehlenden Plans zu Beginn nacharbeiten und korrigieren müssen, aber dies wird dir am Ende leichter fallen, sobald du den vollen Überblick über die gesamte Aufgabe hast.

> **Aufgabe 5**
>
> Denke an mindestens eine der Aufgaben, die dir überhaupt nicht liegt. Schreibe auf einem Blatt Papier alle Teilaufgaben auf, die diese Aufgabe umfasst. Nun notierst du, sofern eine weitere Unterteilung möglich ist, alle Punkte, die du bei den Teilaufgaben bewerkstelligen musst. Schaue dir am Ende deine Liste an und markiere die Teilaufgaben mit einem Häkchen, bei denen dir eine Idee kommt, wie du direkt starten kannst. Vielleicht hast du sogar auf einige der Teilaufgaben richtig Lust? Mache diese Übung für so viele Aufgaben wie möglich, die du ansonsten aufschieben würdest. Jede in Teilaufgaben oder sonstige kleinere Punkte unterteilte Aufgabe wird dir mehr Möglichkeiten bieten, einen guten Startpunkt zu finden, um einfach zu machen.

Die Aufgabe ist so einfach wie genial: Einerseits unterteilst du die Aufgabe und legst Etappenziele fest. Andererseits zeigst du dir selbst die vielen Einzelschritte auf. Bei einem Überblick über die Einzelschritte kannst du sogar querbeet ohne Ordnung die Teilaufgaben abarbeiten, wenn dir das erstmal hilft. Fange gern am Ende an, wenn dir diese Teilaufgabe gefällt. Es ist deine freie Entscheidung. Du wirst im Zuge dieser Unterteilung der oftmals aufgeschobenen Aufgabe vielleicht sogar feststellen, dass die Aufgabe in ihren einzelnen Teilaufgaben viele Aspekte hat, die dir gefallen.

Um nun zum letzten großen Trumpf dieser Unterteilungsstrategie zu kommen: Dadurch, dass du viele Teilaufgaben erfolgreich bewerkstelligst, tritt ein Synergieeffekt ein. Woraus besteht denn ein großes Ganzes, wie z. B. die vor dir liegende Aufgabe? Aus mehreren einzelnen kleineren Teilen! Diese Teile müssen verbunden werden, was Synergien erfordert. Nun bist du komplett auf der Gewinnerstrecke angelangt: Denn je mehr Teilaufgaben du erledigst, umso mehr werden die Synergien ihre Wirkung entfalten. Dadurch wirst du immer besser und einfacher imstande sein, die gesamte Aufgabe zu bewältigen. In diesem Sinne darf ich dir nochmals Fynn Kliemanns Worte ins Gedächtnis rufen: „Probleme werden später bequemer und danach egal."

Genauso werden dir die Aufgaben später – also Schritt für Schritt – bequemer, bis sie danach unwichtig sind, weil du alle erforderlichen Kniffe draufhast und die gesamte Aufgabe kein Problem mehr ist. Aber um so weit zu kommen, ist ein gescheiter Anfang notwendig. Picke dir eine der vielen Teilaufgaben heraus und mache sie einfach. Alles andere kommt von selbst. Starte mit der Teilaufgabe, bei der du schnell vorankommst.

Das Wichtigste auf den Punkt gebracht

> ➢ Wenn du dir vor Augen führst, wie froh du nach Bewerkstelligung deiner Pflicht sein wirst, steigt deine Motivation. Nutze deine Vorstellungskraft. Bündele dabei vor allem die positiven Emotionen, die du nach der erledigten Aufgabe haben wirst. Denke auch an Momente zurück, in denen du nach der Erfüllung einer unangenehmen Pflicht erleichtert warst. **Im Nachhinein bist du immer stolz!**
> ➢ Perfektionismus in seiner offiziellen Definition von Fehler- und Makellosigkeit ist nicht erreichbar. Außerdem ist ein Perfektionismus, der nur aus der Erfüllung leichter Herausforderungen besteht, weniger bewundernswert. Wenn du dir stattdessen Fortschritt zum Ziel setzt, wirst du Angst vor der Aufgabe verlieren und deine Kompetenzen erweitern.

- Schwierige Aufgaben werden bestenfalls mit einem klaren Plan angegangen. Die Gefahr, bei Eile die Aufgabe mit einer schlechten Qualität durchzuführen oder an der Aufgabe zu „zerbrechen", ist groß. Ein Plan mit Pausen und Etappen zur Erledigung der Aufgabe ist hilfreich.
- Wenn der Tag beginnt und die Produktivität am größten ist, startest du im Idealfall mit der unangenehmen und aufgeschobenen Pflicht. Deine Ressourcen sind zu Beginn des Tages am größten und fördern deine Disziplin.
- Oft stellt sich heraus, dass, wenn eine ungewünschte Aufgabe eine Zeit lang konsequent gemacht wird, sie doch nicht so schwer ist wie gedacht. Deswegen ist es hilfreich, überhaupt erst einmal anzufangen. Sollte noch kein Plan stehen, dann fängst du einfach mit dem leichtesten Teil der unangenehmen Aufgabe an. Sobald der Anfang geschafft ist, schwinden mit zunehmender Durchführung die anderen Probleme.

Konzept 2 | Selbstwirksamkeit: Überzeugung vom Erfolg

Dieses Kapitel ist allen Personen von Nutzen, die Zweifel an ihrem Erfolg haben und deswegen Aufgaben aufschieben. Du arbeitest an der Steigerung deiner Selbstwirksamkeit. Neben Personen, die an einem allgemein geringen Selbstvertrauen leiden, ist dieses Kapitel ebenso für die Perfektionisten hilfreich. Wer Aufgaben nicht anpackt, weil er daran zweifelt, seiner persönlichen Vorstellung von Perfektion gerecht zu werden, benötigt mehr Zuversicht. Eine mangelnde Selbstwirksamkeit kann sogar bei den selbstbewusstesten und kompetentesten Personen auftreten. Die Ursache hierfür sind externe Faktoren. Weil selbstbewusste Personen mit Fachkenntnissen in Bezug auf die Aufgabe in ihrem Inneren kaum einen Zweifel hegen, sind die einzigen möglichen Ursachen für plötzlich auftretenden Mangel an Überzeugung externer Natur, wie z. B. ein Umfeld, das immer wieder die negativen Seiten einer Aktivität betont. Wird der Teufel an die Wand gemalt, entsteht das Risiko, dass die eigentlich maßgeschneiderte Aufgabe plötzlich aufgrund von Zweifeln aufgeschoben wird.

Mangelndes Selbstbewusstsein.

Fehlende Überzeugung.

Negativ stimmendes Umfeld.

Diese und weitere Einwirkungen müssen behandelt werden, um die Wahrscheinlichkeit zur Durchführung einer Aufgabe zu steigern. Es geht in diesem Kapitel aber nicht nur um eine bloße Durchführung. Dein Ziel ist, dass du die Aufgabe so überzeugend wie möglich bewerkstelligst. Aber wie ist es möglich, bei mehreren negativen Einflüssen Überzeugung vom Erfolg und somit eine hohe Selbstwirksamkeit zu aktivieren?

Der einfachste Weg sind eigene positive Erfahrungen. Klar: Wenn du schonmal gesehen hast, dass du zu etwas imstande bist, hast du eine größere Überzeugung. Je häufiger dies eintritt, umso unerschütterlicher wird deine Überzeugung. Hast du Hunderte oder Tausende Male eine Aufgabe erfolgreich durchgeführt – diese Zahlen sind übrigens in Bezug auf einige Aufgaben absolut realistisch –, dann wird dir niemand auf die Schnelle deine Überzeugung nehmen können. Der Glaube an Erfolg wird riesig sein. Deine Selbstwirksamkeit wird sich schließlich auf einem hohen Level befinden.

Aber was passiert, wenn die eigenen Erfahrungen fehlen? Vor allem neue Herausforderungen stellen Personen mit Selbstzweifeln oder einem negativ eingestellten persönlichen Umfeld vor Ungewissheiten. Wenn du etwas Neues bewerkstelligen musst oder positive Erfahrungen fehlen, dann brauchst du Methoden. Vier Methoden mit dazugehörigen Übungen hält dieses Kapitel für dich bereit.

Methode #1: Lerne am Modell.

Das Modelllernen nach dem Wissenschaftler Bandura ist unter diversen Bezeichnungen bekannt: Nachahmungslernen, Vorbildlernen, Beobachtungslernen, Imitationslernen u. v. m. Teilweise lassen sich Unterscheidungen zwischen diesen Bezeichnungen ausmachen, die aber weder für den Psychologen Bandura noch für diesen Ratgeber relevant sind.

Beim Modelllernen wird ein bereits vorhandenes Modell genutzt, um an diesem zu lernen. Das Modell muss nicht zwingend anwesend sein. Videos, Geschichten, Nachrichtenbeiträge, Zeitungsartikel und weitere Quellen fürs Modelllernen sind möglich. Die größte Wirksamkeit mit dem besten Lernprozess erreichst du dann, wenn du dir Videos anschaust. Denn Videos zeigen dir bewegte Bilder, in denen du Abläufe, Emotionen und zahlreiche weitere Impressionen gewinnst, die es dir vereinfachen, dich für das Modell zu begeistern. Modelllernen kann sowohl im Positiven als auch im Negativen erfolgen. Wenn man es mit den Worten von Karl Valentin sieht („Wir brauchen unsere Kinder nicht erziehen, sie machen uns sowieso alles nach."), dann stellt man fest, dass vor allem Kinder am Modell lernen. Das Modell der Eltern hat so manch ein Kind hervorgebracht, das die Hemmungen seiner Eltern in Bezug auf Kontaktfreudigkeit oder andere Aspekte adaptierte. Hier wirkt das Modelllernen negativ. Umgekehrt gab es reichlich Kinder, die die Disziplin ihrer Eltern zum einen Teil durch eine strikte Erziehung gelernt, zum anderen Teil durch eigene Beobachtungen adaptiert haben.

Wichtig für ein erfolgreiches Modelllernen ist zuallererst, dass du damit keine komplexen Sachen lernst. Schlittschuhlaufen ohne praktische Übungen allein am Modell zu üben, ist unmöglich. Demgegenüber stehen weniger komplexe Dinge, wie das Schlagen von Nägeln in die Wand und die Erstellung einer Gliederung für eine Hausarbeit. All diese Dinge lassen sich anhand eines Modells gut lernen. Sichergestellt sein muss, dass es Aufnahmen vom Modell gibt. Ohne Video-Aufnahmen oder zumindest Texte – wobei hier eindeutig für die Video-Aufnahmen plädiert werden muss – ist das Modelllernen kaum nützlich.

Dein Vorteil ist, dass du reichlich Videomaterial findest, wenn du das Stoppen des Aufschiebens am Modell lernen möchtest. YouTube ist dein Trumpf: Das beliebteste soziale Netzwerk für Videos lässt wohl kaum ein Thema vermissen. Zwei Wege führen dich zu den richtigen Videos: Entweder du gibst den Suchbegriff „Aufschieben stoppen" und eng verwandte Suchbegriffe in der Suchmaske ein oder du trägst direkt deine Aufgabe ein, die du durchführen möchtest. Wichtig in Verbindung damit ist, dass du diese Aufgabe so eingibst, dass YouTube dir Videos mit Anleitungen vorschlägt: Also nicht „frühes Aufstehen aufschieben stoppen", sondern „früh aufstehen Tipps" oder „früh aufstehen Anleitung". Bei einigen Themen wirst du länger suchen müssen, bei anderen kürzer. Aber Modelle wirst du definitiv finden. Nutze zudem die Macht der Spielfilme und Serien: Wenn du einen beliebten Seriencharakter oder Filmcharakter hast, der als Modell gegen deine Aufschieberitis taugt, schau mal des Öfteren rein!

Wir haben im ersten Kapitel gelernt, dass der Mangel an Überzeugung vom Eintreten des persönlichen Erfolgs eine der Hauptursachen fürs Aufschieben sind. Auch Perfektionisten sind davon betroffen. Dieser Mangel an Überzeugung wird als geringe Selbstwirksamkeit bezeichnet. Selbstwirksamkeit kann durch das Beobachten von Personen, die eine Aufgabe bewältigen, entwickelt werden. Am besten funktioniert dies, wenn du gegenüber der jeweiligen Person eine positive oder neutrale Einstellung hast und die Person die Aufgabe unter denselben oder schlechteren Bedingungen als du bewältigt. Ein Beispiel für letzteres: Mal angenommen, du findest in den sozialen Medien ein Video von einer Person, die ohne Hände Kraftsport praktiziert. Und? Was gibt es jetzt noch für Ausreden, nicht mit dem Sport anzufangen? Sicher nicht die Ausrede, man selbst könne keinen Erfolg haben ... Ein Beispiel, an dem jederzeit und in jedem Kontext gelernt werden kann, ist Stephen Hawking: Reichlich Videomaterial, ein Dokumentarfilm, schriftliche Überlieferungen und diverse Eindrücke von Menschen auf der ganzen Welt dienen als Modelle, die zeigen, wie ein ab seinem jungen Erwachsenenalter an den Rollstuhl gefesselter und sprachlich zunehmend eingeschränkter Mensch einer der bedeutendsten Wissenschaftler unserer Zeit, reich und weltweit bekannt wurde. Welche Ausrede gibt es nach diesen Beispielen für dich, überhaupt etwas aufzuschieben? Suche dir im Idealfall Modelle, die unter den allerschlechtesten Bedingungen starten, aber dennoch die Aufgaben bewältigen, vor denen du dich sträubst und die du aufschiebst.

Phasen des Modelllernens

Das Modelllernen besteht aus vier Phasen. Einen wichtigen Teil davon bilden die Verstärkungs- und Motivationsprozesse während der Durchführung oder danach. In Banduras Sichtweise ist Lernen keine Reaktion auf die Umwelt (z. B. man beobachtet ein Geschehnis und stellt fest, dass man diesbezüglich lernen muss), sondern ein aktiver Beobachtungsprozess. Dies bedeutet, dass man bei anderen Personen eine bestimmte Durchführung beobachtet und beschließt, sich diese anzueignen. Modelllernen kann auch passiv erfolgen, indem Beobachtungen getätigt werden, ohne eine Sache lernen zu wollen. Dann aber entwickelt sich ein latentes Wissen; also ein Wissen, das vorhanden ist, aber nicht abgerufen wird, weil die eigene Bereitschaft dazu fehlt. An Bereitschaft sollte es dir nicht mangeln, schließlich möchtest du das Aufschieben gern freiwillig beseitigen und bist lernbereit.

> ➤ Phase 1 – Aneignungsphase: In dieser Phase konzentrierst du dich genau auf das Modell. Was es macht, wie es das macht und wie es sich motiviert, wird aufmerksam beobachtet. Je größer deine Bereitschaft zum Lernen und dein Wille sind, das Aufschieben zu stoppen, umso aufmerksamer wirst du sein.
> ➤ Phase 2 – Behaltensprozesse: Speichere das beobachtete Verhalten so gut wie möglich in deinen Gedanken ab. Je mehr du von dem Verhalten behältst und

je stärker es mit allem Drum und Dran in deinen Gedanken verwurzelt ist, umso wahrscheinlicher wird der Abruf des Gelernten.
- ➢ Phase 3 – Reproduktionsprozesse: Du machst das Verhalten nach. Entweder tust du es zur Übung oder direkt in der Situation. Auf Basis der Behaltensprozesse wird das Verhalten des Modells reproduziert, wobei auch kleine Schritte (z. B. die Erledigung eines Teils der aufgeschobenen Aufgabe) zielführend sind.
- ➢ Phase 4 – Ausführungsphase mit Verstärkungs- und Motivationsprozessen: Durch eine Verstärkung und Motivation zur Praxis des Gelernten (z. B. aufgrund von motivierenden Worten durch andere Personen oder Eigenlob) wird ein Anreiz geschaffen, das Gelernte regelmäßig bzw. dauerhaft umzusetzen.

Das Modelllernen ist nicht gleichzusetzen mit der Suche und Beobachtung eines Vorbilds. Es beinhaltet zwar diesen Arbeitsschritt, aber besteht aus mehreren weiteren Punkten. Man merkt bis ins Detail, dass es sich um ein psychologisches Modell handelt. Von einem professionellen psychologischen Modell darfst du dir berechtigterweise einen großen Effekt erhoffen. Führe dir die wichtigen Punkte vor Augen, die dich das Modelllernen zusätzlich zum Suchen und Beobachten eines Modells lehrt: Aufmerksamkeit, Einprägen / Merken, Verstärkung, Motivation. All das sind wichtige Teile des großen Ganzen.

> ### Aufgabe 1
> Mit all den wichtigen Hinweisen suchst du dir nun für jede einzelne Aufgabe, die du aufschiebst, mindestens ein Modell, das es besser macht. Schiebst du nur eine Pflicht immer vor dir her, brauchst du nur ein Modell. Bei mehreren verschiedenen Pflichten kommt mehr Arbeit auf dich zu, weil du dir mehr Modelle suchen musst.

> Beobachte das Modell in möglichst vielen Videos. Stelle sicher, dass es in ungefähr genau derselben Verfassung mit genau denselben Herausforderungen oder in einer schlechteren Verfassung startet, damit die Beobachtungen deine Aufmerksamkeit fangen. Schreibe dir alle Dinge auf, die das Modell richtig macht. Durch das Aufschreiben und regelmäßige Lesen merkst du dir die Mittel besser, mit denen das Modell und voraussichtlich auch du gegen die inneren Widerstände ankämpfen können. Lege kleine Belohnungen fest, mit Hilfe derer du den Motivations- und Verstärkungsprozess förderst. Widme dich der Arbeit am Modell für jede aufgeschobene Aufgabe mindestens eine Woche lang täglich. Lerne am Modell, setze um und prüfe, inwiefern es dir hilft.

Motivation ist das A und O

Motivation entscheidet darüber, ob das Modelllernen dich wirklich voranbringt oder in die Kategorie „Latentes Wissen" fällt. Latentes Wissen bedeutet, dass du wohl etwas gelernt hast, aber es nicht komplett zu dir durchdringt. Es fehlen die Anreize, das Wissen in die Tat umzusetzen. Für dich würde dies bedeuten, dass es beim Aufschieben der Aufgabe verbliebe und keine Besserung einträte. Ein Grund für mangelnde Motivation ist dann gegeben, wenn das Modell unter günstigeren Voraussetzungen startet. Zu einem Witz verkommt das Modelllernen dann, wenn du von einem Modell lernst, das eine Aufgabe sowieso perfekt beherrscht. Für eine Person, die 20 Jahre lang in der Bundeswehr war, täglich um 5 Uhr aufstehen und Morgensport machen musste, ist das frühe Aufstehen ein Klacks. Häufig kommt es bei solchen Modellen zum Problem, dass deine Hemmungen nicht nachvollzogen werden können und die Ratschläge keinerlei Wirkung haben.

→ **Lehre 1 für mehr Motivation am Modell**: Eine große Motivation ist über die Identifikation sichergestellt. Je besser du dich mit einem Modell in dessen Lage identifizieren kannst, umso einfacher ist es für ich, die Motivation zu entwickeln, das am Modell Gelernte umzusetzen.

Ferner sind weitere Informationen über das Modell ein nicht zu unterschätzender Einfluss auf die Motivation. Solltest du z. B. herausfinden, dass der Karrieremensch als dein ausgesuchtes Vorbild all seine beruflichen Ziele verwirklichte, aber dafür einsam war und ein misslungenes Familienleben verzeichnete, wird deine Überzeugung und damit die Motivation bröckeln. Solche Modelle sind nicht für das Modelllernen hilfreich, aber haben dafür einen anderen Nutzen: Anhand dieser Modelle, die ihr Familienleben der Karriere untergeordnet oder in einem anderen Kontext Prioritäten zu Ungunsten anderer Wünsche gesetzt haben, lernst du besser, über die Richtigkeit deiner Ziele zu entscheiden. Stichwort: Wie groß ist der Nutzen der Aufgabe? Ist Prokrastination angemessen, logisch und sollte ich die Aufgabe abbrechen (siehe: Kapitel 1)? Aber weiter im eigentlichen Text: Was zum Ausdruck gebracht werden soll, ist die Wichtigkeit des sonstigen Werdegangs des Modells. Wurde das Modell durch die Durchführung der Aufgabe zufrieden und hatte ein erfülltes Leben oder eine gute Belohnung für die Durchführung, so wirst du eine größere Überzeugung und Motivation erlangen, es dem Modell gleichzutun.

→ **Lehre 2 für mehr Motivation am Modell**: Bevorzuge Modelle, die neben der erfolgreichen Durchführung einer Pflicht zusätzlich langfristig einen Profit aus der Durchführung erzielen konnten. So wirst du den Verstärkungsprozess bei der Durchführung fördern.

> **Hinweis!**
>
> Das Modelllernen kann auch umgekehrt erfolgen. Indem du an einem Modell siehst, wie sehr dir etwas schadet, setzt du alles daran, es besser zu machen. Extrem erleben es beispielsweise Kinder von Alkoholikern, wenn sie auf dem Weg in die Toilette plötzlich in den Urin ihres Elternteils treten, weil der Elternteil „nicht treffen" konnte. Gewalt infolge von Alkoholkonsum, Unfälle und weitere radikale Erlebnisse hinterlassen ebenfalls einen derartigen Eindruck, dass das negative Modell zu einem positiven eigenen Verhalten führt. Daher lässt sich in Gesprächen mit Kindern von Alkoholikern öfters feststellen, dass diese aufgrund des negativen Modells im Elternhaus keinen Tropfen Alkohol bis ins hohe Erwachsenenalter angerührt haben. In diesem Sinne erweist es sich als ein interessanter Ansatz, sich ein negatives Modell auszusuchen. Wenn du hart im Nehmen bist, entscheidest du dich für ein extremes Modell, um dir den Ernst der Lage genau vor Augen zu führen. Grundsätzlich sind positive Modelle zielführender.

Entweder funktioniert Radikalität beim Modelllernen oder sie schlägt ins Gegensätzliche um. Beginne deswegen am besten immer mit Modellen, die dir als ein moderates Beispiel dienen. Wenn diese Beispiele keinerlei Wirkung zeigen, dann kannst du gern auf ein radikaleres Modell umsteigen. Jede Person ist sich selbst der beste Lehrer. Sei mutig, die Modelle zu erforschen und das richtige für dich zu entdecken. Schüchtere dich anfangs auf keinen Fall durch ein zu strenges Modell ein.

→ **Lehre 3 für mehr Motivation am Modell:** Die Disziplin, Konsequenz und sonstigen Lehren, die dir das Modell vorlebt, sollten auf keinen Fall dadurch entmutigen, dass sie für dich anfangs kaum umsetzbare Ausmaße annehmen. Wähle ein Modell, mit dem du Schritt halten kannst.

Methode #2: Trickse deinen Körper aus.

Albert Banduras Feststellung, dass physiologische Zustände eine Quelle für die Selbstwirksamkeitserwartung sind, führt uns zur zweiten Methode. Die Physiologie beschreibt Funktionen und Abläufe im Körper. In Zusammenhang mit den Erwartungen an eine Aufgabe finden immer physiologische Abläufe statt. Einige sind derart tief im Menschen verborgen, dass wir bei deren Eintreten den Körper nicht austricksen können. Ein Beispiel hierfür sind Hormonausschüttungen, die dazu führen, dass wir mit starker Unlust auf eine Aufgabe blicken oder Stress beim Gedanken an die Aufgabe empfinden. Als Folge schieben wir eventuell auf. Wie erwähnt, lässt sich der Körper in diesen Situationen nicht austricksen – oder doch?

In dieser Methode Nr. 2 werden Abläufe vorgestellt, bei denen wir den Körper doch austricksen können. Hierzu gehören verstärktes Herzklopfen, Zittern, weiche Knie, Schweißbildung (vor allem feuchte Hände) und ähnliche Symptome, die du direkt fühlen und identifizieren kannst. Es geht in Methode 2 also um offensichtliche und meist nach außen hin erkennbare Signale des Körpers. Dein Körper gibt diese Signale als Reaktion auf etwas ab. Es ist anzunehmen, dass dein Körper diese Signale abgibt, weil er Unbehagen in Gedanken an eine bevorstehende ungewollte Aufgabe verspürt.

Die genannten Beispiele für physiologische Zustände, also verstärktes Herzklopfen usw., hast du in deinem Leben bereits in zahlreichen Situationen erlebt. Gewiss treten diese Symptome nicht nur beim Gedanken an eine ungewollte Aufgabe ein. Sie manifestieren sich auch dann, wenn dir etwas Positives bevorsteht. Du merkst, dass dieselben körperlichen Abläufe, die beim Gedanken an eine ungewollte Aufgabe auftreten, sich auch bei positiven bevorstehenden Dingen bemerkbar machen können. Und noch etwas: Wie viele ungewisse, schwierige oder brenzlige Situationen, in denen du zuvor schweißnasse Hände hattest, sind für dich letzten Endes positiv ausgegangen?

Du hast also mindestens zwei Anker, mit deren Hilfe du deinen Körper austricksen kannst: Zum einen kannst du die physiologischen Zustände mit positiven Emotionen auf Basis deiner positiven Erfahrungen besetzen, zum anderen kannst du die physiologischen Zustände durch positive Erfahrungen in negativen Situationen entschärfen. „Anker" ist hierbei das Stichwort, das dich direkt zur Praxis mit einer weiteren Aufgabe führt.

Beim Neurolinguistischen Programmieren (NLP) gibt es eine Methode, die sich Ankern nennt. Sie wurde dazu geschaffen, um in negativen oder schwierigen Situationen positive Ressourcen im eigenen Körper quasi auf Knopfdruck hervorzurufen. Das NLP selbst ist eine Ansammlung psychologischer Strategien, Methoden und Vorgehensweisen, die in den 70er Jahren von John Grinder und Richard Bandler durch die Beobachtung der erfolgreichsten Psychotherapeuten zusammengetragen wurden. Obwohl einige Kernthesen mittlerweile widerlegt wurden, kommt das NLP in diversen Gebieten zum Erreichen verschiedenster Zwecke zum Einsatz. Was auch immer dich von der Ausführung einer Aufgabe abhält – ob Angst, Streben nach Perfektion, mangelnde Attraktivität der Aufgabe, negative Erfahrungen bei den bisherigen Versuchen –, das NLP liefert Wege und Mittel, um die Herausforderung zu meistern. Eine der

Methoden im NLP, die sich am flexibelsten zur Lösung verschiedener Probleme einsetzen lässt, ist das Ankern. Der Grundgedanke hinter dem Ankern ist, dass du immer dann, wenn du in die Situation kommst, in der du keine Lust oder Angst vor der Aufgabe hast und sie aufzuschieben drohst, den Anker setzt, um eine andere Stimmung in dir hervorzurufen. Denn während deiner Übungen konditionierst du dich darauf, dich durch den Einsatz des Ankers positiv zu fühlen.

> *Aufgabe 2*
>
> Ankere! Wähle den physiologischen Zustand (Zittern, verstärktes Herzklopfen o. Ä.), der bei Konfrontation mit der ungewollten Aufgabe bei dir auftritt. Denke an die vielen Fälle mit positivem Ausgang, in denen du denselben physiologischen Zustand empfunden hast. Schließe deine Augen und denke genau an die jeweiligen Situationen mit Fokus auf die positiven Momente. *Fühle* diese Momente nach. Jetzt kommt das Wichtige: Setze vor dieser Übung einen Anker. Ein Anker sollte immer unauffällig sein. Du kannst dezent und leise mit den Fingern schnipsen, die Zehenspitzen anspannen oder kurz mit den Augen zwinkern. Wichtig ist, dass der Anker keine Aufmerksamkeit erregt. Denn so ist er immer einsetzbar. Mit Setzung des Ankers begibst du dich in deine positive Auffassung des jeweiligen physiologischen Zustands. Übe diesen Anker mehrmals täglich jeweils einige Minuten lang über mehrere Wochen.

Übung macht den Meister, weil sie die angestrebte Konditionierung hervorruft. Wenn du dich daran gewöhnst, bei den jeweiligen physiologischen Zuständen positiv zu denken, dann entwickelt sich ein Automatismus im Gehirn. Automatismen sind im Gehirn fest verankert und vereinfachen unsere Tagesabläufe. Es gibt sowohl positive als auch negative Automatismen. Ein negativer Automatismus ist, beim aufkommenden Gedanken an die bevorstehende Aufgabe ein Herzklopfen zu vernehmen, Angst zu bekommen und die Aufgabe zu verschieben. Ein positiver Automatismus ist, beim aufkommenden Gedanken an die bevorstehende Aufgabe ein Herzklopfen zu vernehmen, auf Basis positiver Erfahrungen mit Herzklopfen in deinem Leben das positive Gefühl der Vorfreude zu ankern, die Aufgabe mit mehr Zuversicht zu betrachten und vielleicht sogar auf Anhieb komplett zu schaffen.

Zuletzt sei darauf hingewiesen, dass du deinen Körper mit vielen positiven Emotionen austricksen kannst. Es existiert kein physiologischer Zustand, der sich nicht auf Basis deiner bisherigen Erfahrungen mit positiven Emotionen besetzen ließe. Hier einige Beispiele:

- schweißnasse Hände: Nervosität vor dem Vorstellungsgespräch, bei dem du jedoch den Arbeitsplatz absolut überzeugend und einfach ergattert hast
- Zittern: Kälte bei dem Ausflug in die Antarktis, der durch die Begleitung der Familie und/oder besten Freunde und vielen Sehenswürdigkeiten ein Highlight deines Lebens ist
- weiche Knie: Unsicherheit vor einem wichtigen Auftritt vor dem Publikum, für den es anschließend unglaublich viel Lob und Bewunderung gab

Diese Ideen sollen dich nur inspirieren. Du findest in deinem Leben reichlich positive Emotionen, die du ankern kannst. Je erfolgreicher – Stichwort: regelmäßige Übung – du das Ankern beherrschst, umso stärker wirst du selbst in den allerschwierigsten Situationen die positiven Emotionen ankern, wenn der jeweilige physiologische Zustand eintritt. Dies wird im Unterbewusstsein deine Erwartungshaltung gegenüber der Aufgabe erhöhen, deine Zuversicht stärken und so zu einer höheren Selbstwirksamkeit beitragen.

Methode #3: Lasse dich von anderen Menschen überzeugen.

Einmal Bandura noch, dann ist Schluss. Der Psychologe führt die soziale Überzeugung als eine Quelle für Selbstwirksamkeitsempfinden an. Laut Bandura führe die soziale Überzeugung zu mehr Vertrauen in die eigenen Fähigkeiten. Ferner gilt die in diesem Ratgeber aufgestellte These, dass der Kontakt zu Mitmenschen auch dann hilfreich ist, wenn Zutrauen in die eigenen Fähigkeiten vorhanden ist, aber Antrieb fehlt. Andere Menschen können weitreichende Wirkung auf das menschliche Handeln entfalten.

Sympathien und Vertrauen

Hattest du nicht auch einmal Sympathien für diesen einen Menschen, den du um jeden Preis beeindrucken wolltest? Wenn du es falsch gemacht hast, hast du dich verstellt, aber immerhin – das ist das Positive – zu Handlungen überwunden, die du ansonsten nicht durchgeführt hättest. Wenn du es richtig gemacht hast, dann diente dir die Person als ein Initiator, um dich selbst zu hinterfragen und dich zu bessern. Bei Personen, denen man vertraut, ist dieser Effekt am wahrscheinlichsten: Mehrere Jahre der intensiven Beziehung zueinander führen dazu, dass den Worten der anderen Person Beachtung geschenkt wird. Folglich sind entsprechende Personen imstande, große Änderungen zum Positiven in einem selbst hervorzurufen.

Intelligenz

Es müssen nicht immer jahrelange Beziehungen sein. Manchmal genügt schon ein intelligenter Mensch, der überzeugend klingt und sinnvoll argumentiert, um einen von der Notwendigkeit einer Veränderung im Handeln zu überzeugen. Diese „Bushaltestellen-Bekanntschaften", die manchmal nicht länger als fünf Minuten dauern und nach denen es nie mehr ein Wiedersehen gibt, können dir zahlreiche Erkenntnisse bescheren und dich an dich selbst glauben lassen.

Realitätsnähe

Wichtig, damit die Überzeugung durch andere Menschen funktioniert, ist auch die Realitätsnähe. Eine Person, die dir das Blaue vom Himmel verspricht, ist nicht dein Schlüssel gegen das Aufschieben. Wirksamer sind Personen, die dir im Leben möglichst häufig erfolgreich geholfen haben. „Never change a winning team.", heißt es doch – wieso sollte es also nicht nochmal mit derselben Person funktionieren, die dir schon einmal geholfen hat, einen erfolgreichen Pfad einzuschlagen? Suche vor allem den Kontakt zu Personen, die wissen, wie sie dich aufbauen. Ein Fels in der Brandung sind häufig die Eltern, die Partner oder Eheleute, sogar Kinder, wenn sie denn erwachsen genug sind. Auch gute Freunde dürfen nicht außer Acht gelassen werden.

Personen mit realitätsnahen Hilfestellungen, die dir bereits öfter geholfen haben, sind eine gute Anlaufstelle. Realitätsnähe und gute Erfolgsquoten in den bisherigen Gesprächen – dies verleiht den Worten Gewicht, weswegen du umso überzeugter sein wirst. Es ist so ähnlich wie mit der Existenz einer Sache: Wenn die Existenz ungewiss ist und niemand dir die Sache zeigt, wirst du von der Existenz wohl kaum überzeugt sein. Aber wenn dir die Person die Sache auf den Tisch legt, bist du vollends überzeugt. Überlege genau, welche Personen dir deine Stärken immer Schwarz auf Weiß präsentiert und dich nicht mal ansatzweise zweifeln lassen haben. Sie motivieren dich am besten.

Erfolg und Kompetenz

Der Erfolg und die Kompetenzen geben einer Person häufig Recht. Personen, die selbst in der Sache, vor der du dich sträubst, erfolgreich waren und/oder diesbezüglich Kompetenzen vorzuweisen haben, sind glaubwürdig. Ein Mann steht vor deiner Haustür und gibt sich als Polizist aus: Dienstmarke vorzeigen lassen oder auf Anhieb Eintritt gewähren? Lasse dir von den Leuten ihre „Dienstmarke" vorzeigen, damit sich dich am besten überzeugen. Fachleute aus den Themenbereichen, die deine aufgeschobene Aufgabe betreffen, sind hilfreich. Wo wir schon beim Modelllernen waren: Auch reale Personen aus deinem Umfeld, die du anfassen und mit denen du dich unterhalten kannst, sind Modelle. Hier erhältst du am ehesten individuell ausgerichtete Empfehlungen, die dir bei der Bewältigung deines Problems helfen. Bessere Modelle kannst du kaum finden!

Es geht in dieser dritten Methode darum, dass du dir ein Umfeld zusammenstellst, das dir hilft, und nicht eines, das dich ausbremst. Letzteres ist ebenfalls eine häufige Ursache für Prokrastination. Wenn es um dich herum nur noch heißt, du solltest etwas nicht machen oder du wärst zu etwas nicht imstande, glaubst du irgendwann gezwungenermaßen selbst daran. Die Zusammenstellung eines förderlichen Umfelds lernst du nun in drei simplen Schritten. Schon jetzt sei angekündigt, dass du auch eine Mitschuld daran trägst, falls sich ein negatives Umfeld ergibt. Wie es dazu kommt, was du machen musst und welche Personen für dich wichtig sind, erfährst du jetzt. Bedenke dabei, dass du von den folgenden

Hinweisen nicht nur in Bezug auf das Stoppen des Aufschiebens profitierst, sondern ein positives Umfeld dich generell in allen Belangen des Lebens voranbringt.

Schritt 1: Was ist generell richtig, was ist generell falsch?

Selbstverständlich ist kein Mensch von Natur aus falsch. Jeder Mensch trägt positive und negative Eigenschaften in sich. Zudem ereignet es sich, dass Menschen sich ändern. Dieser erste Schritt soll also nicht dazu führen, dass du bestimmte Menschen beschuldigst und im Streit mit ihnen brichst. Er soll nur darauf verweisen, welche Person für dich in dem jeweiligen Moment eine falsche Gesellschaft ist. Es ist nicht herabwertend gemeint: Stelle dir als Beispiel vor, dass du und dein bester Freund etliche gemeinsame Interessen teilen. Dein Freund hat aber absolut keine Ahnung von Eishockey und interessiert sich nicht dafür, wohingegen du flammender Eishockey-Fan und -Spieler bist. Weil er dein bester Freund ist, lässt er sich hin und wieder zu einem Besuch deiner Spiele erweichen, aber ein geeignetes Dauerprogramm ist es nicht. Dafür hast du andere Freunde, die sich für Eishockey interessieren. Sie sprechen gern darüber, auch schauen sie sich gern deine Spiele an. Unterm Strich müssen wir eingestehen, dass dein bester Freund speziell im Zusammenhang mit Eishockey nicht der richtige Ansprechpartner und auf Dauer nicht die richtige Gesellschaft ist. Dies wertet ihn keineswegs ab, denn schließlich ist er in anderen Dingen kompetent und für dein Umfeld unschätzbar wertvoll.

Also nochmal der Klarheit wegen: Kein Mensch ist generell falsch. Aber einige Personen sind in Bezug auf einzelne Themen nicht die richtigen. Genau hier liegt der wichtige Punkt verborgen, bei dem du selbst eine Mitverantwortung dafür trägst, dass dein Umfeld positiv ist: Du kannst nicht erwarten, dass du Zustimmung und Förderung deiner Fähigkeiten erfährst, wenn du mit den Personen über alles

Mögliche sprichst. Zwar kannst du hier und da die Interessen ausloten und eventuell Personen für Neues begeistern, so wie sie es wohl auch bei dir versuchen. Aber zeigt sich nach einigen Versuchen keine Übereinstimmung der Interessen, dann macht es keinen Sinn, sich oft über Meinungen und Ansichten auszutauschen. Du läufst Gefahr, dass selbst deine besten Freunde und Familie deine Kompetenzen nicht richtig einschätzen, wenn sie keine Ahnung vom Thema haben.

Aufgabe 3

Überlege dir, inwiefern es sein könnte, dass du dir in deinem Bekanntenkreis des Öfteren bei den falschen Personen Rat holst. „Falsch" meint hierbei, dass die Personen dir aufgrund mangelnder eigener Erfahrungen, nicht vorhandener Fachkenntnisse und/oder ausbleibendem Interesse am Thema keinen geeigneten Rat geben können. Falls dies bei dir zutrifft: An welche Personen solltest du dich dafür regelmäßiger wenden, weil sie in den jeweiligen Gebieten mehr Kompetenzen besitzen?

Das Problem bei Personen, die nicht bewandert auf einem Gebiet sind, ist, dass sie dir meistens die falschen Ratschläge erteilen werden. Weil sie sich mit dem Thema nicht gut auskennen, versuchen sie womöglich auf Nummer sicher zu gehen. „Nummer sicher" bedeutet meist Zurückhaltung. Zurückhaltung führt wiederum zu weniger Aktivität. Weniger Aktivität geht eventuell mit dem Aufschieben einher. Dein Ziel in Gesprächen sollte es also sein, regelmäßig und langfristig zu den Kompetenzen und Erfahrungen deiner Gesprächspartner passende Themen zu wählen. Dann wird es wahrscheinlicher, dass du realistische und glaubwürdige Motivation erhältst, die deine Stärken im richtigen Kontext verortet und dich voranbringt. Generell richtig ist also immer das, was gegenseitige Kompetenzen in der jeweiligen Situation beinhaltet.

Schritt 2: Welche Personen brauchst du in deinem Umfeld?

Auch hier ein Hinweis zu Beginn: Dieser Schritt schreibt dir in keiner Weise vor, wie du dein Umfeld zusammenstellen sollst. Schon gar nicht beruht dieser Schritt auf irgendwelchen Stigmatisierungen bzw. einseitigen Charakterisierungen von Menschen. Jeder Mensch ist mehr als seine ein oder zwei Kompetenzen. Jeder Mensch ist imstande, selbst auf seinem größten Fachgebiet zu enttäuschen oder trotz vermeintlich fehlender Kompetenzen auf ganzer Linie zu überraschen. Der Individualismus der Menschen kennt kaum Grenzen, weswegen es jede Person in deinem Umfeld – ebenso wie du selbst – verdient, gehört zu werden. Aber eines lässt sich nicht leugnen: Irgendwo in unserem Unterbewusstsein spielt es sich ab, dass einige Ratschläge von bestimmten Menschen besonders tief verankert werden, während bestimmte Ratschläge anderer Menschen es nicht einmal in die Top 100 schaffen. Der Grund dafür ist, dass einige Personen bestimmte Qualitäten oder Vorzüge haben, die ihnen besonderes Gehör verschaffen. Gehen wir von deinen aufgeschobenen Aufgaben aus: Was du definitiv brauchst, sind Personen, die dir in Bezug auf das Aufschieben helfen können, weil sie gewisse Qualitäten einbringen. Das bedeutet nicht (!), dass alle anderen Personen in deinem Umfeld unwichtig sind. Es wird an dieser Stelle also rein für die Erweiterung deines Umfelds plädiert, nicht für die Verkleinerung. Welche Gefährten brauchst du für deine „Mission gegen die Prokrastination"?

> ➢ Kenner
>
>   Hiermit sind die Personen gemeint, denen es schon immer gelungen ist, deine Zuversicht zu stärken. Wer hat eine hohe Überzeugungskraft vorzuweisen? Wer konnte dich bisher fast immer begeistern?

➢ Realisten

Realismus schafft Logik. Logik schafft Überzeugung. Überzeugung schafft Erfolgschance. Erfolgschance schafft Selbstwirksamkeit. Wenn du Personen in deinem Umfeld hast, die dir realistische Argumente für gute Erfolgschancen vermitteln, wirst du mehr Bereitschaft zur Bewerkstelligung der jeweiligen Aufgabe entwickeln.

➢ Erfahrene

Diese Personen haben Erfahrung mit der Aufgabe, vor der du dich sträubst. Sie haben diese Aufgabe selbst durchgeführt oder es mehrmals bei anderen Personen beobachtet. Hilfreiche Tipps zur Durchführung und zum Dranbleiben sind dir bei den Erfahrenen garantiert.

➢ Modelle

Im Grunde genommen wie die Erfahrenen, nur mit dem Vorzug, dass sie sich bei der Durchführung der Aufgabe oder zumindest zu Beginn der Durchführung in derselben, einer vergleichbaren oder einer noch widrigeren Situation als du befanden. Der Identifikationsgrad mit diesen Personen ist hoch.

➢ Theoretiker

Anders als die Erfahrenen und Modelle haben diese Menschen ein theoretisches Wissen über die Aufgabe, die du vor dir herschiebst. Insbesondere bei Aufgaben, die einen hohen Praxisbezug haben, kann es zu Komplikationen kommen. Eine geringere Glaubwürdigkeit gegenüber diesen Personen kann sich im eigenen Unterbewusstsein einschleichen. Dennoch sind gute Tipps möglich. Für Aufgaben mit theoretischem Bezug sind die Theoretiker ideal.

> Drill Sergeant

Diese Personen müssen nicht zwingend theoretisches oder praktisches Wissen haben. Sie müssen weder erfahren noch gute Modelle in Bezug auf die Aufgabe sein. Realismus ist nicht zwingend ihre Stärke. Und meistens kennen sie dich eh nicht ... Es handelt sich um Personen, die in allem, was sie machen, eine hohe Disziplin an den Tag legen. Ebenso verlangen sie von ihrem Umfeld immer das Maximum. Es sind Macher, denen oft die zwischenmenschlichen Kompetenzen fehlen. Aber hin und wieder springt ein Funken ihrer fast schon krankhafter Besessenheit auf dich über. Wichtig: Zu viel Gesellschaft durch diese Personen kann kontraproduktiv sein. Schlimmstenfalls kommt es dazu, dass du dich überforderst. Also: Nutze Drill Sergeants am besten dann, wenn du nach anfänglicher Konsequenz in der Durchführung von Aufgaben drohst, rückfällig zu werden. Sie geben dir im Idealfall einen mächtigen Schubser in die richtige Richtung.

Aufgabe 4

Du musst nicht jeden dieser oder vergleichbare Personentypen in deinem Umfeld haben. Es reicht bereits aus, wenn drei dieser Typen vorhanden sind und eine gewisse Wirkung auf dich entfalten. Versuche herauszufinden, wie häufig du Kontakt zu diesen Personen brauchst und welche der Personentypen dir am wichtigsten sind. Dann ist es sehr wahrscheinlich, dass du in den Personen die erhoffte Stütze findest, die dich positiv stimmt und von deinen Qualitäten überzeugt – oder dich ab und zu mal drillt, damit du dich selbst von deinen Qualitäten überzeugst.

Schritt 3: Negatives Umfeld – gibt es so etwas überhaupt?

Wir haben im ersten Schritt festgestellt, es z. T. auf deine Wahrnehmung und Entscheidungen zurückzuführen ist, ob ein Umfeld negativ ist. Durch die Wahl der passenden Themen kannst du dir von den Menschen in deinem Umfeld ein positives Gefühl geben lassen und deinerseits andere Menschen optimal motivieren. Letzteres ist auch wichtig, schließlich beruhen Beziehungen auf gegenseitigem Mehrwert und gegenseitiger Sympathie: Nicht nur du sollst motiviert werden, sondern du sollst auch andere motivieren.

Ein anderer Teil dessen, ob ein Umfeld negativ ist oder nicht, liegt hingegen fernab deiner Kontrolle. Es existieren Menschen, die primär negativ auf die Dinge blicken. Bei einigen artet dies fast schon zur Krankheit aus: Nahezu überall werden die Nachteile gesehen, der Pessimismus überstrahlt jedwede andere Regung der Gedanken. Manchmal ist der Pessimismus bei diesen Personen temporär, weil sie gerade eine schlechte Phase haben. Sind es gute Freunde, dir wichtige Personen oder allgemein gute Menschen, dann ist es wichtig, dass du dich von diesen Menschen nicht abwendest. Stehe ihnen bei und sei solange deren Seelsorger, wie es dich nicht belastet. Denn nur, wenn du anderen Menschen in deren Bredouillen hilfst, kannst du dasselbe von ihnen erwarten. Vor allem dann, wenn du die Negativdenker auch von deren positiver Seite kennst, lohnt es sich, diesen Kontakten treu zu bleiben und ihnen wieder auf die richtige Bahn zu helfen. Solltest du merken, dass dich das negative Denken zu sehr berührt, dann ist die Zeit reif, für eine Weile auf Abstand zu gehen. Abgesehen davon eignen sich – und das soll nicht makaber klingen – diese Personen für negatives Modelllernen. Du siehst, wie schlimm negative Gedankengänge sein können, und machst es selbst besser. Auch, wenn die negativen Gedanken der Personen nichts mit deiner aufgeschobenen Pflicht zu tun haben, können sie dich dazu animieren, dich zusammenzureißen, um selbst positiver an das Leben heranzugehen.

> **Aufgabe 5**
>
> Tue Gutes, und Gutes wird dir widerfahren! Suche in deinem Umfeld Personen, die dir wichtig sind oder mehrmals geholfen haben, aber zurzeit in einer schlechten Verfassung sind. Stehe diesen Personen regelmäßig eine Zeit lang bei. Eventuell motiviert ihr euch gegenseitig. Falls du keine Motivation erfährst, dann ist es nicht schlimm. Denn immerhin erweist du einer wichtigen Person einen Gefallen, wodurch du die Stimmung in deinem Umfeld verbesserst. Irgendwann wird es sich bezahlt machen.

Wie sieht es aber mit den Menschen aus, die jahre- oder jahrzehntelang negativ denken und es zu ihrer Hauptaufgabe auserkoren haben, das Leben und die Momente darin konsequent zu beklagen? Verhält es sich tatsächlich so, dass es solche Personen in deinem Umfeld gibt, bei denen die negativen Botschaften in Gesprächen wirklich immer oder fast immer überwiegen, dann solltest du genau abwägen, ob die Beziehung in dieser Form noch Sinn ergibt. Sind dir die Personen wichtig, dann versuche ihnen zu helfen. Aber ihre Einstellung muss sich ändern. Denn jahre- oder jahrzehntelang nur negativ zu denken, ist keine Strategie fürs Leben. Diese Personen sind nicht fürs negative Modelllernen geeignet, weil sie dir schaden könnten. Insbesondere bei Personen, denen gegenüber du keine starke Verbindung hast, ist angeraten, den Kontakt möglichst schnell abzubrechen, wenn dauerhaft nur Negatives vermittelt wird.

Wieso rät dieser Ratgeber zu diesen radikalen Umbrüchen, wenn Leute negativ denken? Abseits der Tatsache, dass du und jeder andere Mensch die unangenehme Erfahrung gemacht haben dürfte, wie belastend es ist, sich nur mit Problemen und negativen Glaubenssätzen befassen zu müssen, besteht eine wissenschaftlich erwiesene „Ansteckungsgefahr". Das Stichwort sind hierbei die sogenannten Spiegelneuronen in unserem Gehirn. Sie tragen dazu bei, dass wir in häufiger Gesellschaft von Menschen, die ausnahmslos negativ denken, deren Denkweise ungewollt adaptieren können – zuerst schleichend, dann rasant.

> *Meine Erfahrungen*
>
> Hier kann ich von Erfahrungen aus der anderen Perspektive berichten: Nicht ich wurde von gnadenlosen Pessimisten negativ beeinflusst. Früher war ich selbst ebenjener gnadenlose Pessimist, der die Menschen um sich herum negativ beeinflusst hat. Lange Zeit begriff ich dies nicht. Aber als auffällig viele Personen aus meinem Bekannten- und Freundeskreis den Kontakt zu mir einstellten, war ich erstaunt. Erst mit der Zeit, als ich durch die Lektüre von Erfolgsratgebern und zunehmenden eigenen Erfolg eine Wandlung zum Optimisten durchlief, begriff ich, welch eine Belastung ich für andere Menschen gewesen sein muss. Also: Ja, es stimmt, dass Pessimisten im Umfeld nicht förderlich sind.

Das Wichtigste auf den Punkt gebracht

> ➢ Eine ausgeprägte Selbstwirksamkeit verschafft dir Überzeugung vom Erfolg und Zutrauen in deine Fähigkeiten. Stärken kannst du deine Selbstwirksamkeit am besten durch das Lernen am Modell, das Austricksen deines Körpers und ein positives soziales Umfeld.

- Das Lernen am Modell ist nichts anderes als das Lernen von Vorbildern. Diese Vorbilder können aus Lese- oder Videomaterial stammen oder Menschen in deiner Umgebung sein. Wichtig ist, dass sie sich in einer Situation befinden, die mit der deinen möglichst vergleichbar ist.
- Du trickst deinen Körper aus, indem du durch Ankertechniken die negativen Reaktionen deines Körpers auf die aufgeschobene Aufgabe (z. B. Zittern, starkes Herzklopfen, Schweißbildung) durch positive Emotionen und Erinnerungen besetzt. *„Mein Herz hat zuletzt so stark geklopft, als ich den Pokal bei den Juniorenmeisterschaften geholt und den größten Erfolg meiner Jugend gefeiert habe!"* Programmierst du durch Übungen diese Denkweise fest in deine Gedanken, so sind mehr positive Assoziationen vor der ungewollten Aufgabe wahrscheinlich, was dich zur Durchführung der Aufgabe animiert.
- Ein generell positives oder generell schlechtes Umfeld existiert nicht. Kein Mensch ist einfach schlecht oder gut. Du solltest die Dinge in Abhängigkeit von Situationen und Gesprächsthemen beurteilen. Stelle dir in Zusammenhang mit deiner Aufgabe ein Umfeld auf, dass dich durch gute Kenntnis deines Charakters, eigene Erfahrungen und Kompetenzen in Bezug auf die Aufgabe fördert. Mit diesen Qualitäten steigert dein Umfeld durch Worte und Taten am besten deine Selbstwirksamkeit.

Konzept 3 | Selbstkontrolle: Impulsen trotzen und fokussieren

Selbstkontrolle kann in vielerlei Hinsicht definiert werden. Es werden Personen als kontrolliert definiert, die nicht sofort aufbrausen, wenn jemand sie kritisiert oder ihnen in anderer Form nahekommt. Außerdem gibt es die Form der Selbstkontrolle, die bei der Durchführung von Aufgaben wichtig ist: Wer sich nicht ablenken lässt, gilt als kontrolliert. Im Zusammenhang mit dem Aufschieben kommt der Selbstkontrolle eine Rolle zu, die vergleichbar mit der Rolle der Disziplin ist: Wie lange halte ich bei der Aufgabe durch, ohne den äußeren Reizen nachzugeben und die Aufgabe abzubrechen?

Erstaunlicherweise hängen Disziplin, die Selbstkontrolle bei der Durchführung von Aufgaben und auch die Selbstkontrolle bei der Reaktion auf bestimmte Geschehnisse (auch: Selbstbeherrschung) eng zusammen. Denn bei allen dreien geht es darum, den eigenen Emotionen zu widerstehen. Dies ist schwer. Impulse von außen sorgen für Reaktionen beim Menschen. Diese Reaktionen können emotional, automatisiert oder gedanklich gesteuert sein. Es sind auch Mischformen möglich. Das Ziel dieses Kapitels ist es, dir bei der Kontrolle über die eigenen Emotionen zu helfen. Sehnsucht danach, der Ablenkung nachzugeben, der Hass auf die Aufgabe, die Wut auf einen Menschen, der der Durchführung der Aufgabe im Wege steht – all das soll der Vergangenheit angehören.

Aber wie schaltet man die eigenen Emotionen aus oder reduziert diese, wo doch der Mensch ein emotionales Wesen ist? Ja, tatsächlich: Die Hirnforschung zeigt, dass im menschlichen Gehirn auf Reize von außen zunächst das Limbische System reagiert. Das Limbische System im Neocortex ist für die Bildung von Emotionen zuständig. Dies bedeutet, dass – egal, wie wir denken – zuerst immer die Gefühle angesprochen sind. Erst die folgende Aktivität der weiteren Hirnregionen macht es möglich, dass wir mittels Gedankengänge unser Handeln abwägen.

Da sich zeigt, dass du die Emotionen nicht abschalten kannst, ist die Kontrolle umso wichtiger. Kontrolle wird erarbeitet. Du erarbeitest sie dir in diesem Kapitel, indem du Automatismen schaffst, die bei Eintritt eines für dich negativen Impulses die emotionale Wirkung bremsen. Diese Vorgehensweise wird dir langfristig und nicht nur in Bezug auf das Aufschieben an sich, sondern auch generell im Leben dabei helfen, kontrollierter, überlegter und zielführender zu agieren bzw. zu reagieren.

Bevor du in Schritt 3 dieses Kapitels an der langfristigen Perspektive zur Selbstkontrolle arbeitest, erhältst du in den ersten beiden Schritten eine kurzfristige „Erste Hilfe". Durch die kurzfristigen Maßnahmen und die langfristige Übung wirst du sowohl sofort als auch für die Zukunft mehr Selbstkontrolle gewinnen.

Schritt #1: Ideale Voraussetzungen als Basis

Je nachdem, welcher Aufgabe du nachgehen möchtest, ergeben sich bestimmte ideale Voraussetzungen. Aufgaben, die theoretischer Natur sind, finden meist in einer stillen Umgebung statt. Dies begünstigt die Konzentration, weil weniger Ablenkung gegeben ist. Weniger Ablenkung bedeutet weniger Impulse. Weniger Impulse ziehen eine zumindest etwas leichtere Selbstkontrolle nach sich. Aber nicht alle Aufgaben erfolgen in einer stillen Umgebung. Möchtest du beispielsweise dem Sport im Fitnessstudio nachgehen, so ist die Umgebung eher laut: Musik, schreiende Muskelpakete (die gibt es nicht immer), Geräusche durch Bewegungen und Einstellungen an Trainingsgeräten und weitere Faktoren treten auf. Noch ein weiteres Beispiel: Familienpflichten, wenn kleine Kinder dabei sind. Auch hier kann es laut und hektisch werden. Eine Person, die mit der Lebenslust und dem hohen Aktivitätslevel von Kindern wenig klarkommt, wird dazu neigen, auf die eine oder andere Art und Weise impulsiv zu reagieren.

Stelle dir jetzt die Frage, was wahrscheinlicher ist: Dass du durch Methoden deine fest im Charakter verankerten Impulse auf Anhieb zu kontrollieren lernst **oder** dass du durch die Schaffung idealer Voraussetzungen, die Impulsen entgegenwirken, auf Anhieb eine größere Selbstkontrolle hast? Eher letzteres. Der Grund hierfür ist einfach: Im ersten Szenario musst du nämlich gegen einen Teil deines Charakters ankämpfen. Es ist deine Charaktereigenschaft, entweder grundsätzlich impulsiv zu sein oder bei den bestimmten Auslösern impulsiv zu reagieren. Wieder spielen Automatismen im Gehirn eine Rolle, die durch tief einschneidende

Erlebnisse geschaffen wurden oder durch Wiederholung zur Gewohnheit wurden, weswegen sie angelernt sind. Aber das zweite Szenario – ideale Voraussetzungen zu schaffen – vermag dir sofort in deiner Situation zu helfen. Denn du kämpfst nicht gegen ein Stück deines Charakters bzw. gegen eine deiner Eigenschaften an, sondern verhinderst, dass sie getriggert wird. Genau diesem Szenario widmet sich der erste Schritt.

Du kannst es dir vorstellen wie eine schützende Mauer: Wenn klar ist, dass ein Gebäude einem Ansturm nicht standhalten würde, wird eine zusätzliche Mauer als Schutz errichtet. Anderes Beispiel am Menschen: Vielleicht kennst du Menschen, die auf bestimmte Themen sensibel reagieren. Bei diesen Menschen wird geraten, zumindest kurzfristig, bis die Person sich desensibilisiert hat, das Thema nicht anzusprechen. Ansonsten wird sie zu einer sensiblen Reaktion getriggert. Noch ein Beispiel, speziell am Aufschieben: Du weißt, dass der Klingelton im Smartphone dich am Ausführen von Aufgaben hindert, also schaltest du das Smartphone ab. Damit sind wir beim Thema angekommen …

Um einen Schutzwall gegen Impulse und potenzielle Ablenkungen zu errichten, musst du die Angreifer identifizieren. Erst durch die präzise Benennung kannst du Gegenmaßnahmen ergreifen. Es beginnt erstmal mit dem idealen Ort, dessen Eignung mit allen Sinnen beurteilt wird. Einerseits zählt die Ästhetik des Ortes. Wenn ungewaschenes Geschirr die Landschaft prägt, wirkt sich das zumindest aufs tiefste Innere störend aus. Ordnung und Ästhetik sind elementar. Ordnung lässt kaum Ermessensspielräume zu, Ästhetik ist subjektiv. Wähle daher einen Ort, der dir persönlich optisch gefällt. Andererseits sind die anderen Sinneswahrnehmungen wichtig: Fühle dich auf deiner Sitzgelegenheit oder – falls du nicht sitzt, sondern Sport machst, arbeitest oder anderen Aktivitäten nachgehst – an deinem Platz und in deiner Kleidung wohl. Nimm Gerüche wahr, die dir zusagen oder neutral sind. Die Mülldeponie um die Ecke ist ein No-Go, sofern es sich verhindern lässt. Höre das, was zur jeweiligen Atmosphäre passt. Beim Sport könnten es lautere Klänge sein. Sagt dir die im Fitnessstudio gespielte Musik nicht zu, dann kannst du für die idealen Voraussetzungen eigene Musik über Kopfhörer hören. Beim Lesen ist ruhige Musik üblicher. Aber auch hier darfst du deine eigenen Präferenzen ausleben. Jeder Mensch unterscheidet sich. So mögen einige das Lernen in Bibliotheken oder daheim nicht, weil es ihnen zu leise ist. Sie bevorzugen geschäftigere Orte, wo sich etwas tut. Wie du in deinen Flow kommst, ist deine Sache. Stelle nur sicher, dass du an einem Ort bist, der dich nicht wegen ungewünschter Musik, eines ungemütlichen Sitzes oder anderer Faktoren die Aufgabe aufschieben lässt. Zaubere dir einen Ort, der dir gefällt.

Achtung: Der Ort sollte dir *im Hinblick auf die jeweilige Aufgabe* gefallen. Wenn du den Ort hingegen so gestaltest, dass du dich generell wohlfühlst, kann es sogar die Wahrscheinlichkeit für das Aufschieben erhöhen, weil du in all der Bequemlichkeit an lauter andere Sache denkst. Stelle dir also die folgenden zwei Fragen: Welche Aufgabe muss ich machen? Welcher Ort ist für die konzentrierte Durchführung der Aufgabe **und** mein Wohlbefinden am besten geeignet?

Fazit: Wähle einen Ort, der Eignung für die Aufgabe und dein Wohlbefinden während der Durchführung ideal vereinbart. Durch eine entsprechende Wahl musst du im ersten Schritt nicht mal die Auslöser der Prokrastination identifizieren, weil die Wahrscheinlichkeit für deren Eintritt durch die Wahl des Ortes reduziert wird.

> **Meine Erfahrungen**
>
> Wie individuell jeder Mensch ist, zeigt sich bei meinen Präferenzen: Wenn ich zuhause im Stillen und gemütlich sitze, kann ich meine Kopf- und Schreibarbeit kaum verrichten. Ich arbeite am liebsten an Orten, an denen Bewegung herrscht. Cafés sind für mich ideal. Auch im Wartebereich des Fitnessstudios mache ich es mir ab und zu bequem. Grundsätzlich habe ich keine Probleme mit Lärm bei der Arbeit. Wenn etwas los ist, steigert es meine Kreativität. Habe also den Mut – für den Fall, dass du ähnlich „exotisch" veranlagt bist wie ich – mit einem gewissen Eigensinn deinen Ort zu wählen und wirklich auf das zu hören, was dir bei der Durchführung der Aufgabe hilft; auch, wenn es für andere abwegig scheint.

Schritt #2: Auslöser fürs Aufschieben identifizieren und Gegenmaßnahmen festlegen

Weiter geht es direkt mit den kleinen Auslösern, die trotz optimaler Wahl des Aufgabenortes auftreten könnten. Eine große Rolle bei Ablenkungen spielen die digitalen Geräte. Das Problem ist, dass sie zur Gewohnheit geworden sind. Sogar, wenn man sich zum Ziel setzt, das jeweilige Gerät während der Durchführung der Aufgabe nicht zu nutzen, erfolgt automatisch der Griff zum Smartphone. Es sind die Automatismen, die greifen.

Als nächster kleinerer Auslöser neben digitalen Geräten sind mangelndes Wohlbefinden, Hunger und falsche Ernährung zu berücksichtigen. Personen, die sich vor der Aufgabe, die sie aufschieben möchten, als eine Art „Entschädigung" den Magen mit Süßigkeiten vollschlagen und damit die „Lust auf die Aufgabe" steigern möchten, bewirken meist Ablenkung durch Magenschmerzen, den Zuckerkick und andere Folgen des Süßigkeitenkonsums.

Kleine Auslöser, wie die soeben vorgestellten, sind teils sehr speziell und bei jeder Aufgabe unterschiedlich. Größere Auslöser gibt es auch: Menschen in der Umgebung können ablenken. Früher war es der Sitzkamerad in der Schule, der den Klassenclown mimte, heute könnte es der Arbeitskollege sein, der dich jede Woche während der Durchführung einer Aufgabe von ihr losreißt und zu Partys schleift.

Fazit: Es existieren Auslöser, die ortsunabhängig sind. Smartphones sind das häufigste Beispiel. Auch Menschen können die Rolle negativer Impulse einnehmen, indem sie von der Durchführung einer Aufgabe abhalten und das Aufschieben verursachen bzw. fördern. All die feinen Auslöser auszumachen, hilft bei der Bestimmung von Gegenmaßnahmen.

Aufgabe 1

Nun bist du dran, die beiden ersten Schritte zu üben. Zuerst legst du eine oder mehrere Umgebungen fest, die die Durchführung der Aufgabe fördern und dir Wohlbefinden verschaffen. So senkst du die Wahrscheinlichkeit dafür, dass die Auslöser auftreten. Anschließend überlegst du, welche kleineren oder größeren ortsunabhängigen Auslöser auftreten könnten. Schreibe all diese Auslöser auf, um im weiteren Verlauf Gegenmaßnahmen für jeden Auslöser bestimmen zu können.

Nun lernst du die Bestimmung von Gegenmaßnahmen kennen, die dich vor eine große Herausforderung stellen: Was ist, wenn du den Auslöser fürs Aufschieben zur Durchführung der Aufgabe benötigst? Genau dieses Problem ist des Öfteren bei den digitalen Geräten vorhanden. Smartphone oder Laptop, die durch aufpoppende Nachrichten,

Anrufe, Medienangebote und anderweitige Funktionen mehrere Ablenkungsfaktoren mit sich bringen, sind bei der Arbeit meist vonnöten. Die Gretchenfrage zur Findung einer guten Lösung ist hierbei, welche Optionen es gibt, den Funktionsumfang zu limitieren oder Funktionen hinzuzufügen, die die Auslöser-Eigenschaften mildern. Ein Beispiel am Smartphone: WhatsApp ist deine Versuchung, das Smartphone wird aber zur Aktivität benötigt. Wie vereinbarst du die Durchführung der Aktivität am Smartphone mit dem Widerstand gegenüber dem Auslöser WhatsApp? Ein Lösungsansatz ist im Smartphone selbst vorhanden, nämlich den Klingelton abzustellen. Reicht dies nicht aus und lenkt dich der aufhellende Bildschirm beim Erhalt von Nachrichten ab, dann kannst du die Nachrichtenmeldung deaktivieren, sodass der Bildschirm sich nicht aufhellt. Es tut sich gar nichts, bis du nicht selbst in WhatsApp nachschaust. Außerdem können Programme oder Add-Ons mit Funktionen, die die Ablenkungen minimieren, unentgeltlich heruntergeladen oder gegen einen geringen Preis gekauft werden.

> **Wusstest du schon?**
>
> Es sind spezielle Apps auf dem Markt, die dir gegen das Aufschieben helfen können. Sie sind entweder mit Schwerpunkt auf bestimmte Aufgaben programmiert oder individuell konfigurierbar. *YellingMom* ist ein Beispiel. Die App fängt an, Geräusche von sich zu geben, sobald du deiner Aufgabe nicht zum erforderlichen Zeitpunkt nachgehst. Die Apps erzeugen meist durch einen hohen „Nerv-Faktor" Impulse, die dich dazu bringen, die Aufgabe durchzuführen.

Den Fall, dass die Quelle negativer Impulse zugleich zur Arbeit notwendig ist, gibt es nicht nur bei dem Paradebeispiel digitale Geräte. Auch Menschen können solch ein Problem darstellen. Möglicherweise hast du diese eine Person in deinem Umfeld, die es immer draufhat, dich von der Durchführung einer Aufgabe abzuhalten. Erneut kommen wir beim Thema negatives und positives Umfeld an, das wir schon hatten: Du wurdest informiert, wieso du dir ein positives Umfeld zusammenstellen solltest und wie du es machst. Mal angenommen, die störende Person kannst du nicht meiden, weil sie für die Durchführung der Aufgabe notwendig ist. Zu solchen Szenarien kommt es vor allem dann, wenn gute und schlechte Schüler in Gruppenarbeiten zusammengetan werden. Die schlechten Schüler lenken in unserem Beispiel die guten ab. Sie einfach auszuschließen, ist keine Option. Bei der Arbeit im Erwachsenenleben kann es zu ähnlichen Fällen kommen. Eine Lösung ist aufgrund der Tatsache, dass es sich bei den negativen Impulsen um Menschen handelt, schwer zu finden. Radikale Gegenmaßnahmen wären, eine Person zu erpressen oder dazu zu zwingen, mitzuarbeiten und die Durchführung der Aufgabe nicht mehr zu stören. Weniger radikal, aber dafür in puncto Wirksamkeit ungewiss, wären das Ins-Gewissen-reden und das „Verpetzen" beim Lehrer.

Gegenmaßnahmen für Auslöser: Keine einfache Sache, sofern es sich um Auslöser handelt, die sich deinen Gegenmaßnahmen anpassen, wie z. B. Menschen. Zeige dich in diesen Fällen einfallsreich. Je mehr für dich von der Aufgabe abhängt, umso weniger Skrupel solltest du zeigen. Denn durch einen verhinderbaren negativen Einfluss am Erfolg gehindert zu werden, ist unglaublich ärgerlich.

Abschließend ein Überblick mit ein paar möglichen Auslösern für negative Impulse und Gegenmaßnahmen, die die Anfälligkeit für Prokrastination minimieren:

Störfaktoren	Gegenmaßnahmen
• laute Musik • Störgeräusche • Ablenkung durch negative Worte	• Ohrstöpsel • Kopfhörer und Instrumentalmusik
• Personen	• räumliche Trennung
• Tiere • Insekten	• Schutzsprays • räumliche Trennung • Beschaffung externer Hilfe
• schlechte Gerüche • verführerische Gerüche (z. B. Süßigkeiten)	• Ortswechsel • Nasenklemme • Behebung der Ursache • Lüften

Aufgabe 2

Als Fortsetzung von Aufgabe 1 bestimmst du jetzt Gegenmaßnahmen für deine persönlichen Auslöser. Übernimm gern die Ideen aus der Tabelle und dem vorigen Fließtext. Füge diesen weitere Ideen hinzu. Am Ende hast du idealerweise ein Blatt Papier, auf dem die idealen Maßnahmen für dich persönlich stehen. Von diesen machst du Gebrauch, wenn du mit den negativen Impulsen konfrontiert wirst.

Schritt #3: Langfristige Selbstkontrolle erarbeiten

Schritt 1 und 2 dienen als kurzfristige und situative Maßnahmen für mehr Selbstkontrolle. Weil dir dieser Ratgeber eine schnellstmögliche Hilfe sein soll, aber die Charaktereigenschaften nicht schnell veränderbar sind, hast du dich zuerst mit den äußeren Maßnahmen beschäftigt. Nun gelangst du zu den inneren Maßnahmen; also dem, was sich in dir tut und deine Gedanken durchstreift, wenn ein Impuls auf dich wirkt. Wenn du die Impulse so unter Kontrolle kriegst, benötigst du nicht mal die ersten beiden Schritte.

Nun zum Vorgehen in diesem dritten Schritt, damit du optimal an dir arbeiten kannst:

> - Du bringst gute Voraussetzungen mit, wenn du dich bereits für einen kurzen Moment kontrollieren kannst, ohne einem Impuls sofort nachzugeben. -> Dein Anfang in den folgenden Erläuterungen ist beim Unterkapitel „Drittens".
> - Noch bessere Voraussetzungen sind gegeben, falls du mit der Aufgabe beginnst und sie bis zum Aufschieben zumindest kurze Zeit durchführst, obwohl dir nicht danach ist. In diesem Fall überwindest du den Impuls eine Zeit lang. Dein Anfang in den folgenden Erläuterungen ist beim Unterkapitel „Viertens".
> - Am schlechtesten ist eine hohe Impulsivität, die sich dadurch bemerkbar macht, dass du, ohne darüber nachzudenken oder dich um ein Unterdrücken des Impulses zu bemühen, sofort nachgibst. Dein Anfang bei den folgenden Erläuterungen ist beim Unterkapitel „Erstens" direkt zu Beginn.

Egal, wo du dich in den geschilderten Voraussetzungen einordnest: Wenn du beim empfohlenen Schritt beginnst und alle Schritte bis zum fünften praktizierst, wirst du sehr gute

Chancen haben, eine langfristige Selbstkontrolle zu entwickeln. Der Vorteil einer langfristigen Selbstkontrolle ist, dass du die Wirkung der Auslöser auf dich minimierst oder komplett abstellst. Folglich wirst du weniger oder überhaupt nicht auf die kurzfristigen Maßnahmen aus den ersten beiden Schritten dieses Kapitels angewiesen sein. So reduziert sich der Gesamtaufwand für dich.

Erstens: Sich bewusst werden.

Um an der Lösung für ein Problem zu arbeiten, musst du dir des Problems bewusst werden. Wenn man bedenkt, wie viele Personen Ballast im Unterbewusstsein mit sich herumschleppen, wird klar, dass nicht jedes persönliche Problem der betroffenen Person bekannt ist. Unehrlichkeit gegenüber sich selbst ist keine abwegige Vorstellung, sondern des Öfteren zu beobachten. Eine solche Unehrlichkeit und das Verbergen eines Problems beginnen mit einer Lüge. Als Beispiel sei eine übergewichtige Person genannt, die ihre Diät immer wieder aufschiebt oder nach wenigen Tagen den ersten Impulsen nachgibt: Sie hat davon gehört, dass es Personen gibt, die aufgrund einer Erkrankung übergewichtig sind. Seitdem redet sie anderen Leuten ein, der Grund für ihr Übergewicht sei eine Erkrankung. Andere entwickeln Verständnis und verurteilen die Person aufgrund ihres Gewichts nicht mehr. Die Person fühlt sich mit ihrer Ausrede sicher und beginnt, sie irgendwann selbst zu glauben; nicht unbedingt wortwörtlich und in dem Sinne, dass sie eine Erkrankung hat (was schließlich nicht der Fall ist), sondern in abgewandelter Form, indem sie sich als nicht verantwortlich für ihr Übergewicht erachtet. Diese und ähnliche Probleme eines mangelnden Bewusstseins für das Problem treten auch in anderen Situationen auf. Wenn Aufgaben aus Angst aufgeschoben werden, aber die Person sich ihre Angst nicht eingestehen möchte, könnte sie andere Gründe für das Aufschieben finden. Diese Gründe würde sie selbst glauben, und damit Prokrastination weiter begünstigen.

Sich seiner Probleme bewusst zu werden, dient einerseits als Initiator, um langfristige Veränderungen einzuleiten. Andererseits sorgt die Bewusstmachung dafür, dass sich keine weiteren negativen Impulse durch Unehrlichkeit gegenüber sich selbst entwickeln.

Zum Bewusstmachen suchst du dir am besten interne und externe Hilfe. Bei der externen Hilfe fragst du Personen, wie sie dich einschätzen und worin sie bei dir die Gründe für das Aufschieben der entsprechenden Aufgabe/n sehen. Denke an die Tipps zum positiven Umfeld aus dem letzten Kapitel: Je mehr der empfohlenen Charaktere du in deinem Umfeld hast, umso besser werden sie durch ihre Einschätzungen zu einem vollständigen Bild deines Charakters beitragen. Ein Realist, der mit dir langjährig befreundet ist, wird kein Blatt vor den Mund nehmen, die Probleme klar beim Namen zu benennen. Bitte die Personen, dir ihre ehrliche Meinung zu sagen und sich nicht vor deiner Reaktion zu scheuen. Schreibe ohne jegliche Wertung und erst recht ohne Proteste die Probleme auf, die die Personen bei dir sehen.

Im weiteren Verlauf gehst du auf der Problemsuche in dich. Du fängst an, die Antworten in dir selbst zu suchen. Heutzutage hören Menschen vieles: von Freunden, von Vorgesetzten, in den Medien, aus den Zeitungen und, und, und … Es ist Zeit, sich häufiger mit sich selbst zu befassen. Denn in dir selbst schlummern klare Antworten und Richtungsvorgaben, die dich langfristig nicht verwirren, sondern auf den Pfad bringen, der für dich persönlich richtig ist.

Das „Sich-bewusst-machen" ist ein langwieriger Prozess. Du übst im Idealfall, in dich hineinzuhören. Ideale äußere Rahmenbedingungen sind ein Muss. Die folgende Aufgabe wird dir helfen, auch wenn du glaubst, dir all deiner Probleme bewusst zu sein. Denn nicht selten kommt es dazu, dass Personen ein vermeintlich optimales Leben führen, aber dennoch irgendetwas in ihrem Inneren bedrückend wirkt. Wende die folgende Aufgabe gern regelmäßig an, um auch nach der Behebung deiner Prokrastination „up to date" zu sein, was deine psychische Verfassung anbelangt.

Aufgabe 3

Es wird schwierig sein, dir das anzugewöhnen, aber richte es um jeden Preis ein: Führe jeden Abend mindestens 15 Minuten lang Tagebuch. Du musst nicht die komplette Viertelstunde lang schreiben, aber du solltest zumindest diese Zeit lang nachdenken und etwas aufs Papier bringen. An einigen Tagen wird es mehr Schreibstoff geben, an anderen weniger. Das ist normal. Worüber denkst du nach und wie denkst du nach? Denke in einer ruhigen Umgebung nach und lasse dich nicht von etwas ablenken, was deine Konzentration auf die Geschehnisse des Tages trüben würde. Ein optimales Plätzchen ist ein Sessel am Tisch. Gern kannst du dich auch auf dein Bett legen und im Liegen schreiben. Nun aber das Wichtigste: Du schreibst im Tagebuch auf, 1. was passiert ist, 2. was du dabei gedacht und wie du – ganz wichtig – dich dabei gefühlt hast, 3. was die Ursache für deine Empfindungen in der/den beschriebenen Situation/en waren. Dieser Drei-Schritte-Prozess ist elementar, denn wenn du nur die Geschehnisse aufschreibst, aber deine Emotionen nicht miteinbeziehst, wirst du ein Protokoll haben, aber kein hilfreiches Tagebuch. Führe zunächst zwei Wochen lang Tagebuch, ehe du ein Zwischenfazit ziehst: Bist du dir deiner Probleme nun bewusster? Setze das Tagebuch schreiben fort.

Du wirst durch den inneren Dialog, den du jeden Abend praktizierst, mehrere wichtige Erkenntnisse gewinnen. Eine dieser Erkenntnisse wird sein, in welchen Situationen du dich unwohl fühlst und welche Emotionen dich begleiten. Je ausführlicher du schreibst, umso besser. Denn mit der Ausführlichkeit stellst du sicher, dass du keine „Ersatz-Impulse" für das Aufschieben der Aufgabe erfindest. Langfristig wirst du dir nicht vorenthalten können, dass z. B. Angst und nicht schlechtes Wetter oder sonst eine selbst erfundene, angenehmere Lüge der Grund für das Aufschieben ist. Anschließend wirst du imstande sein, dich mit deinem bewusst gewordenen Problem zu befassen.

Zweitens: Glaubenssätze einsetzen.

Glaubenssätze sind Aussagen, die du durch mehrmalige fokussierte Wiederholung tief in deinem Unterbewusstsein verankerst. Sie sind zunächst ein kleines Mittel, weil es dauern wird, bis sich deren Wirkung verstärkt. Es ist alles eine Frage dessen, wie schnell dein Gehirn den Automatismus entwickelt, bei Konfrontation mit dem Impuls einen anderen Gedanken zu pflegen als bisher. Du ersetzt bei Glaubenssätzen also einen bisher negativen Impuls, der zum Abbrechen der Aufgabe animierte, durch einen positiven Impuls, der zum Loslegen und Dranbleiben animiert.

Damit du diesen zweiten Schritt überzeugend über die Bühne bringst und einen Mehrwert verspürst, sei erstmal Licht ins Dunkel gebracht, was einen wichtigen Begriff betrifft: Unterbewusstsein. Erinnere dich hierfür an Abläufe, die du gut beherrschst. Es können bereits die alltäglichsten Dinge sein. Es muss sich nicht um etwas Außergewöhnliches handeln. Ob es nun das Kochen immer desselben Gerichts ist, das Autofahren oder dein Beruf – es gibt Sachen, die machst du auch dann richtig, wenn du über deren Durchführung nicht nachdenkst. Der Grund dafür, dass alles automatisch und ohne nachzudenken funktioniert, sind Automatismen. Die Wissenschaft hat Automatismen teilweise im Unterbewusstsein verortet; teilweise, weil einige Wissenschaftler die Existenz eines Unterbewusstseins leugnen. Wenn man mit dem Begriff Unterbewusstsein einen Ort im Gehirn meint, liegen die Leugner richtig. Aber wenn wir das Unterbewusstsein als eine Ansammlung automatisierter Prozesse und Gedanken betrachten, wie es z. B. die Wissenschaftsseite *Spektrum* definiert, dann liegen die Leugner falsch.

Die erste Person, die sich mit dem Unterbewusstsein befasst hat und es „das Unbewusste" nannte, war Sigmund Freund. Seine Gedankengänge werden bis heute aufgegriffen und immer wieder neu interpretiert. Heute steht das Unterbewusstsein für alle Gedanken, Gefühle, Prozesse und sonstige Dinge, die ohne gedankliche Anstrengung in unserem Gehirn ablaufen. Wenn du darüber nachdenkst, wie stark bei einigen Menschen einige Verhaltenstendenzen bemerkbar sind, dann muss es doch einen Grund dafür geben, oder?

> ➤ Reagiert eine Person immer aggressiv, dann liegt es in ihrer Natur.
> ➤ Äußert sich eine Person immer pessimistisch, dann liegt es in ihrer Natur.
> ➤ Ist eine Person unglaublich diszipliniert, dann liegt es in ihrer Natur.

Aber all diese Eigenschaften werden nicht angeboren. Personen eignen sich diese und weitere Eigenschaften entweder an oder entscheiden sich gegen diese. Das Modelllernen, über das wir gesprochen haben, ist ein Grund dafür, dass sich Personen bestimmte Verhaltensweisen aneignen. Aber auch durch Einreden kann man sich Verhaltensweisen aneignen. Wenn eine Person aufgrund negativer Erlebnisse Zweifel in Bezug auf sich selbst hat und sich gedanklich immer wieder „Ich bin ein Verlierer. Ich bin ein Verlierer." einredet, so steigt die Wahrscheinlichkeit, dass sich dieser deprimierende und entmutigende Gedanke fest im Unterbewusstsein programmiert.

Nun der Zusammenhang all dessen mit der Prokrastination: Wenn bei dir eine negative Reaktion auf einen Impuls fest verankert ist, die dich von der Durchführung einer Aufgabe abhält, dann ist die Umprogrammierung des Unterbewusstseins ein Schlüssel zur Lösung des Problems. Dabei handelt es sich um nichts anderes als Maßnahmen, die dir helfen, existierende Automatismen in deinem Gehirn durch andere zu ersetzen. Wenn du also bisher bei einem Impuls daran gedacht hast, die Aufgabe abzubrechen, dann entwickelst du jetzt einen gegensätzlichen Glaubenssatz, wie z. B.: „Ich bleibe an der Aufgabe dran, weil die Aufgabe mir ... (Vorteil nennen) bietet. Der Impuls ist unattraktiv."

Aufgabe 4

Entwickle Glaubenssätze, die den Impuls unattraktiv machen. Ein oder zwei Sätze pro Glaubenssatz sollten ausreichen. Wichtige Regel: Verwende keine Negationen (z. B. nicht, keine), weil das Unterbewusstsein diese nicht wahrnimmt. Sprich klar die Attraktivität der Aufgabe aus und mache den Impuls unattraktiv. Wiederhole deinen Glaubenssatz regelmäßig. Am besten, du sprichst ihn jeden Morgen fünf Minuten lang vor einem Spiegel aus.

Automatismen sind also das Ziel, Glaubenssätze stellen den Weg dorthin dar. Wenn du die Automatismen durch laut, fokussiert und mit Überzeugung ausgesprochene Glaubenssätze übst, wirst du der anfänglichen Versuchung besser widerstehen können. Nach mehreren Tagen oder einigen Wochen Übung sollte es dir gelingen, den Impuls, der dich zur Prokrastination verleitet, zumindest zeitweise zu unterdrücken. Dies wird der Schlüssel zu etwas mehr Selbstkontrolle sein, denn dein erster Gedanke wird fortan sein: „Moment, dieser Impuls ist unattraktiv, weil mir die Aufgabe

Vorteil XY verschafft." Es regt sich also der erste Widerstand, was ein Anfang auf dem Weg zur Selbstkontrolle ist.

Drittens: Etappen festlegen, Steigerungen durchführen.

Wenn du imstande bist, eine Zeit lang dem negativen Impuls zu trotzen und die Aufgabe durchzuführen, ist es ein Erfolg. Herzlichen Glückwunsch dazu! Jetzt wirst du daran arbeiten, die Zeitspanne zu vergrößern, über die du dem Impuls trotzt. Diese Maßnahme trägt zur Abhärtung bei. Wenn du jedes Mal ein bisschen länger dem Impuls trotzt und deine Aufgabe machst, wirst du langfristig dem Impuls besser widerstehen können. Selbst- und Impulskontrolle werden häufig mit Selbstdisziplin in einem Atemzug genannt. Denn eine Steigerung der Disziplin bedeutet, negativen Impulsen über einen längeren Zeitraum wirksamer zu trotzen.

Kommen wir nun zur Praxis: Du steigerst deine Selbstkontrolle, indem du in Etappen vorgehst. Du legst eine Etappe fest, bis zu der du ohne Nachgeben durchhalten möchtest. Dann gibst du dem Impuls nach. Ob du nach dem Nachgeben die Aufgabe wiederaufnimmst oder komplett abbrichst, entscheidest du selbst. Weil es von der Art der Aufgabe und weiteren Faktoren abhängt, machen Vorgaben an dieser Stelle keinen Sinn.

Ein paar nähere Infos zur Etappe: Wenn du es schaffst, bis zu der von dir bestimmten Etappe durchzuhalten, dann ist ein Ziel erstmal erreicht. Im Anschluss geht es ans nächste Ziel, nämlich eine längere Etappe. Um dich nicht zu überfordern, macht es Sinn, eine Etappe beizubehalten und eine gewisse Anzahl an Malen zu erreichen.

Gehen wir als Beispiel davon aus, dass du von deinem Vorhaben, weniger Alkohol zu trinken und dafür am Abend für das Studium zu lernen, abgebracht wirst, weil dich das

Studentenleben mit all seinen Versuchungen reizt: Etappe 1 könnte sein, nur an den Wochenenden zu trinken, falls du es bisher öfter getan hast. Nachdem du dies einen Monat lang geschafft hast, trinkst du nur noch an einem Wochenendtag. Nachdem dies zwei Monate lang geklappt hat, steigerst du die Etappe nochmals auf ein von dir gewünschtes Niveau. Es geht also darum, die Anforderungen immer wieder zu steigern, bis du das angepeilte Level erreicht hast.

Aufgabe 5

Lege fest, welche Etappen realistisch und durchhaltbar für dich sind. Überlege, in welchen Abständen du dir zutraust, die Anforderungen zu steigern. Wähle ein Tempo, das dir zusagt und das ermutigend ist.

Du gestaltest die einzelnen Etappen für dich attraktiver und steigerst deine Disziplin, wenn du Belohnungen festlegst. Diese Belohnungen gewährst du dir immer dann, wenn du alles nach Plan umgesetzt hast. Die Belohnungen dürfen aber nicht den Fortschritt zunichtemachen. Es sollte alles so abgestimmt sein, dass es dich voranbringt.

Eine weitere Maßnahme, die deine Disziplin steigert, ist das Festhalten deiner Fortschritte, sodass du sie dir bildlich oder schriftlich vor Augen führen kannst. Hierfür nützt dir dein Tagebuch aus dem ersten Schritt. Sofern du dich zur langfristigen Tagebuchführung entschlossen hast, profitierst du nun also doppelt. Wie du an der Tagebuchführung und dem Festhalten deiner Fortschritte siehst: Alle Schritte in diesem Buch hängen miteinander zusammen und werfen dann den größten Effekt ab, wenn sie im Verbund durchgeführt werden – am besten in der vorgeschriebenen Reihenfolge. Eine Alternative zum Tagebuch für die Dokumentation des Fortschritts sind Checklisten, Visualisierungen mit Bildern und Gespräche mit anderen Personen, in denen du von deinem Fortschritt berichtest. Hier beziehst du das Umfeld als bereits vorgestellten wichtigen Faktor ein.

Viertens: Ablassventil für den Impuls finden.

Der vierte Punkt deiner Selbstkontrolle-Kur zieht der Wirksamkeit des Impulses den Zahn. Du hast bereits gelernt, den Impuls während der Durchführung deiner Aufgabe eine Zeit lang zu kontrollieren. Ein Problem dürfte aber nach wie vor darin bestehen, dass es dich mit zunehmender Dauer der Aufgabe weiterhin dazu drängt, dem Impuls nachzugeben. Der Auslöser des Impulses zum Aufschieben hat seine Wirksamkeit: Nachdem du einige Zeit mit der Aufgabe verbracht hast, merkst du, dass du dich dazu hingezogen fühlst, dem Impuls nachzugeben. Der anfängliche Glaubenssatz, der Impuls sei unattraktiv, wird mit Dauer der Übung schwächer, weil sich nicht mehr leugnen lässt, dass du die Aufgabe eigentlich nicht machen willst.

Wichtig ist an dieser Stelle, dass du bei den ersten drei in diesem Kapitel vorgestellten Schritten bleibst und sie regelmäßig durchführst. Übe nach wie vor jeden Morgen die Aussprache der Glaubenssätze. Aber wie schaffst du es, die Wirksamkeit deiner Glaubenssätze zu verbessern, sodass du konsequent an deiner Aufgabe dranbleibst und der Impuls nicht mehr so stark wirkt? Die Lösung ist ein Ablassventil: Für jeden Impuls gibt es mindestens ein passendes Ablassventil, das den Vorteil hat, dass es die Wirksamkeit des Impulses mindert, weil dem Impuls durch das Ablassventil bereits nachgegeben wurde. Ein Beispiel aus der Wuttherapie ist Sport: Der Wutimpuls fällt schwächer aus, wenn am Tag zuvor bereits intensiv Sport gemacht wurde, weil weniger Energie verfügbar ist. Diese Erkenntnis ist nun auf die Aufschiebe-Impulse anzuwenden. Anschließend ist die Entschlossenheit bei der Durchführung der Aufgabe größer.

> **Aufgabe 6**
>
> Überlege, welche Ablassventile es für deinen Impuls geben könnte. Da die Ablassventile sehr unterschiedlich sein können, kann die notwendige Häufigkeit und Dauer ihrer Nutzung variieren. Musst du es täglich über eine Stunde lang nutzen oder mehrere Male in der Woche jeweils zehn Minuten? Probiere zwei Wochen lang die dir einfallenden Ablassventile aus und schaue, wie sie dir am besten helfen, deinen Impuls zu entkräften, sodass du bei der Aufgabe möglichst wenig Drang verspürst, dem Impuls nachzugeben.

Übung und Fleiß spielen bei den Ablassventilen eine Rolle. Impulse, die sich durch zu viel Energie bemerkbar machen (z. B. Aggressionen, Ungeduld, Unruhe), werden meist durch sportliche Aktivitäten behoben. Wenn du dich körperlich und/oder mental ordentlich ausgepowert hast, wird dein Drang zum Nachgeben geringer ausfallen – wo soll schließlich die Energie herkommen?

Andere Impulse (z. B. eintretende Zweifel, Entmutigung) können im Verlaufe der Übung eintreten, wenn du merkst, dass die Durchführung der Übung nicht nach Plan verläuft. In diesem Fall lohnt es sich, wenn du einen Tipp aus den vorigen Kapiteln als Ablassventil nutzt: mit dem leichteren Teil der aufgeschobenen Aufgabe beginnen. Dann nämlich siehst du, dass du imstande bist, die Aufgabe zu bewältigen. Deine Zweifel werden beseitigt.

Falls du dazu neigst, dich durch elektronische Geräte ablenken zu lassen, wirke dem Impuls am besten durch festgelegte Zeitfenster tagsüber entgegen, in denen du dir erlaubst, die Geräte mit voller Hingabe zu nutzen. Darüber hinaus aber nutzt du sie nur, wenn es nötig ist. Dadurch hast du den Impuls selbst als Ablassventil genutzt, nur eben zu einer passenderen Zeit.

Fünftens: Positive Trends übertragen.

Wenn du so weit bist, dass du die Etappen gesteigert hast und die Wirksamkeit des Impulses durch Ablassventile reduziert hast, stehen dir nur noch zwei Schritte bevor, um langsam, aber sicher die langfristige Selbstkontrolle zu gewinnen.

1. Behalte das Programm aus den ersten vier Schritten bei: Gewissermaßen handelt es sich bei dem, was du bisher in den vier Schritten gemacht hast, um eine Umgewöhnung. Umgewöhnungen und Entzüge nehmen ihre Zeit in Anspruch. Wenn du denkst, du wärst über den Berg, kann das Gegenteil der Fall sein. Insbesondere zu schnell durchgeführte Umstellungen bergen die Gefahr mangelnder Festigkeit. Behalte das bisherige Programm aus den Schritten 1 bis 4 deswegen bei. Wenn du das Gefühl hast, starke Probleme gehabt zu haben bzw. zu haben, dann behalte die vier ersten Schritte sechs Monate bei. Bei einem leichten Fall von Aufschieberitis sollten drei Monate ausreichend sein.
2. Zusätzlich ist es wichtig, dass du die positiven Trends überträgst. Sie zu übertragen bedeutet, dass du in anderen Lebensbereichen ebenfalls davon profitierst. Denn in je mehr Situationen du Selbstkontrolle beweist, umso mehr wird es zu einem neuen prägenden Charakterzug. Kommt es dazu, dass du deinen Charakter grundlegend zu einem kontrollierten gewandelt hast, so musst du nicht mehr den ersten Schritten nachkommen und strahlst in jedweder Situation volle Kontrolle aus – ein absoluter charakterlicher Zugewinn!

Mal angenommen, du würdest nur in Bezug auf die aufgeschobene Aufgabe Selbstkontrolle ausstrahlen: Dies würde zwar deinem Ziel entsprechen, die Aufgabe ohne Beachtung für die störenden Impulse besser durchführen zu können. Aber wenn die Selbstkontrolle in allen anderen Lebensbereichen fehlen würde, wäre das Risiko vorhanden, rückfällig zu werden. Denn irgendwann würdest du die ersten vier Schritte (Tagebuchführung etc.) nicht mehr konsequent praktizieren und es würden sich nach und nach Lücken ergeben; Lücken, in denen deine vorigen Charaktereigenschaften durchblitzen könnten. Wenn du hingegen deinen Charakter komplett wandelst und die gewonnene Selbstkontrolle auf möglichst viele Lebensbereiche überträgst, erweiterst du deine neuen Automatismen. Das Gehirn gewöhnt sich daran, in immer mehr Situationen kontrolliert zu reagieren und vor dem Nachgeben abzuwägen, ob es die jeweiligen Impulse wert sind. Überlege mal scharf: In welcher Situation ist es nicht vorteilhaft, vor einer Entscheidung abzuwägen? Nur in wenigen Ausnahmefällen. Mache es also zu deinem Charakterzug, Impulsen und Versuchungen trotzen zu können, um überall im Leben erfolgreicher zu sein, nicht mehr nachzugeben und an den eigenen Zielen sowie Träumen dranzubleiben.

Wie überträgst du die positiven Trends in andere Lebensbereiche?

1. **Führe alle Übungen aus Erstens bis Viertens für andere Lebensbereiche durch!** Lege bei der Tagebuchführung nicht mehr nur den Schwerpunkt auf deinen Umgang und deine Gefühle mit dem Aufschieben, sondern auch auf andere Aufgaben, Herausforderungen und Freuden des Tages. Gehe so bei allen vier bisherigen Schritten vor.
2. **Beginne mit den einfachsten Herausforderungen!** Wenn du deinen Charakter über das Aufschieben hinaus kontrollierter gestalten möchtest, solltest du

zielführende Glaubenssätze zur Lösung aller Probleme entwickeln. Beginne bevorzugt mit den Punkten, bei denen es dir leichter fällt, Selbstkontrolle zu üben.
3. **Lasse dich prüfen!** Begib dich – sofern möglich – regelmäßig in Situationen, in denen deine Selbstkontrolle auf die Probe gestellt wird. Damit sind auch harte Fälle gemeint. Der Charakter wird vor allem durch das Verhalten in Extremsituationen definiert; sicher erinnerst du dich passend zu dieser These an die *Teachable Moments* aus der Einleitung ... Stelle sicher, dass du die absolute Kontrolle hast und dich sogar stärkere Impulse nicht aus dem Gleichgewicht bringen.

Das Wichtigste auf den Punkt gebracht

- Ehe du deinen Charakter auf mehr Selbstkontrolle trainierst (langfristige Maßnahmen), sorgst du für die idealen Voraussetzungen, um eine sofortige Hilfe gegen die negativen Impulse zu erhalten (kurzfristige Maßnahmen).
- Ideale Voraussetzungen sind durch einen Arbeitsort geschaffen, der möglichst wenige Ablenkungen bietet. Außerdem solltest du die Impulse identifizieren und Gegenmaßnahmen festlegen, die du ausspielst, sobald die Impulse eintreten.
- Parallel beginnst du, langfristig daran zu arbeiten, Selbstkontrolle zu deinem Charakterzug zu machen.
    - Führe hierfür zunächst Tagebuch, um dir aller negativen Impulse und der Wirkung auf deine Emotionen bewusst zu werden.
    - Formuliere und wiederhole regelmäßig Glaubenssätze, die als erster Automatismus dazu beitragen, dass du dem Impuls nicht sofort nachgibst.

- Lege Etappen fest, um immer länger ohne Aufschieben an der Aufgabe dranzubleiben. Steigere die Etappen mit der Zeit.
- Suche Ablassventile für die Emotionen, die die negativen Impulse in dir wecken, um den Impulsen die Wirksamkeit zu rauben.
- Übertrage die Vorteile der erlangten Selbstkontrolle auf andere Lebensbereiche, um Selbstkontrolle zu deinem neuen generellen Charakterzug zu machen, der sich sofort und automatisiert in sämtlichen Kontexten einstellt.

Konzept 4 | Priorisieren, entspannen und entschleunigen

Es ist denkbar, dass du wegen zu vieler Pflichten einzelne oder mehrere Aufgaben aufschiebst. Aus diesem Grund ist es wichtig, dir eine andere Sichtweise zu zeigen. Diese Sichtweise sieht den Fehler nicht in dir, sondern als ein klassisches Phänomen der heutigen Zeit. In dieser zunehmend digitalisierten und schnelllebigen Welt kann es schwerfallen, bei all den vielen sich bietenden Perspektiven „Nein" zu sagen. Wenn du alle dir sich bietende Chancen möglichst schnell nutzen willst, kann es sein, dass du dich selbst übernimmst. Selbst die diszipliniertste und kompetenteste Person würde in diesem Fall langfristig einen Drang zum Aufschieben entwickeln.

Dieses Kapitel bietet dir Hilfestellung, um zu erkennen, ob du dir zu viele Bürden auferlegt hast. Falls ja, dann stellt es dir Wege, Mittel und Anleitungen bereit, die dir helfen, deine Prioritäten besser zu setzen. Du wirst die Bedeutung von Freiräumen kennenlernen, die für deine Gesundheit ein großer Vorteil sind. Mit den Freiräumen wirst du dich in der digitalen schnelllebigen Welt mal entspannen und mal entschleunigen, um Energie zu tanken und überhaupt die Möglichkeit zu haben, Aufgaben mit Engagement und Konzentration anzugehen. Denn eines ist klar: Ohne aufgefüllte Energiespeicher wirst du immer häufiger aufschieben, weil du keine Kraft hast. Der Mensch ist eben nur Mensch und keine Maschine – dies gerät im Zuge der Digitalisierung manchmal außer Augen.

Je mehr du übst und je besser es dir gelingt, sogar in hochstressigen Situationen in den Entspannungsmodus zu schalten, umso voller wird dein Terminplan sein können, ohne negative Auswirkungen auf deine Psyche und deine Gesundheit zu haben. Wie du siehst: Wenn du alles richtig machst, ist eine große Menge an Pflichten und Aufgaben nicht zwingend schlecht und sogar erlaubt. Aber Schritt für Schritt ...

Wissenschaft mit klarer Meinung

Dem Umstand, dass die Digitalisierung in aller Munde ist und voranschreitet, haben wir es zu verdanken, dass sie in jedweder Hinsicht gut erforscht wird. Immer mehr rückt dabei die Wirkung auf die Psyche in den Vordergrund. Mehrere Studien gingen der Wirkung der Digitalisierung auf den Menschen nach. Springer Professional zitiert aus dem Buch *CSR und Digitalisierung* folgende Aussage von Miriam Goos:

„Das digitale Zeitalter hat eine große Wirkung auf die Wahrnehmung und die Wichtigkeit der Gesundheit beim Menschen. Psychische Erkrankungen durch Reizüberflutung des Gehirns und durch die rasanten Veränderungen der digitalen und globalisierten Welt sind in den letzten Jahren deutlich auf dem Vormarsch."

Je nach Unternehmen, kann es sein, dass bis zu 40 digitale Programme auf den Arbeitsgeräten zum Einsatz kommen. Darüber hinaus werden Bereiche digitalisiert, die zuvor jahrzehntelang nicht digitalisiert waren. Für ältere Arbeitnehmer, aber ebenso jüngere mit wenig Hang zu digitalen Anwendungen, ergeben sich neue Herausforderungen zusätzlich zu den ohnehin existenten Aufgaben des Berufs. Unternehmen brüsten sich mit Big Data (große generierte Datenmengen) und einer Vielzahl professioneller Tools, während Arbeitnehmer dadurch höheren Anforderungen ausgesetzt sind. Zwar stellen neueste Technologien wie die Künstliche Intelligenz in Aussicht, den Angestellten den Alltag zu vereinfachen, aber meist wird die gewonnene Zeit nicht den Arbeitnehmern geschenkt, sondern im Gegenzug mehr verlangt als zuvor.

Digitalisierung – gefangen zwischen Pflichten und Perspektiven?

Die Digitalisierung sorgt nicht nur für negative Aspekte, die zur Überforderung der Menschen führen können. Auch verschafft sie neue Perspektiven. Wann zuvor war es leichter, sich selbstständig zu machen und einen Nebenverdienst zu verzeichnen – ohne Miete für einen Laden, ohne Angestellte, stattdessen mit einer bloßen Website zur Präsenz und Programmen als Hilfe? Die Perspektiven sind noch weitreichender. Die Wirtschaft befindet sich auf einem Expansionskurs und die Digitalisierung hat daran maßgeblichen Anteil, denn die Technologie-Aktien schießen durch die Decke. Auch Unternehmen, die nicht dem Technologie-Sektor zuzuordnen sind, können dank der Digitalisierung Geschäftsmodelle entwickeln, die sich besser erweitern und vermarkten lassen. All diese Umstände führen dazu, dass vielen Personengruppen mehr Möglichkeiten offenstehen. Diese Möglichkeiten machen sich sogar schon im frühen Alter bemerkbar, wenn Kinder sich durch den Besitz digitaler Endgeräte besser mit Freunden verknüpfen können. Insbesondere die sozialen Medien schaffen hierzu den benötigten Rahmen. Schon junge Personen haben die Aussicht, sich auf digitalen Wegen Bekanntheit zu verschaffen und Reichweite zu gewinnen. Da macht mittlerweile die Minderjährigkeit keinen Unterschied.

All diese vielen Möglichkeiten für Personen jedweder Altersgruppe sind zunächst etwas Positives. Denn Perspektiven bedeuten Wahlfreiheit. Wahlfreiheit bedeutet eine größere Chance, das Leben zu führen, das man sich wünscht. Das Verfolgen der eigenen Wünsche bedeutet Streben nach Glückseligkeit. Sind diese Schlussfolgerungen richtig? Teils ja, teils nein.

Denn das Vorhandensein an Perspektiven birgt die Qual der Wahl. Und weil in einer digitalisierten Welt vieles gleichzeitig bewältigt werden kann, ist es nicht abwegig, dass vieles gleichzeitig versucht wird. Dabei kann schon eine zusätzliche Sache auf der täglichen Agenda überfordern und zum Aufschieben führen. Damit ist der Kern des Problems klar und eine eventuelle Ursache für deine Prokrastination tritt zum Vorschein: die Überbeschäftigung. Erinnerst du dich, wie du im ersten Kapitel erfahren hast, dass Prokrastination manchmal die logische Folge einer Überforderung sein kann und gar nicht zwingend etwas mit persönlicher Schwäche zu tun haben muss? Genau dies ist ein Problem, das im digitalen Zeitalter vermehrt auftritt.

Abgesehen davon, dass Personen schon bei der Arbeit durch eventuelle Umstellungen, ständig erneuerte Arbeitsprozesse und die erhöhten Anforderungen durch Leistungsmessung sowie Digitalisierung unter Hochspannung stehen, kommen dann noch die selbst auferlegten Herausforderungen dazu. Es wird aufgeschoben, weil irgendwann der Geist, die Konzentration und auch sonst vieles nicht mehr funktionieren.

Die Kunst ist also, um sich selbst nicht zwischen Pflichten und Perspektiven zu verlieren, das richtige Maß an Aktivität und die richtigen Aktivitäten auszusuchen. Der Weg hierzu führt über Priorisierung bei der Wahrnehmung von Pflichten und die Eingliederung von Pausen in den persönlichen Alltag. Ansonsten droht es, dass die Konsequenzen des

Überangebots und der Überbeschäftigung dich unangenehm treffen.

Folgen des Technostresses

„Technostress" ist eine Bezeichnung, die vom Psychologen Craig Brod im Jahre 1984 eingeführt wurde. Damit wird die moderne Krankheit beschrieben, mit den IKT (Informations- und Kommunikationstechnologien) nicht korrekt umgehen zu können. Technologische, kognitive und soziale Überforderung durch IKT führen demnach bei betroffenen Personen zum Technostress.

Als Ursachen für den Technostress werden u. a. Multitasking (mehrere Aufgaben zur selben Zeit), Zwang der permanenten Erreichbarkeit, verschwimmende Grenzen zwischen Arbeits- und Privatleben sowie Überforderung durch Komplexität der Technik angeführt. Die Folgen von Technostress sind mitunter:

- Erschöpfung
- Kopfschmerzen
- Konzentrationsprobleme
- Burn-out
- Angstgefühle

Sind all das nicht zugleich Faktoren, die das Aufschieben fördern? Gewiss sind sie das!

Ein Burn-out bleibt bei Personen häufig lange Zeit unentdeckt. Die Personen fragen sich, wieso sie eine so starke Antriebslosigkeit verspüren. Sie sind da, aber fühlen sich geistig abwesend. Lange Schlafzeiten und mangelnde Überwindung zur Durchführung von Aufgaben rauben kostbare Zeit.

> **Hinweis!**
>
> Der Burn-out ist eine der mächtigsten und schlimmsten Ursachen fürs Aufschieben, weil es eine psychische Erkrankung ist. Solltest du die Symptome eines Burnouts rund um die Uhr und stark ausgeprägt haben, ist es nur richtig, wenn du entschleunigst und dich zum Facharzt begibst. Er wird die Gründe für deine Abgeschlagenheit und Antriebslosigkeit feststellen. Eventuell ist es halb so wild und du hast nur einen Vitaminmangel, eventuell sind es aber sogar Depressionen. Immer dann, wenn die Welt auch außerhalb deiner Pflichten bei eigentlich bevorzugten Aktivitäten nicht mehr hell und motivierend, sondern dunkel und deprimierend erscheint, ist der Schritt zum Arzt die richtige Maßnahme.

Auch die anderen in der Aufzählung genannten Probleme schärfen das Bewusstsein dafür, wie viele Nachteile sich durch eine Überforderung mit digitalen Technologien für das Durchhaltevermögen bei Aufgaben ergeben. Personen, die gewisse Kompetenzen haben, kommen gut mit dem Technostress klar oder vertragen ihn zumindest gut. Zu diesen Kompetenzen zählt u. a. eine hohe Selbstwirksamkeit. Diese nennt der Autor Srivastava (2015) als ein Kriterium, um mit dem Technostress besser klarzukommen. Also ist eine ausgeprägte Selbstwirksamkeit nicht nur zur Vermeidung der Prokrastination hilfreich, sondern ebenso zur Reduzierung des Technostresses.

Du schlägst also, wenn du alle Ratschläge in diesem Buch befolgst, mehrere Fliegen mit einer Klappe. Eine größere Selbstwirksamkeit reduziert nämlich den Technostress, weil du deinen Aufgaben besser und effektiver nachkommst. Eine schnellere Bewerkstelligung der Aufgaben wiederum führt dazu, dass du seltener aufschiebst und weniger Stress erleidest.

1. Schritt: Vor dem Entschleunigen kommen die Prioritäten.

Bevor du aktiv zur Entschleunigung beiträgst, solltest du Prioritäten definieren. Durch Prioritäten legst du deinen Aufgabenplan fest. Überall dort, wo sich Lücken ergeben, hast du den essenziellen Freiraum für Entschleunigung. Wie viel Freiraum du brauchst, legst du selbst fest. Meist geht es nur übers Probieren. Du testest Maßnahmen zur Entschleunigung und schaust, welche dieser Maßnahmen in welcher Häufigkeit am besten wirken.

Um die Prioritäten richtig zu setzen, bedarf es der Antworten auf mehrere Fragen:

1. Was brauchst du zum Leben?
2. Was möchtest du darüber hinaus im Leben?
3. Wie viele Freiräume brauchst du?
4. Was kannst/musst du entbehren?
5. Wie entschleunigst du und wie wirkt es?

Frage 1: Was brauchst du zum Leben?

Zuerst machst du eine Liste mit Dingen, die du zum Leben brauchst. Bei dem Gedanken, was der Mensch zum Leben braucht, fallen meistens zuerst die Begriffe Wohnung, Geld, Essen und Sauerstoff. All das stimmt. Einige Dinge hast du unentgeltlich, wie den Sauerstoff. Andere wiederum musst du dir kaufen. Dies trifft z. B. auf eine gemietete oder gekaufte Immobilie zum Wohnen, Strom und Wasser sowie Essen zu. Zum Kauf brauchst du Geld. Geld verdienst du in der Regel durch Arbeit.

Solange dir das verdiente Geld reicht, trägst du in die Liste nur deine Arbeit ein. Wenn du schon längere Zeit Geldprobleme hast, solltest du eintragen, dass du deine Arbeit und zusätzlich einen weiteren Job *oder* ein höheres Gehalt brauchst – schließlich hast du Geldprobleme und diese verschwinden nicht von allein. Dies ist gleichbedeutend mit der ersten Priorität, die du dir setzt.

Zu beachten sind auch tiefe Bedürfnisse. Gesellschaft, Freundschaft und Unterstützung wären solche Bedürfnisse. Nur wenn du glaubst, dass du dein ganzes Leben ohne Familie, Freundschaft, Gesellschaft und jedwede Art von Unterstützung leben könntest, darfst du diese Dinge aus der Liste weglassen. Es gleicht einer utopischen Vorstellung, ein Leben ohne diese Bestandteile zu führen. Schreibe sie also auf.

> ### Aufgabe 1
> Verfahre so, wie bisher beschrieben, indem du alle Dinge, die du brauchst, auf ein Blatt Papier schreibst. Nachdem alle Dinge notiert sind, prüfst du in deiner Liste, wie die Dinge zusammenhängen. Beispiel: Durch Arbeit erhalte ich Geld und Wohnung, also steht Arbeit an erster Stelle und das Geld und die Wohnung kannst du streichen. Auf diesem Wege kürzt du die Liste und hast die wichtigsten Sachen auf der Liste stehen, aus denen sich die anderen Dinge ergeben.

Frage 2: Was möchtest du darüber hinaus im Leben?

Zum Leben gehören auch Wünsche, Träume, Ziele und andere persönliche Begierden. Es ist nicht auszuschließen, dass es Personen gibt, die mit dem, was sie im Leben bereits haben, wunschlos glücklich sind. Personen, die einen Job ausüben, den sie lieben, und als Ausgleich ihre Familie haben, geben sich manchmal schon mit diesen Dingen komplett zufrieden. Sie sind glücklich, ein Leben zu führen, wie sie es tun. Wiederum existieren Personen, die mehr haben oder tun möchten. Diesbezüglich solltest du dich nun selbst hinterfragen.

Lasse dich bei dieser elementaren Frage 2 auf keinen Fall von dir selbst täuschen. Denn wie du bereits gelernt hast, hat der Mensch so manches Täuschungspotenzial sich selbst gegenüber. Deswegen ist es auch in Bezug auf die Prioritätensetzung im Leben wichtig, Tagebuch zu führen. Dadurch, dass du Tagebuch führst, hinterfragst du dich. Du spürst, was im Trubel des Tages sonst untergeht. Die Tagebuchführung und – falls andere Personen in deine Ziele und Wünsche involviert sind – offene Dialoge mit Mitmenschen über Emotionen und Gedankenregungen werden dir helfen, aufzudecken, was du wirklich im Leben möchtest. Auch in einer perfekten Ehe kann hin und wieder der Drang zu Abwechslung aufkommen. Auch bei einem perfekten Job kann im Inneren ein Gefühl herrschen, dass man mehr erreichen möchte, was leider bei dem aktuellen Arbeitgeber nicht möglich ist.

Was du wirklich über die existenziellen Bedürfnisse hinaus in deinem Leben möchtest, ist ein elementarer Schlüssel zum Glück. Hier ist Platz für Träume, Selbstverwirklichung, Familienglück, die kleinen kitschigen Momente des Lebens, den „Thrill", die Naturnähe, die Reiselust. Zudem definiert sich anhand der existenziellen Bedürfnisse (Antworten auf Frage 1) in Kombination mit deinen Wünschen und Zielen (Antworten auf diese Frage 2), wie viele Freiräume du brauchst.

Frage 3: Wie viele Freiräume brauchst du?

Würde man es in einer mathematischen Formel formulieren, wie die Fragen 1 bis 3 zusammenhängen, lautet die Formel wie folgt:

Tag (24 Stunden)
   = täglicher Zeitaufwand für existenzielle Bedürfnisse (x)
   + täglicher Zeitaufwand für Wünsche & Ziele (y)
   + täglicher Zeitaufwand für Freiräume (z)

Du hast also einen Zeitraum x, in dem du all den Aktivitäten nachgehst, die du zur Sicherstellung deiner existenziellen Bedürfnisse erfüllen musst. Hinzu kommt ein Zeitraum y, den du für Aktivitäten aufbringst, die in Zusammenhang mit deinen Wünschen und Zielen durchzuführen sind. Zuletzt wäre ein Zeitraum z zu beachten, den du für Freiräume brauchst. Ein Freiraum, den jede Person braucht, ist der zum Schlafen. Geflügelte Sprüche wie „Schlafen kann man, wenn man tot ist." werden von Leuten vereinzelt bewundert, sind aber als Lebensphilosophie keineswegs nachhaltig. Es ist erwiesen, dass Schlafmangel zu Herz-/Kreislauferkrankungen und weiteren ernsten gesundheitlichen Beschwerden führen kann. In diesem Sinne ist ein reichhaltiger Schlaf absolut ernst zu nehmen. Erwachsenen wird in der Regel zu einer Schlafzeit von sechs bis acht Stunden geraten. Befolgst du diesen Rat, tust du deiner Gesundheit Gutes.

„Aber bei sechs bis acht Stunden Schlaf sind schon ein Drittel oder ein Viertel des Tages für Freiräume geopfert!" Das mag sein. Aber insbesondere an diesem – durch die menschliche Natur definierten – großzügigen Zeitraum für Schlaf wird deutlich, wie wichtig Freiräume sind. Plane bei Freiräumen stets großzügig. Denn wenn du erstmal verbindliche Pflichten und Aufgaben angenommen hast, ist es nicht immer oder sogar nur selten einfach, die Freiräume wiederzuerlangen.

> **Aufgabe 2**
>
> Lege als Fortsetzung zu Aufgabe 1 in deiner Liste die Antworten auf Frage 2 aus dem vorigen Unterkapitel und Frage 3 aus diesem Unterkapitel fest. Berücksichtige dabei deine existenziellen Bedürfnisse und den dafür benötigten Zeitaufwand aus der ersten Frage. Da alle drei Fragen eng miteinander verknüpft sind, solltest du die Aufgabe gewissenhaft erledigen. Sei ehrlich zu dir selbst. Wenn du merken solltest, dass die „Formel" nicht aufgeht, weil du dir zu vielen Pflichten und Ziele auf einmal auferlegst und kaum Freiräume hast, ist das schon mal ein erster Hinweis darauf, dass das Aufschieben bei dir aus blanker und natürlicher Überforderung resultiert. Die Schuld für das Aufschieben liegt in diesem Fall zumindest nicht komplett an Charakterschwäche, mangelnder Disziplin oder einer anderen der thematisch bereits abgehandelten Ursachen.

Frage 4: Was kannst/musst du entbehren?

Es bestehen nun zwei Möglichkeiten: Entweder merkst du, dass auf deiner Liste zu viele Aufgaben und zu wenige Freiräume sind. Dies ist dann der Fall, wenn du tagsüber keine ein oder zwei Stunden Zeit hast, um dich mal zurückzulehnen und einfach nur zu faulenzen. Hobbies wie Sport gelten übrigens nicht als Freiraum, wenn sie mit Leistungsdruck oder hohen Anforderungen verknüpft sind. Sie sind eine Sache, die du gern machst. Aber um wirklich von einem *Frei*raum zu sprechen, musst du die Zeit frei verfügbar haben. Dass es über einige Wochen oder an einigen Tagen aus privaten sowie beruflichen Gründen sein kann, dass es kaum oder gar keine Freiräume gibt, ist normal. Aber ein Dauerzustand darf es nicht sein, weil es ungesund und erschöpfend ist.

Nun ein wichtiger Punkt: Freiraum bedeutet auch, dass du dich in dieser Zeit nicht oder wenig von digitalen Geräten ablenken lässt. Täglich dreistündige Freiräume, die du nur mit Nachrichten tippen, Videochats und sozialen Medien verbringst, laugen dich über längere Zeit aus. Es ist wichtig, dass ein frei verfügbares Vakuum tagsüber gegeben ist, welches du für alle dir spontan in den Sinn kommende Aktivitäten nutzen kannst.

Wenn zu wenig – oder auch zu viel; wobei das angesichts deiner Prokrastination unwahrscheinlich ist – Freiraum vorhanden ist, nimmst du Anpassungen vor. Möglicherweise sind dir Geschichten von Top-Managern/innen zu Ohren gekommen, die reichlich Geld hatten und aus Unzufriedenheit über das eigene Leben ihren Job komplett schmissen. Sie hatten in ihrem Leben so viel entbehrt, dass sie auf einen Schlag fast den kompletten Tag als Freiraum hatten. Wahrscheinlich wird dies auf den Großteil der Leser nicht zutreffen. Deswegen erfolgt bei dir die Arbeit über kleine Entbehrungen, wie z. B.:

- abends weniger Fernsehen gucken (falls dein Tagesausklang üblicherweise auf diesem Wege erfolgt)
- tagsüber weniger digitale Medien konsumieren (falls tagsüber der Konsum ausgeprägt ist)
- Zeit für soziale Kontakte reduzieren (nur, falls es nicht zielführende oder negative Kontakte im persönlichen Umfeld sind)
- Arbeitsaufwand reduzieren (nur, falls möglich und die bisherige Arbeit in dem bisherigen Ausmaß nicht notwendig war)
- an weniger Wünschen und Zielen zeitgleich arbeiten (erst das eine realisieren, dann mit dem anderen beginnen)

➢ morgens früher aufstehen (falls zu lange – d. h. über sechs bis acht Stunden hinaus – geschlafen wird)

> **Aufgabe 3**
> Und wie sieht es bei dir aus? Was kannst du entbehren? Etwas aus dieser Aufzählung oder hast du noch weitere Einfälle? Schreibe für deine individuelle Situation mindestens fünf maßgeschneiderte Punkte auf, bei denen du Zeit entbehren kannst, um mehr Freiräume zu schaffen.

Frage 5: Wie entschleunigst du und wie wirkt es?

Nachdem du die Räume geschaffen hast, solltest du sie besetzen. Wie du die Räume besetzt, werden dir die nächsten zwei Schritte dieses Kapitels nach Abschluss dieser Frage 5 verraten. Hierfür wirst du mehrere Methoden an die Hand bekommen, die von fernöstlichen Ansätzen über europäische schulmedizinische Mittel bis hin zu allgemein bekannten Maßnahmen reichen.

Ehe wir zu diesem Schritt kommen, sei darauf hingewiesen, dass du alle Maßnahmen regelmäßig bewerten solltest: Wie wirken deine Freiräume? Wenn du mehr Drang zur Durchführung von Aufgaben verspürst, weil du in den Freiräumen reichlich Entspannung hast und deine Energiereserven wirksam auflädst, dann läuft alles nach Plan. Vielleicht liegen dann sogar zu viele Freiräume vor. Du könntest überlegen, sie leicht zu reduzieren, um zu gucken, was passiert.

Was geschieht aber, wenn du merkst, dass die Freiräume nicht ausreichen, aber du nicht mehr Kapazität für Freiräume hast? In diesem Fall hast du zwei Optionen:

1. **Hilfe holen**. Du schaffst dir „Assistenz" an. Diese Assistenz kann wortwörtlich verstanden werden oder im übertragenen Sinne. Wortwörtlich bedeutet es, dass du Assistenten einstellst. Vor allem Personen in Positionen mit hoher Verantwortung sträuben sich dagegen, Verantwortung abzutreten. Sie wollen das Glück ihres Unternehmens, ihres Kindes oder einen anderen Faktor nicht in die Hände von anderen Personen legen. Dabei gibt es reichlich Beispiele für erfolgreiches Delegieren. Wenn du Personen gut aussuchst, was manchmal mehrere Tests erfordert, musst du dir kaum Sorgen machen. Ein anderes Beispiel für Assistenz ist, falls du im übertragenen Sinne von Assistenzen Gebrauch machst: Wenn dich das Kochen zu viel Zeit kostet, kannst du mit anderen Personen im Haushalt ausmachen, ob sie täglich ein Gericht übernehmen. Oder du bestellst jeden zweiten Tag Essen, was dir die Zubereitungszeit erspart. Dies ist auch Assistenz.
2. **Qualität steigern**. Indem du die Qualität der Freiräume steigerst, verbessert sich deren Wirksamkeit – so zumindest lautet die Annahme. Es ist kein Geheimnis, dass einige Personen sich nur bei bestimmten Übungen oder in bestimmten Situationen entspannen können. Erwarte daher nicht, dass dir alle Übungen in den folgenden Schritten helfen werden. Prüfe, welche der folgenden Übungen in diesem Kapitel dir am meisten liegen und dir für deinen Freiraum zusagen. Die wirksamsten Übungen ziehen die für deinen Fall höchste Qualität nach sich. So erreichst du durch deine Freiräume den gewünschten Effekt.

> **Meine Erfahrungen**
>
> Mir hat ein klarer Priorisierungsplan, ähnlich dem hier geschilderten, sehr geholfen. Spätestens hier merkte ich, dass bei mir eine Kombination aus mehreren Ursachen für Prokrastination vorlag. Ich konnte mich schlecht motivieren und ließ mich gelegentlich von Impulsen ablenken, weil ich mir zu viele Pflichten auferlegt hatte. Teilweise war es offensichtlich, dass es zu viele Pflichten waren. Aber ich sagte immer „Ja", weil ich mir etwas beweisen wollte, was ich bis heute nicht verstehen kann. Jetzt weiß ich aber, dass es sich lohnt, zuerst zu überlegen und erst später „Ja" zu sagen. Neben der Arbeit habe ich ein Projekt und ein Hobby. Ansonsten genieße ich die sozialen Freiräume, die Zeit zum Kochen und das Nichtstun. Das alles sind in meinen Augen unterschätzte wertvolle Komponenten des Lebens!

2. Schritt: Einfacher Einstieg ins Entschleunigen

Ein paar einfache Methoden, um zu entschleunigen, kennst du sicher selbst. Das „Faulenzen" wäre wohl das beste Beispiel dafür. Faulenzen ist aber nur solange eine Methode zur Entschleunigung, wie wirklich nichts getan wird. Wer faulenzt, zeitgleich jedoch beklemmende Gedanken hegt – sei es auch nur im Unterbewusstsein –, entschleunigt keineswegs. Die betroffene Person befindet sich unter einer psychischen Belastung, die entweder Ängste oder Stress verursacht. Sie denkt an die Sorgen des Tages oder wurmt sich, dass eine Aufgabe mal wieder aufgeschoben wurde. Sämtliche Entschleunigungsmaßnahmen, bei denen negative Gedankengänge eintreten, wirken nicht. Um es ganz einfach zu formulieren: Entschleunigung hat die Aufgabe, von dem

Alltag abzulenken und gemächlich im Moment zu leben. Glücklicherweise gibt es Trends und Methoden, die dem Zweck dienen, sich auf den Moment und wirklich nur auf den Moment zu konzentrieren.

Methode 1: „Slow"-Trends für einzelne Lebensbereiche

Mit dieser Sammlung an „Slow"-Trends bist du bestens versorgt, um einen abwechslungsreichen Start in die Entschleunigung vorzunehmen. Die sogenannten „Slow-Maßnahmen" sind in Europa relativ gut bekannt. Sie etablieren sich zunehmend. Inspiriert sind sie womöglich durch einige fernöstliche Ansätze und Philosophien, aber ihren Ursprung haben die Slow-Maßnahmen in Europa. Eine besonders bekannte Methode ist das Slow Food.

Slow Food steht im Gegensatz zum Fast Food. Die ungesunden Schnellspeisen, zu denen viele Personen dann greifen, wenn sie etwas auf die Schnelle brauchen, weil sie keine Zeit zum Essen haben, werden gemieden. Keine Zeit zum Essen? Das ist für Anhänger des Slow Food kaum denkbar. Die Bewegung, die in den 80er Jahren in Italien begann, vertritt die Ansicht, dass Genuss der Speisen im Mittelpunkt stehen sollte. Genuss könne nur durch Qualität gewährleistet werden, Qualität ziehe einen gewissen Aufwand und somit Zeit in der Herstellung nach sich. Ökologische und regionale Speisen stehen im Vordergrund. Geschmack wird nicht ausnahmslos als eine Frage des subjektiven Geschmacks definiert, sondern u. a. als eine soziokulturelle Frage, über die gestritten werden sollte. In den Augen der Vertreter des Slow Food sei der Trend zum Fast Food darauf zurückzuführen, dass immer mehr Personen die Aufmerksamkeit gegenüber dem Essen verlieren und „wahren" Geschmack nicht mehr empfinden würden; also eine Art Abstumpfung durch fehlende Aufmerksamkeit.

Wenn du eine Affinität zu leckerem Essen hast, kannst du mit Slow Food eine ausgezeichnete Option zur Entschleunigung finden. Hier ein Vorschlag für den Abend:

- ➤ Schalte den Fernseher aus.
- ➤ Wenn du eine/n Partner/in hast: Kocht zusammen. Ansonsten koche allein.
- ➤ Macht den Abend ohne Fernseher um eine Stunde kürzer, aber verbringt den Abend gemeinsam mit Reden, Lachen und Erinnerungen zu selbst gekochtem Essen und einem Glas Rotwein.

Ob allein, mit Freunden beim Grillen, beim Besuch im Restaurant: Slow Food ist eine sinnliche Art der Entspannung, die zugleich – mit Kochen kombiniert – zum Hobby werden kann. Slow Cooking ist der passende Trend zur Entschleunigung durch langsames Kochen.

Ein weiterer Trend ist Slow Travel, also das langsame Reisen. Beim langsamen Reisen verzichtest du auf Hotels, Flugzeuge, Luxus-Veranstaltungen u. Ä., die meist mit der Wahrnehmung von Terminen, Wartezeiten und großen Menschenmassen verknüpft sind. Du entscheidest dich stattdessen für eine Form des Urlaubs, bei der du allein oder mit deiner Begleitung mit geringen Mitteln reist. Als Folge bist du meist der Natur und einheimischen Personen nahe, was dir authentische Einblicke in die verschiedensten Urlaubsorte gewährt. Wenn man bedenkt, dass das Reisen und Urlaube meist der Erholung dienen sollen, aber häufig Stress ein Teil der Ausflüge ist, erscheint das Slow Travel vor allem bei Menschen, die wenig Urlaub haben, als wichtig. Um die Verknüpfung zu der Qualität der Freiräume (siehe im vorigen Unterkapitel die Frage 5) herzustellen: Wenn du bisher gemerkt hast, dass Urlaube nicht die gewünschte Erholung mit sich brachten, ist das Slow Travel doch wie gemacht für dich!

Informiere dich gern selbstständig über weitere Slow-Trends. Es braucht keiner wissenschaftlichen Quellen. Das Internet wird dich reichlich inspirieren. Wenn du möchtest, kannst du sogar eigene Slow-Trends entwickeln. Sofern sie für dich zielführend sind und es dir Wohlbefinden verschafft, die jeweilige Sache langsam zu machen, ist es auch die richtige Maßnahme. Rein theoretisch steht nicht mal dem „Slow-Rasenmähen", etwas im Weg, wenn du reichlich Rasenfläche hast und es dir Entspannung verschafft, deine Seele beim Rasenmähen baumeln zu lassen.

Methode 2: Sport, Musik, Kunst – aber ohne Leistungsdruck!

Vorhin ist schon einmal durchgeklungen, dass Sport nur so lange der Entschleunigung dient, wie es nicht mit Leistungsdruck verknüpft ist. Zudem muss dir natürlich die Durchführung zusagen, denn Spaß bei der Sache ist ein wichtiger Faktor, um sich von den Gedanken und Sorgen des Tages abzulenken und mit dem Kopf nur beim Sport zu sein. Dasselbe trifft auf andere Formen von Hobbies zu. Musik und Kunst sind naheliegende Alternativen.

Wenn diese Aktivitäten hingegen mit Leistungsdruck verknüpft sind, sind sie bei den eigenen Zielen und Wünschen einzuordnen, weil du etwas erreichen möchtest und dafür arbeiten musst. Es handelt sich um keine lockere Entschleunigung. Diese Differenzierung ist wichtig. Du solltest sie verinnerlichen, damit du nicht fünf Stunden täglich Sport machst und dich wunderst, wieso es dir nicht gelingt, dich zu entspannen.

Um es mit drei Beispielen zu belegen:

> ➢ Du spielst Fußball im Verein. Die Trainingszeiten sind vorgeschrieben, die Spiele müsst ihr gewinnen.

Du musst dir über Abseitsfallen und taktische Dreiecke den Kopf zerbrechen.
- ➢ Du spielst Klavier. Demnächst trittst du auf einem Konzert auf. Von solchen Konzerten gibt es jährlich mehrere, auf die du dich immer akribisch vorbereitest. Der Auftritt vor großen Menschenmengen bereitet dir Unbehagen.
- ➢ Mit deinen handwerklichen Fähigkeiten hast du das Ziel, in einen Begabtenkurs aufgenommen zu werden, um dich mit anderen Personen auf deinem Niveau weiterzuentwickeln. Obwohl nur Hobby, musst du für die Aufnahme Auflagen erfüllen und gute Leistungen erbringen, um nach der Aufnahme Teil des Kurses zu bleiben.

Wie sollst du dich in all diesen Szenarien entspannen können? Auf den Stress der Arbeit und des Alltags folgt nun auch der Stress beim Hobby. Wenn du all diese Dinge nur für dich machen würdest, wäre es etwas anderes. Aber unter dem Druck, Leistungen liefern zu müssen und Standards einzuhalten, sind die Aktivitäten fordernd.

Führe Sport, Musik und/oder Kunst zur Entschleunigung und Entspannung dann ein, wenn du reichlich Zeit zur Ausübung, Lust auf die jeweilige Aktivität und keinerlei Druck hast. Dann sind positive Auswirkungen auf die Psyche medizinisch wohl begründet. Diese Maßnahmen zur Entspannung und zum komfortablen Ausnutzen der Freiräume sind eine klassische schulmedizinische Empfehlung.

Eine Studie von Sandra Klaperski und Reinhard Fuchs von der Albert-Ludwigs-Universität Freiburg zeigte eine Stresssenkung im Rahmen eines Versuchs. 149 inaktive männliche Probanden wurden in drei Gruppen unterteilt, von denen eine ein Sportprogramm über die Dauer von zwölf Wochen absolvierte. Diese Gruppe profitierte von der sportlichen

Aktivität in Form eines geringeren Cortisolspiegels (Cortisol ist ein Stresshormon) und einer reduzierten Herzfrequenz.

Wissenschaftler aus Taiwan untersuchten den Nutzen von Yoga in der Stressbewältigung. Es wurde erneut in Gruppen unterteilt, sodass eine Gruppe Yoga praktizierte und eine weitere Kontrollgruppe inaktiv blieb. Die Gruppe mit Yoga-Praxis zeigte einen Rückgang des Stresslevels und eine verbesserte Funktion des autonomen Nervensystems nach sechs bis zwölf Wochen.

Wenn dir an dieser Stelle der Zusammenhang zur Prokrastination langsam verloren gehen sollte, dann bedenke, welchen Weg du in diesem Schritt eingeschlagen hast: Du hast für dich entschieden, dass du aufschiebst, weil du zu viele Pflichten und zu wenige Freiräume hast. Als Folge dessen hast du dich entschlossen, Freiräume zur Entspannung, Entschleunigung und zur Verbesserung deines psychischen Zustands in deinen Alltag einzubauen. Wenn du deinen Zustand verbesserst, wirst du deinen verbliebenen Pflichten besser nachgehen können. Die psychischen Verbesserungen durch Sport werden dir also voraussichtlich einen „Anti-Aufschiebe-Kick" geben.

> ### *Wusstest du schon?*
>
> Außerdem ist längst bekannt, dass Sport imstande ist, den Rang eines „Allheilmittels" einzunehmen. Ein Artikel des SPIEGEL erzählt von der Lauftherapeutin Joanna Zybon, die u. a. in einer Berliner Justizvollzugsanstalt arbeitet. Sie hilft den Hilfesuchenden bei Problemen verschiedenster Art – vom Drogenentzug über Depressionen bis hin zu Schlafstörungen. Sport wird als ein Multifunktionsmittel zur Therapie der Gedanken vorgestellt. Dies geht sogar so weit, dass Sport eine angstlösende Wirkung haben kann.

Es bestehen demzufolge keine Zweifel, dass sich Sport zur Entspannung und als Lückenfüller für deine Freiräume eignet. Aber lassen sich dieselben Erkenntnisse wie vom Sport auch auf Musik und Kunst übertragen? Als Antwort auf diese Frage trägt das *SAGE Institut für Achtsamkeit und Gesundheit Berlin* die Erkenntnisse zur Wirkung von Musik aus mehreren Studien und Büchern zusammen:

- Beeinflussung von Gehirnprozessen und -funktionen
- Beeinflussung von Atmung, Blutdruck, Körperspannung und Herzfrequenz – zum Guten wie zum Schlechten
- klassische Musikstücke tragen zu Ruhe und Entspannung bei, während Lieblingsmusik Erregung fördert
- Senkung von Stress beim Hören von Entspannungsmusik (niedrigere Cortisolwerte im Blut)
- positive Effekte treten vereinzelt auch bei körperlichen Beschwerden ein, wenn Musik gehört wird
- Minderung von Depressionen möglich

Wenn du Musik machst, vergrößern sich die Wirkungsweisen mit hoher Wahrscheinlichkeit, weil du nicht mehr nur hörst, sondern praktizierst. Du musst entweder gewisse Atemtechniken beim Spielen berücksichtigen oder dich genauer auf die Musik konzentrieren als nur beim Hören. Außerdem kannst du – vorausgesetzt, du beherrschst das jeweilige Instrument gut – deine Emotionen abreagieren.

Das Praktische bei Musik ist, dass du sie mit anderen Aktivitäten verknüpfen kannst. Beim Sport oder bei künstlerischen Aktivitäten Musik zu hören, machen viele Personen. Der Musikgeschmack ist erstmal unerheblich, aber ruhige und klassische Musik hat einen gewissen Neutralitätsfaktor. Einerseits wirkt sie beruhigend, andererseits verknüpft man damit meist keine persönlichen Erinnerungen. Wenn du den Song *Unchained Melody* hören und dabei an Patrick Swayze und Demi Moore beim Töpfern im Filmklassiker *Ghost – Nachricht von Sam* denken müsstest, wäre eine Ablenkung gegeben. Bei klassischer Musik ist es nicht der Fall. Diese Musik kannst du sogar ausgezeichnet während der Durchführung der Aufgabe, die du sonst immer aufschiebst, hören. Eventuell fällt dir dann die Aufgabe leichter.

Methode 3: Fernöstliche Ansätze im Überblick

Das, was einen Fernost lehrt, hat rein gar nichts mit Esoterik zu tun. Vereinzelt wird den Atemübungen, Meditationen und Achtsamkeitsübungen Unrecht getan, indem sie mit Esoterik in eine Schublade gesteckt werden. Personen, die wenig informiert sind, zweifeln die Wirksamkeit dieser Methoden anschließend an. Wusstest du aber, dass zahlreiche fernöstliche Methoden zur Entspannung in Studien überprüft und als potenziell wirksam eingestuft wurden? Mittlerweile öffnet sich sogar die europäische Schulmedizin den fernöstlichen Theorien.

Um den Nutzen von Atemübungen anhand eines Beispiels zu belegen: Der *Arbeitskreis Atemtherapie München* führte 2011 ein Pilotprojekt mit Patienten durch. Professionelle Atemtherapeutinnen machten über einen bestimmten Zeitraum regelmäßige Atemübungen mit den Patienten. Der Zustand der Patienten verbesserte sich im Hinblick auf Psyche und körperliches Empfinden. Die Zufriedenheit nahm zu, die Ängstlichkeit ab.

Atemübungen führen zu Entspannung. Es lassen sich verschiedene Atemtechniken einstudieren, oder die Atmung wird als Unterstützung zur Meditation genutzt. Bei einer Meditation ist das Ziel, sich auf den Moment zu fokussieren. Personen, die Probleme damit haben und deren Gedanken regelmäßig in Richtung der Probleme des Alltags abschweifen, können bei den ersten Meditationsübungen durch die Konzentration auf die Atmung eine große Hilfe finden. So wird nämlich ein Anker geschaffen, der von den Gedanken des Alltags ablenkt und die Meditation vereinfacht. Durch konsequente regelmäßige Übung wird die Meditation mit der Zeit besser funktionieren, sodass die Atemübungen irgendwann weggelassen werden können.

> **Aufgabe 4**
>
> Wo wir schon bei der Atemübungen-Meditation-Kombi sind: Übe es. Begegne dieser Methode der Entspannung offen. Wir sprechen von keiner Esoterik, sondern Übungen, bei denen eine mögliche Wirksamkeit erwiesen ist. Nimm dir daher ein tägliches Zeitfenster von 10 bis 15 Minuten, um zu meditieren. Gehe dabei so vor, dass du dich bequem an einem ruhigen Ort hinsetzt. Stelle den Wecker, damit du während der Meditation nicht auf die Uhr guckst und abgelenkt wirst. Atme im bequemen Sitz langsam und kontrolliert. Konzentriere dich auf jeden Atemzug.

Apropos Meditation: Sag' den Energy-Drinks und Koffein-Tabletten schonmal Goodbye, falls du sie bisher genutzt hast! Hin und wieder ist es in Ordnung, aber vor allem im Zusammenhang mit dem Aufschieben sind die genannten Substanzen eher kontraproduktiv. Sie putschen derart stark auf, dass du eher an der Ablenkung als an der Aufgabe konsequent dranbleibst. Eine Runde Meditation hingegen sorgt nicht selten für einen Fokus, der mehrere Stunden danach noch anhält. Es macht also Sinn, wenn du die Meditation unmittelbar vor der Aufgabe, die du aufschiebst, oder so kurz davor wie möglich machst. Dann ist dein Fokus für die Durchführung geschärft.

Zu den fernöstlichen Entspannungsübungen eignet sich auch Qi-Gong. Diese Bewegungsform sowie Tai-Chi und Shiatsu sind mittlerweile Bestandteil der offiziellen

Entspannungs- und Aktivitätsprogramme in Chefetagen mehrerer Großunternehmen, wie die *WirtschaftsWoche* berichtet. Wenn du diesen Techniken offen gegenüberstehst, solltest du dir auf YouTube zahlreiche Übungsvideos ansehen. Finde ein Video, bei dem du vom körperlichen und geistigen Level her gut mithalten kannst, und probiere die Übungen aus.

3. Schritt: Dauerhaft Achtsamkeit und Entschleunigung etablieren

Der dritte Schritt ist die Königsdisziplin. Wenn du diesen Schritt beherrschst, bist du imstande, sogar ohne viele Freiräume und bei zahlreichen Pflichten im Alltag trotzdem deine mentale und körperliche Verfassung auf einem guten Level zu halten. Natürlich geht es nicht komplett ohne Freiräume, aber mit dem dritten Schritt lernst du, sogar aus den kürzesten Pausen im Verlaufe des Tages, die sich spontan und vielleicht sogar nur für ein bis zwei Minuten ergeben, das Beste zu machen.

Stelle dir zunächst einen ziemlich vollen Terminplan vor. Dieser Terminplan ist derart gefüllt, dass du von einem Termin zum nächsten hetzen musst. Zwischendurch hast du immer nur ein paar Minuten frei. Dadurch, dass du dauerhaft Achtsamkeit etablierst, verschaffst du dir die Fähigkeit, immerhin diese paar Minuten zu entschleunigen. Dies ist gar nicht so einfach, wie gedacht. Denn zwischen zwei Terminen liegt der Gedanke meist schon beim nächsten Termin. Psychiater Michael Huppertz sieht hier ein großes Problem: *„Die Menschen hetzen in ihren Gedanken immer in die Zukunft, um ja nichts zu verpassen. Dabei entgeht ihnen genau dann das, was wirklich gerade passiert."*

Was wäre, wenn du zumindest diese Hetze überwinden könntest? Wenn du immer dann, wenn du wolltest, Abstand schaffen könntest? Dies würde bedeuten, dass du in den fünf Minuten zwischen dem einen Termin und dem anderen Termin wärst; und zwar mit all deiner Achtsamkeit hast – kein stressiger Gedanke, dass bald jemand durch die Tür kommt oder du die nächste Aufgabe fortsetzen musst. Du wärst im Hier und Jetzt und würdest dich entspannen.

Wie vieles, was du in den vergangenen Kapiteln kennengelernt hast, ist die dauerhafte Achtsamkeit und Entspannung eine langfristige Übungssache. Einerseits helfen dir beim Erlangen einer dauerhaften Achtsamkeit die Methoden aus dem zweiten Schritt, andererseits solltest du dich darauf konditionieren, in den kurzen Pausen deines Tages achtsam zu sein.

Aufgabe 5

Die Methoden aus Schritt 2 haben dir geholfen, das „Abschalten" zu bestimmten Zeitpunkten zu lernen. Jetzt ist es soweit, dass du mithilfe deiner bevorzugten Methoden das Abschalten zu jedem x-beliebigen Zeitpunkt erlernst. Gewöhne dich daran, die kleinen Pausen, die sich zwischen zwei Terminen oder Aufgaben ergeben, immer sinnvoll zu nutzen. Hier ein paar Beispiele:

- Wenn du isst, dann esse langsam.
- Wenn du nichts machst, dann atme bewusst.
- Wenn du wartest, praktiziere währenddessen Entspannungsübungen – solange es in der jeweiligen Umgebung kein Aufsehen erregt.
- Habe, falls du dich mittels Musik entspannst, immer deine Kopfhörer und einen kleinen Musikplayer dabei. Die älteren iPods Shuffle sind praktisch, weil sie außer Musik keinerlei Funktionen (z. B. E-Mail, SMS) haben und dich dadurch nicht ablenken.

Je häufiger du dich daran gewöhnst, das kleine Vakuum im Tagesablauf mit Entspannung und Fokus auf den Moment zu füllen, umso besser wird es dir gelingen. Alles ist Übungssache! Mit fortlaufender Zeit sollte es dir möglich sein, dich auch ohne die Übungen auf den Moment zu konzentrieren und jeden Moment des Tages mit Achtsamkeit zu füllen. Eine nützliche Methode ist, immer auf die kleinen Dinge, die dich umgeben, zu achten. Wartezeit draußen vor einem Gebäude kann hervorragend mit Naturnähe verknüpft werden, indem du dir die Grünflächen ansiehst. Oder du beobachtest einfach ganz genau die Passanten und wie sie ihren Alltagspflichten nachgehen. Um mit den Worten eines Darstellers im bereits genannten Film *The Peaceful Warrior – Pfad des friedvollen Kriegers* zu schließen: „Es ist immer etwas los." Jeder Moment bietet reichlich Wunder. Man muss nur darauf achten. Dies verschafft sogar bei kleinen Zeitfenstern Entspannung und Abstand. So wird jede Folgeaufgabe mit neuer Energie angegangen.

Das Wichtigste auf den Punkt gebracht

- ➢ Wissenschaftler, Psychologen, Psychotherapeuten und Fachverbände sind sich einig darin, dass durch die Digitalisierung am Arbeitsplatz und im Privatleben neue Möglichkeiten, aber auch neue Herausforderungen entstehen. Zu den Herausforderungen zählt eine neue Form des Stresses: der Technostress.
- ➢ Es existieren zu viele Möglichkeiten, was eine Prioritätensetzung erschwert. In Beruf, Privatleben und Freizeit kann dies zu einer gewissen Unentschlossenheit führen.
- ➢ Fange an, zu ermitteln, ob die Prokrastination bei dir nicht eine logische Folge der Überforderung aufgrund zu vieler Pflichten ist. Reduziere die Pflichten,

wo es möglich ist, um Freiräume für Entspannung und Entschleunigung zu schaffen.
- ➢ Integriere Entspannungsübungen in deinen Alltag. Reduziere den Stress, indem du gezielt entschleunigst und Prozesse langsamer durchführst, wie z. B. Essen oder Kochen (Slow Food und Slow Cooking).
- ➢ Versuche, anhand von Entspannungsübungen und anderen Methoden, die du zur Stressreduktion eingeübt hast, die Entspannung auch in eigentlich ungünstigen und knappen Momenten des Alltags zu integrieren. *Wem es gelingt, zwischen Berufstermin und privatem Arzttermin im Wartezimmer auf die Atmung zu achten und die Gedanken einzig und allein auf den Moment zu konzentrieren, kann immer entspannt sein!*

Schlusswort

Wenn dich der Ratgeber eines gelehrt hat, dann hoffentlich eine gehörige Portion Respekt vor dem Aufschieben. Es hat das Potenzial, krankhafte Ausmaße anzunehmen. Möglich ist, dass es sich unbemerkt wie ein Geschwür ausbreitet und schrittweise mehrere Bereiche deines Lebens erfasst. Wenn du das Aufschieben als Problem ernst nimmst, hast du gute Chancen auf weitreichende Besserung. Diese Besserung bewahrt dich vor chronischer Unzufriedenheit, mangelndem Erfolg und eventuell sogar vor psychischen Erkrankungen.

Am Anfang steht wie beim Arzt die Untersuchung mit Diagnose. Wende die Mittel dieses Buches an und versuche, dich in den Ursachen wiederzufinden. Anschließend kannst du die richtige „Therapie" mit dem jeweiligen Konzept in die Wege leiten. Dabei ist die Therapie viel mehr als eine bloße Therapie. Denn je mehr du aus diesem Buch umsetzt, umso mehr lernst du, Prioritäten festzulegen, Stress zu reduzieren, ein größeres Selbstbewusstsein zu erlangen, dein soziales Umfeld zu optimieren und allgemein im Leben die richtigen Entscheidungen zu treffen.

Die wohl erstaunlichste Lehre dieses Buches, in der du dich womöglich sogar wiedergefunden hast, besteht darin, „Nein" zu einer Aufgabe sagen zu können. In diesem Sinne ist es nicht komplett abwegig, dass das Aufschieben nicht dein eigentliches Problem ist. Möglicherweise ist das Problem, dass du die Aufgabe nicht komplett aus deiner Agenda streichst. Genau das ist der letzte Appell in diesem Ratgeber für dich auf deinem weiteren Weg: Lerne zu entspannen, loszulassen und zu entschleunigen. Im Großen und Ganzen genießen die meisten Menschen durch die wirtschaftliche und technologische Weiterentwicklung Perspektiven, die es vor einigen Jahrzehnten so noch nicht gab. Perspektiven sind grandios, weil sie dir mehr Chancen verschaffen, dein erträumtes Leben zu leben. Auch das Austesten dieser Perspektiven ist wichtig. Unterscheide aber immer zwischen „austesten" und „fest vornehmen"; will meinen: Nachdem du getestet hast, ist eine Entscheidung darüber zu treffen, was du im Leben brauchst, über deine existenziellen Bedürfnisse hinaus möchtest und wie viele Freiräume für deine körperliche sowie psychische Gesundheit bei alledem notwendig sind. Die Entscheidungen triffst du auf Basis deiner Erfahrungen und des Austestens. Die Devise lautet: Lieber erstmal weniger machen und beobachten.

Lege eine Agenda fest, die in deinen Augen realistisch ist und dir Lust aufs Leben und die damit verbundenen Aufgaben macht. Dann sinkt die Wahrscheinlichkeit, dass du Pflichten aufschiebst. Falls sich das Aufschieben dann doch häuft, weißt du, was du machen musst: Entweder liegt die Ursache bei dir, was du sehr ehrlich und mittels inneren Dialoges hinterfragst, oder du hast dir zu viele Aufgaben auferlegt. Wie auch immer du urteilst und welche Maßnahmen du mit Hilfe dieses Ratgebers wählst: Sei ehrlich zu dir selbst und belüge dich nicht. Dann wirst du früher oder später immer ein gutes Mittel finden, das dich zum Ziel führt.

Viel Glück und Erfolg dabei!

Quellenverzeichnis

Achtnich, Leonie (2012), Prokrastination: Zehn Tipps zum Anfangen, in ZEIT Campus Nr. 4/2012 von https://www.zeit.de/campus/2012/04/prokrastination-tipps, abgerufen: 23.2.2021

Amerland, Andrea (2019), Beschäftigte leiden unter digitalem Stress, von https://www.springerprofessional.de/gesundheitspraevention/stressmanagement/deutsche-erwerbstaetige-plagt-digitaler-stress/16282378, abgerufen: 23.2.2021

Bühring, Petra (2010), Psychische Erkrankungen: Dramatische Zunahme – Kein Konzept, von https://www.aerzteblatt.de/archiv/78018/Psychische-Erkrankungen-Dramatische-Zunahme-kein-Konzept, abgerufen: 23.2.2021

Canfield, J.; Hansen, M. V.; Hewitt, L.: The Power of Focus – So erreichen Sie Ihre persönlichen, finanziellen und beruflichen Ziele. München: Redline Verlag, 2013. 1. Auflage.

Dr. med. Nonnenbacher (2019), Großhirnrinde, in MedLexi.de, von https://medlexi.de/Gro%C3%9Fhirnrinde, abgerufen: 23.2.2021

Eultgen, Simon (o.D.): Pomodoro Technik, effektives lernen leicht gemacht, von https://www.fernstudiumcheck.de/ratgeber/pomodoro-technik-effektives-lernen-leicht-gemacht, abgerufen: 23.2.2021

Gimpel, Lanzl, Manner-Romberg, Nüske (2018), Digitaler Stress in Deutschland – Eine Befragung, von Erwerbstätigen zu Belastung und Beanspruchung durch Arbeit mit digitalen Technologien von https://www.boeckler.de/pdf/p_fofoe_WP_101_2018.pdf, abgerufen: 23.2.2021

Hauschild, J (2013), Beobachten, fühlen, entschuldigen, in Spiegel Psychologie, von https://www.spiegel.de/gesundheit/psychologie/achtsamkeit-kleine-schritte-zur-entschleunigung-a-890285.html, abgerufen: 23.2.2021

Jakob, N.& Dämon K. (2017), Was Kampfkunst über das Führen lehrt, von https://www.wiwo.de/erfolg/management/management-auch-fernoestliche-entspannungstechniken-helfen/19553278-2.html, abgerufen: 23.2.2021

Klaperski S. & Fuchs R. (2013), Effekte eines 12-wöchigen Sport- oder Entspannungsprogramms auf subjektive und physiologische Stressreaktionen, von https://www.sportwissenschaft.de/fileadmin/pdf/tagungen2013/2013_Klaperski_Effekte12Sport-Entspannungsprogamm.pdf, abgerufen: 23.2.2021

Kucklick, Christopher (o.D.), „Es gibt keinen Hinweis, dass ein Unterbewusstsein existiert", von https://www.geo.de/wissen/gesundheit/22098-rtkl-psychologie-es-gibt-keinen-hinweis-dass-ein-unterbewusstsein-existiert, abgerufen: 23.2.2021

Leadership insiders (2019), Technostress – eine Schattenseite der Digitalisierung?, von https://www.leadership-insiders.de/technostress-eine-schattenseite-der-digitalisierung/, abgerufen: 23.2.2021

Lern-Psychologie.de (o.D.), Soziale Lerntheorie: Lernen am Modell nach Albert Bandura von http://www.

lern-psychologie.de/skripte/modelllernen.pdf, abgerufen: 23.2.2021

Leubner D. & Hinterberger T. (2017), Reviewing the Effectiveness of Music Interventions in Treating Depression, von https://www.ncbi.nlm.nih.gov/pmc/articles/PMC5500733/, abgerufen: 23.2.2021

Lexikon der Biologie (1999), Unterbewusstsein, von https://www.spektrum.de/lexikon/biologie/unterbewusstsein/68591, abgerufen: 23.2.2021

Lin, Huang, Shiu, Yeh (2015), Effects of Yoga on Stress, Stress Adaption, and Heart Rate Variability Among Mental Health Professionals--A Randomized Controlled Trial, von https://pubmed.ncbi.nlm.nih.gov/26220020/, abgerufen: 23.2.2021

Mende, Annette (2017), Placebo Effekt: Wirkung ohne Wirkstoff von https://www.pharmazeutische-zeitung.de/ausgabe-462017/placebo-effekt-wirkung-ohne-wirkstoff/, abgerufen: 23.2.2021

Moestl, B.: Shaolin – Du musst nicht kämpfen, um zu siegen!. München: Knaur Verlag, 2008.

Nier, Hedda (2019), Erhöht digitaler Stress das Krankheitsrisiko?, von https://de.statista.com/infografik/19229/digitaler-stress-im-job-erhoeht-krankheitsrisiko/, abgerufen: 23.2.2021

PsyGA (2018): Die psychische Gesundheit in Zahlen, von https://www.psyga.info/psychische-gesundheit/daten-, abgerufen: 23.2.2021fakten#:~:text=Psychische%20Erkrankungen%20nehmen%20in%20ihrer,Prozent%20(%20BKK%20Gesundheitsreport%202018) , abgerufen: 23.2.2021

SAGE Institut für Achtsamkeit und Gesundheit Berlin (o.D.), Die Wirkung von Musik auf Mensch und Gesundheit, von https://www.sage-institut.de/wirkung-musik-gesundheit/, abgerufen: 23.2.2021

Stangl, W. (2021). Stichwort: *‚Selbstwirksamkeit'*. Online Lexikon für Psychologie und Pädagogik. https://lexikon.stangl.eu/1535/selbstwirksamkeit-selbstwirksamkeitserwartung/, abgerufen: 23.2.2021

Stangl, Werner (o.D.), Lernen am Modell – Albert Bandura von https://arbeitsblaetter.stangl-taller.at/LERNEN/Modelllernen.shtml, abgerufen: 23.2.2021

Statista Research Department (2013): „Verteilung der AU-Tage aufgrund psychischer und Verhaltensstörungen (F00-F99) in Deutschland nach ausgewählten Diagnosegruppen im Jahr 2013" von https://de.statista.com/statistik/daten/studie/189551/umfrage/krankenhaustage-aufgrund-psychischer-stoerungen-nach-diagnoseuntergruppen/, abgerufen: 23.2.2021

Statista Research Department (2019): „Statistiken zu psychischen Erkrankungen" von https://de.statista.com/themen/1318/psychische-erkrankungen/, abgerufen: 23.2.2021

Steel, Dr. P.: The Procrastination Equation: How to Stop Putting Things Off and Start Getting Stuff Done. Toronto: Random House Canada, 2012.

Stollreiter, M.: Schluss mit dem Aufschieben – Endlich anfangen zu leben. München: mvgVerlag, 2014.

Thakkar, N. (2009). Why procrastinate: an investigation of the root causes behind procrastination.

Universtiy of North Carolina at Chapel Hill (o.D.), Procrastination gefunden unter https://writingcenter.unc.edu/tips-and-tools/procrastination/, abgerufen: 23.2.2021

Von der Tann, Marie (2017), Wie Sport der Psyche hilft, in Spiegel Psychologie, von https://www.spiegel.de/gesundheit/psychologie/sport-gegen-stress-wie-bewegung-der-psyche-hilft-a-1173661.html, abgerufen: 23.2.2021

Zeug, Katrin (2013): Mach es anders!, in ZEIT Wissen Nr. 2/2013, abgerufen: 23.2.2021

www.ingramcontent.com/pod-product-compliance
Lightning Source LLC
Chambersburg PA
CBHW071226070526
44583CB00017B/2063